KB199370

민족과 혁명

— 식민지 사회주의의 이념과 실천

지은이 **홍종욱**

서울대학교 국사학과를 졸업하고 도쿄대학에서 박사학위를 받았다. 주일 한국대사관 전문조사원, 도시사대학 전임강사·준교수를 거쳐 2015년부터 서울대학교 인문학연구원 부교수로 재직 중이다. 저서로는 『戰時期朝鮮の轉向者たち─帝国/植民地の統合と亀裂』(有志舍, 2011), 『가지무라 히데키의 내재적 발전론을 다시 읽는다』(공저, 아연출판부, 2014), 『일제의 사상통제와 전향 정책』(동북아역사재단, 2024) 등이 있고, 역서로는 『세계사의 해체』(공역, 사카이 나오키 외 저, 역사비평사, 2009), 『한국 근대의 역사민족지』(공역, 이타가키 류타 저, 혜안, 2015) 등이 있다.

민족과 혁명 ─ 식민지 사회주의의 이념과 실천

1판 1쇄 인쇄 2025년 1월 20일
1판 1쇄 발행 2025년 2월 1일

지은이 홍종욱
펴낸이 정순구
책임편집 정윤경
기획편집 조원식 조수정
마케팅 황주영

출력 블루엔
용지 한서지업사
인쇄 한영문화사
제본 대원바인더리

펴낸곳 (주) 역사비평사
등록 제300-2007-139호 (2007.9.20)
주소 10497 : 경기도 고양시 덕양구 화중로 100(비전타워21) 506호
전화 02-741-6123~5
팩스 02-741-6126
홈페이지 www.yukbi.com
이메일 yukbi88@naver.com

ⓒ 홍종욱, 2025

ISBN 978-89-7696-597-4 94900
(set) 978-89-7696-733-6 94900

책값은 표지 뒷면에 표시되어 있습니다.
잘못 만들어진 책은 구입하신 서점에서 바꾸어 드립니다.

이 저서는 2019년 대한민국 교육부와 한국학중앙연구원(한국학진흥사업단)의 한국학 총서 사업 지원을 받아 수행된 연구임(AKS-2019-KSS-1230003).

와이비
아카이브
004

민족과 혁명

— 식민지 사회주의의 이념과 실천

홍종욱 지음

역사비평사

차례 **민족과 혁명**

제2부 마르크스주의 역사학과 식민지 반봉건사회론

'한국 사회주의사상·문화사' 총서를 출간하며

제1권 『공상에서 과학으로—한국 사회주의의 기원』, 제2권 『민족과 혁명—식민지 사회주의의 이념과 실천』, 제3권 『또 다른 사회주의—한국 사회민주주의의 역사적 기원』, 제4권 『카프를 넘어서—사회주의와 식민지 조선문학』 등 총 4권으로 구성된 본 총서는 한국학중앙연구원의 지원으로, 2019년 6월부터 3년간 "한국 사회주의사상·문화사"라는 주제로 진행한 한국학총서사업의 성과를 출간한 것이다.

우리는 남북분단의 내적 요인을 고찰하기 위한 모색의 일환으로, 한국 사회주의의 기원과 형성의 문제를 사상적으로 해명하고자 하였다. 이를 위해 사회주의가 본격적으로 수용되던 1910년대 중반부터 한반도에 두 개의 체제가 현실화된 1948년까지의 시기를 통시적으로 검토하여, 식민지 조선과 한국에 수용된 사회주의 사상의 내용과 그 특징을 살펴보았다. 이는 한국 근현대사에서 사회주의 운동의 발생과 전개의 내적 논리를 밝히는 작업이기도 하다.

한국 근현대사에서 사회주의가 갖는 역사적 의미는 무엇이며, 사회주의 사상 수용과 사회주의 운동 전개의 한국적 특징은 무엇인가? 이것이 우리 문제의식의 출발점이다. 우리 작업이 한국 근현대사에서 운동과 사상으로서의 '사회주의'를 바로 자리매김하여, 한국의 '근대' 그 자체를 종합적으로 고찰하는 작업에 일조했으면 하는 바람이다.

우리는 문제의식을 가시화하기 위한 일환으로 〈식민지 조선의 사회주의'들'〉(2020), 〈식민지 조선의 사회주의: 민족, 계급, 젠더〉(2021), 〈논쟁으로 본 식민지 조선의 사회주의〉(2022) 등 세 차례의 학술대회를 진행하였다. 학술대회의 사회자와 토론자로 참여하여 기탄없는 비판으로 우리들의 생각을 가다듬을 수 있게 도와주신 선후배 연구자들 임경석, 와타나베 나오키, 김인덕, 고(故) 이현주, 전명혁, 류시현, 허수, 권보드래, 이태훈, 후지이 다케시, 심철기, 조형열, 손유경, 윤효정, 노경덕 님께 감사의 마음을 전한다. 또한 학술대회를 지원해준 한국역사연구회와 인하대학교 한국학연구소, 서울대학교 인문학연구원의 후의에도 감사드린다.

본 총서의 출간은 무엇보다 연구책임자의 '다대'한 요구에 성실하게 응해주었던 윤덕영, 홍종욱, 정종현 교수가 함께했기에 가능한 것이었다. 우리 팀 모두에게 깊이 감사드린다.

끝으로 종이책의 종말이 운위되는 요즘 같은 불경기에 상업성 없는 책을 출간해준 역사비평사 정순구 대표와 예정보다 늦어진 일정에도 좋은 책을 만들기 위해 애쓴 편집부의 노고에 깊이 감사드린다.

2024년 11월의 뒷자락, 인왕산 우거에서
박종린

머리말

역사로서의 사회주의

이 책은 1930년대에서 해방 후로 이어지는 한국 사회주의의 이념과 실천을 다룬다. 식민지 시기 사회주의 경험은 오랫동안 학문의 대상이라기보다 이데올로기의 자원이었다. 각자가 생각하는 오늘의 반공주의 혹은 사회주의를 그려내기 위해 그에 들어맞는 사실의 조각을 어제의 경험에서 찾아내기 바빴다. 민주화와 더불어 식민지 시기 사회주의 연구가 본격화했다. 그러나 소련의 붕괴와 북한의 경제난 등 '현실 사회주의'가 처한 곤란은 갓 활성화된 사회주의 연구에 찬물을 끼얹었다.

21세기 오늘날 사회주의 인식은 무지와 무관심으로 요약될 수 있다. 현실 정치를 놓고 좌파와 우파라는 말이 흔히 쓰이지만, 20세기 한국사에 큰 영향을 남긴 사회주의에 대한 이해가 부족한 탓에, 오늘날 우리 사회가 어디에 서 있는지에 대한 분석은 한없이 가볍다. 북한, 중국, 베트남 등 여전히 붉은 별을 내건 이웃들이 건재한데, 20세기 동아시아에서 펼쳐진 사회주의와 민족주의의 결합에 둔감하면 이들 나라의 사회와 문화를 결코 이해할 수 없다.

이런 가운데 우리 사회 일각에서는 '멸공'이 외쳐지고 정부는 북한에서 나온 글을 특수자료라고 감추는 시대착오가 횡행하고 있다. 사회주의가 무언지 묻지도 않은 채 그저 병원균이나 폭발물처럼 위험시하는 셈이다. 이와 짝이라도 이루는 것처럼 관성적으로 사회주의를 역사의 최종적 도달점으로 전제하는 인식도 여전히 뿌리 깊다. 사회주의 운동 혹은 마르크스주의 역사학을 연구 대상으로 삼는다고 해서 스스로를 사적 유물론의 도식에 가둘 필요는 없다.

이 책은 무지와 무관심, 그리고 경계와 동경을 넘어 역사로서 한국 사회주의를 그리고자 한다. 20세기적 사회주의 이념과 실천은 싫든 좋든 막을 내렸다. 미네르바의 부엉이는 황혼녘에 날개를 편다. 민족해방과 계급해방을 꿈꿨던 인간의 분투에 애정을 아끼지 않으면서도 두려움 없이 우리의 사회주의 경험을 역사화할 시점이다. 20세기 한국 사회주의가 21세기 새로운 이념과 실천에 무엇을 남겼는지를 따져보기 위해서도 필요한 일이다.

한국 사회주의 운동과 사상을 돌아볼 때 1930년대는 각별한 의미를 지닌다. 2017년 주간경향은 〈1930년대, 우리 시대의 뿌리를 찾아서〉라는 특집을 연재했다. 총론 격인 「우리는 언제까지 1930년대를 살아야 할까」는 파시즘, 수정자본주의, 사회주의 심지어 신자유주의까지 포함하여 20세기를 규율한 이념들이 탄생한 시대로서 1930년대에 주목했다. 특히 사회주의와 관련해서는 코민테른 주도 공산주의 운동의 확대와 실패를 지적했다.[01]

코민테른의 전략·전술에 대한 평가와는 별개로 1930년대를 견뎌낸 사회주의는 냉전과 열전을 거듭하면서 1945년 이후 세계를 양분했다. 1930년대 파시즘의 대두로 사회주의는 위기를 맞았다. 경성제대에서 철학을 공부한 박치우는 "1930년대의 시대정신은 파시즘 아니면 볼셰비즘"[02]이라고 동시대의 감각

---

01 후지이 다케시, 「우리는 언제까지 1930년대를 살아야 할까」, 『주간경향』 1229, 2017.

02 朴致祐, 「危機의 哲學」, 『哲學』 2, 1934, 17쪽.

을 기록했다. 1930년대 사회주의는 파시즘과 제국주의에 맞서 반파시즘 인민 전선과 반제 민족통일전선을 제창했다. 두 전선은 20세기 내내 사회주의의 존재 이유가 되었다.

한국사로 눈을 돌리자면 1930년대 사회주의 운동과 사상은 남북 분단의 기원이자 해방 이후 민주화 운동 및 사회과학 실천의 중요한 토대였다. 이 책에서는 1930년대에 모습을 갖춘 20세기 한국 사회주의를 설명하기 위한 핵심어로서 대중, 민족, 전쟁, 식민지에 주목했다. 아래에서는 이 네 가지 개념을 씨줄삼아 필자의 문제의식을 제시함으로써 이 책의 서론을 대신하고자 한다. 모두 선행 연구가 발굴하여 축적한 자료들, 그리고 다양한 각도에서 제기되어온 여러 질문에 빚지고 있음은 물론이다.

대중의 성장

20세기는 산업과 혁명의 시대였다. 미국의 포드주의가 산업의 세기를 열었다면 러시아에서는 사회주의혁명이 일어났다. 대중의 성장은 여러 변화의 원인이자 결과였다. 제1차 세계대전은 노동자, 농민은 물론이고 식민지 민중까지 끌어들인 총력전이었다. 이 무렵 유럽에서는 보통선거제가 확대되어 대중의 국민화가 진전되었고, 아시아·아프리카에서는 식민지배가 동요했다.

식민지 조선의 경우 3·1운동 이후 대중의 진출이 뚜렷했다. 식민지 근대의 전개 속에 산업이 발달하고 교육이 확대됨으로써 대중문화가 형성되었다. 대중의 권리의식이 높아지면서 착취와 차별에 대한 반발이 거세졌다. 노동쟁의, 소작쟁의, 학생운동, 청년운동 등 사회운동은 식민지배를 비판하는 민족운동이기도 했다. 조선총독부는 '문화정치'를 통하여 친일파를 북돋고 대중을 포섭하려고 했다.

1928년 코민테른 제6회 대회는 사회개량주의와 민족개량주의를 비판했다.

조선에 관한 12월 테제는 지식인 중심의 운동을 벗어나 대중운동 속에서 공산당을 재건하라고 지시했다. 1930년대 초반 조선의 공산주의 운동은 '볼셰비키화'를 내걸고 대중, 대중운동과의 결합을 중시했다.[03] 코민테른과 조선공산당 재건운동 세력의 혁명주의는 사회에 만연한 개량주의에 대한 대응이었다.

조선총독부는 비록 제한선거였지만 지방의회 선거를 도입하고 조선농지령과 같은 사회정책을 폈다. 소농주의 혹은 농본주의적 개혁운동은 상당 부분 농촌진흥운동에 흡수되면서 체제 내화되었다.[04] 노동운동에서도 원산총파업과 그 이후 원산노련, 함남노동회 활동에서 볼 수 있듯이 개량주의 운동이 세력을 형성했다. 혁명주의와 개량주의는 모두 대중이 성장한 결과였다. 1930년대 초반 코민테른과 조선공산당 재건운동이 좌경 노선으로 비판받은 이유는 개량주의 영향력 아래 놓인 대중의 처지에 둔감했기 때문이다.

다만 대중운동의 현장은 다른 모습을 보였다. 1928년 12월 테제는 소비에트 건설을 지시했다. 소비에트는 러시아혁명 과정에서 자생적으로 등장한 대중의 직접민주주의 조직이다. 대의제 민주주의에 억압되어 과격한 어감만 남았을 뿐이다.[05] 김남천(金南天)의 소설은 마실 물을 요구하며 노동자들이 자생적으로 조직한 '파업위원회'를 그려냈다.[06] 혁명적 농민조합 운동은 폭넓은 연대를

03 無産者社, 『朝鮮前衛党—ボルシエビキ‐化のために』, 左翼書房, 1931.

04 Shin, Gi-Wook, "Colonial Corporatism: The Rural Revitalization Campaign in Korea 1924~1945", Gi-Wook Shin & Michael Robinson eds., *Colonial Modernity in Korea*, Havard University press, 1999.

05 김민철, 『누가 민주주의를 두려워하는가—지성사로 보는 민주주의 혐오의 역사』, 창비, 2023 참조.

06 김남천, 「공장신문」(1931), 최원식 외 엮음, 『20세기 한국 소설: 소금, 공장신문, 질소비료공장』, 창비, 2005.

위하여 '농민위원회'를 꾸리기도 했다.[07] 대중은 혁명과 개량을 넘나들며 자치 조직인 '위원회'를 만들어냈다. 1930년대 대중의 직접민주주의 경험은 해방 직후 폭발적인 인민위원회 건설로 이어졌다.

대중이 실천이든 소비이든 행위를 벌이는 현실의 주체라면, 민중은 총체성과 보편성을 의식하면서 사후적으로 구성되는 역사적 개념이 아닐까. 사회주의는 대중을 민중으로 재구성하기 위해 진력했고 1930년대 특히 식민지에서 그 형식은 민족이었다. 정창렬은 민중을 '식민지 사회 근현대의 고유한 역사적 산물'로서 '민족해방을 위한 운동의 담지자'라고 보았다.[08] 1930년대 식민지 조선에서 대중의 진출은 민중적 민족주의 형성의 바탕이었다.

민족의 대두

1930년대 들어 민족주의자가 주도한 '조선학 운동'이 전개되었다. 여기에 백남운(白南雲) 등 사회주의자도 가담하면서 조선 연구 붐이 일었다. 우리 민족이 세계와 어깨를 나란히 하는 역사와 문화를 지녔음을 밝히려는 목적이었다. 정약용을 비롯하여 실학을 재발견하는 등 해방 이후까지 이어지는 한국학 연구의 틀이 잡혔다. 1930년대 중반은 '한국 근현대 학술사의 발흥기'[09]였다. 민족의 내재적 발전을 그리려는 움직임을 놓고 마르크스주의자 사이에서 논쟁이 벌어졌다. 조선공산당 재건운동 주류는 백남운을 민족개량주의라고 비판했다.

1935년 코민테른 제7회 대회는 반파시즘 인민전선을 제창했다. 특히 파시

---

07 지수걸, 『일제하 농민조합운동 연구』, 역사비평사, 1993, 149쪽.

08 정창렬, 「한국사(학)에서의 민중 인식」(1989), 정창렬저작집 간행위원회 편, 『정창렬 저작집 II. 민중의 성장과 실학』, 선인, 2014, 427쪽.

09 방기중, 『한국 근현대 사상사 연구—1930·40년대 백남운의 학문과 정치경제 사상』, 역사비평사, 1992, 114쪽.

즘이 대중의 민족감정을 빨아들이고 있는 점을 경계했다. 코민테른은 공산주의자 역시 대중의 민족주의를 인정하고 이를 적극적으로 대변하라고 지시했다. 반파시즘 인민전선의 인민은 곧 민족이었다. 식민지 조선에서도 반파시즘 인민전선과 더불어 반제 민족통일전선이 필요하다는 인식이 확대되었다. 조선공산당 재건운동을 벌인 이재유(李載裕)는 대중의 민족감정을 중시하는 인식을 보였다. 원산그룹은 개량주의적 합법 조직 속에서의 활동도 모색했다.

반파시즘 인민전선과 반제 민족통일전선 사이에는 갈등의 소지가 있었다. 만주에서 한인 공산주의자와 민족주의자의 공동 활동은 중국공산당이 지도하는 한·중 연합 빨치산 투쟁에 대한 배신으로 오해받았다. 그 결과 반민생단 투쟁이라는 이름으로 한인 다수가 희생되는 비극이 발생하기도 했다. 한인의 민족통일전선이 인정되어 김일성 부대가 조국광복회를 건설한 것은 나중 일이었다. 원산그룹에서는 반제 민족통일전선 형성을 놓고 일본인 노동자를 배제하고 조선인 노동자만의 조직을 건설하는 것이 적절하냐는 논쟁이 일었다.

1930년대 중국과 일본 사이에 놓인 식민지 조선에서 오늘날의 민족주의 혹은 국민주의의 원형이 성립했다. 일본인과 조선인은 일본 '제국주의'에 맞서 연대할 수 있지만, 일본 '제국' 질서 아래서는 종주국 민족과 식민지 민족으로서 서로 알력이 있었다.[10] 사회주의 운동과 사상은 이러한 흐름을 때로는 이용하고 때로는 선도하면서 민중적 민족주의 형성을 끌어냈다. 반파시즘 인민전선이 정점에 달한 1943년에 이루어진 코민테른 해산은 1945년 이후의 국민국가 체제를 예고하는 것이었다.

---

10 黒川伊織, 『戦争·革命の東アジアと日本のコミュニスト 1920~1970年』, 有志舎, 2020, 7~8쪽.

19세기가 제국의 시대라면 20세기는 비식민화(decolonization)의 시대였다.[11] 제1차 세계대전을 전후하여 민족자결 원칙이 확립되었다. 사회주의는 식민지 제국의 동요와 해체라는 세계적 흐름을 선도했다. '주권과 영토보전의 존중'은 20세기 국민국가 시대를 규율하는 이념이었다. 해방과 남북한 정권 수립은 20세기 비식민화 흐름 속에서 이해될 수 있다. 북한의 건국 역시 20세기 시대 정신을 충실히 따른 결과다. 김일성이 남긴 회고록 제목은 『세기와 더불어』(1992~1998)였다.

전쟁과 민족통일전선

일본은 1931년에 만주사변을 일으키고 이듬해 괴뢰국인 만주국을 세웠다. 코민테른은 만주를 침략한 일본을 다른 제국주의와 구별되는 '강도적 제국주의'라고 규정했다.[12] 국제적인 반파시즘 인민전선론의 맹아가 엿보인다. 영국, 프랑스 등이 주도한 국제연맹 역시 만주국을 승인하지 않았고 1933년에 일본은 국제연맹을 탈퇴해야 했다.

반파시즘 인민전선론이 공식화되는 1935년 코민테른 제7차 대회에서 이탈리아 공산주의자 톨리아티(Palmiro Togliatti)는 1928년 제6차 대회 이래 정세 변화를 이야기하면서 가장 먼저 만주사변을 들었다.[13] 일본의 역사학자 이에나가 사부로는 제2차 세계대전은 1931년에 만주에서 시작되었다는 시각을 제시했다.[14]

---

11 홍종욱, 「3·1운동과 비식민화」, 한국역사연구회 3.1운동 100주년 기획위원회, 『3·1운동 100년 3. 권력과 정치』, 휴머니스트, 2019 참조.

12 「日本における情勢と日本共産党の任務に関するテーゼ(三二年テーゼ)」, 石堂清倫·山辺健太郎 編, 『コミンテルン 日本にかんするテーゼ集』, 青木文庫, 1961, 76~80쪽.

13 パルミロ·トリアツテイ 著, 山崎功 訳, 『統一戦線の諸問題』, 大月書店, 1975, 94쪽.

14 家永三郎, 『太平洋戦争』, 岩波書店, 1968.

연합국 대 추축국 사이의 반파시즘 전쟁으로 수행된 제2차 세계대전의 구도는 만주에서 틀이 잡힌 셈이다.

식민지 조선의 사회주의자들은 반파시즘 인민전선을 '전선' 즉 전쟁의 논리로 받아들였다.[15] 민족개량주의와 사회개량주의를 타격할지 혹은 연대할지를 놓고 의견이 분분했지만, 구체적 현실에서는 무엇을 어떻게 해야 할지 모호했다. 그러나 항일 무장투쟁 전선에서는 죽고 죽이는 적과 아가 있을 뿐 그러한 모호함은 존재하지 않았다. 이미 전쟁 상황에 놓여 있던 만주의 김일성 부대, 그리고 중국 관내의 민족혁명당에서 인민전선과 민족통일전선이 먼저 시작된 이유였다.

1937년 중일전쟁이 발발하자 중국공산당과 국민당 사이에 제2차 국공합작이 형성되었다. 식민지 조선의 사회주의자들은 일본과 소련 사이에 전쟁이 불가피할 것으로 기대했고 중국의 국공합작에서도 자극을 받았다. 원산그룹, 경성콤그룹의 경우도 인민전선 슬로건을 내걸고 무장봉기를 준비했다. 1939년에는 독일의 폴란드 침공으로 제2차 세계대전이 발발했다. 그러나 소련은 제2차 세계대전을 반파시즘 전쟁이 아니라 제국주의 사이의 전쟁으로 규정하고 개입을 유보했다. 국제적인 반파시즘 인민전선의 기대를 저버린 셈이다.

1941년 독일이 소련을 침공하자 비로소 스탈린(Joseph V. Stalin)은 이 전쟁을 파시즘에 대항하는 민주주의의 십자군 전쟁이자 "자유를 수호하고 노예화에 반대하는 모든 민족의 통일전선"이라고 규정했다.[16] 만주의 전장에서 반파시즘 인민전선이 태동한 지 10년이 지나서야 유럽의 전장에서도 비로소 반파시즘

---

15 최규진, 『한국 독립운동의 역사 44. 조선공산당 재건운동』, 독립기념관 한국독립운동사연구소, 2009, 277쪽.

16 제프 일리 지음, 유강은 옮김, 『THE LEFT 1848~2000—미완의 기획, 유럽 좌파의 역사』, 뿌리와 이파리, 2008, 517쪽.

인민전선이 본격화했다. 전시라는 독특한 조건 속에서 레지스탕스와 각국 사회의 진보적인 전통에 토대를 둔 새로운 공산주의가 등장했다.[17]

식민지 말기 조선에서도 세계대전이 반파시즘 전쟁으로 전개되면서 일본이 불리한 처지에 놓였다는 인식이 확대되었다. 여운형(呂運亨)의 건국동맹은 폭넓은 반파시즘 인민전선, 반제 민족통일전선을 추구하고 무장봉기를 준비했다. 건국동맹과 화북 조선독립동맹의 연대도 군사적 목적을 크게 의식했다. 사회주의자가 주도하는 반파시즘 인민전선, 반제 민족통일전선은 전쟁 속에서 비로소 구체적인 모습을 갖췄다. 북한의 행보에서 상징적으로 나타나듯이 전쟁은 20세기 사회주의 정체성의 중요한 부분이었다.

식민지라는 조건

한국 사회에는 민족주의를 넘어 국수주의가 횡행하는 듯 보이지만 정작 식민지가 무엇이었고 그 경험이 우리 사회에 무엇을 남겼는지에 대한 성찰은 충분하지 않다. 21세기 들어 '일제강점기'라는 용어가 널리 쓰이고 있다. 여기에는 한국병합 조약이 불법이므로 식민지가 아니라 강점이라는 논리가 작동한다. 나아가 〈카이로선언〉(1943)에 드러나듯 연합국이 일본의 해외 영토 대부분을 '폭력과 탐욕'으로 취한 땅이라고 규정한 사실도 관계가 있다. 특히 한국은 식민지라기보다 노예상태에 있는 것으로 설명되었다.

국제사회를 향하여 한국병합 조약을 비롯한 일본의 한국 통치가 지닌 불법성, 위법성을 고발하려는 노력은 중요하다. 다만 국제법상 강점은 불법이지만 식민지는 합법이라는 인식은 곤란하다. 이러한 발상은 2001년 유엔의 '더반선언' 이후 식민지배 자체를 불법으로 규정하려는 21세기 국제사회의 탈식민

---

17 위의 책, 526쪽.

노력과도 어긋난다.

강점이라는 말은 강압성, 가혹함을 강조하려는 의도를 담고 있지만, 식민지는 영토로서 병합하고 통치 기구를 확립한 상태라는 점에서 점령보다 더 구조화된 강압성과 가혹함을 지닌다. 일본은 한국에 대한 강점을 넘어 통치의 제도화를 통해 본국으로 동화를 꾀했다. 일본의 한국사 연구자 가지무라 히데키는 "국제적인 힘, 지배자의 논리가 일단 내부에까지 들어와버렸다. 이를 없었던 것으로 하고 순수 민족적인 것을 낡은 향수의 세계에서 구하기만 해서는 현실로부터 멀어지고 만다"[18]는 말로 식민지 경험의 무거움을 지적했다.

지배·수탈과 저항이라는 이분법은 식민지 근대의 전개와 그 시기적 변화라는 역사적 실태를 가릴 우려가 있다. 이러한 역사서술의 극단은 북한에서 찾아볼 수 있다. 북한 역사학을 대표하는 거질의 통사인 『조선전사』에서는 1910년대 무단통치의 실상을 비판한 뒤 1920년대 이후는 김일성의 항일 무장투쟁만을 다루고 식민지 조선 사회의 모습에는 관심을 두지 않는다.[19] 3·1운동 이전과 이후는 어쩌면 1987년 이전과 이후만큼이나 다른 시기였다. 물론 식민지 말기에 다시 암흑기가 찾아왔다. 김윤식은 "조선의 일제강점기란 문학사적으로는 1942년 10월에서 종전까지 3년간에 지나지 않는다"고 밝힌 바 있다.[20]

식민지의 민족운동은 어떤 특징을 지닐까. 식민지에서 반제 민족통일전선의 필요성은 누구도 부인하지 않는다. 문제는 코민테른의 아시아·식민지 혁명

---

18 梶村秀樹, 「朝鮮史硏究の方法をめぐつて」(1974), 『梶村秀樹著作集 第2卷 朝鮮史の方法』, 明石書店, 1993, 124쪽.

19 사회과학원 력사연구소, 『조선전사 15. 근대편 3』, 과학·백과사전 출판사, 1980; 사회과학원 력사연구소, 『조선전사 16. 현대편 항일 무장투쟁사 1』, 과학·백과사전 출판사, 1981.

20 김윤식, 『일제 말기 한국 작가의 일본어 글쓰기론』, 서울대학교 출판부, 2003, 66쪽; 이기훈 외, 「좌담: 식민지 근대성론의 역사와 현재」, 『역사비평』 136, 2021, 20쪽.

론이 대부분 중국 경험에서 나왔다는 데 있다. 민족통일전선론의 핵심은 민족부르주아지와 협동 여부다. 반식민지 중국의 민족자본은 독자적 발전의 가능성을 지니고 민족주의와 제국주의 사이에서 동요했다. 이에 반해 완전 식민지인 조선에서 민족자본이 자유롭게 활동할 영역은 애당초 존재하지 않았다.[21]

1920~30년대 중국에서 공산주의자를 탄압한 것은 일본 제국주의와 더불어 장제스(蔣介石)의 국민정부였다. 중국의 민족주의자는 실체를 가진 권력이었다. 중국공산당에게 민족통일전선이란 민족부르주아지를 어떻게 국민당 지지에서 공산당 지지로 돌릴 것인가, 혹은 일본의 침략에 맞서 어떻게 장제스까지 포함하여 국공합작을 이룰 것인가의 문제였다.

민족의 존재가 부정된 완전 식민지 조선은 상황이 달랐다. 민족부르주아지라고 할 만한 동아일보, 천도교, 기독교 세력 등이 존재했지만, 일단 제도적으로는 완전히 조선총독부 감시 아래 놓여 있었다. 민족 없는 민족혁명은 부르주아지 없는 부르주아혁명만큼이나 위태로운 과제였다. 원산그룹 사건으로 투옥된 최용달은 인민전선에 대해 "다만 국제적 경향이라는 이유로 그것이 바로 조선에 구체화되었을 것이라고 추측할 수는 없다"[22]고 언급했다. 최용달은 식민지 조선에서 민족부르주아지의 '타락'을 고발했다.

민족통일전선의 구체적 현실은 더욱 어려웠다. 일제는 확고한 치안력을 유지했고 신간회 이후 어떠한 정치단체도 허용하지 않았다. 사회주의자가 민족부르주아지와 민족통일전선을 추구한다 해도 그 형식은 비밀결사여야 했다. 식민지 조선에서 인민전선과 민족통일전선은 말 그대로 '전선'일 수밖에 없었

---

21 梶村秀樹, 「「民族資本」と「隷属資本」―植民地体制下の朝鮮ブルジョアジーの政治経済的 性格解明のためのカテゴリーの再検討」(1978), 『梶村秀樹著作集 第3巻 近代朝鮮社会経済 論』, 明石書店, 1993, 344쪽.

22 崔容達, 「感想錄(事件に關係するまで)」, 『思想彙報』 24, 1940, 303쪽.

다. 합법적 정치운동의 공간이 극히 제한되었다는 조건이야말로 식민지의 중요한 특징이었다. 대중운동에서도 합법 활동은 거의 불가능했고 오히려 대중 앞에는 혁명과 개량을 넘나드는 직접민주주의 실천이라는 위험한 길만 남겨졌다.

식민지라는 조건의 엄혹함은 남북한의 역사서술에도 영향을 미쳤다. 북한 역사학은 식민지 조선의 상황에 눈을 감고 김일성의 활동에 초점을 맞춰 만주 경험을 특권화한다. 남한 역사학의 경우 혁명적 농조·노조 운동, 경성콤그룹, 건국동맹 등에 관한 연구가 진전되었지만, 1930년대 운동과 사상은 여전히 중국 관내가 주된 대상이다. 특히 국내의 전향자나 타협적 운동에 대한 평가는 가혹하다. 나미키 마사히토는 국외 운동에 정통성을 두고 국내 운동 및 사상을 철저하게 단죄하는 경향을 '망명자 사관'[23]이라고 비판했다.

사회주의 운동과 사상

이 책에서는 1930년대 식민지 조선의 사회주의 운동과 사상을 다뤘다. 여러 사회주의 가운데 특히 공산주의 운동에 초점을 맞췄다. 공산주의자를 어떻게 정의할지는 간단한 문제는 아니지만, 코민테른(Comintern)의 권위를 인정하고 그 지도를 구한 사회주의자라고 일단 규정할 수 있겠다.

러시아혁명을 성공시킨 레닌(V. I. Lenin)은 제2인터내셔널이라고 불린 국제 사회주의자회의(International Socialist Congress)와 별도로 1919년에 제3인터내셔널로서 공산주의자 인터내셔널(Communist International), 즉 코민테른을 창립했다. 제2인터

---

23 並木真人, 「朝鮮における「植民地近代性」・「植民地公共性」・対日協力―植民地政治史・社会史研究のための予備的考察」, 『国際交流研究』 5, フエリス女学院大学国際交流学部, 2003, 2쪽.

내셔널이 세계 사회주의자들의 협의체였던 데 반해 코민테른은 국제공산당을 자처하며 각국의 공산당을 자신의 지부로 자리매김했다. 모두 소련의 지원 덕분에 가능한 일이었다.

조선의 공산주의자들은 1920년대에는 조선공산당과 그 주변에서 활동했고, 1928년에 조선공산당이 코민테른에 의해 지부 자격을 잃은 뒤에는 조선공산당 재건운동을 벌였다. 이 책에서는 조선공산당 혹은 그 재건운동과 직접 인연이 닿지 않은 활동가, 학자들도 다뤘는데, 그들도 코민테른과 소련을 중심으로 한 국제 공산주의 운동의 노선, 이념을 존중했다는 점에서는 공통된다.

제1부에서는 사회주의 운동과 노선을 살폈다. 제1장은 1930년대 초반의 원산총파업과 조선공산당 재건운동을 다뤘다. 식민지 시기 사회운동은 1930년대 초반 정점에 달했다. 혁명주의 운동만이 아니라 개량주의 운동도 대중의 성장에 의해 뒷받침되었다. 1928년 코민테른 제6회 대회 결의와 조선에 관한 12월 테제에 입각하여 조선공산당 재건운동은 혁명주의를 고수하고 개량주의를 비판했다. 한편 대중운동의 현장에는 혁명과 개량을 넘나드는 자생적 운동이 존재했다.

제2장은 1930년대 중반 만주의 항일 무장투쟁과 이재유그룹, 원산그룹을 다뤘다. 1935년 코민테른 제7회 대회는 반파시즘 인민전선을 제창했다. 여기서 인민은 곧 민족이었고 각 나라와 지역의 사정에 맞춘 민족혁명이 제기되었다. 만주의 공산주의 항일유격대에서는 중국 민족주의와 한국 민족주의가 충돌했으나, 이윽고 중국공산당은 한국인의 민족통일전선을 인정했다. 이재유그룹과 원산그룹은 반파시즘 인민전선론과 반제 민족통일전선론을 식민지 현실에 어떻게 적용할지를 모색했다.

제3장은 1930년대 후반 이후 식민지 말기와 해방 이후를 다뤘다. 중일전쟁기에 본격화한 사회주의자의 전향은 민족협화론과 통제경제론을 축으로 삼는

굴절된 민족혁명론이었다. 경성콤그룹 구성원은 반파시즘 인민전선에 적극적이지 않은 소련의 정책에 의문을 표하기도 했다. 중국 옌안의 조선독립동맹에서는 국제주의와 민족주의가 길항했다. 국내에서는 건국동맹이 저항과 전향이 뒤섞인 가운데 광범한 민족통일전선을 형성하여 건국을 준비했다. 해방 공간과 건국 초기 북한에서도 국제주의와 민족주의 갈등이 재연했다. 이윽고 북한에서는 사회주의적 애국주의를 거쳐 주체사상이 태동했다.

제2부는 역사학과 사회과학 지식으로서의 사회주의를 다뤘다. 제4장은 마르크스주의 역사학자 백남운, 김광진(金洸鎭), 이청원(李淸源)의 아시아 인식과 조선 연구를 살폈다. 백남운은 세계사의 보편적 발전법칙이 한국사에도 관철되고 있음을 증명하고자 했다. 1930년대 중반 조선 연구가 보인 민족이라는 주체에 대한 관심은 민족통일전선을 뒷받침하는 것이었다. 이를 조선공산당 재건운동 주류, 그리고 국제노선을 따르는 마르크스주의 학자들은 민족개량주의라고 비판했다. 백남운의 연구는 해방 후 남북한 학계를 주름잡은 내재적 발전론의 원형이었다.

제5장은 동아시아 사회과학의 도달점이라고 할 만한 식민지 반봉건사회론의 형성과 전개를 다뤘다. 주체의 능동성에 주목한 레닌의 변증법적 유물론은 사적 유물론의 경제 결정론에 대한 비판으로 나타났다. 1920년대 후반 식민지 조선의 변증법적 유물론 논쟁도 구조와 주체의 관계를 논하며 1930년대 사회과학적 조선 연구의 심화를 예고했다. 동아시아의 사회 성격을 자본주의적 보편성 속에서 논할 것인가, 아니면 식민지-주변부적 특수성으로 파악할 것인가를 둘러싼 논쟁이 1930년대 한중일 모두에서 벌어졌다. 중국 혁명의 진행을 따라 체계화된 식민지 반봉건사회론은 해방 후 남북한 사회과학에 큰 영향을 미쳤다.

제1부
사회주의 운동의 민중적 전환과 그 식민지적 길

제1장

대중의 성장과 사회주의 운동의 민중적 전환

1. 1930년을 전후한 사회주의 운동의 변화

1930년을 전후해 분출한 사회운동은 1920년대 운동과는 무엇이 다른가. 1930년대 초반 미디어를 수놓던 그 많은 활동가, 사회주의자는 모두 어디로 갔는가. 해방 직후 대중의 폭발적 진출은 어떻게 설명할 수 있을까. 이러한 질문에 답하기 위해 대중의 성장에 주목하면서 1930년을 전후한 사회주의 운동의 민중적 전환을 살펴보겠다.

식민지 조선의 1930년대를 놓고는 서로 다른 역사상이 교차한다. 대륙 병참기지화 정책과 민족 말살 정책이 자행된 전시 체제기로 보는 시각이 일반적이었지만, 도시문화와 대중문화를 비롯한 식민지 근대가 본격적으로 전개된 점이 강조되기 시작했다. 농공병진, 즉 농촌진흥운동과 더불어 식민지 공업화가 진전되어 식민통치가 일정한 안정을 보였다는 평가도 있지만, 이재유로 상징되는 혁명적 노동조합 운동의 시기이기도 했다.

제1차 세계대전 이후 전쟁이라는 비극을 낳은 제국주의와 자본주의를 극복하려는 움직임이 거셌다. 1917년 러시아혁명에 이어 유럽 각지에서 잇달아

혁명이 시도되었다. 각국은 보통선거를 도입하는 등 대중의 정치적 욕구를 체제 내에 묶어두려고 애썼다. 사회주의 운동도 새로운 대응을 요구받았다. 레닌은 유럽 각국에서 전개되는 새로운 대중정치를 '로이드 조지 주의'라고 명명했다.[01] 로이드 조지(David Lloyd George)는 개혁 정책을 펼친 영국 수상(1916~1922)이었다.

여러 식민지에서는 효율적인 통치와 수탈을 위해 제한적이나마 교육 확대와 산업 발달 정책이 취해졌다. 이러한 변화는 피식민자의 권리의식 확대와 저항운동 폭발로 이어졌다. 식민지 민중까지 동원한 총력전으로 치른 제1차 세계대전이 결정적 계기가 되었다. 식민지제국 질서가 동요하면서 구미 열강조차 민족자결 원칙을 인정하지 않을 수 없었다. 여러 식민지에서 자치가 보장되고 독립이 약속되는 등 비식민화(decolonization) 움직임이 뚜렷했다. 3·1운동과 뒤를 이은 '문화정치' 역시 명백한 한계에도 불구하고 세계적인 비식민화 흐름의 한국적 표현이었다.[02]

식민지 조선의 민족운동과 사회운동은 가파르게 성장했다. 1920년대 중반 이후 고양된 노동운동은 1929년 원산총파업에서 정점에 달했다. 총파업은 근대적인 노동조합과 노동문화에 의해 뒷받침되었다. 1929년 가을에서 이듬해 봄에 걸쳐서는 광주학생독립운동이 전국을 휩쓸었다. 조선인 중등 학생 계층이 성장한 결과였다. 모두 교육의 확대, 신문·잡지 등 미디어의 발달, 대중문화의 확산과 궤를 같이하는 현상이었다. 대중의 고양된 권리의식은 생존권 보장과 식민지적 차별 반대 요구로 터져 나왔다.

---

01 에르네스토 라클라우·샹탈 무페 저, 이승원 역, 『헤게모니와 사회주의 전략』, 후마니타스, 2012, 122쪽.

02 비식민화에 대해서는 홍종욱, 「3·1운동과 비식민화」, 한국역사연구회 3.1운동 100주년 기획위원회, 『3·1운동 100년 3. 권력과 정치』, 휴머니스트, 2019 참조.

1920년대를 거치면서 동아시아 사회주의 운동은 크게 발전했다. 한중일 모두에 공산당이 만들어졌다. 1924년 중국에서는 북방 군벌을 제압하여 국민혁명을 완수하고자 국공합작이 성립했다. 중국공산당은 국공합작을 통해 국민혁명의 주체로 인정받았다. 일본과 한국의 공산당은 비합법이었지만, 사상과 운동 양면에서 공공연하게 존재감을 과시했다. 일본은 다이쇼 데모크라시를 구가했고, 1925년에는 남자 보통선거 실시가 결정되었다. 한국에서도 정치운동으로 전환이 부르짖어지는 가운데 1927년에 좌우합작의 신간회가 창립되었다.

각국 정부는 공산주의에 위협을 느꼈다. 중국에서는 1927년 4월 장제스의 쿠데타로 국공합작이 결렬되었다. 이윽고 북벌을 완수하고 국민혁명은 성공했지만, 공산당은 불법화되었다. 일본에서는 1925년에 치안유지법이 남자 보통선거와 짝을 이뤄 등장했다. 일본공산당은 1928~29년에 대대적인 탄압을 받아 궤멸 상태에 빠졌다. 1925년 창립한 조선공산당은 검거와 재건을 되풀이했지만, 1928년에 탄압으로 붕괴하는 한편 코민테른에 의해 지부 자격도 취소당했다.

통치자들은 급진적인 부분을 제거한 채 대중의 진출을 체제 안으로 포섭하려고 애썼다. 산업과 교육, 문화가 발달하면서 사회주의혁명이 아닌 자본주의적 발전이 가능하리라는 전망도 커졌다. 중국과 일본에서 보수적 개혁의 길이 주류를 점하는 가운데, 사회주의 운동은 개량주의 운동이냐 아니면 무장투쟁과 비밀결사와 같은 비합법 투쟁이냐는 갈림길에 놓였다. 중국공산당은 위축된 세력을 추슬러 농촌 소비에트 건설에 나섰다. 일본에서는 1933년에 공산당원의 대량 전향이 일어났고 점차 사회대중당과 같은 합법 사민주의 정당이 세력을 키웠다.

한국 사회주의 운동의 변화 역시 동아시아 정세 변동 속에서 이해될 수 있다. 식민지 조선에도 대중사회가 도래했다. 1930년을 전후한 한국 사회주의 운동의 민중적 전환 속에 좌우합작의 신간회가 해체되었고 비합법 조선공산당 재건운동이 전개되는 한편 합법주의와 개량주의 운동도 대두했다. 개량주의와 합법주의가 대중의 진출을 체제 안으로 끌어들인 결과라면, 혁명적 노동·농민조합 운동은 이에 대한 대응이었다.

2. 사회운동의 고양과 대중의 진출

1) 원산총파업과 사회운동의 고양

(1) 1930년대의 원점, 원산총파업

식민지 시기 '노동쟁의의 정점'[03]이었던 원산총파업 사례를 통하여, 1930년을 전후한 한국 사회주의 운동의 민중적 전환 양상을 살펴보자. 후술할 프로핀테른 9월 테제에서는 원산총파업을 노동운동 발전의 전환점으로 평가했고,[04] 북한에서 나온 『조선근대혁명운동사』도 이를 "우리나라 노동운동 발전에 있어서 주요한 자리를 차지하는 투쟁"으로 주목했다.[05]

원산총파업의 성격과 의의에 대해서는 여러 논자가 다양한 의견을 제시했다. 강동진은 원산총파업의 '반일 민족해방 투쟁'으로서의 성격을 강조했고,[06]

---

03 구해근 저, 신광영 역, 『한국 노동계급의 형성』, 창작과 비평사, 2002, 51쪽.

04 「조선의 혁명적 노동조합 운동의 임무에 관한 테제─9월 테제」, 이반송·김정명 지음, 한대희 편역, 『식민지시대 사회운동』, 한울림, 1986, 250쪽.

05 과학원 력사연구소 근세 및 최근세사연구실 편, 『조선근대혁명운동사』, 과학원출판사, 1961, 266쪽.

06 강동진, 「원산총파업에 대한 고찰─주로 민족독립운동으로서의 성격을 중심으로」(초출

김광운이 변혁운동과 계급투쟁의 관점에서 원산총파업의 의의와 한계를 논했다면,[07] 김경일은 노동운동의 본격화와 대중의 성장에 주목했다.[08] 2000년대 이후 연구는 운동사를 넘어 사회사로 관심을 넓히고 있다.

1930년 1월에 유진오(俞鎭午)는 지난해 사회운동을 돌아보는 글에서 1929년은 조선 프롤레타리아트가 "처음으로 조선운동의 무대 위에 거대한 한 발"을 내딛은 해라고 규정했다.[09] 그리고 "1929년 이전까지의 조선의 모든 운동은 물론 예외도 있으나 대체로 지식계급의 운동"이었다면, 이제야 비로소 "노농 대중 자신에 의하여 대규모의 일상이익 획득 투쟁이 전개"되기에 이르렀다고 보았다. 유진오가 주목한 것은 원산총파업과 평북 용천 불이(不二)농장의 소작쟁의였다. 대중의 진출, 즉 대규모 '일상이익 획득 투쟁'의 전개를 보고 1930년을 전후한 사회운동의 전환을 포착한 것이다.

1920년대를 거치면서 노동자들은 제한적이나마 보장된 언론, 출판, 결사, 집회의 자유를 최대한 이용하여 권리를 확장했다.[10] 원산총파업을 이끈 원산노동연합회 역시 투쟁을 통해 단체교섭권 등을 획득했다. 1921년 객주조합은 조선노동대회 원산지부를 해산하고 원산노동회를 설립했다. 당초 원산노동회는 객주조합의 감독을 받는 자본가를 위한 노무관리 조직에 지나지 않았다. 초대 회장인 김경식(金瓊植)은 객주조합에서 원산노동회를 감독·관리하기 위해 선

1971), 윤병석 외 편, 『한국근대사론』 III, 지식산업사, 1977.

07 김광운, 「원산총파업을 통해 본 노동자 조직의 건설 문제」, 『역사와 현실』 2, 1989.

08 김경일, 「1929년 원산 총파업에 대하여―역사적 성격의 재평가」(초출 1989), 『한국 근대 노동사와 노동운동』, 문학과지성사, 2004.

09 李之輝, 「朝鮮社會運動 (1) 去歲槪跡과 今年의 趨勢」, 『동아일보』 1930. 1. 1.

10 김경일, 『일제하 노동운동사』, 창작과비평사, 1992, 363쪽.

출한 인물이었다.[11]

1925년 10월에 원산노동회는 7개 직업별 조합의 지역 연맹체인 원산노동연합회(이하 노련)로 개편되었다.[12] 객주조합원 이사들을 배제하고 사회주의 단체인 사회과학연구회에서 활동하던 박태선 같은 인물이 합류함으로써 어용단체의 성격을 벗었다. 노련은 1925년부터 1929년까지 26건의 노동쟁의에 관여하여 대부분 노동자의 요구 조건을 관철하는 데 성공했다.[13] 특히 1927년 6월의 동맹파업에서는 평균 7%의 임금 인상을 달성하고 단체교섭권을 얻어내는 큰 승리를 거두었다.[14]

원산 지역 사회주의자들의 움직임도 눈에 띈다. 1925년 11월에 이계심(李啓心), 박태선(朴泰善) 등 서울파 사회주의자가 주도하여 원산 사회과학연구회를 창립했다. 1926년 1월에 원산청년회를 완전히 장악한 서울파는 한명찬(韓明燦) 등 화요파 6명을 제명하기도 했다. 1926년에는 ML파가 등장했다. 한명찬, 이계심, 박태선은 서울 신파를 구성해 방향전환론을 주장했다. 장기욱(張基郁) 등 서울 구파는 상해파와 합동하여 서상파를 결성해 ML파와 대립했다.[15] 박태선은 신간회 원산지회장을 맡았다. 노련 회장인 김경식도 1927년에 조선사회단체중앙협의회 창립대회에 참가한 것이 확인된다.[16]

---

11 오미일, 「1920~1930년대 초반 원산 지역 조선인 자본가층의 지역정치―시영회와 시민협회의 선거 및 노동 개입을 중심으로」, 『한국사연구』 175, 2016, 170쪽.

12 「混合體이던 元山勞會, 職業別로 分體組織」, 『동아일보』 1925. 10. 26.

13 朝鮮總督府警務局圖書課, 『調査資料 第九輯 元山勞動爭議に關する新聞の論調』, 1930, 23~26쪽(水野直樹 編, 『朝鮮治安関係資料集成 第2卷』, 不二出版, 2018, 95~96쪽).

14 오미일, 「1920~1930년대 초반 원산 지역 조선인 자본가층의 지역정치」, 175쪽.

15 김광운, 「원산총파업을 통해 본 노동자 조직의 건설 문제」, 77~80쪽.

16 오미일, 「1920~1930년대 초반 원산 지역 조선인 자본가층의 지역정치」, 72~174쪽.

서울계 지도부를 중심으로 온건한 사상적 성향을 띠던 노련에 신진 활동가들이 참여하면서 사회주의 성향이 강화되었다. 노련에서는 공산주의 서적을 강독하고 제1차 조선공산당 사건 공판에도 참가했다. 아울러 '노농 러시아'를 모방한 마크 제정 등도 이루어졌다.[17] 1928년 1월에 노련은 ① 지방에 국한된 상태를 벗어나 전국적·세계적으로 운동을 전개하고, ② 민족운동에서 협동전선을 확립하기 위하여 신간회와 적극적으로 제휴할 것을 결의했다.[18] 그러나 1928년 제3차, 제4차 조선공산당 사건으로 한명찬, 이계심, 박태선 등이 구속되고, 춘경원당 사건으로 장기욱도 구속되었다.[19] 관헌은 노련의 급진적인 부분을 도려내버렸다.

1928년 9월 말에 노련은 문평제유공장 노동쟁의에 개입하여 3개월 후에 임금협상을 재개하기로 합의했다. 그러나 1929년 1월에 사용자 측은 노련의 대표성을 인정하지 않았다. 노련은 문평제유공장 노동자의 파업을 결정하고 국제통운 소속 부두 노동자에게 동 회사로 가는 화물 운반을 거부하라고 지시했다. 국제통운은 노동자 해고로 맞섰다. 이에 지역 노동자들의 동조 파업이 확대되면서 원산총파업이 시작되었다.[20]

총파업은 자본가들의 모임인 상업회의소가 1927년에 노련이 획득한 단체계약권을 부정함으로써 촉발되었다. 1920년대 후반 흥남에 조선질소비료공장이 설립되는 등 함경남도 개발이 가속화되었다. 문평제유공장 사태는 급변하는 지역 경제 흐름을 따라잡으려는 원산 자본가와 10년 가까이 일군 사회경제

---

17 朝鮮總督府警務局圖書課, 『調査資料 第九輯 元山勞動爭議に關する新聞の論調』, 22쪽.

18 「運動線을 擴大, 元山勞聯 決議」, 『동아일보』 1928. 1. 17.

19 김광운, 「원산총파업을 통해 본 노동자 조직의 건설 문제」, 80쪽.

20 朝鮮總督府警務局長, 「元山及文坪ニ於ケル勞働爭議ニ關スル件」(1929. 2. 28).

적 기반을 지키려는 원산 노동자가 충돌함으로써 빚어졌다.[21]

　조선공산당 사건으로 핵심적 활동가들이 검거된 상태에서, 노련 지도부는 적극적으로 정치적 선전 선동을 전개하기보다 온건한 입장으로 일관했다. 그러나 자본가의 공세에 맞서 70일 이상 총파업을 유지한 것은 대단한 일이었다. 당시 언론에서도 노련 지도부의 역량을 높이 평가했다.[22] 김경식이 주도한 노련은 1927년 동맹파업 승리의 연장선에서 1929년 총파업에 임했다.[23] 원산총파업은 1920년대 원산 노동운동의 도달점이었다.

　자본가 측은 대체 노동자를 투입하여 파업을 깨려고 했다. 원산의 비조직 노동자를 동원했고 멀리 인천에서 대체 노동자를 들여오기도 했다. 1933년 이서향이 발표해 동아일보에 실린 희곡 「제방을 넘은 곳」은 원산총파업 와중에 파업 깨기에 동원된 가난한 조선 사람들의 실태와 고뇌를 그렸다. 급히 동원된 이들과 기존 조합원의 충돌은 불가피했다. 극중 인물은 처자식의 안위를 돌보아야 한다고 명분을 세웠지만, 스스로 '깨기꾼'[24]이 된 사실을 부끄러워하며 이웃과 연대를 저버린 자신을 책망했다.[25]

　자본가 측은 어용 노동단체인 함남노동회를 조직하여 원산노련의 무력화를 시도했다. 3월 8일에 정식 창립한 함남노동회는 자유노동자를 끌어모으는 데 성공한다. 노련 측은 자본가 측의 요구를 받아들여 '무산자의 세계적 제휴',

21　현명호, 「원산총파업의 공간적 전개」, 『한국독립운동사연구』 73, 2021, 126쪽.

22　유현, 「1920년대 노동운동의 발전과 원산총파업」, 『한국사회사연구회논문집』 19, 1990, 174쪽; 「解決杳然의 元山大爭議」, 『조선일보』 1929. 2. 13.

23　金森襄作, 「元山ゼネストと朝鮮の労働運動 (3)」, 『朝鮮研究』 178, 1978, 48~51쪽.

24　李曙鄕, 「堤防을 넘은 곳」(十), 『동아일보』 1933. 2. 19.

25　김남석, 「「제방을 넘은 곳」에 투영된 도시 빈민의 형상과 원산 파업의 의미」, 『민족문화연구』 85, 2019, 448쪽.

'무산계급의 해방' 등을 포함한 강령을 "생활 향상을 위한 노동자의 수양을 본 위로" 한다는 내용으로 수정했다.[26] 그러나 자본가 측은 함남노동회 소속이 아 니면 일자리를 줄 수 없다며 노련 측의 굴복을 강요했다. 4월 초에 함남노동회 를 습격한 노련 측 노동자들이 대거 검거됨으로써 파업은 패배로 끝났다.[27]

지역 총파업은 식민지 시기 노동운동의 특성이었다.[28] 지역 파업은 자연스 럽게 지역 정치와 연관된다. 원산의 조선인 자본가는 객주 상인이 중심이 되어 조직한 원산 시영회와 그 후신인 원산 시민협회에 결집해 있었다. 이들은 부회 선거 등 지역 정치에서 일본인 유력자와 대립하는 등, 일본인 자본가와 조선인 노동자 사이에 끼인 존재였다. 총파업 과정에서 시민협회는 '부분 해결'이라는 타협안을 제시하기도 했으나 결국 일본인이 주도하는 상업회의소의 '전체 해 결' 안을 따랐다.[29] 조선인 자본가의 민족성이 일정한 역할을 했지만, 결국 민족 보다는 계급이 앞선 셈이다.

노동자들 역시 민족을 넘어선 계급적 단결을 과시했다. 원산 상업회의소는 노련이 파업하면 중국 노동자를 고용할 계획을 이미 세우고 있었다. 하지만 노 련 지도부가 중국 영사관을 통해 요청하자 중국인 노동자들은 모집에 응하지 않았다. 일본인 노동자도 상업회의소의 요구로 부두 하역을 돕기 시작했으나 '같은 노동자'의 일자리를 빼앗을 수 없다고 항구를 떠났다.[30]

원산 출신으로 후일 조선의용대원으로 활약한 김학철(金學鐵)은 어린 시절

26 김경일, 『한국 근대 노동사와 노동운동』, 318쪽.

27 유현, 「1920년대 노동운동의 발전과 원산총파업」, 186~187쪽.

28 金森裏作, 「元山ゼネストと朝鮮の労働運動 (2)」, 『朝鮮研究』 177, 1978, 50~53쪽.

29 오미일, 「1920~1930년대 초반 원산 지역 조선인 자본가층의 지역정치」, 178~179쪽.

30 현명호, 「원산총파업의 공간적 전개」, 136쪽.

원산총파업 당시 일본 선원들이 "파업 만세!", "형제들 버텨라!"라고 응원하는 모습을 보고 "일본 사람들이 어떻게 우리 편을?"하고 놀랐다고 회고했다.[31] 일본 본국의 노동자들도 원산총파업을 지지하는 뜻을 보내고 동정 파업을 조직하기도 했다.[32] 원산총파업은 민족 대결보다 계급 대결의 성격이 짙었다.

(2) 사회운동의 절정, 1930년대 초반

1929년 가을부터 1930년 봄에 걸쳐 광주학생독립운동이 전국적으로 전개되었다. 1930년 여름에는 2,000명 이상이 참가한 평양 고무공장 동맹파업이 벌어졌다. 1930년을 전후한 시기에 식민지 조선의 사회운동은 급격한 고양을 보였다. 식민지 시기 노동쟁의 발생 추이를 통해 이를 확인할 수 있다.

〈그림 1〉의 노동쟁의 추이를 보면 150건 이상에 12,000명 이상이 참가한 1930년에서 1935년까지가 전성기였음을 알 수 있다. 이준식은 민족해방운동의 질적 전환, 곧 전국적인 차원에서의 대중투쟁 고양은 광주학생운동이 일어난 1929년 11월에 나타났고, 만주사변이 일어나고 만주국이 건립된 1932년 3월 이후 민족해방운동의 퇴조가 시작되었다고 보았다.[33]

지수걸은 1919년과 1920년 사이에 전개된 국내외 독립선언과 만세 시위, 상하이 임시정부 운동과 만주 독립군 투쟁 등을 '첫 번째 고조기 운동'이라 지칭했다. 그리고 1930년대 초반을 민족해방운동의 두 번째 고조기라고 보았다. 광주학생독립운동 이후 청년운동과 학생운동이 활성화하고 혁명적 농민·노동조합 운동과 당 재건운동이 활발해진 점에 주목한 것이다. 아울러 이때의 활동

---

31 김학철, 『최후의 분대장』, 문학과 지성사, 1995, 41~42쪽.

32 유현, 「1920년대 노동운동의 발전과 원산총파업」, 189쪽.

33 이준식, 「세계 대공황기 민족해방운동 연구의 의의와 과제」, 『역사와 현실』 11, 1994, 14~17쪽.

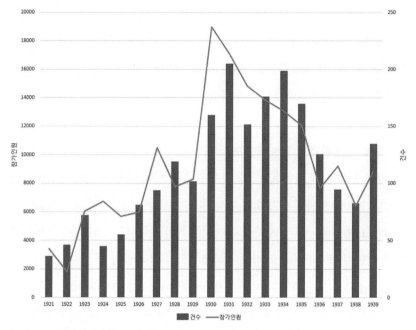

〈그림 1〉 노동쟁의 발생 추이(1921~1939)
* 출처: 김경일, 『일제하 노동운동사』, 309쪽.

가들이 해방 후 인민위원회 운동 등 통일 민족국가 수립 운동을 주도했다고 평
가했다.[34]

여러 단체가 원산총파업을 지원했다. 신간회 인천지회 간부들은 인부 모집
을 방해하는 연설을 했다가 구류를 받았다. 신간회 원산지회 간부들은 파업을
방해하려는 우익단체 국수회(國粹會) 회원의 퇴거를 공식적으로 요청하는 등

---

34 지수걸, 「20세기 초 세계사의 굴절과 한국의 민족해방운동—비식민화 현상과 통일전선운
동」, 『역사학보』 245, 2020, 6쪽.

다양한 활동을 벌이다 일제 경찰에 체포되었다.[35] 신간회 본부는 광주학생독립운동에도 진상조사단을 파견했다. 조선변호사협회는 김태영, 이인 등 변호사를 원산에 파견해 노동자들의 열악한 노동환경을 고발했다.[36] 경성제대 좌익학생들이 중심이 된 경제연구소도 최용달을 조사단으로 파견했다. 최용달은 일본 좌익 잡지에 보고서를 게재했다.[37]

1930년을 전후한 사회운동의 고양은 원산총파업에 모인 전국적인 지지를 통해 짐작할 수 있다. 접수된 파업 지지 격문과 전보 174건 가운데 146건은 국내에서, 28건은 일본과 만주 등 국외에서 보냈다. 국내 발송 146건은 개인 11건, 단체 135건인데, 단체의 경우 노동단체 65건, 청년단체 33건 등이었고 신간회 지회는 14건이었다. 파업 지원 금품은 국내에서 58건, 국외에서 11건이 접수되었다. 국내 58건은 개인 발송 외에 노동단체 27건, 청년단체 4건 등이었고 신간회 지회는 2건에 그쳤다.[38] 지지 격문과 지원 금품은 사회주의 운동과 상당한 관련성이 있는 개인이나 단체에서 보낸 경우가 많았다.[39]

신간회의 참여는 생각보다 두드러지지 않았다. 신간회의 노동 문제에 대한 인식이나 활동은 미약했다고 평가된다. 사회주의자가 다수 포진하고 있었던 각 지회조차 노동 문제에 그다지 관심을 보이지 않았다. 이는 사회주의자 주도로 신간회가 해소되고 이후 혁명적 노동조합과 농민조합 운동이 전개되는 배

---

35 유현, 「1920년대 노동운동의 발전과 원산총파업」, 190~191쪽.

36 현명호, 「원산총파업의 공간적 전개」, 138쪽.

37 「元山に於ける總同盟罷業」, 『新興科學の旗のもとに』 2-7, 1929. 이 글은 저자를 밝히고 있지 않으나, 가나모리(金森)는 최용달로 추정했다. 金森裏作, 「元山ゼネストと朝鮮の労働運動 (1)」, 『朝鮮研究』 176, 1978, 4쪽.

38 최보민, 「1929년 원산총파업에 관한 국내외의 반응」, 『한국사학보』 91, 2023, 224·228쪽.

39 위의 글, 232쪽.

경이 되었다.[40]

2) 식민지 근대와 대중의 성장

(1) 근대적 노동문화의 형성

노련은 상업회의소를 중심으로 한 자본가의 공세에 맞서 70일 이상 파업을 지켰다. 이미 소비조합, 이발부, 구제부, 노동병원 등을 운영하면서 생활 공동체로서 결속을 다져온 축적이 있었기 때문에 가능했다. 1970년대까지 남한의 연구에서는 김경식과 노련의 공제적 특성을 높이 평가했다. 다만 1990년대 이후 혁명적 노동조합 운동에서 운동의 정통성을 구하려는 경향이 커지면서 노련의 활동은 개량주의로 비판받았다.[41] 이러한 상반된 평가는 이미 당시부터 존재했다. 예컨대 조선일보 기자 김동환이 노련의 활동을 적극적으로 평가했다면 경성제대 출신 좌파 지식인 유진오는 노련을 타협적이라고 비판했다.[42]

노련의 공제 사업 가운데 특히 원산 노동병원이 전국적으로 주목받았다. 노동병원은 1928년 8월에 '무산단체의 전속 의료기관'을 표방하고 설립되었다. 노련 소속 노동자에게는 무료 진료를 베풀었다.[43] 노동병원은 의료 제공을 넘어 일상적인 교류의 장으로서 노동자의 공동체의식을 높이는 역할을 했다. 1928년에 관북 지역에서 수해가 일어나자, 노련은 의연금과 노동병원의 응급

---

40 김경일, 『일제하 노동운동사』, 394쪽.

41 유현, 「1920년대 노동운동의 발전과 원산총파업」, 168~169쪽.

42 李之輝, 「朝鮮社會運動 (2) 去歲槪跡과 今年의 趨勢」, 『동아일보』 1930. 1. 3. 이지휘는 유진오의 필명.

43 정일영·신영전, 「일제 식민지기 '원산노동병원'의 설립과 그 의의」, 『의사학』 25-3, 2016, 460쪽.

약을 휴대한 구호반을 파견했다.[44] 1928년 12월 원산 시내에 방화로 추정되는 화재가 동시다발적으로 발생했을 때는 노동병원 의사와 간호사가 현장에서 사고 처리를 도왔다.[45]

노동병원의 이러한 활동은 노련의 권위를 높이고 노동조합이 원산의 발전을 저해한다는 자본가의 공격을 막아내는 역할을 했다. 따라서 관헌은 원산총파업을 탄압하는 과정에서 노동병원을 표적으로 삼았다. 경찰은 노동병원, 소비조합, 이발부를 급습하여 여러 서류와 장부를 압수했다. 1929년 1월에는 노동병원 서기 이인승이 행방불명되었다가 원산 헌병대 영창에서 소재가 확인되는 일도 있었다.[46]

1920년대 노련 노동자는 원산 북쪽 일본인 거류지와 남쪽 토착민 거주지 사이에 놓인 석우동에 노련 회관을 중심으로 하여 경제적 공동체를 이루었다. 노련은 1927년 6월 총파업에서 승리한 뒤 회관을 2층 건물로 신축하고 근처에 노동병원도 두었다.[47] 〈그림 2〉는 총파업 당시 노련 회관 앞에 운집한 노동자들의 모습이다. 조선일보에 '단결의 위력을 보이는 원산노동연합회원'이라는 제목 아래 실린 사진이다. 노련의 상징으로 보이는 깃발이 여럿 휘날리는 가운데 어깨춤을 추는 사람까지 섞여 있어 노동자들의 단결과 활력이 느껴진다.[48]

노련 회원 약 1,600명 중 절반 정도는 독립된 가정을 이루고 살았다.[49] 석우

44 「東北地方」, 『동아일보』 1928. 9. 14.

45 「負傷消防手에 應急施療 원산로동병원」, 『매일신보』 1929. 1. 3.

46 정일영·신영전, 「일제 식민지기 '원산노동병원'의 설립과 그 의의」, 463쪽.

47 현명호, 「원산총파업의 공간적 전개」, 142쪽; 「建築中의 元山勞働聯合會館」, 『동아일보』 1928. 6. 16.

48 현명호, 「원산총파업의 공간적 전개」, 140~141쪽.

49 朝鮮總督府警務局長, 「元山及文坪에 於ける 勞働爭議에 關する 件」(1929. 2. 28), 『思想問題에

〈그림 2〉 원산총파업 당시 노동자 집회
* 출처: 「團結의 偉力을 보히는 元山勞働聯合會員」, 『조선일보』 1929. 2. 1.

동은 남성 노동자 합숙소가 많은 식민지 조선의 일반적인 도시 빈민 구역의 모습을 띠었다. 그러나 식민지 조선의 노동자가 일반적으로 농촌과 도시를 왕래하는 떠돌이 형태였음을 생각할 때, 상당히 높은 비율의 노동자가 도시에 정착한 셈이다. 당시 신문에는 파업한 사실을 잊고 아침 4시부터 아내에게 일을 나가야 하니 아침밥을 지으라고 안달했다는 노동자의 일화가 실렸다. 도시적인 근대 가정의 모습을 엿볼 수 있다.[50]

어용 노동단체인 함남노동회는 원산리의 중심지인 상리에 자리를 잡았다.

關한 調査書類』 6(국사편찬위원회 원문 제공), 8쪽; 현명호, 「1920년대 일본 노다와 조선 원산의 노동조합운동 비교: 노동학교, 소비조합, 어용노조를 중심으로」, 『역사연구』 46, 2023, 37쪽.

50 「元山大罷業揷話 (一)」, 『동아일보』 1929. 2. 26; 현명호, 「원산총파업의 공간적 전개」, 143쪽.

남쪽 원산리는 조선인 토착민의 거주지로서 원산 객주의 본거지였다.[51] 함남노동회는 상당수의 노동자를 모으는 데 성공했다. 1929년 3월 말에는 그 수가 5~6백 명으로 이미 노련의 3분의 1에 이르렀다.[52] 함남노동회 노동자들 역시 떠돌이가 아니라 원산에 근거지를 둔 토착민이었다. 비록 어용 단체에 소속되었지만, 그들 또한 원산의 노동자이자 민중이었다.[53]

함남노동회는 노자협조주의를 내건 자신들을 자본가 측에서 보조할 의무가 있다고 주장했다. 자본가 측은 총파업 과정에서 함남노동회로 노동자를 끌어모으기 위해 자신들의 부담으로 노동병원이나 구매조합, 이발소, 무료숙박소 등의 노동자 복지시설을 약속해야 했다.[54] 총파업이 끝난 후 신문 보도에 "함남노동연합회 소관 원산소비조합에서는 훌륭히 병원을 경영하고 있다"는 기사가 보인다.[55] 노동병원을 비롯해 여러 복지시설이 실제로 운영되었는지는 알 수 없지만, 원산노련이 일구어낸 관행과 문화는 자본가도 함부로 없애기 어려웠다는 사실을 엿볼 수 있다.

원산노련은 1929년 총파업 패배로 크게 위축되었지만, 도시에 기반을 둔 노동자 공동체라는 역사적 유산을 남겼다. 이러한 전통은 비록 노동자의 자주성이 제한된 형태였지만, 어용 단체인 함남노동회조차 계승할 수밖에 없었다. 나아가 1930년대 중반 이후 혁명적 노동조합 운동에서도 철도와 화학 부문에

51　현명호, 「원산총파업의 공간적 전개」, 149~150쪽.

52　「注目되는 咸南勞働會, 해결교섭과 장래」, 『조선일보』 1929. 3. 29.

53　元山商業會議所, 『勞働爭議問題の經過報告竝今後注意すべき要旨の演述』, 1929, 8·14쪽 (국사편찬위원회 전자사료관 AJP027_01_01B0813).

54　「元山勞働聯合會陣容縱橫記 (五)」, 『조선일보』 1929. 2. 20; 김경일, 『일제하 노동운동사』, 298쪽.

55　「協同組合論 (十四)」, 『동아일보』 1929. 12. 19.

종사했던 노동자들은 독서회, 스포츠클럽 등 문화 활동에 참여하고 불우이웃 위문방문, 생필품 공동구매 활동 등 생활 공동체를 조직했다. 이 운동에는 원산리에서도 상당수의 노동자가 참여했다.[56]

기금을 갹출하여 복지시설을 운영하는 원산노련의 방식은 '봉건적인 공동체적 관행'[57]이라고도 할 수 있다. 그러나 근대적인 변화에 대응하려는 노력이었다는 점에서 그 또한 식민지 근대의 한 모습이라고 할 수 있겠다. 원산에서 대중의 진출과 근대적인 노동문화의 성립은 원산노련, 함남노동회, 혁명적 노동조합까지를 포함해서 이해하는 것이 중요하다.

(2) 식민지 근대와 비식민화

원산에서 근대적인 대중문화 확산과 그 의미를 보여주는 사례로서 박영호가 중심이 된 연극 운동을 살펴보자.

박영호의 'MS극예술연구좌'는 원산총파업이 한창이던 1929년 3월에 창립되었다. 그러나 원산경찰서는 악화된 시국에서 '비밀결사'는 불가하다는 이유로 해산명령을 내렸다.[58] 그 뒤 WS연예부와 그 후신인 동방예술좌가 활동했다. 이들 극단은 원산관 직속으로 흥행극을 주로 공연했다. 원산관은 1928년에 조선인 상권의 중심지인 상리에 설치된 극장이었다.[59]

1930년 말에는 WS연예부조차 '공산주의적 불온성'을 이유로 단원들이 검거되었다. 이후 재조직된 조선연극공장(朝鮮演劇工場)은 '신흥민중예술'을 표방

---

56 현명호, 「원산총파업의 공간적 전개」, 152~153쪽.

57 김경일, 『일제하 노동운동사』, 298쪽.

58 「劇研究座 解散, 원산서에서」, 『동아일보』 1929. 3. 24.

59 김남석, 「일제강점기 원산의 극장 원산관(元山舘) 연구—지역의 문화적 거점 공간 생성과 활용을 중심으로」, 『국토연구』 85, 2015.

하고 대중 극단의 성격을 유지했지만, 역시 식민지 현실과 사회에 대한 비판을 수행했다. 1931년 10월에 함흥 동명극장에서 공연한 〈아리랑 반대편〉은 임석 경관에게 여러 번 주의를 받다가 결국 함흥경찰서 관내에서 공연을 금지당한다.[60]

박영호는 프로 연극계와 대중 연극계를 넘나드는 활동을 벌였다. 박영호와 원산의 극단은 카프(KAPF) 원산 지부 혹은 서울의 카프 연극부와 관련 없이 활동했다. 이러한 경험을 바탕으로 프로연극의 대중화 문제에서 경직된 카프 지도부와 상업주의에 찌든 대중 극단을 모두 비판했다.[61] 개량주의와 혁명주의가 교차하는 가운데 대중문화를 이끌어가는 주체의 고민이 느껴진다. WS연예부 검거 사건 당시 문제가 되었던 작품 〈하차〉는 1931년 1월에 원산총파업 2주년 기념으로 원산노련이 상연했다. 대중문화와 노동자 문화 사이의 밀접한 관계를 엿볼 수 있다.[62]

원산과 가까운 홍남에서도 노동운동을 이끈 청년들이 근대적 문화를 향유하고 있었음을 보여주는 회고가 있다. 조선질소비료공장 일본인 노동자 이소가야 스에지(磯谷季次)는 조선인 청년들과 어울려 비합법 운동에 가담하다 1932년 4월 제2차 '태로' 사건으로 검거되었다.[63] 이소가야는 노동운동 지도자 가운데 한 사람인 주선규가 때때로 바이올린을 연주했고 역시 음악을 좋아했던 자신에게 『음악의 계급성』이라는 책을 빌려주었다고 회고했다. 조선인 청년들의

---

60 이민영, 「대중극의 정치학, 박영호의 전략—박영호의 초기 연극 활동을 중심으로」, 『한국연극학』 47, 2012, 101~103쪽; 「조선연극공장 함흥서 퇴거령」, 『조선일보』 1931. 10. 13.

61 朴英鎬, 「푸로레타리아 演劇의 大衆化問題」, 『批判』 11, 1932.

62 이민영, 「대중극의 정치학, 박영호의 전략」, 101쪽.

63 태로는 프로핀테른 산하 범태평양노동조합을 뜻한다. 프로핀테른 즉 '적색 노동조합 인터내셔널'은 코민테른 산하의 좌익 노동조합의 국제 조직이다.

아지트였던 동료의 방안에는 이기영(李箕永)과 이북명(李北鳴)의 소설책이 꽂혀 있었다. 참석자들은 시와 연극, 음악, 문학, 회화 등 일본과 러시아의 광범위한 문화와 예술에 대해 자유분방하게 토론했다.[64]

서울과 평양을 비롯한 다른 도시에서도 노동조합의 정기 대회나 창립기념식은 위안회나 음악회 등을 겸하여 노래와 춤, 그리고 연극 등 다채로운 내용으로 채워지는 경우가 많았다. 1930년을 전후해서는 각 공장의 노동자가 위안회를 주관하고 노조가 이를 후원하는 형식이 많이 눈에 띈다. 노조의 활동과 조직 중심이 이전의 가두, 즉 지역에서 공장과 기업으로 옮겨진 상황을 반영한다.[65]

1930년을 전후한 대중의 진출과 대중문화의 확산은 교육 확대와 산업 발전의 결과였다. 당시 사회주의자 김명식은 이러한 시대상을 '비식민지화'라는 개념으로 포착했다.[66] 김명식은 "기미운동(3·1운동—인용자) 이후의 조선의 비식민지화는 경무 제일주의가 산업 제일주의로 변하는 과정에서 제1기가 진행되었고, 소위 지방의회 조직 과정에서 제2기가 진행되었고, 그 제3기 즉 완성기는 중앙의회 조직 과정이 될 것"이라고 분석했다.[67]

김명식은 "비식민지화로 말미암아서의 부르주아 민권은 보장"되고 있다고 지적했다. 지방의회에 대해서도 "당선한 조선인 의원의 조선에 대한 의식이 다른 [일본인] 의원과 다른 것이 없는 것은 각 부회(府會) 및 읍회(邑會)를 통하여

64   변은진, 『이소가야 스에지—자유와 평화를 꿈꾼 '한반도인'』, 아연출판부, 2018, 62~63쪽.

65   김경일, 『일제하 노동운동사』, 443~445쪽.

66   김명식의 비식민화론에 대해서는 홍종욱, 「3·1운동과 비식민화」 참조.

67   金明植, 「民族團體 再建計劃에 對하야—分裂이냐? 背反이냐?」, 『批判』 11, 1932, 3쪽.

완전히 입증"되었다고 보았다.[68] 김명식은 일제가 비식민화, 즉 산업 개발과 정치 활동의 제한적 허용을 통해 지속 가능한 한국 지배를 노리고 있는 점을 간파했다. 그러한 통치 방식의 변화가 개량주의 등장의 배경이 되고 있음도 포착했다. 그리고 "자본적 국가 단위로 비식민지화하는 일체 식민지의 경제 관계"에 의해 종국에는 "대립자와 대립 사실까지도 몰각"하게 될 것을 우려했다.[69]

김명식은 "외래 자본에 압축되어 조선인의 발전이 저지된 것을 만약 숫자로써 표시할 수 있다 하면 결코 큰 숫자일 것이다. 또 인명의 불행은 숫자로써 계산할 바 아니다"[70]라고 보았다. 식민지 근대화론적 발상에 대한 비판이었다. 김명식은 민족부르주아지의 타락을 고발하는 한편 "조선에는 국제적 관련에서 민족적 특수성을 가진 문화를 창조하고 민족 평등의 민족을 대표하고 민족××을 목적한 민족적의 ×× 조직(혁명—인용자)을 가진 계급이 있다"[71]고 말했다. 일제의 교묘한 지배에 맞서는 민중의 혁명운동에 기대를 건 것이다.

3. 사회주의 운동의 민중적 전환

1) 12월 테제와 조선공산당 재건운동
(1) 1928년 코민테른 제6회 대회와 식민지 사회주의 운동
1928년에 열린 코민테른 제6회 대회는 자본주의 제3기론과 사회파시즘론

68　위의 글, 4·7쪽.

69　金明植, 「民族問題에 對하야—伯林에 계신 都宥浩氏에게 答함」, 『三千里』 4-2, 1932, 82쪽.

70　金明植, 「朝鮮富增減에 關한 檢討」, 『東光』 23, 1931, 14쪽.

71　金明植, 「民族團體 再建計劃에 對하야」, 6쪽.

을 주창했다. 제1차 세계대전 직후의 혁명의 시대인 제1기, 1920년대 중반의 일시적 안정기인 제2기를 지나, 다시 자본주의 위기인 제3기가 도래했다는 인식이었다. 전쟁과 혁명의 시대인 제3기에는 사회민주주의자, 즉 사민주의자 역시 파시스트와 다를 바 없다는 사회파시즘론을 내세웠다. 사민주의 지도자를 공산주의의 가장 위험한 적으로 공격했다.[72]

코민테른은 대중이 사민주의의 기만성을 깨닫고 공산당 깃발 아래로 모여들 것이라고 낙관했다. 1920년대 대중의 성장에 주목한 인식이었지만, 보통선거 확대를 비롯한 보수적 개혁의 영향력을 무시한 방침이었다. 같은 대회의 식민지 문제 인식은 민족개량주의 반대가 핵심이었다. 1927년 중국에서 국공합작 결렬이 영향을 미친 결과인데, 사회파시즘론의 식민지·반식민지 판이라고 할 수 있다.

1926년 코민테른에서 인도 공산주의자 로이(M. N. Roy)는 '고전적 제국주의' 시대는 지났다고 주장했다.[73] 로이는 인도의 공업화에 주목하여 영국의 새로운 정책과 그 영향을 'decolonization'이라는 용어로 설명했다. 로이는 비식민화가 토착 부르주아지에게 이로울 뿐이고 대다수 인도 민중에게는 착취 증대를 초래할 것이라고 비판했다. 1928년 코민테른 제6회 대회에서 쿠시넨은 '비식민화'를 '위험한 용어'라고 규정했다. 대회에서 채택된 테제 「식민지·반식민지 국가의 혁명운동에 대하여」는 '비식민화 정책'이라는 말은 '제국주의적인 거짓

---

72 케빈 맥더모트·제레미 애그뉴 저, 황동하 역, 『코민테른─레닌에서 스탈린까지, 국제 공산주의 운동의 역사』, 서해문집, 2009, 158~159쪽.

73 코민테른에서 비식민화론을 둘러싸고 벌어진 논의는, John Patrick Haithcox, *Communism and Nationalism in India: M.N. Roy and Comintern Policy, 1920~1939*, Princeton University Press, 1971, pp. 108~121 참조.

44 민족과 혁명─식민지 사회주의의 이념과 실천

말'에 지나지 않는다고 비판했다.[74]

코민테른 주류는 영국에 의한 인도 통치의 의도와 효과를 비식민화로 규정한다면 그것이 영국 제국주의에 대한 긍정으로 이어지지 않을까 우려했다. 그러나 로이는 비식민화가 식민지 민중의 각성을 가져올 것이고 격화된 계급투쟁에 의해 진정한 해방이 이루어질 것이라고 생각했을 따름이다. 김명식의 시대 인식과 유사하다. 김명식과 로이, 그리고 코민테른은 민중의 투쟁을 중시한 점에서는 같지만, 코민테른이 시대의 변화를 놓치고 사민주의·민족개량주의의 영향력을 외면한 데 반해, 김명식과 로이는 자본주의 발전에 따라 개량주의가 힘을 얻어가는 상황을 직시한 점에서 다르다.

1928년 12월 코민테른은 「조선 문제에 대한 코민테른 집행위원회의 결의」, 즉 12월 테제를 발표했다. 12월 테제는 식민지 조선의 사회경제에 대한 분석을 바탕으로 하여 조선의 공산주의자가 취해야 할 노선을 지시한 문서였다. 해방 이후 박헌영은 12월 테제를 가리켜 "조선 공산주의 운동의 밝은 등불이었고 유일하게 옳은 정치노선으로 하나의 나침반"이었다고 밝힌 바 있다.[75]

12월 테제는 조선을 "단지 일본 제국주의의 농업 및 천연자원 기지일 뿐"인 '전형적인 식민지'라고 규정했다. 조선 혁명은 일본 제국주의뿐 아니라 조선의 봉건 제도에 대해서도 전개되어야 하는데 핵심은 전자본제적 노예 형태로부터의 토지 해방이었다. 조선혁명은 토지혁명이자 부르주아민주주의혁명이었다.[76] 다만 부르주아민주주의혁명의 주체는 프롤레타리아트라고 규정했다. 다

---

74 편집부 엮음, 『코민테른 자료선집 3. 통일전선, 민족식민지 문제』, 동녘, 1989, 291~292쪽. 이 책에서는 'decolonization'을 '탈식민지화'로 번역했다.

75 최규진, 『조선공산당 재건운동』, 독립기념관 한국독립운동사연구소, 2009, 20쪽.

76 「조선 문제에 대한 코민테른 집행위원회의 결의—12월 테제」, 임영태 편, 『식민지시대 한국 사회와 운동』, 사계절, 1985, 357~359쪽.

른 모든 식민지와 마찬가지로 조선에서도 프롤레타리아트는 모든 계급 중 가장 견실한 반제국주의 계급이기 때문이었다. 부르주아지는 특히 중국혁명을 경험한 이후로 기껏해야 일본 제국주의에 대한 민족개량주의적 반대 운동을 일으키고 있다고 보았다.[77]

일본 제국주의가 특히 중국혁명 이후 일부 부르주아지 및 지식인을 통치 기구 안으로 끌어들이려고 애쓰는 점에 주목했다. 이러한 가운데 민족개량주의적 경향이 늘어난다고 보았다. 따라서 공산주의자는 프롤레타리아 혁명 운동을 강화하여 소부르주아지의 민족혁명 운동에 대해서는 그 완전한 독립을 보장하는 한편, 민족혁명 운동에 계급성을 부여하고 그것을 타협적인 민족개량주의로부터 분리시켜야 한다고 주장했다.[78]

과거 조선공산당에 대해서는 전적으로 지식인과 학생들로 구성되어 있었다고 비판했다. 당과 노동자의 연대가 부족했던 점이 위기의 주된 원인이었다는 판단이었다. 앞으로 활동은 노동자·농민 조직이나 신간회, 형평사, 천도교와 같은 민족혁명 대중조직에서 이루어져야 한다고 주장했다. 이들 단체 내에서 분투함으로써 민족개량주의 등의 냉담성과 우유부단성을 폭로하라는 지시였다.[79]

모든 공작과 활동에서 혁명적 노동운동의 완전한 독자성을 엄격히 유지해야 하며, 모든 소부르주아지 당파로부터 확실히 분리되어야 한다고 보았다. 다만 코민테른 제6회 대회 식민지 테제를 인용하여 "혁명 투쟁이 요구할 때는 언제나 잠정적인 제휴는 허용되며 어떤 조건 아래서는 운동이 혁명적이라면 공

---

77 위의 글, 360쪽.

78 위의 글, 361쪽.

79 위의 글, 362쪽.

산당과 민족혁명 운동의 잠정적 동맹도 허용된다"고 밝혔다. 그러나 역시 같은 테제를 인용하여 "공산주의 운동과 부르주아 혁명 운동의 연합으로 나타나서는 안 된다"고 밝혔다.[80]

식민지 조선의 공산주의자는 12월 테제를 어떻게 수용했을까. 12월 테제의 중요한 구절을 직접 인용하면서 정세 분석과 전술 방침을 논한 양명(梁明)의 글을 살펴보자.[81] 이 글은 먼저 전쟁과 혁명의 시대인 '자본주의 최후의 제3단계'가 도래했다는 코민테른의 인식을 받아들였다. 당면한 과제로는 사회주의 조국 소비에트 연방 옹호, 중국 노농혁명 지지, 사회민주주의자 및 타락한 민족개량주의자에 대한 투쟁을 들었다.[82]

중국 및 일본 무산계급 운동과의 대중적 공동투쟁을 주장하는 반면, '민족배외주의자'에 대한 이론적, 정치적 투쟁이 필요하다고 밝혔다. 노동자들은 혹독한 정치적 및 경제적 압박과 착취를 당하고 있으므로 단호하게 혁명 운동에 나설 것이고, 사회민주주의 및 민족개량주의가 성장할 경제적 토대는 전혀 없다고 단언했다.[83] 민족보다는 계급을 우선하는 경향이 엿보인다. 또한 민족개량주의 대두는 일제의 통치 방식이 변화하고 그에 따라 대중이 성장한 결과라는 점을 경시했다.

정우회선언에서 신간회 창립으로 이어진 '방향전환'에 대해서는 정당성을 인정했다. 다만 방향전환, 파벌 박멸, 민족협동전선 결성 등 전국적인 문제만을 주시하고, 노동 대중의 일상적인 사소한 불평과 반항은 등한시한 문제점을 지

---

80   위의 글, 364쪽.

81   이철악(양명), 「조선 혁명의 특질과 노동계급 전위의 당면 임무」(1929), 배성찬 편역, 『식민지 시대 사회운동론 연구』, 돌베개, 1987.

82   위의 글, 133쪽.

83   위의 글, 135·147쪽.

적했다. 노동계급의 대중적 등장이 없는 방향전환, 노농 대중의 광범한 대중투쟁이 수반되지 않은 방향전환은 필연적으로 주체 없는 실질적이지 못한 방향전환이라는 비판이었다.[84]

'현 단계의 기본적 특질'로는 첫째, 제2차 세계 제국주의 대전의 위기—전쟁, 폭동, 혁명의 시기에 직면한 점, 둘째, 전쟁 준비를 하는 일본 제국주의의 조선에 대한 경제적, 정치적 착취와 억압이 심해진 점, 셋째, 중국혁명의 영향, 무산계급 운동의 질적 변환 등에 의하여 자산계급과 지식계급 일부분이 우경화한 점, 넷째, 노동 대중과 학생 대중이 급격하게 좌경화한 점, 다섯째, 객관적 정세의 혁명화에도 불구하고 일제의 대검거 등에 의하여 전위의 주체적 역량이 미약한 점, 여섯째, 모든 형태의 청산주의가 급격하게 대두한 점을 들었다.[85]

혁명적 정세이지만 전위의 역량이 미약하다는 인식이었다. 이를 극복하기 위해 '대중적, 전투적 전위의 결성'을 주장했다. 지난 무산계급 운동에 대해서는 일종의 '간판 운동', '광고 운동'이었다고 비판했다. 새로운 전위의 결성은 소수 지도자의 '외교'에 의한 결합이 아니라 전위 분자가 노동자와 빈농 속으로 들어감으로써 가능하다고 주장했다.[86]

신간회에 대해서도 비판적이었다. '당적 형태의 협동전선'이 아닌 반일본 제국주의연맹 공동투쟁위원회, 폭압 반대 동맹 등의 임시적 혹은 상설적 대중동원 기관이 조직되어야 한다고 보았다. 신간회에 모인 혁명 역량은 노동계급 전위 그리고 노동조합, 농민조합 등 대중조직으로 재조직되어야 한다고 주장했다. 공장위원회 등을 조직할 때는 '편협한 민족적 사상'을 극복하고 '국제주

---

84   위의 글, 159~161쪽.

85   위의 글, 162쪽.

86   위의 글, 166·170쪽.

의적 정신'을 선전해야 한다고 밝혔다.[87] 한일 노동자 연대를 중시한 것이다.

조선공산당 재건운동을 이끈 또 한 사람의 이론가였던 고경흠(高景欽)은 신간회 해체를 분명하게 주장했다.[88] 고경흠은 민족개량주의를 동아일보를 중심으로 하는 우익 민족개량주의와 신간회 지도부를 중심으로 하는 좌익 민족개량주의로 나누어 비판했다. 그리고 '혁명적 노선과 개량주의적 노선'이라는 두 가지 길 이외에 다른 길을 상정하는 것은 '인민주의의 환상'이라고 지적했다.[89] 고경흠은 조직을 갖지 못한 광범한 대중 층은 퇴폐의 위기에 직면했다고 보았다.[90] 민족개량주의에 이끌리는 대중의 모습을 '퇴폐'로 파악한 셈이다.

조선공산당 재건운동은 ML파, 서울상해파, 안광천의 레닌주의그룹, 코민테른과 직접 연결된 코뮤니스트그룹 등에 의해 전개되었다. 위에서 살펴본 양명과 고경흠은 ML파 공산주의자였다. 다만 그 밖의 그룹도 12월 테제를 하나의 기준으로 삼아 파벌투쟁과 지식인 중심의 운동을 비판했다는 점에서는 일치했다.[91]

---

87 위의 글, 173~174쪽.

88 김민우(고경흠), 「조선에 있어서 반제국주의 협동전선의 제문제」(1930), 배성찬 편역, 『식민지 시대 사회운동론 연구』. 김민우 등이 누구의 필명인지는 불명확한 면이 있지만, 이 책에서는 최규진의 판단을 따라 김민우, 차석동, 김영두, 남해명을 고경흠의 필명으로 간주했다. 최규진, 「코민테른 6차대회와 조선 공산주의자들의 정치사상 연구」, 성균관대학교 사학과 박사학위 논문, 1996, 107쪽.

89 차석동(고경흠), 「민족개량주의의 반동적 도량을 분쇄하라」(1931), 배성찬 편역, 『식민지 시대 사회운동론 연구』, 288쪽.

90 남해명(고경흠), 「무엇으로부터 시작할 것인가?—공장 속으로」(1929), 배성찬 편역, 『식민지 시대 사회운동론 연구』, 221쪽.

91 최규진, 『조선공산당 재건운동』, 42쪽.

(2) 조선공산당 재건운동과 일국일당 원칙

1928년에 코민테른은 조선공산당의 지부 자격을 취소한 뒤 12월 테제를 통해 "코민테른 집행위원회는 조선공산당의 가장 빠른 재건과 통합을 위해 모든 조치를 강구할 것"이라고 밝혔다.[92] 사노 마나부(佐野學)에 따르면 12월 테제 직후 조선 사회주의자들은 일본공산당의 지도를 받기로 되었다고 한다. 그러나 이 임무는 곧 중국공산당에 맡겨졌다.[93] 1929년 7월 만주에서는 중동(中東) 철도를 둘러싸고 국민정부에 합류한 장쉐량(張學良)과 소련이 충돌했다. 중국공산당 만주성위원회는 소비에트 옹호 투쟁을 벌였는데, 만주의 조선인 공산주의자들이 방관적 태도를 보인 게 문제가 되었다.[94]

1928년 6월 모스크바에서 열린 중국공산당 제6회 대회에서 결정된 '당장(黨章)'은 "당원은 민족과 국경의 구별 없이 모두 중국공산당 지방 당부 조직에 가입하여 중국공산당 당원이 되지 않으면 안 된다"고 규정했다.[95] 1928년 7월 코민테른 제6회 대회의 「식민지 및 반식민지에서 혁명 운동에 관한 테제」는 "현지민 노동자와 본국 출신 노동자는 동일한 당 조직에 결합되어야 한다"고 밝혔다.[96] 속지주의에 바탕한 이른바 일국일당 원칙이다. 1929년 11월 코민테른은 조선인 한빈(韓斌)과 중국인 이춘산(李春山)을 중국공산당에 파견하여 조선인의 중국공산당 가입을 논의했다.[97]

---

92 「조선 문제에 대한 코민테른 집행위원회의 결의─12월 테제」, 363쪽.

93 신주백, 「조선공산당 재건운동의 조직 방침」, 한국역사연구회 1930년대 연구반, 『일제하 사회주의 운동사』, 한길사, 1991, 560쪽.

94 신주백, 「조선공산당 재건운동의 조직 방침」, 548쪽.

95 黑川伊織, 『戦争・革命の東アジアと日本のコミュニスト 1920~1970年』, 有志舎, 2020, 104쪽.

96 위의 책, 106쪽.

97 이정식 지음, 허원 옮김, 『만주혁명운동과 통일전선』, 사계절, 1989, 145쪽.

1930년 1월에 코민테른과 중국공산당 중앙은 만주의 조선인 사회주의자들에게 중국공산당에 입당하도록 지시했다.[98] 1930년 3월에 조선공산당 만주총국이 해체를 선언했다. 선언문에서는 중동 철도 갈등에서 적극적으로 소비에트 연방을 옹호하지 않은 것을 중요한 오류라고 자기비판하고, 재만 조선인 노동자의 자본가적·봉건적 착취로부터의 해방은 '조선의 독립'으로는 불가능하다고 밝혔다. 그리고 '일국일당 원칙'에 따라 중국공산당 깃발 아래 투쟁할 것을 결의했다.[99]

1930년대 초반 중공 만주성위 당원 200여 명 가운데 대다수는 조선인이었다.[100] 다만 중국공산당 지시로 일으킨 1930년 5·30봉기 실패 이후 만주에서 조선인 공산주의 운동은 점차 기반을 잃었다.[101] 1931년 2월에 중공 만주성위는 동만특위 산하에 조선국내공작위원회를 설치했다.[102] 만주성위는 중공 중앙보다 코민테른에 직속된 성격이 강했다. 프로핀테른에서도 동만특위에 공작원을 파견했다. 조선국내공작위원회는 코민테른 동양부와 연락을 취하면서 조선인 활동가를 지도했다.[103]

---

98 신주백, 「조선공산당 재건운동의 조직 방침」, 548쪽.

99 「조선공산당 만주총국 해체 선언」, 이반송·김정명 지음, 『식민지시대 사회운동』, 한울림, 1986, 218~219쪽.

100 신주백, 「조선공산당 재건운동의 조직 방침」, 552쪽.

101 이종민, 「당 재건운동의 개시(1929~31년)」, 한국역사연구회 1930년대 연구반, 『일제하 사회주의 운동사』, 96쪽.

102 「中共東滿特委給省委的信」(1931. 2. 23), 『東北地区革命历史文件汇集』(乙2), 261~262쪽 (김성호, 「중공 동북당 조직의 조선민족항일혁명투쟁 인식과 방침 정책」, 『인문논총』 77-2, 2020, 100쪽에서 재인용).

103 「中共滿洲省委と國際共産黨」, 『思想彙報』 1, 1934, 128~130쪽; 신주백, 「조선공산당 재건운동의 조직 방침」, 560~562쪽.

1929년 3월에 서울상해파는 경계가 엄중한 국내를 피해 만주에 운동 거점을 두었다. 서울상해파는 '조선공산당 재건설준비위원회'를 조직하고 기관지 『볼세비키』와 『노력자신문』을 발간했다. 1931년에는 흥남 조선질소비료공장에 두 개의 '야체이카(ячейка)'(당 세포 등 비밀결사의 기초 단위)를 조직하는 성과를 올렸다. 다만 이미 1930년 6월에 코민테른 동양부에서 해체 지시가 내려진 사실을 뒤늦게 알게 되었다. 이에 따라 당 건설은 중국공산당 만주성위 동만특위 아래 건설된 조선국내공작위원회에 맡기고 그 지도를 받는 '좌익노동조합 전국평의회'를 조직했다. 그러나 1931년 4월부터 6월에 걸쳐 조직이 드러나면서 검거되었다.[104]

제3차 조선공산당 책임비서이자 ML파의 이론가였던 안광천(安光泉)은 검거를 피해 상하이로 망명했다. 안광천은 1929년 가을에 김원봉과 손을 잡고 베이징에서 '조선공산당 재건동맹'을 결성했다. 그곳에서 '레닌주의 정치학교'를 만들고 기관지 『레닌주의』를 발간하면서 국내에 공작원을 파견했다. 레닌주의 그룹의 대표적인 활동은 1932년의 강릉공작위원회였다. 그러나 1933년 종연(鐘淵)방적 파업 과정에서 조직이 드러나면서 검거되었다.[105]

코민테른은 12월 테제를 내린 데 이어 1929년에 직접 김단야(金丹冶) 등을 국내로 파견하여 '조선공산당 조직준비위원회'를 건설했다. 1929년 7월에 노동총동맹 중앙집행위원으로 뽑힌 채규항(蔡奎恒)도 여기에 참여했다. 김단야 등은 화요파의 틀을 넘어 소련 유학생을 중심으로 당 재건운동 거점을 만들고자 했다. 검거 위협을 느낀 김단야는 같은 해 12월 국외로 거점을 옮겼다. 조선공

---

104   최규진, 『조선공산당 재건운동』, 55~67쪽.

105   위의 책, 76~90쪽.

산당 조직준비위원회는 1930년 3·1운동 격문 사건으로 대부분 체포되었다.[106]

1930년 9월에 김단야는 다시 상하이로 파견되었다. 조선공산당 재건운동을 지도하려는 목적으로 코민테른 동양부 아래 조선위원회가 조직되었다. 1930년 말에서 1931년 초 코민테른 조선위원회는 서울상해파와 ML파를 혁명운동에 해로운 종파로 규정했다. 1931년 3월에는 기관지 『꼼뮤니스트』를 창간했다. 콤뮤니스트그룹은 국내 사업을 위해 더 많은 동지를 보내달라고 중국공산당에 요구해 홍남표(洪南杓) 등을 소개받았다. 홍남표는 조봉암(曹奉岩), 여운형 등과 함께 이미 1927년 5월에 중국공산당에 가입했다.[107]

국제 레닌대학을 마친 박헌영(朴憲永)도 1932년 1월에 상하이로 합류했다. 김형선(金炯善) 등을 국내에 파견해 활동했으나 1933년 7월 영등포에서 체포되었고, 같은 시기 박헌영도 상하이에서 체포되었다. 코민테른은 콤뮤니스트그룹의 활동을 중단시키고 김단야를 모스크바로 불러들였다. 김단야는 잡지 『꼼뮤니스트』와 국내 대중의 관계는 매우 약했다고 보고했다.[108]

ML파는 1929년 5월에 만주 길림에서 '조선공산당 재조직 중앙간부'를 건설했다. '조선공산당 함경남도 간부 기관'을 조직하여 흥남 조선질소와 문천 오노다시멘트에서 야체이카를 조직했으나, 1930년 9월까지 120명이 검거되고 말았다. 양명과 한위건(韓偉健)은 상하이에 자리 잡고 일본에서 활동하던 고경흠 등을 통해 1931년 국내에 '조선공산당 재건설동맹'을 조직했다. 아래로부터의 당 건설 노선에 맞지 않는다고 판단하여 곧 '공산주의자 협의회'로 개조했

---

106 위의 책, 90~103쪽.

107 이종민, 「당 재건운동의 개시(1929~31년)」, 113쪽.

108 최규진, 『조선공산당 재건운동』, 103~116쪽.

으나, 1931년 여름에 체포가 시작되면서 ML파의 당 재건운동은 막을 내렸다.[109]

한편 양명과 한위건은 고경흠 등을 통해 일본의 조선인 운동을 지도했다. 1930년 4월에는 재일조선인 출판사 무산자사 내에 조선공산당 재건그룹을 결성했다. 고경흠 등이 원고를 검토하고 이북만(李北滿), 김삼규(金三奎)가 편집 책임이 되어 기관지 『무산자』를 발행했다.[110] 1930년 이후 재일조선인 운동은 대체로 일본공산당 지도하에 놓였다. 일본의 ML파 내부에서는 상하이, 조선과 연결된 고경흠 등 '만주파'와 일본총국의 지도를 받는 '일본파' 사이에 대립이 있었다.[111]

이러한 가운데 1931년 10월에는 조선공산당 일본총국도 해체를 밝혔다. 성명서에서는 "당과 공청의 해외 부대가 해당 지역 프롤레타리아 운동과 하등의 유기적 관련도 없이 독립적으로 존재"한 사실은 '변칙적'이었다고 지적했다. 이미 일선의 프롤레타리아트가 노동자들이 "좁은 민족적 구별을 뛰어넘어 노동계급으로서 공동의 운동과 공동의 사명을 자각"하고 있기 때문에 일본총국의 역사적 임무는 끝났다고 밝혔다.[112] 코민테른 일국일당 원칙의 영향이었다.

이 무렵 재일조선인 운동은 독자적인 조직을 해체하고 일본인 조직으로 합류했다. 예컨대 재일본조선청년동맹도 1930년에 사실상 해체하고 반제동맹 지부를 결성하는 등 일본인 조직에 합류했다.[113] 반제동맹은 일본공산당의 지

---

109 위의 책, 67~76쪽.

110 金珍雄, 「無産者社 내 조선공산당 재건그룹의 활동과 분열」, 『한국근현대사연구』 94, 2020.

111 吉浦大藏, 『朝鮮人の共産主義運動』, 司法省刑事局, 1939(社会問題資料叢書第一輯, 東洋文化社, 1973), 58·225쪽.

112 「조선공산당 일본총국 및 고려공산청년회 일본부 해체 성명서」(이반송·김정명 지음, 『식민지시대 사회운동』), 272쪽.

113 吉浦大藏, 『朝鮮人の共産主義運動』, 83쪽.

도를 받았는데, 같은 동맹원이라도 일본인은 반전 운동에 조선인은 반제 민족 해방운동에 중점을 두는 모순도 존재했다.[114] 재일조선인의 독자 조직이 해소됨으로써 제약을 받게 된 민족해방운동을 반제동맹이 떠맡은 셈이다.[115]

조선공산당 재건운동은 1929년에서 1931년 초반에 이르기까지 합법·비합법을 오가며 진행되었다. 그러나 일제의 거듭된 탄압으로 합법 활동이 거의 불가능해지자 1931년 말 이후에는 운동의 침체를 인정하고 비합법 활동에 초점을 맞추게 된다. 조직론에서도 전국적 전위 조직 우선 건설 노선에서 혁명적 대중조직 건설 노선으로 변화가 일어났다. 1931년 이후에는 상층부에 조선공산당 재건 준비 조직을 만들기보다 혁명적 노동조합, 농민조합 건설에 집중하게 된다.[116]

2) 개량주의와 혁명적 노동조합 운동

(1) 개량주의와 혁명주의

원산총파업이 실패로 끝난 후 노련을 재건하려는 노력이 이어졌다. 1930년 1월 초 총파업 1주년 기념일에는 관헌에 의해 기념식, 연설회가 금지되었지만, 5분간의 동맹파업을 실시하여 노동자 삼천 명이 참가했다.[117] 이 자리에서는 노동계급 해방이나 계급의식 촉진과 같은 급진적이고 관념적인 목표 대신에 한층 실제적이고 생산 현장에 적합한 요구가 제기되었다.[118]

114　井上學,『日本反帝同盟史研究—戰前期反戰·反帝運動の軌跡』, 不二出版, 2008, 제3장.

115　水野直樹,「書評: 井上學著『日本反帝同盟史研究—戰前期反戰·反帝運動の軌跡』」,『大原社会問題研究所紀要』608, 2009, 73쪽.

116　이종민,「당 재건운동의 개시(1929~31년)」, 121~122·133쪽.

117　유헌,「1920년대 노동운동의 발전과 원산총파업」, 192쪽.

118　김경일,『일제하 노동운동사』, 250쪽.

산별 노조를 건설하려는 움직임도 나타났다. 총파업 이후 노련 재건에 주도적 역할을 한 원산 인쇄직공조합은 전국적 출판산업노동조합 획득을 당면 슬로건으로 내걸었다.[119] 산별 노조로의 이행은 노동운동의 전략과 조직 방침 변화를 낳았다. 강령이나 구호도 추상적이고 일반적인 것에서 실제적이고 생산 현장에 적합한 쪽으로 변화했다. 가두 중심에서 공장과 기업 중심으로 운동 방식이 변화한 사실에 조응했다.[120]

원산노련이 개량주의 노동조합이라면 함남노동회는 전형적인 어용 노동조합이었다. 당시 공산주의자들은 함남노동회를 '반동 단체'라고 불렀다.[121] 하지만 함남노동회 노동자들도 어용 노조 안에서나마 권리 획득을 위한 투쟁을 전개했다. 경찰은 1930년 4월로 예정된 함남노동회 정기총회를 금지했다. 결국 총회는 일반 노동자의 방청을 금지한 채 5월에야 겨우 열렸다. 노동자의 요구를 틀어막으려는 가운데 '추태를 백출'했지만 2,000여 명의 노동자가 연서하여 항의서를 제출했다.[122]

원산이나 평양의 노동연합회는 1930년대 들어서도 지역 노동운동의 중심이었다. 합법 영역의 운동은 1930년대에도 대중적 기반과 활력을 지녔다. 상층 지도부가 '개량주의적' 속성을 보였지만, 투쟁적이고 혁명적인 노동자들이 여전히 노련에 모여 있었다. 개량주의와 혁명적 노동조합을 이항대립적으로 파악하기 어려운 상황이었다.[123]

---

119   위의 책, 257~258쪽.

120   위의 책, 510쪽.

121   정일영·신영전, 「일제 식민지기 '원산노동병원'의 설립과 그 의의」, 470쪽.

122   김경일, 『일제하 노동운동사』, 300쪽.

123   위의 책, 266쪽.

공산주의자는 원산총파업에 실시간으로 큰 관심을 보였는데, 원산노련 지도부의 개량주의를 비판하는 데 힘썼다. 아울러 지식인 중심의 운동을 비판하고 노동자, 농민 속으로 들어가 활동할 것을 주장했다. 고경흠은 원산총파업을 원산의 특수한 지방적 원인 때문에 발생한 우연적 사건이 아닌 현재 조선의 경제적, 정치적 조건에 따른 필연적 사건이라고 규정했다. 원산노련에 대해 조선에서 가장 '우익적, 개량주의적 노동조합'이라고 비판하고, 개량주의 선을 돌파하는 데 당면 임무가 있다고 보았다.[124] 양명은 탄압이 강화되고 있는 시점에서 노련 지도부가 온건·합법 노선을 천명한 것을 파업에 대한 배신이라고 비판했다.[125]

안광천은 "혁명이 성공하지 않는 한 소비조합은 부르주아 기관으로 되지 않을 수 없다"는 말로 개량주의 일반을 경계했다.[126] 고경흠은 '공장 속으로'라는 부제를 붙인 글에서 "생각해보라! 공장 노동자 열 사람을 자기 뜻대로 움직일 수 있는 전위가 과연 조선에 있을까를!"이라고 물어 지식인 중심의 운동을 비판했다. 이어 "필자가 이 소론을 초하는 동안에도 조선의 진실된 열정적 혁명가, 수많은 무명의 맑스주의자, 건실한 실천가가 공장으로, 공장으로 휘몰려 가리라는 것을 확신하면서 펜을 놓는다"고 덧붙였다. 글을 쓴 날짜는 원산총파업이 한창이던 '1929년 2월 3일'이었다.[127]

원산에서는 1930년 무렵부터 혁명적 노동조합을 건설하기 위한 비합법 공

---

124 김영두(고경흠), 「개량주의와 항쟁하라—원산쟁의에 대하여 전조선 노동자 대중에게」 (1929), 배성찬 편역, 『식민지 시대 사회운동론 연구』, 236~249쪽.

125 이철악(양명), 「원산총파업의 경험」(1930), 배성찬 편역, 『식민지 시대 사회운동론 연구』.

126 사공표(안광천), 「조선의 정세와 조선 공산주의자의 당면 임무」(1929), 배성찬 편역, 『식민지 시대 사회운동론 연구』, 129쪽.

127 남해명(고경흠), 「무엇으로부터 시작할 것인가?—공장 속으로」, 224·234쪽.

산주의 운동이 전개되었다. 1930년 8월에 김현제(金顯濟)의 반제동맹 조직 준비회에서 출발한 독서회가 조직되었다. 여기서 육성된 활동가들은 1932년 3월에 비합법적인 '산업별 노동조합 조직 준비회'라는 지도조직을 결성했다. 준비회는 사유재산 제도 철폐와 공산주의 사회 실현을 내걸고 소비에트 형태의 노농 정권 수립을 통해 조선 독립을 달성하고자 했다.[128]

제2차 태로 사건의 비합법 지도조직인 '흥남 좌익'은 박세영(朴世榮)을 원산에 파견해 혁명적 노동조합을 건설하고자 했다. 이들의 투쟁 목표는 조선의 완전한 독립과 노동자·농민 정권 수립으로 원산의 준비회와 같았다. 1932년 4월에 준비회는 흥남 좌익과 접촉해 공동 활동을 모색했으나, 5월 메이데이 격문 살포 운동으로 발각되어 조직이 붕괴했다.[129]

1933년 9월에는 '원산적색노동조합'이 결성되었다. 위 사건에서 박세영의 연락원으로 검거되었다 풀려난 남중군(南仲軍)이 주도했다. 기관지 『노동자의 기』(창간호, 1933. 9)를 냈다. 이들은 범태평양노동조합의 지도를 받아 반동 조합과 개량주의 조합 내에 혁명적 반대파를 결성하고 통일전선을 도모하여 대중조직을 건설하고자 했다. 1934년 원산총파업 기념 강연에서는 반개량주의자 투쟁을 선동하는 등의 활동을 벌였으나, 같은 해 11월에 러시아혁명을 기념하는 격문을 뿌리다 조직이 발각되었다.[130]

원산에서 벌어진 비합법 운동, 혁명적 노동조합 운동의 노선은 프로핀테른의 9월 테제(1930)와 범태평양노동조합의 10월 서신(1931)을 따랐다. 위에 등장한

---

128 「朝鮮思想事件判決 元中讀書會等組織事件」, 『思想月報』 4-5, 1934, 53쪽.

129 안태정, 「1930년대 원산 지역의 혁명적 노동운동(1930~1938)—조직 건설 운동을 중심으로」, 『역사와 현실』 2, 1989, 102~103쪽.

130 「朝鮮思想事件判決竝豫審終結決定 元山赤色勞働組合組織運動事件判決」, 『思想彙報』 7, 1936, 241~243쪽; 안태정, 「1930년대 원산 지역의 혁명적 노동운동(1930~1938)」, 103~104쪽.

김현제의 독서회는 9월 테제를 수용해 운동을 전개했다.[131] '산업별 노동조합 조직 준비회' 역시 '흥남 좌익'과 만나 10월 서신에 따라 활동하기로 의견을 모았다. 9월 테제와 10월 서신은 민족개량주의, 민족부르주아지를 경계하면서 개량주의적, 타협주의적 노동조합 지도자의 기회주의를 대중 앞에 폭로해야 한다고 주장했다.[132]

(2) 혁명과 개량을 넘어서는 직접민주주의 실천

그러나 9월 테제와 10월 서신이 합법적 개량주의적 조직 내에서 활동을 완전히 부정한 것은 아니었다. 10월 서신은 개량주의적 노동조합 내에서 대중적 투쟁을 전개하지 않고 종파적 경향에 사로잡혀 고립적 노동조합 조직으로 향하는 경향이 존재한다고 지적했다. 좌익 주위에 노동자 대중이 없는 상황에서 대중과 분리된 협소한 조합을 기계적으로 심으려는 경향을 비판했다.[133] 민족개량주의에 대한 반대를 지시한 12월 테제에서도 합법 영역에서의 운동 혹은 민족개량주의자와 공동 활동의 필요성은 인정했다. 조선인 노동자와 더불어 활동을 벌이다 제2차 태로 사건으로 검거된 이소가야 스에지는, 당시 일본인 노동자를 대상으로 소비조합 건설과 친목회 조직 등의 활동을 벌였다고 회고했다.[134]

합법과 비합법, 개량주의와 혁명주의의 이분법을 넘어서는 존재로서 공장위원회, 파업위원회 등의 존재가 주목된다. 9월 테제는 "조직, 미조직을 불문하

---

131 「朝鮮思想事件判決(四)革命的勞働組合組織運動事件」, 『사상휘보』 1, 1934, 60쪽.

132 김경일, 『일제하 노동운동사』, 263쪽.

133 「조선의 범태평양노동조합 비서부 지지자에 대한 동 비서부의 서신—10월 서신」, 262쪽.

134 변은진, 『이소가야 스에지—자유와 평화를 꿈꾼 '한반도인'』, 74쪽.

고 전 공장 노동자의 이익을 대표하는 항상적 기관"인 공장위원회를 설립해야 한다고 지시했다.[135] 10월 서신 역시 "좌익 노동조합은 자기의 일상사업에서 하부로부터의 통일전선의 기관, 즉 공장대표회의, 공장 노동자 전체에서 선거한 공장위원회, 노동자의 불평이 발효할 때에 조직된 투쟁위원회, 파업위원회 등을 토대로 활동해야 한다"고 규정했다.[136]

파업위원회의 구체적인 모습은 당시의 노동 소설에서 찾아볼 수 있다. 1930년 평양 고무공장 총파업에 참여했던 김남천은 1931년 7월에 「공장신문」이라는 소설을 발표했다.[137] "지나간 여름, 파업이 완전히 실패에 돌아가고" 경찰과 사용자 측의 관리와 통제가 엄해진 상황이 배경이었다. 발단은 마실 물을 둘러싼 갈등이었다. 수돗물 대신 더러운 우물물을 마시라는 회사 측의 지시에 노동자들이 반발하자, 노련한 직공조합 간부 재창은 조합을 통해 해결하자고 노동자들을 진정시킨다. 이에 맞서 주인공 관수는 외부의 도움을 받아 다른 동료들과 공장신문을 만든다. 그 제1호에서는 조합 간부 김재창이 회사 측과 내통한 사실을 폭로했다. 노동자들은 점심시간에 작업장에 모여 즉석에서 선거를 통해 아홉 명의 준비위원을 뽑아 파업 준비위원회를 결성한다.

소설에서 "어떻게 하면 조그만 불평불만이라도 잡을 수가 있을까"[138]를 고민하는 관수의 모습은 "대중의 불평을 이끌어 그것을 조직적 투쟁으로 전

---

135 「조선의 혁명적 노동조합 운동의 임무에 관한 테제—9월 테제」, 이반송·김정명 지음, 한대희 편역, 『식민지시대 사회운동』, 253쪽.

136 「조선의 범태평양노동조합 비서부 지지자에 대한 동 비서부의 서신—10월 서신」, 267쪽.

137 김남천, 「공장신문」, 『조선일보』 1931. 7. 5~15.(최원식 외 엮음, 『20세기 한국 소설: 소금, 공장신문, 질소비료공장』, 창비, 2005).

138 김남천, 「공장신문」, 14쪽.

환"[139]시켜야 한다는 10월 서신의 내용과 상통한다. 또한 "전무의 말을 듣거나 전무와 말다툼을 할 것이 아니라 우리끼리 처리하는 것이 어떻소"라는 관수의 제안은 "중요한 것은 기업주에게는 아무런 통고도 없이 공장위원회를 설립하고 그 주위에 대중을 결집"[140]시켜야 한다는 9월 테제의 내용을 떠올리게 한다. 즉석 선거를 통해 여성 노동자 '박센네'를 포함한 파업 준비위원회를 구성하는 모습은 "전체 파업자 회의를 열어 파업의 지도를 위해 조직·비조직 노동자 및 노동 여성을 불문하고 자본가에 반대하는 투쟁에서 자기가 투쟁분자라는 것을 표현한 노동자로서 파업투쟁위원회를 선거해야 한다"[141]는 10월 서신의 내용을 형상화한 듯하다.

김남천의 소설 「공장신문」에 그려진 노동자들의 활동은 합법과 비합법 사이를 오가는 것이었다. 개량주의 노동조합 간부를 폭로하는 장면이 있었지만, 마실 물을 요구하는 노동자들의 활동을 굳이 혁명주의라고 규정지을 필요가 있을지 모르겠다. 그저 현장 대중의 실제적인 요구를 모아 그 힘으로 공공연하게 자본가와 맞선 것이다. 이것이야말로 1930년대 초 식민지 조선의 노동쟁의 모습이자, 9월 테제와 10월 서신에서 강조한 방향이라고 판단된다. 당시 공산주의자들은 이와 같은 파업위원회, 공장위원회가 공장 소비에트의 싹이 될 것으로 기대했다.[142] 소비에트는 '위원회'로 번역되기도 했다.[143] 고경흠은 "투쟁의

139 「조선의 범태평양노동조합 비서부 지지자에 대한 동 비서부의 서신—10월 서신」, 261쪽.

140 「조선의 혁명적 노동조합 운동의 임무에 관한 테제—9월 테제」, 253쪽.

141 「조선의 범태평양노동조합 비서부 지지자에 대한 동 비서부의 서신—10월 서신」, 262~263쪽.

142 최규진, 『조선공산당 재건운동』, 256쪽.

143 이석태 편, 『사회과학대사전』, 문우인서관, 1948, 360쪽.

합법성, 비합법성은 오직 계급 간의 역량 관계의 문제"라고 주장했다.[144]

(3) 이재유그룹의 트로이카 방식 운동

1932년을 정점으로 지수걸이 말한 '민족해방운동의 두 번째 고조기'[145]는 잦아들었다. 이준식 역시 1932년 3월 만주국 수립을 계기로 민족해방운동의 퇴조가 시작되었다고 분석했다.[146] 사회운동이 일정한 침체에 접어드는 가운데 사회주의자 가운데 일제의 탄압과 회유에 굴복한 전향자들이 나왔다. 1934년에 일본 관헌은 옥내 전향자가 속출하고 사상적 폭력행위가 현저하게 줄어드는 등 '호전의 서광'이 보인다고 평가하였다. 일본 관헌은 전향이 발생한 원인으로 다음 네 가지를 들었다. 첫째, 만주국 성립에 따른 일본의 국력에 대한 재인식, 둘째 1932년 말부터 계획되어 실시되고 있는 농촌진흥운동의 성과, 셋째 일본 공산주의자의 대량 전향, 넷째 엄중한 단속과 선도의 영향이다.[147]

일본 관헌은 애써 감췄지만, 운동이 침체하고 전향이 등장한 가장 큰 원인은 가혹한 탄압이었다. 이러한 엄중한 조건이 겹친 1932년 말에 그것도 총독부의 치안력이 확고한 서울에서 이재유그룹은 활동을 시작했다. 그가 선택할 수 있는 길은 "생명을 내걸고 운동을 해야 하는" 비합법 활동뿐이었다.[148] 그럼에

---

144 김민우(고경흠), 「평양제네스트의 의의와 공산당의 활동 임무」(1931), 배성찬 편역, 『식민지 시대 사회운동론 연구』, 303쪽.

145 지수걸, 「20세기 초 세계사의 굴절과 한국의 민족해방운동—비식민화 현상과 통일전선운동」, 『역사학보』 245, 2020, 6쪽.

146 이준식, 「세계 대공황기 민족해방운동 연구의 의의와 과제」, 『역사와 현실』 11, 1994, 14~17 쪽.

147 「朝鮮內に於ける思想轉向の狀況」, 『高等警察報』 3, 1934, 2~7쪽.

148 최규진, 『조선공산당 재건운동』, 136쪽.

도 불구하고 정력적인 활동을 벌인 끝에, 일본 관헌으로부터 "최근 경성을 중심으로 일어난 거의 모든 공산주의 운동의 흑막으로 활동함으로써 수많은 청년 남녀가 그 때문에 해를 입었다"는 평가를 받았다.[149]

이재유는 조선의 공산주의 운동이 몇몇 지식인의 운동에 지나지 않는다고 비판하고 노동자 대중의 운동이 필요하다고 보았다.[150] 이재유는 새로운 운동에 걸맞게 "협의회식으로 회원 모두가 각각 자유롭게 선전하거나 투쟁"하는 '트로이카' 방식[151]을 실천에 옮기고자 했다. 협의회는 소비에트를 뜻하는 것으로 판단된다. 평의회, 협의회 혹은 위원회로 번역되는 소비에트는 대중의 자발성과 주체성에 기반한 조직 원리다. 트로이카라는 용어는 앞서 콤뮤니스트그룹에서도 사용한 바 있다.

이재유는 "종래와 같이 사람을 지도한다거나 지도를 받는다거나 하는 것이 아니라 지도함과 동시에 자신도 지도되는 것"을 '근본 방침'으로 삼았다.[152] 트로이카 이론의 평등 원리는 이중의 의미에서 관철되었다. 활동가 사이의 평등, 그리고 활동가 즉 전위와 대중 사이의 평등을 지향했다. 당시 지배적이었던 이른바 오르그에 의한 중앙집중적 하향식 조직 방식과는 달랐다.[153] 활동가와 대중 모두 정치적, 문화적으로 성장한 상황에서 가능한 방식이었다는 점에서, 1930년대 시대상을 반영한다. 이재유그룹 운동 제1기(1932. 12~1934. 1)는 '경성 트로이카 시기'라고 불린다.

---

149 「昭和十年度に於ける鮮內思想運動の槪況」, 『思想彙報』 10, 1937, 29쪽.

150 「三宅·李載裕의 협의 결정에 대한 각종 정세토의」, 이재화·한홍구 편, 『한국민족해방운동사 자료총서 4』, 경원문화사, 1988, 264쪽.

151 「李載裕逮捕見聞記」, 『思想彙報』 10, 1937, 292~293쪽.

152 김경일, 『이재유, 나의 시대 나의 혁명—1930년대 서울의 혁명 운동』, 푸른역사, 2007, 64쪽.

153 위의 책, 300쪽.

이재유그룹은 1933년 6월부터 9월에 걸쳐 서울에서 고무, 제사, 금속 등 8개 공장의 파업을 조직하거나 지원했다. 100명이 넘는 노동자가 경성 트로이카 운동에 참여했다. 비합법 운동이었지만 대중성을 포기하지 않는 유연함이 있었기 때문에 가능한 일이었다. 이재유그룹의 공장 조직은 비합법 활동만이 아니라 친목회와 같은 합법적, 대중적 공간을 중시했다.[154] 농민운동에서도 합법과 비합법 운동에 대한 고민이 확인된다. 1933년 7월에 양평군 농민조합 설립 방식을 놓고 합법 노선과 비합법 노선이 대립했다. 이재유는 합법 농민계를 청산하고 혁명적 농민조합을 설립하라고 결론지었지만,[155] 논의 과정에서 "그때그때의 객관 상황에 따라 바뀌기 때문에 미리 정해놓은 방식으로 재단할 수 없다"[156]는 점을 강조했다.

1933년 9월 종연방적 파업으로 서울에서 200명, 강원도에서 160명이 검거되었다. 이재유 자신도 1934년 1월에 체포되었다.[157] 탈출에 성공한 이재유는 트로이카 방식의 운동을 자기비판하고 지도조직으로서 경성재건그룹을 만들었다.[158] 일반론으로서 조직 원리에 대한 비판이었다기보다, 비합법 운동밖에 할 수 없는 엄혹한 상황에 대한 인식이었다. 경성재건그룹 시기(1934. 4~1935. 1)는 동맹파업과 같은 대중적 투쟁보다는 독서회나 토론, 조사 활동에 힘썼다. 재건 경성준비그룹 시기(1935. 1~1936. 12)에는 기관지 『적기』를 배포하기도 했으나 활

---

154 최규진, 『조선공산당 재건운동』, 165~168쪽.

155 위의 책, 171~172쪽.

156 「朝鮮思想事件判決並豫審終結決定 赤色勞働組合並赤色農民組合組織準備工作等事件」, 『思想彙報』 4, 1935, 89쪽.

157 최규진, 『조선공산당 재건운동』, 144쪽.

158 위의 책, 152쪽.

동 범위가 더 좁아져 공장에 기반한 노동운동은 전개하지 못했다.[159]

---

159 위의 책, 169~170쪽.

제2장

반파시즘 인민전선론과
사회주의 운동의 식민지적 길

1. 반파시즘 인민전선론 '불철저 수용론'을 넘어

식민지 조선의 사회주의 운동을 논할 때, 1935년 코민테른 제7회 대회에서 채택된 반파시즘 인민전선론이 수용되었는지가 중요한 쟁점이다. 일찍이 이정식과 스칼라피노(Robert A. Scalapino)는 "한국은 코민테른 제7회 대회 이후의 주요 변화가 아무런 영향을 끼치지 못한 몇 안 되는 나라 중 하나였다. 부르주아지와 연합하여 반파쇼 인민전선을 결성하라는 요구는 한국에서는 아무런 의미를 갖지 못했다"[01]고 분석한 바 있다.

1991년에 한국역사연구회 1930년대 연구반이 펴낸 『일제하 사회주의 운동사』는 지수걸이 정리한 총론에서 '인민전선 전술, 반제민족통일 전술'이 "1936년경부터 불철저한 형태, 또는 과도적인 형태로 국내 공산주의자들에 의해서도 수용 실천되기 시작"했다고 평가했다. 즉 "민족통일전선 전술의 수용을 주

---

01 스칼라피노·이정식 저, 한홍구 역, 『한국 공산주의 운동사 1. 식민지 시대 편』, 돌베개, 1986, 269쪽.

장하면서도 다른 한편으로는 여전히 계급 대 계급 전술에 기초한 혁명적 대중 조직 노선, 그리고 노농소비에트의 건설 노선을 폐기하지 않았다"는 지적이었다.[02]

이정식의 주장이 '비수용론'이라면 한국역사연구회 1930년대 연구반의 평가는 '불철저 수용론'이라고 할 수 있다. '불철저 수용론'은 식민지 조선의 상황을 사실 그대로 반영하고 있지만, 코민테른의 올바른 노선을 따르지 않은 것은 잘못이라는 판단이 어느 정도 전제되어 있다는 점에서 문제적이다.

물론 이러한 우려는 당초부터 의식되었다. 지수걸은 혁명적 농민조합 운동을 다룬 글에서 "코민테른 제6회 대회에서 결의된 노선이 제7회 대회에서 좌편향적인 것으로 비판되었으므로 그것에 기초한 조선 공산주의자들의 실천은 당연히 좌편향적인 것으로 평가해야 한다는 논리, 더 나아가 이러한 추론에 입각하여 1930년대의 조선 공산주의 운동을 몇 가지 '공식'에 꿰어 맞추어 '역시 그러했다'는 단순한 결론만을 되풀이하는" 것을 '잘못된 연구 풍토'라고 지적하고, "공산주의 운동사의 올바른 복원을 위해서는 당시 운동의 조건과 정세를 감안하는 가운데 왜 그 같은 편향이 나타나게 되었는가를 살피는 작업이 더 필요하다"고 밝혔다.[03]

이 글에서는 선행 연구의 문제의식을 계승·발전시킴으로써, 1930년대 중반 한국 사회주의 운동이 코민테른의 반파시즘 인민전선론을 불철저하게 수용·전개했다는 이른바 '불철저 수용론'을 넘어설 길을 모색하고자 한다. 이를 위해 세 가지 측면에 유의하겠다.

---

02 한국역사연구회 1930년대 연구반, 「총론: 조선공산당 재건운동의 새로운 이해」, 한국역사연구회 1930년대 연구반, 『일제하 사회주의 운동사』, 한길사, 1991, 34쪽.

03 지수걸, 『일제하 농민조합운동 연구—1930년대 혁명적 농민조합운동』, 역사비평사, 1993, 24쪽.

첫째, 코민테른의 반파시즘 인민전선론은 민족혁명론이었다. 인민전선론은 1930년대 유럽에서 벌어진 대중의 폭발적인 정치적 진출을 받아 안은 결과였다. 코민테른은 파시즘의 공세에 맞서 특히 대중의 민족감정, 민족주의를 옹호하자고 주장했다. 인민전선은 곧 민족전선이었다. 나아가 각 나라의 특수한 조건에 맞는 구체적인 민족혁명이 필요하다는 주장은 1943년의 코민테른 해산을 예고하는 것이었다.

둘째, 재만 한인의 조국광복회 창립은 반파시즘 인민전선론을 모범적으로 수용한 결과였다. 재만 한인의 민족 문제를 이야기할 때 빼놓을 수 없는 것이 친일 자치운동 단체인 민생단이다. 조국광복회로 대표되는 민족통일전선 수립은 1930년대 초반 반민생단 투쟁이 보인 좌경적 오류를 극복하는 과정이었다. 재만 한인의 반파시즘 인민전선론 수용 과정을 살핌으로써 역으로 국내 운동을 바라보는 새로운 시각을 제시하고자 한다.

셋째, 식민지 조선의 국내 사회주의 운동 세력은 반파시즘 인민전선론을 접하고 '당시 운동의 조건과 정세'에 입각한 활동을 벌였다. 『일제하 사회주의 운동사』 총론에서는 '불철저 수용'의 실태를 어떻게 볼 것인가를 놓고 "민족통일전선론에 대한 불철저한 이해, 즉 앞 시기 운동의 좌익기회주의가 제대로 청산되지 않는 가운데 나타난 과도적 현상(경험주의적 편향)으로 보아야 한다는 견해(임경석 논문)"와 "원산 좌익위원회 등에 의해서 표방된 소비에트 혁명 노선은 즉각적인 노농 소비에트 건설론과는 성질이 다른, 말하자면 과도적인 성격의 계급연합정부 수립 노선이었다는 견해(우동수 논문)"[04]가 있다고 정리했다.

임경석이 지적한 '경험주의적 편향'은 민족부르주아지가 허약하고 합법운동 공간이 좁았던 식민지의 특수성을 반영한 결과일 것이다. 그런 상황에서도

---

04 한국역사연구회 1930년대 연구반, 「총론: 조선공산당 재건운동의 새로운 이해」, 35쪽.

우동수가 지적한 대로 반파시즘 인민전선론이 수용되었다면, 이것은 해방 이후 인민공화국 수립으로 이어지는 역사적 변화 속에서 보아야 할 것이며 그 핵심은 대중의 민족주의를 인정하는 민족혁명론에 있을 것이다.

2. 코민테른의 반파시즘 인민전선론

1) 1935년 코민테른 제7회 대회의 인민과 민족

1928년 제6회 대회 이후 코민테른은 자본주의 위기라는 시대 인식하에 부르주아지와 전면 대결을 뜻하는 계급 대 계급 노선, 그리고 사회민주주의자 역시 파시스트에 지나지 않는다는 사회파시즘론을 견지했다. 공산주의자가 파시스트 공격보다 사민주의자 비판에 더 몰두하는 모순적 상황이 벌어진 것이다. 이러한 가운데 1933년 독일에서는 히틀러가 이끄는 나치스가 집권에 성공했고 파시즘이 전 유럽에서 기승을 부렸다. 코민테른은 대중의 정치적 진출이 지닌 의미를 제대로 파악하지 못한 셈이다.

방침 전환의 계기는 1934년 초 프랑스에서 찾아왔다. 공산당 지도부는 낡은 전술을 고수했지만, 지역 당 세포는 반파시스트 위원회에서 사회민주주의자와 연대했다. 코민테른 대표였던 디미트로프(Georgi Dimitrov)는 1934년 5월에 "공산주의 노동자와 사민주의 노동자 사이의 벽이 깨져야 한다"고 새로운 흐름을 지지했다. 코민테른도 위로부터의 공동전선으로 나아가려는 움직임을 보였다.[05]

---

05 케빈 맥더모트·제레미 애그뉴 저, 황동하 역, 『코민테른—레닌에서 스탈린까지, 국제 공산주의 운동의 역사』, 서해문집, 2009, 191~195쪽.

1935년 7월 25일에서 8월 21일까지 65개 공산당 대표자 513명이 모인 가운데 코민테른 제7회 대회가 모스크바에서 열렸다. 디미트로프는 파시즘을 "금융자본의 가장 반동적이며 가장 배외적이고 가장 제국주의적인 분자의 공공연한 테러"라고 규정하고, "파시즘의 권력 장악은 하나의 부르주아 정부와 다른 부르주아 정부 간의 보통의 교체가 아니라 부르주아지의 계급적 지배의 국가 형태 가운데 하나인 부르주아민주주의와 또 하나의 국가 형태인 공공연한 테러 독재의 교체"라고 주장했다.[06]

디미트로프는 1933년 12월 코민테른 집행위원회 총회에서 처음 만들어진 파시스트 국가의 아주 협소한 계급 토대에 대한 분석을 확인함으로써, 광범한 계급 사이의 반파시스트 통일을 위한 탐색을 촉진했다.[07] 대회 기간 중 다른 연설에서는 "지금 많은 자본주의국의 근로 대중은 구체적인 당면 문제로, 프롤레타리아 독재인가 아니면 부르주아민주주의인가가 아니라 부르주아민주주의인가 아니면 파시즘인가 사이의 선택에 직면해 있다"고 밝혔다.[08]

프랑스에서 시작된 공동전선이 처음부터 노동자 통일전선을 뛰어넘는 인민전선을 의미한 것은 아니었다. 1934년 10월 공산당 당수 토레즈(Maurice Thorez)가 급진당 대회에서 행한 연설에서 '인민전선'이라는 말이 탄생했고, 같은 해 12월에 코민테른 집행위원회는 프랑스 공산당의 활동을 승인했다.[09] 프랑스 공

---

06 디미트로프, 「파시즘의 공세와 파시즘에 반대하여 노동자계급의 통일을 추구하는 투쟁에서 공산주의 인터내셔널의 임무」(코민테른 제7회 대회 연설), G. M. 디미트로프 저, 김대건 편역, 『통일전선연구―반파시즘 통일전선에 대하여』, 거름, 1987, 82~83쪽.

07 케빈 맥더모트·제레미 애그뉴 저, 황동하 역, 『코민테른』, 204쪽.

08 디미트로프, 「파시즘에 반대하여 노동자계급의 통일을 이루기 위해(1935년 8월 13일 공산주의인터내셔널 제7회 대회에서의 보고 맺음말)」, G. M. 디미트로프 저, 김대건 편역, 『통일전선연구』, 176쪽.

09 케빈 맥더모트·제레미 애그뉴 저, 황동하 역, 『코민테른』, 197~198쪽; 김성윤 엮음, 『코민테른

산당의 언어는 계급투쟁에서 민중과 국민으로 바뀌는 극적인 변화를 겪었다.[10] 디미트로프는 코민테른 제7회 대회 연설에서, 1935년 7월에 50만 명이 참가한 파리의 시위를 가리켜 "이것은 단순히 통일노동자전선의 운동이 아니다. 그것은 프랑스에서의 광범한 반파시즘 인민전선의 시초인 것이다"[11]라고 말했다.

디미트로프는 같은 연설에서, 파시즘의 승리를 저지하기 위해 "대중은 있는 그대로의 모습으로 파악되어야 하며 우리가 그들에게 기대하는 모습으로 파악되어서는 안 된다"(97쪽)고 강조했다. 대중의 동요에 대하여 참을성 있는 태도를 취하고 프롤레타리아트의 정치적 원조를 제공할 때 비로소 대중은 더 높은 단계의 혁명적인 의식과 적극성을 갖게 된다는 주장이었다. 디미트로프는 합법 공간에서의 활동을 중시했다. 같은 연설에서 "파시스트 대중조직 안에서의 활동에 대한 과소평가에 단호히 종지부를 찍어야" 한다며, '트로이의 목마'를 만들어 '적의 심장부'에 침입하자고 주장했다(120쪽).

코민테른의 새로운 전술에서 주목한 대중은 곧 민족이었고, 인민전선론은 동시에 민족혁명론이었다. 반파시즘 인민전선론은 대중의 민족감정, 민족주의를 인정하는 데서 출발했다. 디미트로프는 같은 연설에서 "파시즘이 대중을 끌어들이는 데 성공한 것은 데마고기로써 대중의 특히 절실한 필요와 욕구에 호소했기 때문"이고, 이들은 "모욕을 당한 민족의 옹호자의 가면을 쓰고 손상된 민족감정에 호소한다"고 간파했다(84쪽). 이어 공산주의자도 "인민대중의 민족심리의 특수성에 대해 올바르고 신중하게 고려하는 태도"를 취해야 한다고 주

과 세계혁명 II』, 거름, 1986, 97쪽.

10 제프 일리 지음, 유강은 옮김, 『THE LEFT 1848~2000』, 484쪽.

11 디미트로프, 「파시즘의 공세와 파시즘에 반대하여 노동자계급의 통일을 추구하는 투쟁에서의 공산주의 인터내셔널의 임무」(코민테른 제7회 대회 연설), 115쪽.

장했다(145쪽).

나아가 "프롤레타리아 혁명만이 문화의 쇠망을 방지하고 그것을 형식에 있어서 민족적이며 내용에 있어서는 사회주의적인 참된 국민문화로서 꽃피우는 최고의 수준까지 드높일 수 있다"고 주장했다(148쪽). 코민테른의 새로운 전술은 공산주의자를 '국민문화'의 옹호자로 자리매김했다. 코민테른은 각 민족에 고유한 급진-민주적 유산을 반영했던 정책, 언어, 상징을 찾고자 한 것이다.[12] 공산주의는 그람시(Antonio Gramsci)가 국민적-민중적이라고 지칭한 맥락에서 한 나라의 독특한 전통에 의존하는 국민적 민주주의의 언어로 발언하게 되었다.[13]

사회주의와 민족주의의 관계는 늘 문제적이다. 임지현은 마르크스주의의 민족주의 '수용'에 대하여 "마르크스주의에 내재된 이론적 차원에서 가능한가" 혹은 "민족운동은 사회주의혁명의 수단이라는 전술적 관점에서만 수용되는가"를 물었다. 레닌의 제국주의론은 민족해방투쟁과 계급투쟁 혹은 민족주의와 프롤레타리아 국제주의를 연결하는 이론적 고리였다.[14] 디미트로프는 1930년대 파시즘의 대두라는 위기 국면에서 레닌의 민족 문제 인식을 살려 파시즘을 금융자본의 가장 반동적이고 가장 제국주의적인 부분으로 규정함으로써, 유럽에서 민족을 대표하는 인민전선, 그리고 식민지-주변부에서 반제 민족통일전선 형성을 촉구했다.

코민테른의 방향전환은 소련 국내에서 벌어진 변화와 조응하는 것이었다. 1930년대 초반 국제정세는 소련 지도부에게 국가 통합과 국민의식 형성이라

---

12 케빈 맥더모트·제레미 애그뉴 저, 황동하 역, 『코민테른』, 208쪽.

13 제프 일리 지음, 유강은 옮김, 『THE LEFT 1848~2000』, 487쪽.

14 임지현, 『마르크스·엥겔스와 민족 문제』, 탐구당, 1990, 11~12·18쪽.

는 새로운 과제를 던졌다. 10월혁명 이래 러시아 민족주의는 위험한 것으로 여겨져왔지만, 1930년대 들어 러시아의 전통과 문화에 대한 재평가가 일어났다. 1934년 3월 소련 공산당 중앙위원회 정치국 회의에서 스탈린은 현재의 교과서가 '러시아사'를 '혁명운동의 역사'로 대체하여 국가의 역사를 가르치지 않는다고 비판했다. 이후 새로운 역사 교과서를 작성하기 위한 캠페인이 대대적으로 벌어졌다.[15]

1934년 작가 대회에서 고리키(Maxim Gorky)는 소박하고 낙관적이며 예술적으로 값지며 또한 그 영웅적 전형들이 민중에게 값어치가 있다면서 새 소련 문학에서 민속의 활용을 촉구했다. 1936년 이후 사실상 모든 소련 대중문화가 '민속화(forklorized)'되었다.[16] 전간기 유럽을 통틀어 정치적 지도자들은 민속에 호소하고 전통을 창조함으로써 공통의 유산 아래 민중을 하나로 묶어내고자 했다. 1930년대 소련의 움직임 역시 사회적, 문화적 통일성을 높이려는 정치적 노력의 결과였다.[17]

2) 인민전선과 민족혁명

코민테른은 각 나라의 특수한 조건에 맞는 구체적인 민족혁명이 필요하다고 보았다. 디미트로프는 제7회 대회 연설에서 "어떤 나라에건 현 단계에서 극히 광범한 대중의 마음을 울리고 있는 중심 문제가 있다. 통일전선의 수립을

---

15 立石洋子,「国民意識の形成─ソ連国家の発展と自国史像の構築」,『ロシア革命とソ連の世紀 第2巻 スターリニズムという文明』,岩波書店, 2017, 93~94쪽.

16 리처드 스타이츠 저, 김남섭 역, 『러시아의 민중문화─20세기 러시아의 연예와 사회』, 한울, 2008, 128쪽.

17 David L. Hoffmann, *Stalinist Values: The Cultural Norms of Soviet Modernity, 1917~1941*, Cornell University Press, 2003, p. 147.

목표로 하는 투쟁은 그러한 문제를 중심으로 전개되지 않으면 안 된다"(111쪽)고 밝혔다. 또한 인도와 중국의 '반제국주의 통일전선' 상황을 서술한 뒤 "프롤레타리아 국제주의는 각국에서 이른바 풍토에 맞게 적용되어 그 나라의 대지에 깊이 뿌리를 내려야 한다"(148쪽)고 주장했다. 특히 "피억압 종속 민족에 속하는 공산주의자는 외국의 속박으로부터 자민족을 해방시키기 위해 실제로 투쟁하고 있다는 것을 대중운동의 실천 속에서 동시에 보여주지 않는다면 자민족 가운데 있는 배외주의자와의 투쟁에서 성공을 거둘 수 없다"(149쪽)고 강조했다.

디미트로프의 민족혁명론은 소련 및 코민테른의 세계 경제 인식과도 조응하는 것이었다. 1927년에 소련 학술원 산하 세계경제·세계정치연구소 소장이 된 예브게니 바르가(E. S. Varga)는 1929년 세계 대공황 이후 스탈린주의 경제학을 대표하는 지위를 누렸다.[18] 바르가는 세계 대공황과 세계 경제에 대한 인식을 담아 『세계 경제 위기의 새로운 현상들』(1934)과 코민테른 제7회 대회 기조 발표문이라 할 만한 「거대한 위기와 정치적 결과들」을 집필했다. 여기서 바르가는 마르크스주의 경제학에서는 낯선 개념이었던 '국민경제'라는 범주를 분석의 핵심 단위로 삼았다. 자본주의 위기의 보편적 영향보다는 그것이 국가별로 어떻게 구체적으로 표출되는지에 더 큰 방점을 둔 것이다.[19] 나아가 1935년에 스탈린에게 제출한 비공개 보고서에서는 자본주의 국가의 재정 및 통화 정책은 자본주의 경제의 내적 법칙이 작동하지 않아 마르크스주의 이론을 적용할

18　노경덕, 「세계 경제 대공황과 스탈린주의 경제학 담론, 1929~1936—바르가를 중심으로」, 『역사교육』 115, 2010, 225쪽. 바르가의 경제학에 대해서는 Kyung-Deok Roh, *Stalin's Economic Advisors: The Varga Institute and the Making of Soviet Foreign Policy*, I. B. Tauris & Company, 2018 참조.

19　노경덕, 「세계 경제 대공황과 스탈린주의 경제학 담론, 1929~1936」, 241~242쪽.

수 없는 특수한 역사적 상황을 창출한다고 규정했다.[20]

디미트로프는 코민테른 제7회 대회 기간 중의 다른 연설에서 "각각의 나라에서 파시즘이 갖는 민족적 특수성을 탐구하고 발견하여 이에 따라 반파시즘 투쟁의 효과적인 방법과 형태를 결정하여야 한다"[21]고 밝혔다. 이어 "프롤레타리아 전선과 인민전선의 문제를 해결함에 있어 모든 나라, 모든 국민에 대해 생활의 모든 장에 꼭 들어맞는 만병통치 처방전을 내놓을 수 없다"(170쪽)고 강조했다.

디미트로프는 1936년 12월 발표한 「인민전선」이라는 글에서는, 코민테른 제7회 대회에서 수립된 파시즘과 전쟁에 반대하는 투쟁의 인민전선 정책이 모든 나라 근로 대중 사이에 큰 반향을 불러일으켰다고 주장했다. 또한 "인민전선의 형태와 방법을 무비판적으로 흉내 내거나 특정한 나라로부터 다른 나라로 무비판적으로 옮겨놓으려는 것은 인민전선의 창설·확대·강화를 어렵게 할 수밖에 없다"[22]고 강조했다.

코민테른 제7회 대회에서는 '조선공산당 발기자그룹 대표'인 김하일이 연설을 했다. 조선공산당 발기자그룹은 코민테른의 지원 아래 조선공산당 재건운동을 벌이던 동방노력자공산대학 조선인 졸업생 조직으로서 1934년에는 「조선공산당 행동강령」을 발표했다.[23] 「조선공산당 행동강령」은 종래의 공산

---

20 바르가의 이러한 생각이 학계에 공개된 것은 1939년이다. 노경덕, 「세계 경제 대공황과 스딸린주의 경제학 담론, 1929~1936」, 251~252쪽.

21 디미트로프, 「파시즘에 반대하여 노동자계급의 통일을 이루기 위해(1935년 8월 13일 공산주의인터내셔널 제7회 대회에서의 보고 맺음말)」, 164쪽.

22 Georgi Dimitrov, "The People's Front", *The United Front: The Struggle Against Fascism and War*, London: Lawrence & Wishart, 1938; 디미트로프, 「파시즘과 전쟁에 반대하는 투쟁의 인민전선」, G. M. 디미트로프 저, 김대건 편역, 『통일전선연구』, 233·236쪽.

23 우동수, 「조선공산당 재건운동과 코민테른―동방노력자공산대학 졸업자들의 활동을 중심

당 주도의 공동행동위원회나 반제동맹의 협소한 틀을 벗어나 민족혁명전선의 전면적 결성을 주장했다.[24]

김하일은 「제국주의 전쟁 배격 도상에서의 조선 공산주의자들의 임무」라는 제하의 연설에서, 평화를 위한 전쟁 반대 투쟁을 조선의 민족해방을 위한 투쟁의 축으로 세워야 한다고 주장했다. 그는 이 투쟁에서 조선 부르주아지와 일본 제국주의자 사이의 모순까지 이용할 수 있으며, 조선의 민족개량주의는 일본 제국주의에 반대하여 철저한 투쟁을 하지 않지만 광범한 인민 대중에게 미치는 영향을 잊고 있는 것은 아니라고 보았다.[25] 조선 공산주의자들의 임무는 "심지어 민족혁명에까지지도 적극적으로 참가하여 활동하는 것"이라며, 이를 위해 '전 민족 단일 반제전선'을 조직할 수 있다고 말했다(325쪽).

새로운 방향성은 기존 활동에 대한 반성에서 명확하게 드러난다. 그는 "우리 조선 공산주의자들은 지금까지 조선 노력자들의 민족해방투쟁에서 어느 정도 뚜렷한 역할을 해내지 못했다. 우리는 대중을 포용한 개량주의적 단체 속에도 뛰어들지 못하고 구석에 잠입했고, 특히 노동조합 운동에서는 개량주의적 단체들에 대립하는 종파적 단체만을 조직하려고 지도했다"고 자기비판을 했다. 그리고 앞으로는 "합법적 혹은 비합법적인 모든 가능한 투쟁 형태와 투쟁 방법을 이용"하고 "광범한 반제 민족혁명 단일 전선을 조직"할 것을 주장했다. "인민 대중의 이해관계를 위해 투쟁하여 조선 민중의 신임을 얻어야 한다"

으로」, 한국역사연구회 1930년대 연구반, 『일제하 사회주의 운동사』, 585쪽.

24 「조선공산당 행동강령」(1934. 6. 10.), 이반송·김정명 저, 한대희 편역, 『식민지시대 사회운동』, 한울림, 1986, 339쪽; 우동수, 「조선공산당 재건운동과 코민테른」, 599쪽.

25 김하일, 「제국주의 전쟁 배격 도상에서의 조선 공산주의자들의 임무(코민테른 제7회 대회 연설)」, 신주백 편저, 『1930년대 민족해방운동론 연구 I. 국내 공산주의 운동 자료편』, 새길, 1989, 324쪽.

고 강조했다(326쪽).

김하일의 연설에서는 '전 민족 단일 반제전선' 혹은 '반제 민족혁명 단일 전선' 결성을 주장하지만, 한편에서 "자본의 공격과 전쟁에 반대하고 인민 대중에게 영향을 미치는 민족개량주의에 반대하는 단일 전선을 조직"(328쪽)하자는 표현도 사용한다. 여기서는 '민족개량주의'를 여전히 '단일전선' 바깥에 있는 투쟁 대상으로 간주하고 있는 셈이다. 같은 연설 안에서도 '민족개량주의'가 연대의 대상인지 투쟁의 대상인지가 불분명하다.

디미트로프도 대중의 민족감정을 존중하고 민족문화를 옹호할 것을 거듭 강조하였지만, 동시에 '피억압 종속 민족에 속하는 공산주의자'들에게 '자민족 가운데 있는 배외주의자와의 투쟁'의 필요성을 말했다.[26] 코민테른의 새로운 전술에서도 '민족개량주의' 혹은 '자민족 가운데 있는 배외주의자'에 대한 태도는 여전히 애매했다. 결국 구체적인 방침은 각 나라의 상황에 따른 판단에 맡겨졌다고 볼 수밖에 없다.

3) 반파시즘 인민전선의 이론과 실제

디미트로프는 코민테른 제7회 대회 연설에서 반파시즘 인민전선 정부 설립이 가능하며 공산주의자는 이를 찬성한다고 밝혔다.[27] '프롤레타리아 혁명으로의 이행 혹은 접근의 형태'를 찾아내자는 레닌의 호소를 원용하여 통일전선 정부가 가장 중요한 이행 형태가 될 것이라고 주장했다.

그러나 디미트로프는 '우익기회주의자'가 "부르주아 독재로부터 프롤레타

---

26 디미트로프, 「파시즘의 공세와 파시즘에 반대하여 노동자계급의 통일을 추구하는 투쟁에서의 공산주의 인터내셔널의 임무」(코민테른 제7회 대회 연설), 149쪽.

27 위의 글, 138쪽.

리아 독재로 가는 의회를 통한 평화로운 산보라는 환상을 퍼뜨리기 위해 이 두 개의 독재 사이에 특수한 민주주의적 중간 단계를 설정"했다고 비판했다. 레닌 이 말한 것은 '프롤레타리아 혁명' 즉 부르주아 독재 타도로의 이행과 접근의 형태이지, 부르주아 독재와 프롤레타리아 독재 사이의 이행 형태가 아니라는 것이다(142쪽).

디미트로프는 파시스트가 독재하는 나라에서는 파시스트 권력을 타도하는 과정에서만 통일전선 정부를 만들 수 있지만, "부르주아민주주의혁명이 발전하고 있는 나라들에서는 인민전선 정부는 노동자계급과 농민의 민주주의적 독재 정부가 될 수 있을 것"이라고 밝혔다.[28] 그러나 디미트로프는 "정치적 위기라는 조건하에서 반파시즘 통일전선 정부를 만드는 것이 가능하다"는 지적은 '소부르주아적인 민주주의적 환상과 전통에 사로잡혀 있는 극히 광범위한 인민 대중'을 위한 '과도적 슬로건'이 필요하기 때문이라고 주장했다. 이어 통일전선정부는 "착취자의 계급 지배를 타도할 힘이 없고 따라서 파시스트 반혁명의 위험을 최종적으로 제거할 수 없다"면서, "구원을 가져오는 것은 오직 소비에트 권력뿐"이라고 밝혔다.[29] 디미트로프에게 인민전선은 여전히 전략이 아닌 전술에 지나지 않았다.[30]

1936년 유럽의 움직임은 코민테른의 인민전선론, 인민전선 정부 구상에 현

---

28 디미트로프, 「파시즘에 반대하여 노동자계급의 통일을 이루기 위해(1935년 8월 13일 공산주의인터내셔널 제7회 대회에서의 보고 맺음말)」, 174쪽. '부르주아민주주의혁명이 발전하고 있는 나라'는 아마도 스페인을 염두에 두었을 것이다. 이 연설 가운데 '부르주아민주주의혁명 과정에 있는 스페인'(169쪽)이라는 설명이 있다.

29 디미트로프, 「파시즘의 공세와 파시즘에 반대하여 노동자계급의 통일을 추구하는 투쟁에서의 공산주의 인터내셔널의 임무」(코민테른 제7회 대회 연설), 143쪽.

30 케빈 맥더모트·제레미 애그뉴 저, 황동하 역, 『코민테른』, 205쪽.

실성과 구체성을 더해주었다. 1936년 5월 프랑스에서는 인민전선이 선거에서 승리하여 사회주의자 레옹 블룸(Léon Blum)이 수상이 되었다. 스페인에서는 1936년 2월 인민전선이 총선에서 승리했지만, 같은 해 7월 프랑코가 군사 쿠데타를 일으켜 1939년 3월까지 내전이 벌어졌다.

스페인에서 코민테른 집행위원회 고문이 될 예정이었던 이탈리아 출신의 공산주의자 톨리아티는 1936년 10월에, 반파시스트 혁명이 '민주주의 공화국의 새로운 형태' 즉 부르주아 의회주의 민주주의의 범위를 넘어선 이행기적 단계를 위한 토대를 놓게 된다고 전망했다.[31] 인민전선은 공산주의 운동 가운데 민주주의와 국가와 같은 핵심적인 문제를 떠오르게 했다. 이는 1944년과 1947년 사이에 주창된 '사회주의에 이르는 민족의 길'과 1970년대 '유로 코뮤니즘'의 전조를 이루었다.[32]

반파시즘 인민전선론은 제1차 세계대전 이후 새롭게 등장한 부르주아 대중정치에 대한 대응이었다. 노동계급의 경제 권력의 증가와 사회 입법의 진전은 노동계급의 '국민화'를 초래했다. 보통선거의 확대를 비롯한 민주화는 국가를 '모든 인민'의 것으로 바꾸었다. 그러나 1920년대 공산주의 운동에서는 경제주의적 단계론이 지배적이었고, 혁명의 전망이 쇠퇴함에 따라 계급 노선은 훨씬 더 엄격해졌다.[33]

새로운 방향성은 유럽에서의 파시즘 경험, 그리고 식민지 해방운동에서 나왔다. 반파시즘 투쟁과 주변부 세계의 혁명운동에서 창출된 인민적 대중 정체

---

31 위의 책, 211~216쪽.

32 위의 책, 202쪽.

33 에르네스토 라클라우·샹탈 무페 저, 이승원 역, 『헤게모니와 사회주의 전략』, 후마니타스, 2012, 87·123쪽.

성은 계급 정체성보다 훨씬 포괄적이었다. 코민테른 제7회 대회의 인민전선론은 민주주의를 특정한 사회 세력이 배타적으로 전유할 수 없는 공동의 지반으로 이해했다. 마오쩌둥의 '신민주주의', 톨리아티의 '진보적 민주주의'와 '노동계급의 국민적 과업' 등은 기존의 마르크스주의에서 이론적으로 정의하기 어려웠던 문제를 설명하려는 노력이었다.[34]

1930년대 후반 코민테른의 인민전선론은 흔들렸다. 인민전선이 의회정치에 뛰어들어 민주주의 국가의 전통에 호소하는 것은 프랑스공산당에 대한 모스크바의 이데올로기적 영향력을 위협했다. 한편 스탈린은 서구 동맹국과도 독일과도 적대적 관계에 빠지기를 원하지 않았다. 스페인혁명을 부르주아민주주의 단계로 제한하도록 한 스탈린의 충고는 분명히 소련의 외교적 이해에 바탕을 둔 것이었다.[35]

1936년과 1938년 사이에 스탈린에 의한 대숙청이 소련 사회를 휩쓸었다. 1935~36년의 인민전선의 커다란 희망은 1937년 이후 급속히 식었다. 소련 지도부의 마음 내키지 않는 지지는 인민전선을 전술적이고 임시적인 것에 머물게 했다. 1938년 9월 영·불·독·이 네 나라가 맺은 뮌헨협정은 반파시즘 인민전선에 대한 회의를 불러일으켰다. 급기야 1939년 8월 독소 불가침조약으로 반파시즘 운동은 이론적 실천적 근거를 잃었다.[36]

1945년 이후 동유럽과 아시아에서 여러 인민공화국 건설로 이어지는 반파시즘 인민전선의 구체화는 제2차 세계대전의 '전선'이 명확해지길 기다려야 했다. 톨리아티는 1959년 발표한 글에서, 코민테른 제7회 대회 이후 인민전

---

34 위의 책, 124~126쪽.

35 케빈 맥더모트·제레미 애그뉴 저, 황동하 역, 『코민테른』, 212~216쪽.

36 위의 책, 240~241쪽.

선은 "이미 단순한 전술일 뿐 아니라 전략적인 것도 되었다"고 말했지만, 이는 1930년대 후반의 복잡한 정세를 건너뛴 설명이다. 톨리아티는 "바른 민족정신이 없으면 노동자계급은 전 근로 대중과 조국을 지도하려고 열망할 수 없다. 이는 전쟁 중에 제기될 임무를 위한 준비이기도 했다. 전쟁 중 공산당은 반파시즘 투쟁의 선두에 서서 민족의 가장 우수한 대표자가 되어 누구도 빼앗을 수도 다툴 수도 없는 민족의 당으로서의 특징을 획득한 것이다"라고 말했다.[37] 공산주의자가 인민전선과 민족혁명의 명실상부한 주체가 된 것은 전쟁을 통해서였다.

3. 만주 항일 무장투쟁과 민족통일전선

1) 반민생단 투쟁과 민족문제

(1) 만주의 반제 민족통일전선과 한중 갈등

1936년 12월 시안(西安) 사건 이후 제2차 국공합작으로 구체화한 중국 혁명의 전개는 코민테른이 주창한 민족통일전선의 모범이었다. 중국공산당이 세계 혁명 운동을 앞서간 것은 전선이 착종되어 있던 유럽과 달리 중국에서는 1931년 일본의 만주 침략 이후 항일 전선이 명확했기 때문이었다. 국공합작을 통해 대장정 이래 위기를 벗어난 중국공산당은 토지혁명과 민족해방을 결합한 길을 성공적으로 추구했다.[38] 마오쩌둥은 「신민주주의론」(1940)에서 중국의

---

37 トリアツテイ 著, 石堂清倫・藤沢道朗 訳, 「共産主義インタナショナルの歴史にかんするいくつかの問題」(1959), 『コミンテルン史論』, 青木書店, 1961, 161쪽.

38 케빈 맥더모트·제레미 애그뉴 저, 황동하 역, 『코민테른』, 287쪽.

새로운 문화의 조건으로 '민족적 형식'과 '신민주주의적 내용'의 결합을 제시
했다.[39]

1931년 9월 만주사변 이후에도 중공의 좌경 정책은 당분간 이어졌다. 사변
직후 중공은 만주 재주 조선인에게 "신속하게 중국공산당 지도 아래 중국혁명
에 참가하여 제국주의와 국민당을 타도하고 [조선인] 제군의 해방을 쟁취"하
고 "소련 침공과 제국주의 강도적 전쟁에 반대하여 유격 전쟁과 토지혁명을
실행하고 일본 제국주의 및 일체의 제국주의를 타도"하라고 호소했다.[40]

코민테른의 방침 전환은 일본혁명에 관한 '32년 테제'에서 시작되었다. 이
테제는 일본을 다른 제국주의와 동일하게 파악한 것을 자기비판하고 일본을
"이상한 공격욕을 그 특징으로 하는 강도적 제국주의"라고 규정했다.[41] 또한 코
민테른은 만주에서 활동하는 구군벌계, 국민당계 유격대에 주목하여 이들과
민족통일전선 결성이 필요하다고 판단했다. 이러한 변화를 배경으로 만주에
서 광범위한 민족통일전선 구축을 지시한 중공 중앙의 1933년 '1월 서신'이 나
오게 되었다.[42]

일본 역사학자 이에나가 사부로는 일찍이 제2차 세계대전은 1931년 만주

---

39 모택동, 「신민주주의론」(1940), 『모택동 선집 2』, 범우사, 2002, 419쪽; 장문석, 「주변부의 근대
    문학—여천 이원조 연구 (2)」, 『사이間SAI』 27, 2019, 400쪽 참조.

40 中國共産黨滿洲省委員會·中國共産黨靑年團滿洲省委員會, 「△△△△△△滿洲○○○○に
    關し全滿洲朝鮮工人, 農民, 學生及勞苦群衆に告ぐるの書」(1931), 大阪對支經濟聯盟 編,
    『サ聯邦と支那滿洲の共産運動』, 新光社, 1934, 579쪽; 毛里和子, 「滿州事変とコミンテル
    ン」, 『国際政治』 43, 1970, 146쪽.

41 「日本における情勢と日本共産党の任務に関するテーゼ(三二年テーゼ)」, 石堂清倫·山辺
    健太郎 編, 『コミンテルン 日本にかんするテーゼ集』, 青木文庫, 1961, 76~80쪽.

42 「만주의 각급 당부 및 전 당원에게 주는 서한—만주의 현상과 우리 당의 임무에 관하여」
    (1933. 1), 신주백 편저, 『1930년대 민족해방운동론 연구 II. 만주 항일 무장투쟁 자료편』, 새길,
    1990.

에서 시작되었다는 시각을 제시했다.[43] 만주사변, 중일전쟁, 태평양전쟁을 연속 되는 전쟁으로 봐야 한다는 주장이었다. 반파시즘 인민전선론이 정식화되는 1935년 코민테른 제7회 대회에서 행한 보고에서 톨리아티는 1928년 제6회 대회 이래 정세 변화를 이야기하면서, 첫 번째로 "극동에서는 세계 재분할을 위한 무력 행사가 시작되었다"고 일본의 만주사변을 들었다.[44] 연합국 대 추축국 사이의 반파시즘 전쟁으로 수행된 제2차 세계대전의 구도는 1931년 만주를 침략한 일본을 보통 제국주의와 구별되는 파시즘으로 규정하고 후일 국공합작으로 이어지는 광범한 민족통일전선을 형성하는 데서 짜이기 시작한 셈이다.

그렇다면 만주에서 비롯된 중국공산당의 반제 민족통일전선 움직임은 재만 조선인에게 어떤 영향을 끼쳤을까. 식민지 시기 만주, 즉 중국 동북 지역에는 많은 한인이 거주했다. 특히 지금의 연변 조선족 자치주에 해당하는 동만 지역은 1930년에 전체 인구 약 51만 명 가운데 76%인 약 39만 명이 한인이었다.[45] 동만은 중국 영토였지만 교민을 보호한다는 구실로 실질적으로 일본이 통치했다. 중국인은 한인을 일본 침략의 앞잡이라고 경계했다. 만주사변 후 작성된 국제연맹의 리튼 보고서는 "1927년에 이르러 중국 당국은 조선인을 만주에 대한 '일본 침략과 합병(合併)의 앞잡이'라고 믿게 되었다"[46]라고 적었다.

1931년 동만 지역 중국인은 43.5%가 지주였던 데 비해 한인 가운데 지주는 7.2%에 불과했다. 역으로 토지가 전혀 없거나 부족을 느끼는 이는 조선인은

---

43 家永三郎, 『太平洋戦争』, 岩波書店, 1968.

44 パルミロ·トリアツテイ 著, 山崎功 訳, 『統一戦線の諸問題』, 大月書店, 1975, 94쪽.

45 軍政部顧問部 編, 『滿洲共産匪の研究 第一輯 康德三年』(복각판), 巖南堂書店, 1969, 545~546쪽.

46 朴永錫 역, 『리턴 보고서』, 探求堂, 1986, 121쪽.

57%에 달했지만, 중국인은 24%에 그쳤다.[47] 한인과 중국인 사이에는 민족 격차가 존재했다. 재만 한인 사회는 일본 제국주의와의 모순에 더해 중국인 사회와의 모순도 안고 있었다.[48]

1930년 1월에 코민테른과 중공 중앙은 조선인 공산주의자들에게 중공에 입당하도록 지시했다.[49] 이어 3월에 조선공산당 만주총국이 해체를 선언했다. 선언문에서는 재만 조선인 노동자의 자본가적, 봉건적 착취로부터 해방은 '조선의 독립'으로서는 불가능하다고 밝히고, '일국일당 원칙'에 의해 중국공산당 깃발 아래 투쟁할 것을 결의했다.[50] 재만 한인 공산주의자가 중공에 대거 가입한 후인 1930년 9월에 만주성위는 "민족자결 원칙하에서 한국, 몽고의 혁명을 극력 지원"하겠다고 밝혔다. 이 무렵 동만특위는 조선국내공작위원회를 두었다.[51]

1931년 7월 창춘(長春) 근처 만보산에서 한인 농업 이민자와 중국인 농민 사이에 충돌이 일어났다. 이른바 만보산 사건이다. 국내에서는 조선일보의 오보로 한인 피해 사실이 과장되면서, 평양을 비롯한 여러 곳에서 중국인이 습격을

---

47 「土地所有關係別表」, 『滿鐵調査月報』 1933. 1(金正明 編, 『朝鮮獨立運動 V. 共産主義運動編』, 原書房, 1967), 509쪽. 김성호가 바로잡은 수치를 사용했다. 金成鎬, 『1930年代 延邊 民生團事件 硏究』, 백산자료원, 1999, 31쪽.

48 金成鎬, 『1930年代 延邊 民生團事件 硏究』, 백산자료원, 1999, 32쪽. 민생단 결성 과정에 대해서는 김성호의 연구와 水野直樹, 「在滿朝鮮人親日団体民生団について」, 河合和男 外 編, 『論集 朝鮮近現代史』, 明石書店, 1996을 참조했다.

49 신주백, 「조선공산당 재건운동의 조직 방침」, 한국역사연구회 1930년대 연구반, 『일제하 사회주의 운동사』, 548쪽.

50 「조선공산당 만주총국 해체선언」, 이반송·김정명 저, 한대희 편역, 『식민지시대 사회운동』, 218~219쪽.

51 「中共滿洲省委關於滿洲政治形勢與黨的工作任務的報告」(1930. 9), 『文件匯集』(甲5), 1988(金成鎬, 『1930年代 延邊 民生團事件 硏究』, 505쪽에서 재인용).

당하는 사태가 일어났다. '화교 배척 사건'이라는 이름으로 얼버무리기 어려운 끔찍한 '중국인 학살'이 벌어졌다. 화교들은 쫓기듯이 대거 중국으로 돌아가야 했다. 한·중 민중 사이의 감정 대립이 고조되었다.[52]

1931년 9월 일본의 만주 침략이 시작되었다. 1931년 말에서 1932년 초 사이에 코민테른과 중국공산당은 조선국내공작위원회가 조공 재건운동에서 하나의 종파로서 기능한다고 판단하고 조선국내공작위원회를 해산했다.[53] 1933년 '1월 서신'에 즈음하여 소련 옹호 등 극좌적인 구호가 점차 사라지고 중화민족의 항일 통일전선이 강조되었지만, 동시에 재만 한인의 민족주의를 적대시하고 혁명가들을 중공당화하는 데 역점이 두어졌다.[54] 1933년을 지나면서 중공 만주성위와 동만특위에서 조선혁명에 대한 언급이 줄었다.

일본 관헌은 "만인(滿人) 공비의 항일 인민전선의 발전 시대"는 동시에 "동만 유격구의 괴멸 시대—선인(鮮人) 공비 몰락 시대"라고 분석했다.[55] 중화 민족주의가 한인의 민족주의를 억누르는 상황이 벌어진 셈이다. 1930년대 초반 만주의 공산주의자들 사이에 나타난 한중 갈등, 특히 '선인 공비 몰락'의 원인은 이른바 반민생단 투쟁에 있었다.

(2) 친일 자치단체 민생단과 반민생단 투쟁

1931년 9월 18일 만주사변, 즉 일본의 만주 침략이 시작되었다. 1931년 9월

---

52 윤해동, 「"만보산 사건"과 동아시아 "기억의 터"—한국인들의 기억을 중심으로」, 『사이間 SAI』 14, 2013.

53 신주백, 「조선공산당 재건운동의 조직 방침」, 563쪽.

54 金成鎬, 『1930年代 延邊 民生團事件 硏究』, 513~515쪽.

55 軍政部顧問部 編, 『滿洲共産匪の硏究 第一輯 康德三年』(복각판), 巖南堂書店, 1969, 62쪽; 金成鎬, 『1930年代 延邊 民生團事件 硏究』, 305쪽 참조.

하순 갑자구락부(甲子俱樂部) 이사 조병상(趙秉相), 매일신보 부사장 박석윤(朴錫胤) 등이 조선으로부터 용정(龍井)에 도착했다. 이들은 조선총독부의 '양해'를 얻었다고 공언하면서, 재만 한인과 접촉하는 한편 간도 일본총영사관을 방문하여 "조선 민족의 대동단결을 실현하고 자유 천지를 건설"하려는 계획을 역설했다.[56]

10월 7일에는 '산업인으로서의 생존권 확보', '독특한 문화의 건설', '자유로운 천지의 개척' 등을 강령으로 삼아 '민생단(民生團)' 허가원을 총영사관에 제출했다.[57] 일본총영사관은 "재간도 각파 조선인의 결합에 의하여 사상의 통일"과 "합법적이고 온건한 수단으로써 일반 조선인의 생활 안정, 산업 진흥"을 꾀하는 효과가 있다고 판단하여, 12월 24일 민생단 설립을 허가했다.[58] 총영사관은 민생단에 '친일, 친중, 민족, 좌경 각파 기타 각 종교단체'가 참가했다고 파악했다.[59]

1932년 2월 15일에 약 500명이 참가한 가운데 민생단 발기총회와 창립대회가 열렸다. 주인공은 박석윤이었다. 발기총회에서 박석윤은 민생단 결성에 즈음하여 동만 지역을 "새로 건설되는 만몽(滿蒙) 신국가의 일지방으로가 아니라

---

56 「日本總領事館龍井工作班的報告」(1931. 10. 24), 中共延邊州委黨史資料徵集硏究室 編,『滿洲省委, 東滿特委文件及日僞檔案有關資料匯編』, 1984, 36쪽(金成鎬,『1930年代 延邊 民生團事件 硏究』, 49쪽에서 재인용).

57 「民生団組織二関スル件」(在間島岡田総領事, 1931. 12. 28), 梶村秀樹·姜德相 編,『現代史資料 29. 朝鮮 5』, みすず書房, 1972, 631쪽; 水野直樹,「在滿朝鮮人親日団体民生団について」, 332쪽.

58 『外務省警察史 間島ノ部』(『外務省警察史 第25巻 4. 間島ノ部』, 不二出版, 1998), 7648~7649쪽; 水野直樹,「在滿朝鮮人親日団体民生団について」, 337쪽.

59 「昭和六年十二月中間島(琿春縣ヲ含ム)及接壤地方治安情況」(일본 외무성 외교사료관 '戰前外務省記錄' D. 2. 3. 0. 17)(水野直樹,「在滿朝鮮人親日団体民生団について」, 337쪽에서 재인용).

연변(延邊) 40만 조선인의 특수 조직을 한다는 것"에 대해 일본 본국 정부와 '충분한 교섭'을 했다고 밝히고, "우리는 법률까지 별정(別定)할 수 있는 자치 기관의 조직을 확신"한다고 보고했다. 강령은 위에 언급한 허가원에 적은 내용이 그대로 통과되었다. 이어진 창립대회 의제 가운데 역시 박석윤이 보고한 '정치 문제에 관한 건'에는 '공민권 획득', '특별자치구 설정 요구', '참정권 획득', '중국 관리의 일체 불법행동 철폐'가 포함되었다.[60] 창립대회에서 가결된 실시 강령에는 '만몽 신국가가 신설되는 경우에는 차에 대한 공민권 획득,' '특별자치구의 설정' 등이 포함되었다.[61]

반민생단 투쟁 과정에서 민생단을 '간첩 모략 단체'로 보는 인식이 퍼졌으나, 민생단은 일정한 사회 대중성을 지니고 공개적으로 조직된 '반공 친일 단체'였다. 민생단의 간도 한인 자치 구호는 종래 재만 한인 단체들의 주장과 큰 차이가 없었다.[62] 실제 민생단에는 재만 한인의 '공민권'과 '자치' 획득을 목표로 활동하던 연변 자치촉진회가 합류했다.[63] 1931년 9월 조선총독부 통역관은 조병상과 박석윤이 "온건한 목적을 표방하고 단체를 조직하려고 운동 중이지만, 성립 후에는 본래의 목적에 돌아가 간도에서의 선인의 자유 획득 내지 독립 선언을 할 것은 명백"하다고 의심했다.[64] 해방 이후 박석윤은 "일제 통치하

---

60 東滿人, 「民生團發起總會及創立大會傍聽記」, 『이리타』 2-2, 1932, 22~25쪽. 이 자료는 전명혁 님께 받았다.

61 「民生團創立總會會錄」(조선로동당 중앙위원회 당력사연구소 문고 소장)(金成鎬, 『1930年代 延邊 民生團事件 硏究』, 61쪽에서 재인용).

62 金成鎬, 『1930年代 延邊 民生團事件 硏究』, 98쪽.

63 水野直樹, 「在滿朝鮮人親日団体民生団について」, 334~335쪽.

64 「民生団組織ニ関スル件」(在間島岡田總領事, 1931. 12. 28), 630쪽.

조선 사람의 '민족자치'가 자기의 정치적 이념"이었다고 밝혔다고 전한다.[65]

당시 총독부 경무국장 이케다 기요시(池田淸)는 간도는 조선의 연장이라고 밝혔고 총독 우가키 가즈시게(宇垣一成) 또한 간도의 민의를 반드시 간도 행정 조직에 반영해야 한다고 언급했다. 용정 일본인 민회도 만주국에서 간도를 분리하자고 주장했다.[66] 이런 분위기에 편승하여 민생단은 신생 만주국에 대해 '공민권 획득'과 '특별자치구 설정'을 요구하는 청원을 준비했다. 그러나 일본 외무당국은 "특별자치구 설정을 요망하는 대회라면 집회를 단연 금지"한다고 통보했다. 3월 10일에 민생단과 조선인 민회가 공동 주최한 '간도·훈춘 전주민 대회'는 '특별자치구'가 아닌 '특별행정구' 설정과 공민권 획득을 만주국 정부에 진정하기로 했다.[67]

민생단 활동은 만주국 당국, 중공 만주성위를 막론하고 중국인 사회의 경계심을 불러일으켰다. 특별자치구, 특별행정구, 간도 한인 자치 등의 구호는 일제의 만주 침략을 등에 업고 중국과 중국인을 배척하는 한인 독립, 간도의 중국 이탈로 인식되었다.[68] 중공 동만특위는 박석윤 등이 연변을 찾은 직후인 1931년 9월 30일에 이미 "약소민족의 진정한 민족자결을 선전하고 일본 영도 하의 소위 한족(韓族) 자치운동을 반대"한다고 밝힌 바 있었다.[69]

---

65 김일성, 『세기와 더불어 4』, 조선로동당출판사, 1993, 12쪽.

66 『間島新報』 1932. 2. 23, 2면; 1932. 2. 19, 2면; 1932. 2. 25, 2면(金成鎬, 『1930年代 延邊 民生團事件 研究』, 64~65쪽에서 재인용).

67 「滿洲國に對する要望基礎案決定」, 『大阪朝日新聞 附錄: 朝鮮朝日(西北版)』 1932. 3. 6; 「間島自治區設定」, 『大阪朝日新聞 附錄: 朝鮮朝日(西北版)』 1932. 3. 18; 水野直樹, 「在滿朝鮮人 親日団体民生団について」, 349~350쪽.

68 金成鎬, 『1930年代 延邊 民生團事件 研究』, 75쪽.

69 「中共東滿特委報告 東字第二十六號」(1931. 9. 30), 『文件匯集』(甲29), 1989, 276~278쪽(金成鎬, 『1930年代 延邊 民生團事件 研究』, 92쪽에서 재인용).

1932년 4월 조선 주둔 제19사단 두 개 대대를 중심으로 한 '간도 파견대'가 동만에 진주했다. 이때부터 민생단은 청원 운동 대신 일본군 환영과 자위단 조직 활동에 나섰다. 그러던 중 7월 14일 사무소 폐쇄를 신고하고 10월 5일에는 정식으로 해체를 선포했다.[70] 일본이 괴뢰국인 만주국을 수립하는 데 성공한 이상 간도 분리를 뜻하는 한인 자치를 허용하지 않게 된 것이다.[71] 동만에 대한 일본의 지배는 점점 확고해졌다. 1934년 9월에는 '간도 지방 치안 숙청 공작에 즉응'할 목적을 가지고 간도협조회가 조직되었다. 간도협조회 역시 한인의 '민족개량주의'적 환상을 배경으로 한인의 일정한 자발성을 바탕으로 운영되었다. 간도협조회는 1936년 11월에 '만주국 협화회'로 흡수되었다.[72]

1932년 가을까지 창건된 중공 지도하의 동만 항일유격대 360여 명 가운데 90% 이상이 한인이었다.[73] 1933년 8월 남만의 항일유격대가 동북인민혁명군 제1군 독립사로 조직되었다. 만주에서 가장 먼저 결성된 중공당 계통의 정규군이다. 이어 1934년 동만에도 동북인민혁명군 제2군 독립사가 조직되었다. 동북인민혁명군 제1군과 제2군, 특히 제2군은 한인이 주력이었다.[74]

1932년 10월 동만 항일유격대 안에서 송노톨이라는 이가 민생단의 첩자로 몰려 처단되는 사건이 발생했다. 이후 한인 수십 명이 민생단원으로 몰려 처단되었다. 민생단이 해체된 이후 1932년 10월부터 1936년 2월까지 동만 항일유격

---

70 金成鎬, 『1930年代 延邊 民生團事件 研究』, 69·80쪽.

71 水野直樹, 「在滿朝鮮人親日団体民生団について」, 351~352쪽.

72 梶村秀樹, 「一九三〇年代満洲における抗日闘争にたいする日本帝国主義の諸策動—「在満朝鮮人問題」と関連して」, 『日本史研究』 94, 1967, 44~45쪽.

73 金成鎬, 『1930年代 延邊 民生團事件 研究』, 116쪽.

74 장세윤, 『1930년대 만주 지역 항일 무장투쟁』, 독립기념관 한국독립운동사연구소, 2009, 258~259쪽.

대 근거지 내부에서 한인 약 500명이 민생단원으로 몰려 처단되는 사건이 발생했다. 이른바 '반민생단 투쟁'이다.

1933년 중국공산당 중앙으로부터 만주성위에 '1월 서신'이 도착했다. '1월 서신'은 좌경적 이립삼(李立三) 노선의 잔재를 비판하고 반제 민족통일전선을 강화하는 계기가 되었다고 평가된다.[75] 다만 한인 운동과 관련해서는 "'간도의 자치구'라는 독단적인 선전을 폭로하여 격파"해야 한다고 언급한 점이 눈에 띈다.[76]

만주성위는 '1월 서신'을 수용하여 "만주에 소비에트와 홍군을 건립"하려 한 '좌경 노선'을 자기비판했다. 그런데 만주성위 역시 "동만·간도 일대에서 한국 인민에게 조선 민회 및 그 주구의 조직을 견결히 반대하여 민족자결을 실행하도록 호소해야 한다"고 밝히고, '좌경 맹동 모험주의인 이립삼 노선의 잔재'와 더불어 '한국 동지 파쟁 시대의 잔재'도 숙청해야 한다고 밝혀 주목된다.[77] 1933년 5월 동만특위는 기관지 『량됴전선(兩條戰線)』에 실은 글에서, 반민생단 투쟁을 동만 및 전체 만주 지역 중공당의 "목전에 있어서 당내, 당외가 같이 일체 중심 임무"라고 규정했다.[78]

1933년 6월 초 만주성위 대표단 반경우(潘慶友) 등이 동만특위 소재지인 왕청(汪淸) 유격대 근거지에 와서 중공 중앙의 '1월 서신' 내용을 전했다. 동만특위

---

75 金成鎬, 『1930年代 延邊 民生團事件 研究』, 128쪽.

76 「만주의 각급 당부 및 전 당원에게 주는 서한—만주의 현상과 우리 당의 임무에 관하여」 (1933. 1), 신주백 편저, 『1930년대 민족해방운동론 연구 II』, 79쪽.

77 「중국 만주성위의 반제 통일전선 집행과 무산계급 영도권 쟁취에 관한 결의—중앙 1월 26일 서한을 접수하며」(1933. 5), 신주백 편저, 『1930년대 민족해방운동론 연구 II』, 91·97·105쪽.

78 「민생단의 작용과 기초와 당에서의 민생단 반대하는 임무」, 『량됴전선(兩條戰線)』 13, 1933.5., 1~4쪽(金成鎬, 『1930年代 延邊 民生團事件 研究』, 127쪽에서 재인용).

는 "좌경기회주의 노선 밑에서 혁명적 현재 단계를 뛰어 넘어 소비에트를 건립하고 토지혁명을 실행하려 했다"고 자기비판을 행했다. 동시에 동만에서 '한국 민족주의자의 관점'에서 '한국 소비에트'를 건설했다고 비판하고 "중국인이 영도의 중심이 되어야 한다"고 강조했다.[79] 이후 반경우 등의 주도 아래 반민생단 투쟁이 본격화하여 1934년 10월까지 수백 명의 한인 유격대원이 처단되었다. 결국 민생단으로 몰린 한인 대원에게 반경우가 살해당하는 일까지 발생했다.

일본의 간도 총영사관이 1934년 2월에 제출한 보고서는 동만특위 유격대 내부의 대립을 '무력파'와 '정치파'로 나누어 파악했다. 정치파는 '무력적 맹동'의 불모성을 지적하고 '정치적 대책'을 꾀하지만, 무력파에 의해 '일본 주구'로 몰려 살해당하고 있다고 분석했다.[80] 정치파는 민생단까지는 아니더라도 한인 자치 등에 관심을 보이는 한인 세력이고, 무력파는 이를 경계하는 주로 중국인 지도자를 가리킨다고 판단된다.

1934년 11월 초에는 공청단 만주성위 순시원 종자운(鐘子雲)이 동만에 왔다. 종자운은 12월에 연길현 유격대 근거지에서 한인을 제외하고 중국인 간부들만 참가한 가운데 특별회의를 소집했다. 이후 민생단으로 주목된 한인들을 처단했다.[81]

1935년 만주성위는 위증민(魏拯民)을 전권대표로 파견하여 2월에서 3월에 걸쳐 동만특위를 새로 구성했다. 집행위원 7명 중 한인은 이송일(李宋一) 한 사

79 「왕청현위 제1차 확대회의 결의」(1933. 6), 『량됴전선(兩條戰線)』 16, 1933(金成鎬, 『1930年代 延邊 民生團事件 研究』, 129쪽에서 재인용).

80 軍政部顧問部 編, 『滿洲共産匪の研究 第一輯 康德三年』(복각판), 巖南堂書店, 1969, 112쪽; 이정식 지음, 허원 옮김, 『만주 혁명 운동과 통일전선』, 사계절, 1989, 245쪽.

81 金成鎬, 『1930年代 延邊 民生團事件 研究』, 144~154쪽.

람뿐이었다. 위증민은 민생단의 조직 계통은 동만 중공당과 공청단의 조직계통과 완전히 일치할 뿐만 아니라 더욱 엄밀하다고 분석했다. 동만 당과 단 조직에서 선발한 조선인 간부가 민생단 영수이고, 민생단 영수가 당과 단의 영도 기관 현직 간부라는 것이다. 따라서 과거 조선공산당 출신의 간부, 항일 혁명가와 지식인은 모두 민생단으로 몰렸다. 결국 이송일도 민생단 영수로 몰려 사형당했다.[82]

2) 조국광복회와 한인민족해방동맹

(1) 만주 한인 운동과 반파시즘 인민전선

항일유격대 내부의 거의 모든 한인이 민생단으로 지목되면서 반민생단 투쟁 자체가 한계에 달했다. 이윽고 한인의 민족주의를 이해하고 배려하려는 움직임이 나타났다. 위증민을 서기로 선출한 1935년 2월의 동만 당단특위 연석확대회의는 민생단의 '상층 영수'를 '계급의 적'이자 '민족 반도(叛徒)'로 공격했지만, '하층 민생단'에 대해서는 '자수'를 권했다. 또한 '민생단 반대 책략'으로서 "고려 소수민족 출로(出路) 문제를 이해시킬 것", "중국공산당이 고려 민족에 대한 자결권을 부여한 것을 이해시킬 것" 등을 강조했다. 민생단이 내건 '한인 자치' 슬로건을 중공 동만특위가 적극적으로 채용하기 시작했음을 엿볼 수 있다.[83] 1935년 8월에 중공 북만당은 '한국 인민 공작 문제'에 대해 "독립군 민족 영웅(예컨대 안중근, 홍범도)으로 그들의 민족 영웅 사상"을 불러일으켜야 한다고

---

82 위의 책, 154~172쪽.

83 內務省警保局, 『外事警察報』 156, 1935, 51쪽; 水野直樹, 「コミンテルン第七回大会と在滿朝鮮人の抗日鬪争」, 『歴史評論』 423, 1985, 51쪽.

밝혔다.[84] 중공 내부에서 재만 한인의 민족 문제가 지닌 특수성을 존중하려는 움직임이 등장한 것이다.

1935년 코민테른 제7회 대회 기간에 모스크바의 중공 대표단이 발표한 '8·1 선언'은 '소비에트 정부 및 동북 각지의 항일 정부와 함께 전 중국을 통일한 국방 정부'를 조직하자고 주장했다. 이 선언이 말한 '중국 국내에 있는 압박 받는 모든 민족의 형제 제군'에는 조선도 포함되었고, 국방 정부 행정 방침의 하나로서 '중국 국내에 있는 각 민족에 대해 일률적으로 평등 정책을 실행'한다는 내용이 담겼다.[85]

중공 동만특위 서기로서 반민생단 투쟁의 한복판에 있던 위증민은 1935년 5월 말에 코민테른 제7회 대회를 위해 소련으로 파견되었다. 위증민은 코민테른 주재 중공 대표단에 재만 한인 민족 문제의 심각성을 보고했을 것이다. 중공 대표단이 소수민족을 중시하는 입장을 밝힌 데는 반민생단 투쟁이라는 비극의 영향이 있었다고 판단된다. 미즈노 나오키는 코민테른 제7회 대회가 '민족의 복권'이라는 점에서 획기적 의의를 가진다고 평가했다.[86]

코민테른 주재 중공 대표단 간부였던 양송(楊松)은 1935년 11월 「동북 인민 반일 통일전선을 논함」을 발표했다.[87] 양송은 민생단이 '반혁명적 일본 주구의 단체'가 아니라 '자기의 정강, 조직과 군중이 있는 한 개 단체'라는 것을 인정하

---

84 「關於韓國人民工作問題的提議」(1935. 8), 『文件匯集』(甲37), 1990, 36~46쪽(金成鎬, 『1930年代 延邊 民生團事件 研究』, 189쪽에서 재인용).

85 「항일 구국을 위해 전국 동포에게 고하는 글」(1935. 8), 신주백 편저, 『1930년대 민족해방운동론 연구 II』, 149~150쪽.

86 水野直樹, 「コミンテルン第七回大會と在滿朝鮮人の抗日鬪爭」, 51~53쪽.

87 楊松, 「論東北人民抗日統一戰線」(1935), 『共産國際』 1936-1·2, 112~128쪽(金成鎬, 『1930年代 延邊 民生團事件 研究』, 202~203쪽에서 재인용); 金成鎬, 『1930年代 延邊 民生團事件 研究』, 201~204쪽; 水野直樹, 「コミンテルン第七回大會と在滿朝鮮人の抗日鬪爭」, 53~54쪽 참조.

고, 그에 대한 책략을 바꿔야 한다고 주장했다. 양송은 일본이 '한국인의 보호자'를 가장하고 "간도 한국인 민족자치구를 건립"하자는 구호를 내건 점을 지적하고, 이에 맞서 "중·한 민족은 친밀하게 연합하여 일위(日僞)(만주국—인용자) 통치를 뒤엎고 간도 한인 민족자치구를 건립"하자고 밝혔다. 나아가 "인민혁명군 제2군과 기타 중국인과 한국인의 반일 유격 대오를 중한연합군으로 개편하고, 한국 민족독립의 쟁취를 실행하여야" 하며, '간도 한인 반일 통일전선당'인 '한국 민족혁명당'을 건설해야 한다고 주장했다.

1935년 후반 위증민이 코민테른 주재 중공 대표단에 제출한 보고서에 김일성의 이름이 등장한 사실도 흥미롭다. 중국인과 조선인 합쳐 20명 정도 동만특위 간부의 경력과 그에 대한 평가를 적었는데 김일성 부분은 다음과 같다. "고려인, 1932년 입당, 학생. 용감하고 적극적. 중국어 가능. 유격대 출신. 민생단이라는 증언이 상당히 많음. 대원들과 말하는 것을 좋아하고 대원 사이에 신망이 있고 구국군 사이에서도 신망이 있음. 정치 문제에 관해서는 아는 바가 많지 않음."

김일성 역시 민생단이라는 의심을 받고 있었다. 정치 문제에 관한 언급은 다른 사람 평가에도 많이 등장하는 상투적인 표현이므로 큰 의미는 없다. '구국군'은 일본의 만주 지배에 반대하는 중국 국민당계 무장 부대인데, 구국군 가운데 신망이 있다는 평가를 받은 사람은 극히 드물었다.[88] 즉 중공 입장에서는 구국군과 통일전선을 펴기 위해서라도 김일성이 필요했을 것이다. '학생'은 중학교 중퇴 이상이라는 의미다.[89]

---

88   水野直樹, 「解放前を中心として」, 水野直樹·和田春樹, 『朝鮮近現代史における金日成』, 神戸學生青年センタ-出版部, 1996, 25·29~30쪽.

89   和田春樹, 「解放後を中心として」, 水野直樹·和田春樹, 『朝鮮近現代史における金日成』, 47쪽.

(2) 조국광복회와 반제 민족통일전선

만주로 돌아온 위증민은 1936년 2월 5일과 6일에 영안(寧安)현 북호두(北湖頭)에서 주보중(周保中)을 만나 코민테른의 새로운 방침을 전했다. 이어 3월 상순에 안도(安圖)현 미혼진(迷魂陣)에서 동만 지역 회의를 열어, 동북인민혁명군 제2군을 동북항일연군 제2군으로 개편하고 제3사장에 김일성(金日成)을 임명했다. 아울러 '재만 조선인 조국광복회'를 조직하기로 결정했다.[90] 후일 김일성은 미혼진 회의 후 감금 중이던 민생단 혐의자 100명에게 무죄를 선포하고 제3사에 편입한 뒤 관련 서류를 불태웠다고 회고했다.[91]

7월 하리(河里) 회의에서는 남만과 동만 조직을 통합하여 남만성위를 구성하였다. 동북항일연군 제1군과 제2군 역시 제1로군으로 통합되어, 김일성이 이끈 제2군 제3사는 제1로군 제6사로 재편되었다. 같은 회의에서 「한인 공작의 부활 문제」라는 결의가 통과되었다. 결의에는 '한인의 조국광복 운동을 직접 원조', '한인 대중 속에 조국광복회를 조직', '한인 자치구를 건설' 등의 내용이 포함되었다.[92] 한인 공작의 '부활'이란 중공 만주성위에서 조선국내공작위원회를 해산한 이후 1933년 무렵부터 중단된 조선혁명 지원 방침을 회복한다는 의미였다.[93]

조국광복회 건설은 동만과 남만의 여러 지역에서 동시다발적으로 진행되었다. 일본 관헌이 파악한 조국광복회 '10대 강령' 가운데 제1항과 제2항은 아래와 같다. 각각 한국의 독립과 재만 한인의 자치를 내걸었다.

---

90 신주백, 『만주 지역 한인의 민족운동사(1920~45)—민족주의 운동 및 사회주의 운동 계열의 대립과 연대를 중심으로』, 아세아문화사, 1999, 436~447쪽.

91 김일성, 『세기와 더불어 4』, 345~346쪽.

92 신주백, 『만주 지역 한인의 민족운동사(1920~45)』, 451~452쪽.

93 金成鎬, 『1930年代 延邊 民生團事件 硏究』, 518쪽.

(1) 한국 민족의 총동원으로 광범한 반일 통일전선을 실현함으로써 일본 강도의 통치를 전복하고 진정한 한국의 독립적 인민정부를 수립할 것.

(2) 한중 민족의 친밀한 연합으로 일본 및 주구 만주국을 전복하고 중한 인민이 자기가 선거한 혁명정부를 설립하여 중국 영토에 거주하는 한인의 진정한 자치를 실행할 것.[94]

김일성이 이끄는 제6사가 중심이 되어 백두산 자락 장백(長白)현에 건설한 조국광복회는 조직 구성에서도 특징이 있었다. 첫째, 당 조직은 민족별로 분리되어 당 지부나 소조의 한인 책임자가 조국광복회 지회 또는 구회를 이끌었다. 둘째, 대중조직은 계층별, 직업별이 아닌 지역을 기반으로 결성되었다.[95] 아울러 조국광복회는 국내 천도교 세력과 연대하는 등 광범한 반일 통일전선을 구체화했다.[96]

중공 중앙의 선전부 비서장이 된 양송은 1938년 5월 「다시 동북 항일 유격 운동의 경험과 교훈에 대하여」를 통해 중공 측이 "조선 민족의 독립을 실제로 원조하기 위해 조선의 지사가 '조선독립군'을 결성하고 동만의 조선인 구역에서 유격전을 행하는 것을, 그뿐만이 아니라 종종 조선 내지로도 가서 유격전을 행하는 것을 원조했다"고 밝혔다.[97] 이러한 모습은 제2군 제6사와 조국광복회

---

94 장세윤, 『1930년대 만주 지역 항일 무장투쟁』, 267~268쪽; 「中國共産黨の朝鮮內抗日人民戰線結成および日支事變後方攪亂事件」, 梶村秀樹·姜德相 編, 『現代史資料 30. 朝鮮 6』, みすず書房, 1976, 265쪽.

95 신주백, 『만주 지역 한인의 민족운동사(1920~45)』, 471~474쪽.

96 「中國共産黨の朝鮮內抗日人民戰線結成および日支事變後方攪亂事件」, 294~297쪽; 장세윤, 『1930년대 만주 지역 항일 무장투쟁』, 271쪽.

97 日本国際問題研究所中国部会 編, 『中国共産党史資料集 9. 一九三七年十月~一九三九年七月』, 勁草書房, 1974, 167쪽; 장세윤, 『1930년대 만주 지역 항일 무장투쟁』, 251쪽.

의 활동에서 확인된다.

1936년 여름 조국광복회 간부 권영벽(權永壁), 이제순(李悌淳)이 함경남도 갑산공작위원회 박달(朴達), 박금철(朴金喆)과 접촉하여, 조국광복회 10대 강령을 전하고 연대를 꾀했다. 12월에는 박달과 김일성이 직접 만나기도 했다. 갑산공작위원회는 혁명적 농·노조 운동의 영향 아래 노동자와 빈농에 근거한 조직을 지향했으나, 반파시즘 인민전선론을 접한 뒤 1937년 2월에 한인민족해방동맹으로 이름을 바꿨다.[98]

1937년 6월 4일 제2군 제6사는 80여 명의 병력으로 함경남도 갑산군 보천보를 기습했다. 보천보 전투는 제2군 제6사의 국내 진입에 한인민족해방동맹이 호응함으로써 성공할 수 있었다. 동아일보는 다음 날 호외를 통해 "함남 보천보를 습격", "昨夜 ○○ 2백여 명이 돌연 來襲", "김일성 일파 ○○○○로 판명" 등의 소식을 전했다. 동아일보 보도는 국내에 김일성 신화가 형성되는 계기가 되었다. 다만 보천보 전투 이후 1937년에서 1938년에 걸친 검거 선풍으로 모두 739명이 검거됨으로써 조국광복회 장백현 조직과 갑산 한인민족해방동맹은 와해되었다.[99]

한인민족해방동맹은 조국광복회의 가장 주요한 국내 기반이었다. 다만 조국광복회와 한인민족해방동맹은 활동 방식에서 차이를 보였다. 조국광복회는 민족통일전선을 지향하여 국내 천도교 세력과 연대에 성공하고 민족자본가와

---

98 「中國共産黨の朝鮮內抗日人民戰線結成および日支事變後方攪亂事件」, 285~286쪽; 박달, 『서광 제二부』, 민청출판사, 1963, 343쪽; 이준식, 「항일 무장투쟁과 당 건설 운동—조선민족해방동맹을 중심으로」, 한국역사연구회 1930년대 연구반, 『일제하 사회주의 운동사』, 444~446·450쪽.

99 「中國共産黨の朝鮮內抗日人民戰線結成および日支事變後方攪亂事件」, 299쪽; 장세윤, 『1930년대 만주 지역 항일 무장투쟁』, 276~277쪽.

제휴를 꾀했지만, 한인민족해방동맹은 보안을 극도로 중시하여 조직원 대부분이 사상적으로 검증을 받은 빈농과 노동자였다. 또한 조국광복회가 국내 여러 지역으로 활동을 확장하고자 한 데 비해, 한인민족해방동맹은 활동을 갑산 지역에 국한했다.[100] 이준식은 항일 무장투쟁 세력이 혁명적 농조 운동 노선을 비판하면서 반제 민족통일전선 전술에 기초하여 반일 대중조직 운동을 전개하고자 했으나, 조직 활동에 관한 한 이들도 역시 국내의 공산주의자들과 유사한 노선을 걸었다고 보았다.[101]

동북항일연군과 조국광복회가 만주 지역에서 일제의 직접적인 통제를 피해 활동할 수 있었던 데 비해, 일제의 강력한 통제 아래 놓인 국내에서 한인민족해방동맹은 조직의 보안을 최우선으로 할 수밖에 없었고 활동에도 큰 제약이 따랐다.[102] 만주와 국내 운동이 처한 조건과 정세의 차이는 만주의 항일 무장투쟁과 식민지의 비밀결사라는 서로 다른 대응으로 나타났고, 두 방식은 반파시즘 인민전선, 반제 민족통일전선을 이해하고 실천하는 데서도 차이를 드러냈다.

그렇다면 한인민족해방동맹이 받아들였다고 하는 반파시즘 인민전선론의 내용은 무엇일까. 보천보 전투 이후 제1차 검거를 피한 박달은 1938년 8월 동북항일연군 제2군 제6사와 접촉하여 다음과 같은 운동 방침을 전달받았다.

첫째, 잔당 분자를 수습·규합하여 항일 인민전선 재건에 노력할 것, 둘째, 항일 인민전선의 확대 강화를 꾀하고 이를 동원하여 철도·통신기관·군수공장

100 　조우찬, 「1930년대 중반 함경남도 갑산 항일운동 조직의 체계화 과정」, 『역사학보』 230, 2016, 51~52쪽.

101 　이준식, 「항일 무장투쟁과 당 건설 운동―조선민족해방동맹을 중심으로」, 479쪽.

102 　조우찬, 「1930년대 중반 한인민족해방동맹의 항일투쟁의 특징과 역사적 재평가」, 『동북아역사논총』 54, 2016, 190쪽.

등을 파괴하고 동맹파업을 일으키는 등 후방을 교란하여 일본을 패전으로 이끌 것, 셋째, 항일 인민전선이 확대될 때까지 전쟁의 중압에 따른 대중의 불평불만, 즉 물가 등귀, 증세, 군수품 징발 등을 이용해 반전 선전을 행함으로써 전 조선 민중을 반전 투쟁에 나서도록 지도할 것 등이었다.[103]

항일인민전선의 운동 방침은 항일 무장투쟁이라는 목표에 철저하게 종속되어 있었음을 확인할 수 있다. 한인민족해방동맹이 수용한 반파시즘 인민전선론의 핵심은 '전선' 즉 항일 무장투쟁에 있었다고 여겨진다. 한인민족해방동맹은 보천보 전투를 앞두고 청년 수십 명을 항일유격대에 가입시킨 바 있었다.[104]

조국광복회의 건설과 활동은 1930년대 중국공산당과 코민테른을 중심으로 하는 국제 공산주의 운동의 노선 변화와 한국인의 주체적 대응이 맞물림으로써 가능했다. 1937년 중일전쟁 발발 이후 코민테른은 동북항일연군 여러 부대에 팔로군과 연결을 위해 서쪽 열하(熱河) 방면으로 이동하도록 지시했다. 김일성의 제6사가 구축한 장백현과 국내의 조직망도 모두 무너졌다.[105] 김일성 부대는 1938년 12월부터 이듬해 3월까지 군경 토벌을 피해 '고난의 행군'을 거쳤고 1940년 소련령으로 들어갔다. 1940년에는 제1로군 사령관 양정우(楊靖宇)도 전사했고 동북항일연군은 거의 소멸했다.[106]

---

103 「昭和十三年度に於ける鮮内思想運動の概況」, 『思想彙報』 18, 1939, 20~21쪽; 조우찬, 「1930년대 중반 한인민족해방동맹의 항일투쟁의 특징과 역사적 재평가」, 192쪽.

104 「中國共産黨の朝鮮內抗日人民戰線結成および日支事變後方攪亂事件」, 286~287쪽; 조우찬, 「1930년대 중반 함경남도 갑산 항일운동 조직의 체계화 과정」, 56쪽.

105 이준식, 「항일 무장투쟁과 당 건설 운동—조선민족해방동맹을 중심으로」, 438쪽.

106 장세윤, 『1930년대 만주 지역 항일 무장투쟁』, 272·283쪽.

4. 식민지에서 민족통일전선의 애로

1) 이재유그룹의 민족혁명론

(1) 이재유그룹의 반파시즘 인민전선 인식

만주의 전장에서 반파시즘 인민전선과 반제 민족통일전선이 형성되어갈 무렵 국내의 상황은 어땠을까. 1930년대 중반 식민지 조선의 사회주의 운동을 대표하는 이재유그룹과 원산그룹의 사례를 살펴보자. 결론을 서두른다면 두 그룹 모두 식민지라는 엄혹한 조건 아래 반파시즘 인민전선, 반제 민족통일전 선의 구체화를 위해 노력했다고 평가할 수 있겠다.

1935년 1월 검거를 피한 이재유는 양주(楊州)군 노해(蘆海)면 공덕(孔德)리(지금의 도봉구 창동)에 거주하며 '경성준비그룹'을 결성하여 이끈다. 이후 1936년 12월 최종적으로 검거될 때까지 약 2년간은 이재유그룹 운동의 제3기에 해당한다.[107]

이 시기 운동의 특징은 반파시즘 인민전선론을 내걸었다는 데 있다. 예심 조서에 따르면 이재유는 1936년 3월 이후 변우식(邊雨植)을 만나, 조선의 독립 및 공산화를 위해 반파쇼 운동을 벌이기로 하고 연희전문학교의 이동수(李東壽), 조선중앙일보사의 인정식(印貞植), 이우적(李友狄)과 접촉하기로 했다.[108] 경성준비그룹의 기관지 『적기(赤旗)』 제1호(1936)에 실린 「창간선언」은 "프랑스, 스페인은 국제 프롤레타리아 및 약소민족의 절대적 지지하에 파쇼파를 배격하고 인민전선 정부를 수립"했다고 소개하고, 이는 "파쇼전선과 반파쇼전선과의

---

107   김경일, 『이재유, 나의 시대 나의 혁명—1930년대 서울의 혁명운동』, 푸른역사, 2007, 217~220쪽.

108   「예심조서 제2회」(1937. 11. 17), 김경일, 『이재유, 나의 시대 나의 혁명』, 451쪽.

전 세계적 투쟁일 뿐만 아니라 결사적 각오로써 통일된 전 세계 프롤레타리아 및 약소민족과 이해가 대립된 제국주의 국가 연합체와의 전쟁"이라고 분석했다.[109]

이재유가 1935년 코민테른 제7회 대회에서 채택된 반파시즘 인민전선론을 입수한 경위는 명확하지 않다. 다만 당시 신문, 잡지의 보도만으로도 주요한 내용은 접할 수 있었을 것이다. 예컨대 신문만 보더라도 제7회 대회 이후 코민테른의 방침 전환을 직접 다룬 「팟시씀 공세에 대한 콤민탄의 대책, 주목되는 제7회대회」(『조선중앙일보』 1935. 8. 18), 「공산청년동맹의 신전술규정, 세계 청년층의 통일전선이 목표」(『동아일보』 1935. 10. 23), 「사설: 파쑈 배격의 인민전선 제이, 제삼 국제당의 접근」(『조선중앙일보』 1936. 7. 29) 등 외에, 1936년 이후 프랑스와 스페인의 인민전선 정부의 동향, 1937~1938년 일본의 인민전선파 검거를 다룬 기사는 헤아릴 수 없이 많다.

이재유그룹은 반파시즘 인민전선 수립을 표방하면서도, 소비에트 정부 수립을 주장하고 사민주의자 박멸을 내세우는 모순된 태도를 보였다. 위에서 살핀 「창간선언」에서는 전향자 단체인 대동민우회(大東民友會)와 더불어 동아일보, 중앙일보도 "전쟁 준비에 대한 주구적 활동을 노골적으로 수행"하는 '민족개량주의' 집단으로 비판했다. 『적기』 같은 호에 실린 「행동 슬로건」은 "반파쇼 반제 인민전선의 확립"과 "노동자 농민의 소비에트 정부 수립", "일본 제국주의의 충복 민족개량주의 사회민주주의자의 철저한 박멸"을 동시에 내걸었다.[110]

이러한 모순을 낳은 배경으로는 먼저 치안유지법을 내세운 가혹한 탄압

---

109 「창간선언」, 『적기』 1, 1936. 10. 20, 김경일, 『이재유, 나의 시대 나의 혁명』, 315~316쪽.

110 「행동 슬로건」, 『적기』 1, 320~321쪽.

탓에 합법운동 공간이 극도로 축소된 식민지 조선의 상황을 들 수 있다. 이재유그룹은 당초 아래로부터 활기찬 조직을 만든다는 방침을 지녔으나, 비합법운동을 전개하는 과정에서 대중적 기반 없이 소수 지도부에 의해 조직이 구축되는 경향이 짙어졌다.[111] 최규진은 1930년대 사회주의자들의 '합법공간 진출'을 다룬 글에서 1920년대와 다른 '혹독한 비합법 상황'을 지적하고, 따라서 사회주의자들은 상층 통일전선보다는 조선공산당 재건을 위한 주체 형성에 힘을 기울이게 되었다고 분석한 바 있다.[112]

다음으로 식민지에서 민족부르주아지의 몰락이다. 이재유는 '모든 중간적 계급의 운동을 몰락'[113]시키는 식민지 현실을 지적했다. 건전한 민족부르주아지가 활동할 수 있는 기반과 공간의 부재는 민족통일전선의 존립 근거를 흔들었다. 합법과 비합법의 적절한 결합은 이론에 그쳤고 실제로는 비합법 위주의 운동 방식에 의존할 수밖에 없었다. 민족부르주아지는 '포섭'이나 협상의 대상이 아니라 일관되게 '타도의 대상'이었다.[114]

이러한 상황을 코민테른의 반파시즘 인민전선론의 불철저한 수용이라고 설명하는 것만으로는 충분하지 않다. 이재유그룹은 운동의 제1기 때 국제선인 권영태그룹과 경쟁 관계에 있었지만, 규모와 활동에서 그를 압도했다. 제3기 때는 국제선인 김희성그룹에 통합을 제기했으나 거부당했다. 이재유그룹은 반파시즘 인민전선론을 기계적으로 적용하기보다 식민지 조선의 사정에 맞는

---

111 김경일, 『이재유, 나의 시대 나의 혁명』, 232쪽.

112 최규진, 「조선 사회주의자들의 운동 노선과 합법공간 진출(1929~1945년)」, 『대동문화연구』 56, 2006, 256·275쪽.

113 李載裕, 「朝鮮に於ける共産主義運動の特殊性と其の發展の能否 思想犯の保護觀察制度に對する所感」, 『思想彙報』 11, 1937, 131~132쪽.

114 김경일, 『이재유, 나의 시대 나의 혁명』, 271쪽.

운동 방향을 추구했다. 제7회 대회에서 김하일이 민족개량주의 반대를 언급했 듯이 코민테른의 입장 역시 모호했다. 각국의 상황에 맞는 방침을 세우라는 제 7회 대회 결의의 정신을 생각한다면, 이재유그룹이야말로 코민테른의 새로운 노선을 식민지 현실에 맞춰 적용했다고 평가할 수 있다.

(2) 이재유그룹의 민족문제 인식

이재유그룹은 1936년 10월 창간한 기관지 『적기』에 「사이비 조선민족혁명 당을 대중적으로 폭로 비판하자」는 글을 실었다. 이 글에서는 김원봉의 조선 민족혁명당이 "본부를 남경에 두고 입만으로 조선 민족혁명을 운운"하고 있다 면서, "우리 노농 대중을 중심으로 하지 않는 조선민족혁명당은 사멸을 전제 로 하는 당이다. 특히 조선 민중과 유리한 그들의 당에 있어서라!'라고 비판했 다.[115]

한편 조선민족혁명당은 조선 국내의 '표면 운동', 즉 합법운동의 의의를 부 정하지 않았다. 신간회 해소 이후 운동의 중심이 비합법으로 옮아갔지만, 여전 히 "국내 표면 운동은 의연히 우리 운동의 전면적 의의를 가지는 것"이라고 평 가했다.[116] 이재유로서는 이러한 조선민족혁명당의 태도에 동의할 수 없었을 것이다. 무엇보다 이재유그룹에게는 민족혁명당이 조선의 현실에서 떠나 있 다는 점이 문제적이었을 것이다. 국제선에 대한 경계와 일맥상통한다. 이재유 는 "죽어도 조선에서 죽으며 최후까지 국내에서 활동"하고 "해외는 나가지 않

---

115 「사이비 조선민족혁명당을 대중적으로 폭로 비판하자」, 『적기』 1, 1936. 10. 20, 김경일, 『이재 유, 나의 시대 나의 혁명』, 331쪽.

116 『민족혁명당 당보』 5(1935. 12. 25), 『思想情勢視察報告集(中華民國在留不逞鮮人の動靜)』 (1936. 3), 東洋文化社, 1976, 336~337쪽; 강만길, 『조선민족혁명당과 통일전선』, 화평사, 1991, 165~166쪽.

겠다"고 말한 것으로 전한다.[117]

대중을 중시하는 태도는 조선의 문화와 역사에 대한 관심으로 드러났다. 『적기』「창간선언」에서는 일본 제국주의가 "조선인의 언어, 풍속, 관습, 교육, 역사까지도 위조, 약탈, 동화되도록 강제"[118]한다고 지적했다. 검거된 후 1937년에 쓴 글에서도 일본이 "조선 특유의 4천 년 역사와 문화, 혈통까지 약탈할 뿐만 아니라 언어, 풍속, 습관까지 동화를 강화하고 있다"고 비판했다.[119]

이재유그룹은 이미 운동 제1기의 「학생운동 행동강령」에서 "중·소학교 교수 상용어는 조선어로써 할 것을 획득하기 위한 투쟁"과 "중·소학교에서 조선 역사 교수 시간을 50시간 이상으로 획득할 것을 목적으로 하는 투쟁"을 내걸었지만,[120] 운동의 제3기에 들어 민족의 문화와 역사에 대한 관심이 더 커졌다.[121] 이재유의 변화는 1930년대 세계적인 민족과 국민의 대두, 그리고 이를 받아 안은 코민테른 제7회 대회의 민족문화를 옹호하자는 주장과 궤를 같이한다.

이재유는 검거된 후 1937년 유치장에서 집필한 글에서 식민지 조선의 현실을 분석한 뒤 "현재 조선의 이상과 같은 여러 조건(정치, 경제, 사회의)은 필연적으로 조선의 공산주의 운동에도 그에 상응하는 특수성을 부여하고 있다. 만약 그렇지 않으면 그 공산주의 운동은 현실성이 없는 공상이고 비과학적인 미신이

---

117 금강산인, 「조선 민족해방 영웅적 투사 이재유 탈출기」, 『신천지』 1946. 5, 김경일, 『이재유, 나의 시대 나의 혁명』, 349쪽.

118 「창간선언」, 『적기』 1, 1936. 10. 20, 김경일, 『이재유, 나의 시대 나의 혁명』, 315~316쪽.

119 李載裕, 「朝鮮に於ける共産主義運動の特殊性と其の發展の能否 思想犯の保護觀察制度に對する所感」(1937. 6), 신주백 편저, 『1930년대 민족해방운동론 연구 I』, 78쪽.

120 김경일, 『이재유, 나의 시대 나의 혁명』, 102쪽.

121 위의 책, 245~246쪽.

며 화석화된 시체인 것이다"라고 밝혔다. 이어 3·1운동에서는 "조선의 민족부
르주아지나 인텔리가 전 조선 민중의 선두에 서서 반일본제국주의 운동을 선
동"했지만, 그 뒤로 '애석하게도' 부르주아민주주의혁명의 주체적 임무를 방
기하고 오히려 일본 제국주의의 반혁명적 임무를 떠맡고 있다고 분석했다. 여
기서 이재유는 "그러면 부르주아민주주의적 성격을 띠었던 혁명도 없이 끝날
것인가?"라고 자문한 다음, "아니다. 거기에는 반드시 혁명! 민족혁명이 있어야
한다"고 스스로 답한다.[122]

이재유는 "공산주의 사회를 만드는 데 조선 독립은 무슨 까닭으로 필요한
가?"라는 검사의 질문에 대해 "내가 조선 독립을 목적으로 함은 일본으로부터
독립하지 않는 이상 언제까지나 조선은 공산주의 국가가 될 수 없고 또 설령
공산주의 국가가 된다 해도 일본적 공산주의 국가가 되기 때문"[123]이라고 답했
다. 계급이냐 민족이냐라는 식민지-주변부 사회주의 운동 앞에 놓인 근원적인
질문에 대해 이재유는 입장을 명확히 한 셈이다.

2) 원산그룹과 철우회 논쟁

(1) 중일전쟁과 반제 민족통일전선

1929년 총파업 이후 원산은 식민지 조선의 노동운동을 상징하는 곳이었
다. 일본 관헌은 원산을 "반도에서의 적색노동조합 운동의 아성이며 조선질소
를 끼고 있는 흥남과 더불어 예로부터 프로핀테른이 군침을 흘려 마지않는 지

---

122 李載裕, 「朝鮮に於ける共産主義運動の特殊性と其の發展の能否 思想犯の保護觀察制度
に對する所感」(1937. 6), 신주백 편저, 『1930년대 민족해방운동론 연구 I』, 83쪽.

123 「신문조서 제4회」(1937. 5. 1), 김경일, 『이재유, 나의 시대 나의 혁명』, 401쪽.

역"[124]이라고 보았다. '제1차 태로사건'으로 투옥됐던 이주하(李舟河)는 1936년 2월 함흥형무소를 만기 출옥한 뒤 원산으로 돌아와 4월부터 전태범(全泰範), 방용필(方龍弼) 등과 결합하여 적색노동조합 운동에 착수했다.

이주하는 1936년 7월에 원산에서 요양 중이던 경성제대 출신 최용달(崔容達)을 만났고, 1937년 6월에는 경성제대그룹의 리더인 이강국(李康國)을 만났다. 이강국은 독일 유학 중에 1933년 12월 제13회 코민테른 집행위원회 총회에서 결의된 내용(제13회 플레남 테제)을 최용달, 박문규(朴文圭), 유진오(俞鎭午) 등에게 밀송하는 등의 활동을 벌였다. 1935년 11월에 귀국한 이강국은 바로 체포되어 예심에 회부되었으나, 12월에 증거불충분으로 기소유예 처분을 받고 석방되었다. 최용달, 박문규도 기소유예로 석방되었다.[125]

원산그룹은 1936년 7월에 적색노동조합 준비 기관을 조직하고, 11월부터 기관지 『노동자신문』을 발간했다. 1937년 6월에는 이강국을 포함하여 새로운 지도 기관을 구성했다.[126] 1938년 4월 '적색노동조합 원산좌익위원회'를 결성했으나, 1938년 10월 검거됨으로써 조직이 와해되었다.

1937년 상반기 원산그룹은 "현 단계는 봉건적 잔재를 일소하고 토지혁명을 수행하는 자본민주주의혁명 단계"라고 보고, "조선 민족부르주아지가 일본 제국주의의 슬하로 도피한 이후의 조선 자본민주주의혁명의 영도계급은 조선

---

124 「咸鏡南道元山府を中心とせる朝鮮民族解放統一戰線結成竝支那事變後方攪亂事件の槪要」, 『思想彙報』 21, 1939, 180쪽.

125 전명혁, 「1930년대 이강국(李康國)과 그의 인민전선론 인식」, 『마르크스주의 연구』 5-3, 2008, 187~191쪽.

126 朝鮮總督府警務局保安課, 「時局關係思想事件送局」, 『高等外事月報』 2, 1939, 11쪽; 임경석, 「원산 지역의 혁명적 노동조합 운동(1936~38년)」, 한국역사연구회 1930년대 연구반, 『일제하 사회주의 운동사』, 307쪽.

노동자계급"이라고 주장했다. '중심 목표'로서는 "모든 대생산기관의 몰수를 통한 노동자의 생활 향상", "일본 제국주의와 대토지소유자의 토지를 몰수하여 농민에게 무상분배", "일본 제국주의를 타도하고 노동자·농민의 정권 수립" 등을 들었다.[127] 대농을 중립화하고 중농을 동맹으로 삼겠다는 점은 유의할 필요가 있지만, 기본적으로는 토지혁명과 소비에트 수립을 핵심으로 하는 1928년 12월 테제의 부르주아민주주의혁명론을 따르고 있었음을 알 수 있다.

1937년 6월 이강국을 만난 뒤 이주하는 방용필에게 코민테른 제7회 대회에서 결의된 인민전선 운동의 방침에 기초하여 민족해방 통일전선을 결성, 강화하라는 새로운 지침을 내렸다. 노동자계급만이 아닌 농민, 소부르주아지, 학생, 인텔리겐치아, 각종 종교단체, 기타 제 계층 민족개량주의 및 각종 반동단체 가운데 침투하여 민족 대중을 지도함으로써, 계급 없고 성별 없고 직업 구별 없고 정당 구별 없는 초당파적 통일 기관을 설치하라는 내용이었다. 그리하여 민족해방전선을 결성할 결정적 시기가 도래하면, 공산주의적 제 조직의 영도하에 통일전선을 반일 폭동전선으로 동원함으로써 중일전쟁을 내란으로 이끌고 조선 독립의 목적을 달성하자는 것이었다.[128]

1937년 12월에 최용달은 이주하에게 독일어 잡지 『룬트샤우』에 실린 '에르고리 전쟁 문제', '스페인 문제', '중국 인민의 독립과 자유를 위한 15년간의 전쟁' 등의 조선어 번역문을 제공했다. 그 무렵 이강국도 이주하에게 '코민테른 제7회 세계대회 결의' 등을 활동자금 2,000원과 함께 제공했다.[129]

---

127 「자본민주주의혁명과 조선 노동자계급의 임무」, 『노동자신문』 5, 1937, 신주백 편저, 『1930년대 민족해방운동론 연구 I』, 91~95쪽.

128 「咸鏡南道元山府を中心とせる朝鮮民族解放統一戰線結成竝支那事變後方攪亂事件の槪要」, 『思想彙報』 21, 1939, 188쪽.

129 「朝鮮思想事件判決 咸南元山府を中心とせる朝鮮民族解放統一戰線結成竝支那事變後

1937년 7월 중일전쟁이 발발하자, 원산그룹은 "영미를 호의적으로 유도하는 것은 해방운동에 중대한 영향을 미친다"며, "강도 일본 제국주의에만 맞서는 투쟁이지 일반 제국주의 국가에 맞서는 투쟁이 아니"라고 보았다. 중국에서는 "도시 소시민, 빈농, 인텔리겐치아, 토착 부르주아지까지도 일본 제국주의의 이러한 침략에 대항하여 일어났다"며, 이 전쟁은 "중국 인민의 민주주의공화국 건설을 가져올 것"이라고 전망했다. 다만 민족해방 투쟁을 이끄는 중국공산당은 해소하지 말고 독자적 혁명조직을 강화해야 한다고 밝혔다. 이어 조선에서도 "일상투쟁에서 민족부르주아지까지도 일본 제국주의 타도 투쟁으로 유도"해야 한다며, 그들의 가슴에도 '조선인의 피'가 흐르고 있으므로 그들의 '애국적 정열'을 불러일으켜야 한다고 주장했다.[130]

원산그룹이 반파시즘 인민전선론을 수용한 데는 이강국과의 만남과 더불어 중일전쟁의 충격이 작용한 것으로 판단된다. 같은 시기 원산그룹은 "조선 노동자계급은 농민을 강고한 동맹자로 하고 기타 광범한 인민층—소부르주아, 인텔리겐치아, 애국적 민족부르주아지의 일부—을 일본 제국주의를 타도하는 민족해방전선으로 일으켜 세우지 않으면 안 된다"고 하여, '애국적 민족부르주아지의 일부'까지 명시적으로 반일 통일전선에 포함시켰다.[131]

方攪亂運動事件」, 『思想彙報』 續刊, 1943, 163쪽; 전명혁, 「1930년대 이강국(李康國)과 그의 인민전선론 인식」, 191~192쪽. '에르고리'는 이탈리아 공산주의자 톨리아티의 이명이다.

130 「중일 무장충돌과 조선 노동자계급의 임무」, 『노동자신문』 7, 1937. 8. 1, 신주백 편저, 『1930년대 민족해방운동론 연구 I』, 99~101쪽.

131 「反帝國主義民族解放戰線ヲ强化セヨ」, 『勞働者新聞』 8, 1937, 韓洪九·李在華 編, 『韓國民族解放運動史資料叢書 4』, 京元文化社, 1988, 543쪽; 임경석, 「원산 지역의 혁명적 노동조합 운동(1936~38년)」, 308쪽.

(2) 반파시즘 인민전선과 반제 민족통일전선의 모순

원산에는 원산총파업 당시 노동자들의 투쟁을 무력화하기 위해 조직된 함남노동회가 존재했다. 함남노동회는 "피고용자와 고용자 간의 융화를 도모하고 노자 협조함으로써 회원의 복리를 증진"한다는 강령을 내걸었다.[132] 원산그룹은 함남노동회를 "파시스트 단체와 일본제국의 앞잡이"라고 비판했지만,[133] 함남노동회는 대부분의 노동쟁의에 개입하여 노동자들의 투쟁을 개량적으로 해결하고자 기도하는 등 원산 지역 노동자 대중에게 막강한 영향력을 행사했다.[134] 이에 원산그룹은 함남노동회에 속한 대중을 간부와 분리하여 "그들 속에서 부단히 그들의 기분을 이해하고 그들의 생활수준에서 시작"하는 것이 중요하다고 보았다. 그리고 "함남노동회가 반동적이라고 해서 우리는 함노(함남노동회—인용자)에서 탈퇴하거나 함노에 가입하는 것을 혐오해서는 안 된다"[135]고 주장했다.

다만 기우회(機友會)라는 조선인 노동자들의 개량주의 단체에 입회하는 데는 반대했다. 이주하는 일본 제국주의에 맞서는 민족적 감정을 이용해 반제국주의 전선을 세우기 위해 기우회에 입회하자는 의견에 대해, "기우회는 편협한

---

132 「鮮內要注意團體に關する調査」, 『思想彙報』 15, 1938, 25~26쪽; 임경석, 「원산 지역의 혁명적 노동조합 운동(1936~38년)」, 333쪽.

133 「현 정세와 우리들이 해야 할 몇 가지 임무」, 『노동자신문』 10, 1937. 12. 17, 신주백 편저, 『1930년대 민족해방운동론 연구 I』, 103쪽.

134 임경석, 「원산 지역의 혁명적 노동조합 운동(1936~38년)」, 349쪽.

135 「咸南勞働會ノ請負制ヲ反對シ勞働者大衆中斗爭ニ於テ咸南勞働會反對派ヲ結成セヨ」, 『勞働者新聞』 15, 1938. 2. 7, 韓洪九·李在華 編, 『韓國民族解放運動史資料叢書 5』, 154쪽; 「咸南勞働會內部ニ革命的ノ反對派ヲ結成セヨ」, 『勞働者新聞』 32, 1938. 9. 7, 韓洪九·李在華 編, 『韓國民族解放運動史資料叢書 5』, 629쪽; 임경석, 「원산 지역의 혁명적 노동조합 운동(1936~38년)」, 335쪽.

민족적 감정에서 조직되고 이에 국한된 단체"라고 규정하고 입회에 반대했다. 그리고 그 대신 일본인과 조선인을 포함하여 "광범한 노동자로 주선인단을 조직해야 한다"고 주장했다. 함남노동회에 대한 태도와 비교할 때 기우회의 '편협한 민족적 감정'이 문제가 된 것으로 보인다.[136]

주선 사업이란 노동자의 일상적 욕구를 반영한 '상호부조 활동'이나 '스포츠 활동'이었지만, 활동적인 노동자들의 결합이라는 점에서 주선인단은 "혁명적 공장위원회로 발전할 과도적 준비 조직이며 또한 사정에 따라서는 항구적 조직으로도 될 수 있다"고 규정되었다.[137] 공장위원회란 조직, 미조직을 불문하고 전 공장 노동자의 이익을 대표하는 항상적 조직으로서, 집행부가 공장의 모든 노동자에 의해 선출되고 따라서 노동자들에게는 물론 기업주나 경찰에 대해서까지도 공개된 조직이었다. 원산그룹은 공장위원회로 가는 과도적 준비 조직으로서 '주선인단' 결성에 주력했다.[138]

원산그룹은 공장위원회를 목표로 주선인단을 조직함으로써, 대안 권력을 지향하면서 민주주의를 훈련했다. 일본 관헌은 "이주하가 품고 있던 운동 이론은 소위 '태로 10월 서신'의 직역을 한 걸음도 벗어나지 못했"[139]다고 혹평했지만, 예컨대 이재유가 주도한 서울의 노동운동과 비교하더라도 원산그룹의 활동은 훨씬 폭이 넓었다. 이러한 차이가 나타난 것은 함남노동회, 기우회와 같

---

136 주세민, 「기우회 이용의 몽상을 버리고 노동자 주선인단 투쟁위원회 결성으로 나아가자」, 『노동자신문』 18, 1937. 3. 7, 신주백 편저, 『1930년대 민족해방운동론 연구 I』, 182~183쪽. 주세민은 이주하의 필명이다.

137 「工場內周旋人団ヲ結成シヨウ!」, 『勞働者新聞』 20, 1938. 3. 27, 韓洪九·李在華 編, 『韓國民族解放運動史資料叢書 5』, 278~286쪽.

138 임경석, 「원산 지역의 혁명적 노동조합 운동(1936~38년)」, 325~327쪽.

139 「咸鏡南道元山府を中心とせる朝鮮民族解放統一戰線結成竝支那事變後方攪亂事件の概要」, 184쪽.

은 개량주의 노동단체가 존재하는 등 원산이 서울보다 합법적 활동의 여지가 있었기 때문이다. 그리고 이는 1929년 원산총파업 등 원산에 축적된 노동운동의 전통에 기인했다.

원산그룹의 합법적 활동에 대한 고민을 잘 보여주는 것이 철우회(鐵友會) 조직 논쟁이다. 1937년 8~9월에 『노동자신문』 지상에서는 "일본 제국주의에 반대하는 노동자 대중의 민주주의 기관"[140]으로서 철우회를 결성하자는 주장과, 이는 "결국 혁명적 조직을 노동조합 대용물인 철우회로 해소시키려는 의견"이라는 반대 주장이 맞섰다.[141] 제1차 철우회 조직 논쟁은 반대론의 승리로 끝났다.[142]

철우회 결성 반대는 공장위원회를 염두에 두고 주선인단을 조직한 원산그룹의 활동 등에 비추어볼 때 뜻밖이다. 철우회를 반대하는 글을 보면 "조선인 노동자의 광범한 층에서 민족감정을 격발시켜 타도 일본 제국주의 방향으로 전진시킬 것"이라는 철우회 결성 이유에 대해, "광범한 노동자 대중에게 민족감정을 고취시킨다고 하는데, 구체적인 활동을 하지 않고 어떻게 민족해방 전선을 만들 수 있는가"라고 비판했다. 나아가 "일본 제국주의를 구축하자는 슬로건을 내걸면 노동자들은 모두 포기하고 도망칠 것이다. 마치 독립당에라도 가담하라고 했던 것처럼 될 것이다"라고 덧붙였다.[143] 철우회 결성 반대는 기우회 입회 반대와 마찬가지로 민족감정에 호소하기보다 한일 노동자 연대를 추

---

140 「反帝國主義民族解放戰線ヲ强化セヨ」, 544쪽.

141 「철우회 결성·지도에 대한 오류—철우회 조직 활동을 중단하고 적색노조 분회의 지도 아래 실제로 동원·투쟁하는 대중단체를 결성·지도하자」, 『노동자신문』 9, 1937, 신주백 편저, 『1930년대 민족해방운동론 연구 I』, 176쪽.

142 임경석, 「원산 지역의 혁명적 노동조합 운동(1936~38년)」, 341쪽.

143 「철우회 결성·지도에 대한 오류」, 175~176쪽.

구하려는 국제주의적 작풍에서 나왔다고 짐작된다. 한편 '독립당' 운운에서 보이듯 '민족감정'은 노동운동에 대한 탄압을 불러올 수 있는 위험한 요소였다.

1938년 6~8월에 벌어진 제2차 논쟁에서는 적색노조 및 철우회 병행발전론이 승리했다.[144] 철우회는 "반합법적으로 노동자의 이익을 위하여 투쟁하는 대중적 조직", "반쯤 공공연하게 대중 앞에 나설 수 있는 대중단체"를 지향했다. "적색노동조합 원산좌익은 철우회와 그 밖의 모든 노동자의 활동, 특히 일본인 노동자의 조직 활동에서 혁명적 노동자의 영향하에 있는 주선인단과 그 밖의 노동자의 협력과 치밀한 계획 아래 그 임무를 수행해야 한다"고 규정되었다.[145] 철우회는 여전히 일본인 노동자를 포함하지 않는 조직이었음을 알 수 있다. 민족감정에 호소하는 것에 대한 우려에도 불구하고 철우회는 결국 결성된 셈이다. 철우회는 1938년 7월에 창립대회를 열고 기관지 『신호기』를 발간했다.[146]

(3) 무장봉기와 반파시즘 인민전선

1938년 4월에 '적색노동조합 원산좌익위원회'가 방용필을 총책임으로 삼아 결성되었다. 방용필은 철우회 상임위원장도 맡았다. '적색노동조합 원산좌익위원회'는 '적색노동조합 조직 및 민족해방 통일전선 결성 운동의 지방적 중앙지도기관'[147]이라는 이중 임무를 지녔다. 1937년 6월에 이강국을 만난 뒤 이

---

144   임경석, 「원산 지역의 혁명적 노동조합 운동(1936~38년)」, 342쪽.

145   「모든 투쟁을 혁명적 조직 강화에 이용하자」, 『노동자신문』 26, 1938. 6. 7, 신주백 편저, 『1930년대 민족해방운동론 연구 I』, 186쪽.

146   「朝鮮思想事件判決 咸南元山府を中心とせる朝鮮民族解放統一戦線結成竝支那事變後方攪亂運動事件」, 154쪽.

147   「咸鏡南道元山府を中心とせる朝鮮民族解放統一戦線結成竝支那事變後方攪亂事件の槪要」, 191쪽; 임경석, 「원산 지역의 혁명적 노동조합 운동(1936~38년)」, 336쪽.

주하가 제시한, '초당파적 통일 기관'을 설치하여 '민족해방 통일전선' 결성을 준비하라는 지침이 비로소 실현된 셈이다. 이 지침에서 '민족해방 통일전선'은 중일전쟁을 내란으로 이끌 '반일 폭동전선', 즉 무장봉기를 위한 조직으로 규정되었다. 원산그룹의 활동은 그 시작부터 궁극적 목표를 무장봉기 준비에 두고 있었다는 것을 알 수 있다.

원산그룹은 무장봉기에 대비해 주체적 역량을 강화하기 위한 방도를 다음과 같이 제시했다. 첫째, 정견과 조직의 여하를 불문하고 항일의식이 있는 인민으로 광범한 민족해방 통일전선을 결성하여 부단한 항일 선전선동을 한다. 둘째, 모든 투쟁을 의식적·계획적으로 격발시키고 그 투쟁을 더 높은 단계로 끌어올리며 부분적 투쟁을 전체적 투쟁으로 확대해, 결정적 투쟁에 참가하는 대중의 적극성을 증대시키고 그 결의를 강화한다. 셋째, 부단한 투쟁 과정에서 발굴된 정예분자들로써 자위단과 같은 행동대를 조직하여 그 어떤 투쟁에서도 활발한 행동을 전개할 수 있도록 훈련한다. 넷째, 일본 제국주의의 정치·군사·경제·문화 기타 주요 거점을 점령 수탈하기 위한 충분한 계획을 미리 수립하고 각자의 공격 목표에 대하여 치밀하고도 가장 용감한 행동대를 배치한다.[148]

원산그룹은 혁명의 결정적 시기가 임박하면 조선의 혁명 역량은 즉각 무장봉기에 나서야 한다고 주장했다.[149] 1938년 10월에 체포된 방용필은 "이번 검거가 늦어져서 금후 1~2년 동안 운동이 계속되었더라면, 원산 철도사무소 관내 이천 수백 명에 달하는 종업원은 물론 원산의 금속 및 화학 부문 방면의 노

---

148 「咸鏡南道元山府を中心とせる朝鮮民族解放統一戰線結成竝支那事變後方攪亂事件の槪要」, 188~190쪽.

149 임경석, 「원산 지역의 혁명적 노동조합 운동(1936~38년)」, 354쪽.

동자를 대부분 획득하여 언제라도 무장봉기에 동원할 수 있도록 준비가 완료될 전망이 충분하였는데, 이번 검거로 실패해서 유감이다"[150]라고 말했다.

원산그룹이 목표로 삼은 권력 형태는 어땠을까. 우동수와 임경석은 원산그룹이 '민주주의공화국'을 상정했을 것으로 추정했다.[151] 다만 원산그룹은 "일본제국주의와 파시즘에 반대 투쟁하는 전 인민의 통일전선을 조직하자"고 밝혔지만, 권력 형태로는 "노동자·농민과 피억압 민중의 정권인 소비에트 정권"을 수립해야 한다고 주장했다.[152] 중국에 대해서 '민주주의공화국'이 건설될 것이라고 전망한 것과 다르다. '전 인민의 통일전선'을 주장한 것은 특별하지만, '민주주의공화국'이라는 표현은 사용하지 않았다. '반(半)식민지' 중국과 '식민지' 조선의 차이, 혹은 만주 항일 무장투쟁과 식민지 비밀결사의 차이가 드러난 것으로 볼 수 있다.

임경석은 원산그룹의 활동에 대해 "함남의 북부 산악지대를 거점으로 전개된 조국광복회 운동이 혁명적 노조·농조 조직을 해소하고 그것을 다양한 형태의 반일 대중조직으로 개조했던 경험과 비교해볼 때 크게 차이 나는 현상"이라고 평가했다.[153] 조국광복회와 원산그룹은 민족해방 통일전선론, 인민전선론을 무장봉기와 연결 지어 받아들인 점에서는 공통되지만, 역시 만주와 식민지 조선이라는 조건의 차이에 따라 항일 무장투쟁과 비밀결사라는 서로 다른

---

150 「咸鏡南道元山府を中心とせる朝鮮民族解放統一戰線結成竝支那事變後方攪亂事件の槪要」, 191~192쪽.

151 우동수, 「1920년대 말~1930년대 한국 사회주의자들의 신국가건설론에 관한 연구」, 『한국사연구』 72, 1991, 119쪽; 임경석, 「일제하 공산주의자들의 국가건설론」, 『대동문화연구』 27, 1992, 222쪽.

152 「당면한 몇 가지 중심 문제」, 『노동자신문』 33, 1938. 9. 17, 韓洪九·李在華 編, 『韓國民族解放運動史資料叢書 4』, 638~642쪽.

153 임경석, 「원산 지역의 혁명적 노동조합 운동(1936~38년)」, 344쪽.

활동 방식을 택했다. 임경석 역시 식민지 조선의 사회주의 운동이 가진 "장기간 비합법적 조건하에서 수공업적으로 활동해오던 경험"에 주목했다.[154]

이 글에서는 이러한 정황을 코민테른의 반파시즘 인민전선론의 불철저한 수용이라기보다 그것을 식민지 조선의 현실에 맞춰 적용한 결과로 보고 싶다. 원산그룹 사건으로 투옥된 최용달은 인민전선론에 대해 "다만 국제적 경향이라는 이유로 그것이 바로 조선에 구체화될 것이라고 추측할 수는 없다"[155]는 말로, 일본 관헌이 이해한 인민전선론이 조선의 현실과 어긋나는 면을 지적했다. 최용달은 식민지 조선에서 민족부르주아지의 '타락'을 고발했다. 반식민지 중국과 달리 식민지 조선에서는 엄밀한 의미의 민족자본 혹은 민족부르주아지는 존재하기 어려웠다.[156]

5. 사회주의 운동의 식민지적 길

1) 식민지로 온 반파시즘 인민전선론

1930년대 중반 식민지 조선의 사회주의 운동이 반파시즘 인민전선론을 어떻게 받아들였는가에 대해 다음 세 가지 점을 확인할 수 있었다.

첫째, 코민테른은 반파시즘 인민전선론을 제기하고 각 나라와 지역에 걸맞은 민족혁명을 촉구했다. 코민테른은 대중의 민족감정, 민족주의를 인정하

---

154 위의 글, 358쪽.

155 崔容達, 「感想錄(事件に關係するまで)」, 『思想彙報』 24, 1940, 303쪽.

156 홍종욱, 「주변부의 근대—남북한의 식민지 반봉건론을 다시 생각한다」, 『사이間SAI』 17, 2014, 189쪽.

고 공산주의자가 민족문화의 옹호자가 되어야 한다고 주장했다. 또한 코민테른은 일률적인 지도를 포기하고 각 나라와 민족에 각자의 정세와 조건에 맞는 활동을 펼칠 것을 요구했다. 인민전선론은 민족혁명론이었고, 계급에서 민족·국민으로라는 세계 공산주의 운동의 변화를 반영한 것이었다. 이러한 흐름은 1943년 코민테른 해체로 이어졌고, 1945년 이후 세계적인 비식민화와 맞물리면서 등장한 국민국가의 시대를 예고했다.

민생단의 '한인 자치론'은 재만 한인의 지지를 받았지만, 좌우파를 막론하고 중국 사회에 강한 경계심을 불러일으켰다. 중공 만주성위 지도 아래 중국인과 한인이 함께한 항일유격대 내에서 벌어진 반민생단 투쟁은 중국인과 한인 양측의 민족주의가 부딪혀서 빚어진 참극이었다. 만주에서 코민테른 제7회 대회의 반파시즘 인민전선론 수용은 이윽고 재만 한인의 민족주의를 인정하고 한인이 열망하는 독립운동을 보장하는 것으로 나타났다.

이재유의 조선의 역사와 문화에 대한 관심은 1930년대 사회주의 운동이 직면했던 민족·국민의 대두라는 세계사적 현상과 궤를 같이한다. 원산그룹이 기우회와 철우회를 놓고 벌인 논쟁에서도 조선인의 '민족감정'을 반대할 것인가 아니면 이용할 것인가라는 동시대적 고민이 느껴진다. 조선총독부는 "1935년 코민테른 제7회 대회에서 결의된 인민전선 전술은 조선 민중의 민족적인 감정을 교묘히 이용, 이의 확장과 강화를 꾀하고"[157] 있다고 분석했다.

둘째, 인민전선론과 민족통일전선론은 항일 무장투쟁의 논리라는 측면을 지녔다. 인민전선은 진영과 전쟁의 논리였다. 코민테른의 반파시즘 인민전선론 역시 제2차 세계대전의 '전선'이 명확해지면서 비로소 현실화되었다. 대장정 중의 중국공산당이 민족통일전선을 앞서서 주창한 것은 중국에서 항일전

---

157 朝鮮総督府警務局, 『最近における朝鮮治安状況 昭和十三年』, 20쪽.

선이 일찍부터 명확했기 때문이다. 중국이 국공합작이라는 항일 민족통일전선을 세운 데 반해, 조선 국내에서는 신간회 이후 이렇다 할 민족통일전선을 이루어내지 못한 점이 비교되고는 한다. 그러나 식민지 조선과 반식민지 중국의 차이를 놓쳐서는 안 된다. 재만 한인이 반파시즘 인민전선론과 반제 민족통일전선론을 모범적으로 수용하게 된 것은 반식민지 중국적인 운동 방식이라고 할 수 있는 항일 무장투쟁을 벌이고 있었기 때문이다.

식민지 조선 내에서도 인민전선, 민족통일전선이 무장투쟁과 관련 속에서 이해되는 경향이 확인된다. 원산그룹에서 '민족해방 통일전선'은 활동 초기부터 마지막까지 무장봉기를 의식한 용어였다. 원산그룹과 비슷한 시기에 활동한 왜관그룹은 반파시즘 인민전선론을 수용한 대표적인 사례인데, 관헌은 왜관그룹의 전략·전술로서 ① 군대 내부의 반동적(원문 그대로—인용자) 분열 공작, ② 교통·운수 노동자의 투쟁에 의한 군대 및 군수품 수송 방해, ③ 군수품 공장 노동자의 투쟁에 의한 군수품 공급 방해 등을 들었다.[158] 정평 적색농조는 1937년 이후 인민전선 전술 방침을 수용했다. 1939년 1월 정평농조가 전달 받은 인민전선 방침 세 항 가운데 첫 항은 "조선에는 전 조선 민족을 반일 인민전선에 동원하고 반전투쟁의 강화를 도모하여, 일소전에 당하여 무장봉기 후방교란의 거사를 일으켜서 일본 제국주의를 타도해야 된다"였고 나머지 두 항 역시 무장봉기의 구체적 내용에 관한 것이었다.[159]

1938년 일본 관헌은 "최근 공산주의 사건의 대부분이 일소 개전을 불가피한 사실로 보고 일조 유사시에 후방 교란을 하여 패전 역할에 힘써 조선의 독

---

158 朝鮮總督府警務局保安課, 『高等外事月報』 8, 1940, 12쪽; 강혜경, 「1930년대 후반 '왜관그룹'의 인민전선 전술 수용」, 『역사연구』 3, 1994, 73쪽.

159 「反日人民戰線朝鮮指導機關結成並武裝蜂起後方攪亂計劃事件」, 『高等外事月報』 6, 1940, 38~39쪽; 지수걸, 『일제하 농민조합운동 연구』, 239쪽.

립과 공산화를 꾀하고 있다"[160]고 분석했다. 식민지 조선에서 여러 공산주의 그룹이 반파시즘 인민전선, 민족통일전선 건설을 표방하였는데, 이를 통해 벌이고자 하는 궁극적 활동으로 무장봉기를 상정하는 경우가 많았다. 이재유그룹에서는 무장봉기에 대한 관심이 보이지 않는데, 아마도 주요한 활동 무대가 일제의 치안력이 확고한 서울이었다는 조건 탓이었을 것이다.

셋째, 식민지 조선의 공산주의 그룹은 반파시즘 인민전선론을 식민지 현실에 맞춰 적용했다. 여러 공산주의 그룹이 반파시즘 인민전선론을 수용해 합법단체에서 활동이나 민족부르주아지와 연대를 추구했지만, 눈앞의 현실은 달랐다. 치안유지법을 앞세운 일제의 가혹한 탄압 아래 합법 공간은 극도로 위축되었고, 민족통일전선의 한 축을 이룰 건전한 민족부르주아지의 존재는 식민지 현실에서 기대하기 어려웠다. 여러 공산주의 그룹은 기존의 비밀결사 방식을 버릴 수 없었다.

지수걸은 적색농조 운동에 대해 "전위당은 물론이고 농민운동의 전국적 지도 기관도 존재하지 않았으며 합법적인 대중운동 공간도 거의 차단"되었기에 "조직을 유지하기 위해서 조직원들에게 비교적 높은 수준의 사상·의식적인 무장과 규율을 요구"할 수밖에 없었다고 평가했다.[161] 이재유그룹은 일제의 가혹한 탄압 탓에 오히려 시간이 갈수록 비밀결사 방식을 강화할 수밖에 없었다. 원산그룹은 강력한 노동운동 전통이 축적된 원산이라는 조건에서 여러 합법 개량주의 노동단체를 활용했지만, 끝까지 적색노동조합이라는 비밀결사를 포기하지 않았다. 일본에 거주하며 인민전선 운동에 참가하다 귀국해 왜관그룹에서 활동한 이영석은 "조선의 특수성으로 인하여 적색농민조합 조직의 필요

---

160   朝鮮總督府警務局, 『最近における朝鮮治安狀況 昭和十三年』, 13쪽.

161   지수걸, 『일제하 농민조합운동 연구』, 24쪽.

를 역설"했다.[162] 여러 세력과 연대에 적극적이던 재만 한인 조국광복회와 소극적이던 갑산 한인민족해방동맹의 차이는 만주 항일 무장투쟁과 식민지 비밀 결사라는 조직 생리의 차이였다.

2) 항일 무장투쟁 정통론을 넘어

식민지기에 사회주의 활동가이자 역사학자로 활약한 이청원은 북한 정권에 참여하여 건국 초기 북한 역사학을 이끌었다. 그러나 1956년 8월 전원회의 사건 이후 연안계 지도자인 최창익(崔昌益) 일파로 몰려 숙청당하게 된다. 숙청에 이르는 과정에서 이청원이 『력사과학』에 발표한 「반일 민족해방 투쟁에 있어서의 프로레타리아트의 헤게모니를 위한 투쟁」과 이를 책으로 엮은 『조선에 있어서 프로레타리아트의 헤게모니를 위한 투쟁』[163]이 '종파주의'에 물들었다는 비판을 받았다.

1957년에 김상룡은 이청원이 민족부르주아지를 예속부르주아지와 엄격히 구별하지 않고 반일 민족해방 투쟁에서 이들을 고립시켰다고 주장한 것을 비판했다. 김상룡은 전자는 혁명의 동력이고 후자는 혁명의 대상으로 엄격히 구별되며 이는 중국의 사정과 완전히 합치한다고 설명했다. 그리고 "조국광복회에 단시일 내에 그렇게 많은 애국적 역량이 집결하게 되었다는 사실은 민족부

---

162 朝鮮總督府警務局保安課, 『高等外事月報』 8, 1940, 12쪽; 강혜경, 「1930년대 후반 '왜관그룹'의 인민전선 전술 수용」, 『역사연구』 3, 1994, 73쪽.

163 리청원, 「반일 민족해방 투쟁에 있어서의 프로레타리아트의 헤게모니를 위한 투쟁」 (상)·(하), 『력사과학』 1955-9/10, 1955; 리청원, 『조선에 있어서 프로레타리아트의 헤게모니를 위한 투쟁』, 조선민주주의인민공화국 과학원, 1955. 이청원 글의 내용과 의의에 대해서는 임경석, 「북한 역사학의 유물사관과 주체사상—이청원 사학을 둘러싼 북한 학계의 논쟁을 중심으로」, 『북한의 한국사 연구동향 (3) 남북한역사학논총7』, 국사편찬위원회, 2004 참조.

르주아지에 대하여 고립화 정책을 썼기 때문이 아니라 반대로 그들과의 반일 민족통일전선 정책을 쓴 결과이며 그 정책의 정당성을 말하여주는 것"이라고 주장했다.[164] 김상룡은 반식민지 중국과 식민지 조선, 그리고 만주의 항일 무장 투쟁과 식민지 비밀결사라는 조건과 방식의 차이를 고려하지 않았다.

1960년에 김창만의 글에서는 이러한 경향이 더욱 뚜렷해졌다. 김창만은 "김일성 동지의 지도하에 진행된 항일 무장투쟁과 당 창건을 위한 조직 사상적 준비 과정을 전국적 판도에서 전 조선 혁명 운동의 줄거리를 틀어쥐고 서술하지 못한" 문제점을 지적했다. 그리고 "최창익과 그 졸도들이 '국내 투쟁', '국외 투쟁' 하면서 우리의 혁명 투쟁을 인공적으로 분리시키고 서로 대립시키며 그리하여 종파 꾼들의 '업적'을 더 내세울 목적으로 항일 무장투쟁은 국외의 것이고 국내에서는 딴 사람들, 말하자면 자기들이 투쟁했다는 식"으로 서술했다고 비판했다.[165] 북한 역사학이 보인 김일성 중심, 만주 항일 무장투쟁 중심의 편향된 서술을 극복하려면 만주와 국내의 조건의 차이를 고려하여 1930년대 한국 사회주의 운동과 반파시즘 인민전선론 수용 양상을 살펴야 한다.

만주와 달리 식민지 국내에서는 반파시즘 인민전선론이 수용된 후에도 구체적인 활동 방침에 큰 변화를 취하기 어려웠다. 하지만 역으로 반일 대중조직을 결성하고 활용하려는 움직임은 인민전선론 수용 이전에도 확인된다. 지수걸은 혁명적 농조 운동 노선과 반일 대중조직 운동 노선 사이에 만리장성이 존재한 것은 아니라고 평가했다.[166] 식민지 조선의 여러 공산주의 그룹은 코민테

---

164   김상룡, 「토론: 반일 민족해방 투쟁에서의 프로레타리아트의 헤게모니를 위한 투쟁과 민족 부르죠아지에 대한 문제」, 『력사과학』 1957-2, 1957, 61쪽.

165   김창만, 「조선 로동당 력사 연구에서 제기되는 몇 가지 문제」(1959년 12월 25일 '당 력사 집 필 요강' 토론회에서 한 연설), 『력사과학』 1960-1, 1960, 8쪽.

166   지수걸, 『일제하 농민조합운동 연구』, 243쪽.

른의 방침 전환을 의식하면서도 무엇보다 식민지 현실에 맞는 활동 노선을 꾸준히 모색했다. 농민 운동 주체는 혁명적 농조와 병행하여 농촌 근로 대중 다수자를 획득하기 위해 '농민위원회'를 조직했고,[167] 원산그룹은 전 공장 노동자의 이익을 대표하고 집행부가 공장의 모든 노동자에 의해 선출되는 '공장위원회'를 결성하고자 했다. 이러한 실천이 1945년 이후 전국적인 인민위원회 건설을 가능하게 했을 것이다.

---

167   위의 책, 149쪽.

제3장

해방을 전후한 사회주의자의 모색과 실천

1. 중일전쟁과 사회주의자의 모색

1) 사회주의자의 전향

(1) 중일전쟁과 대량 전향

1933년 일본공산당의 지도자 사노 마나부(佐野學)와 나베야마 사다치카(鍋山貞親)는 옥중에서 전향을 밝혔다. 두 지도자의 전향에 고무되어 일본에서는 공산당이 실질적으로 궤멸에 이를 정도의 대량 전향이 일어났다. 1930년대 들어 식민지 조선의 사회주의자 사이에서도 전향자가 나타나기 시작했다. 다만 조선의 전향은 일본과 달랐다. 조선인 사회주의자에게는 민족이라는 넘기 어려운 벽이 존재한 것이다. 1930년대 중반까지 식민지 조선의 전향은 일본 본국과 비교했을 때 아직 미미한 수준에 그쳤다.

일제 당국은 식민지 조선의 사회주의자들이 일본에서 벌어지고 있는 대량 전향에 대해 대체로 '냉담'하고 '반감'적 태도를 보였다고 파악하고, 그 이유로는 조선인 사회주의자의 "근저에 흐르는 강렬한 민족의식과 국가적 관념에 대한 근본적 상위(相違)"에 주목했다.[01] 일본의 사회주의 운동이 '단순히 마르크스주의 문헌의 독서'를 통하거나 '관념적인 의분이나 정열'에서 출발한 것과 달리, 조선의 사회주의 운동에는 '생생한 민족적 우민(憂悶)의 실감'이 존재한다고 본 것이다.[02]

1937년 7월에 발발한 중일전쟁은 사회주의자의 전향 추이에 변화를 가져왔다. 1938년 말에 총독부가 행한 조사에 의하면, 재감 사상범 1,298명 중 전향자는 모두 776명인데, 그중 중일전쟁 후 전향을 밝힌 자가 427명이었다. 1년이라는 짧은 기간 동안 전향자가 폭발적으로 늘어났음을 보여준다. 마찬가지로 요시찰인·요주의인도 전향자로 분류된 2,834명 가운데 1,518명이 중일전쟁이 시작된 이후 비로소 전향을 밝힌 것으로 나와 있다.[03] 또한 조선군 참모부의 조사에 따르면 중일전쟁 시기 전향자들이 밝힌 전향 동기에서는 '시국 인식', '국민적 자각' 등 정치적·사회적 성격의 동기가 대부분을 차지했다.[04] 1930년대 중반까지 '가족애', '구금에 의한 후회' 등이 많았던 것과 다르다.

총독부는 당시 상황을 "지나사변 발발에 즈음하여 현저히 국민정신의 앙양"을 보이면서 "사상 전향자가 속출하여 반도 사상계의 호전은 완전히 격세

---

01 「朝鮮內に於ける思想轉向の狀況」, 『高等警察報』 3, 1934, 7~8쪽.

02 富士原景樹, 「朝鮮に於ける思想犯の保護對策」, 『治刑』 14-9, 1936, 25쪽.

03 朝鮮總督府警務局, 『最近に於ける朝鮮治安狀況』, 1938, 17~20쪽.

04 朝鮮軍參謀部, 「昭和十三年後半期朝鮮思想運動槪況」(昭和十四年二月); 朝鮮軍參謀部, 「昭和十四年前半期朝鮮思想運動槪況」(昭和十四年八月三十一日); 朝鮮軍參謀部, 「昭和十四年後半期朝鮮思想運動槪況」(昭和十五年二月二十八日); 朝鮮軍參謀部, 「昭和十五年前半期朝鮮思想運動槪況」(昭和十五年八月), 이상, 宮田節子 編·解說, 『十五年戰爭極秘資料集 第28集 朝鮮思想運動槪況』, 不二出版, 1991; 朝鮮郡參謀部朝鮮憲兵隊司令部, 「昭和十四年 朝鮮治安關係一覽表」(「昭和14年朝鮮治安関係一覧表の件」, 密大日記 第6冊 昭和15年, アジア歷史資料センター), 10쪽; 홍종욱, 「중일전쟁기(1937~1941) 조선 사회주의자의 轉向과 그 논리」, 『한국사론』 44, 2000, 169~171쪽.

의 감을 보이기에 이르렀다"고 평가했다.[05] 식민지 말기 재조선 일본인이 중심
이 되고 현영섭(玄永燮) 등 일부 조선인이 참가하여 일제 정책의 선전 기관으로
활동한 녹기연맹(綠旗聯盟)은, 1932년부터 1936년까지를 민족주의, 공산주의, 대
아시아주의, 일본주의가 뒤섞인 "동요 모색의 시대"라고 본 데 반해, 중일전쟁
이후 조선 사상계가 비로소 "신일본 건설 운동 시대"에 접어들었다고 평가했
다.[06]

　중일전쟁 시기 사회주의 운동이 침체하고 전향이 늘어난 이유로는 무엇보
다 관헌의 탄압과 사상통제의 강화를 들 수 있다. 만주의 혁명 운동을 분석한
이정식은 만주에서 공산주의 운동이 성공하지 못한 이유로 "일본 경찰의 능
력"을 들고 "중국 공산주의자들의 경험 부족이나 졸속 행동에 일차적인 책임
을 지울 수는 없다"고 평가했다.[07] 만주가 이럴진대 일제의 치안력이 더 확고했
던 식민지 조선의 상황은 두말할 필요가 없었다.

　1937년 6월 김일성이 이끄는 동북항일연군의 함경남도 보천보 습격 사건
을 계기로 그해 10월부터 드러난 혜산 사건으로 무려 739명이 검거되고 188명
이 기소되었다.[08] 1938년에는 원산의 혁명적 노동조합 운동에 대한 대대적인
검거가 있었다. 같은 해 연희전문학교에서는 백남운, 이순탁 등 교원과 경제연
구회 학생들이 검거되었다. 관헌은 대학에서 이루어진 일상적인 사회과학 연
구와 교육을 인민전선 책동으로 몰아갔다.

05　「咸鏡南道元山府を中心とせる朝鮮民族解放統一戰線結成並支那事變後方攪亂事件の槪
　　要」,『思想彙報』21, 1939, 179쪽.

06　綠旗日本文化硏究所,『今日の朝鮮問題講座 (4) 朝鮮思想界槪觀』, 綠旗聯盟, 1939, 26쪽.

07　이정식 지음, 허원 옮김,『만주 혁명 운동과 통일전선』, 사계절, 1989, 97쪽.

08　조우찬,「1930년대 중반 한인민족해방동맹의 항일 투쟁의 특징과 역사적 재평가」,『동북아역
　　사논총』54, 2016.

1936년 12월부터 시행된 사상범보호관찰령은 식민지 조선에서 전향 정책의 본격화를 알렸다. 1928년 이래 치안유지법으로 검거된 사상범 가운데 기소유예, 집행유예, 가출옥, 만기석방 처분을 받은 이 6,383명(1936년 10월 현재)이 보호관찰 대상이었다.[09] 이들은 전국 7곳에 설치된 보호관찰소의 감시 아래 놓여 집요한 전향 공작에 시달렸다.

다음으로 사회주의자들의 일본의 군사력에 대한 인식과 소련의 정책에 대한 실망을 들 수 있다. 중일전쟁 발발 직후 사회주의자들은 일본의 중국 도발과 전시경제로의 전환을 일제의 경제적, 정치적 파멸 위기로 규정했다.[10] 총독부도 당시 상황을 "최근에 있어 공산주의 사건의 대부분이 일소 개전을 불가피한 사실로 보고, 일조 유사시에 후방 교란을 도모하여 패전적 역할에 힘써 조선의 독립과 공산화를 기도"하고 있다고 분석했다.[11]

그러나 중일전쟁에서 일본군은 연전연승을 거두며 중국을 장악해 나갔다. 특히 1938년 10월 일본이 우한과 광둥을 점령함으로써, 중국 국민당 정부는 대륙의 주요 부분을 잃고 산간 내륙으로 쫓겨 들어간 형국이 되었다. 중일전쟁은 새로운 국면에 들어섰고, 일본의 승리는 목전에 다가온 것으로 여겨졌다.

한편 사회주의자의 기대와 달리 소련은 직접적인 개입을 유보했다. 1935년 코민테른 제7회 대회는 반파시즘 인민전선론을 공식화했고, 1936년에는 프랑스와 스페인에서 각각 인민전선 정부가 수립되었다. 그러나 1930년대 후반 반파시즘 인민전선은 위기에 처했다. 1937년을 전후하여 소련에서는 이른바 대

09　法務局,「朝鮮に於ける思想犯保護觀察制度に就て」,『司法協會雜誌』15-10, 1936, 66쪽.

10　吳曙鳴,「目前ニ迫ツタ斗爭ニ對シ」,『勞働者新聞』22, 1938. 4. 17, 韓洪九·李在華 編,『韓國民族解放運動史資料叢書 5』, 京沅文化社, 328~330쪽; 우동수,「1920년대 말~30년대 한국 사회주의자들의 신국가 건설론에 관한 연구」,『한국사연구』72, 1991, 117쪽.

11　「思想犯罪の狀況」,『高等外事月報』1, 1939, 25쪽.

숙청이 벌어지면서 국내적으로도 국제적으로도 통일전선, 인민전선을 내걸 상황이 아니었다. 1936년 7월부터 인민전선 정부와 파시스트 반군 사이에 시작된 스페인내전은 1939년 4월 파시스트의 승리로 끝났다. 프랑스의 인민전선 정부는 1938년에 급진당과 공산당의 갈등으로 무너졌다.

1938년 10월 독일, 이탈리아, 영국, 프랑스 네 나라는 뮌헨협정을 체결했다. 영국과 프랑스는 반파시즘은커녕 독일이 오스트리아, 그리고 체코슬로바키아 일부 지역을 합병하는 것을 승인했다. 1939년 3월 모스크바에서 열린 소련공산당 제18회 대회는 대외정책의 기조로서 '전쟁 절대 회피' 방침을 세웠다.[12] 소련은 일본을 중국과의 전쟁에 묶어놓는 데 관심이 있을 뿐, 일본과의 전면적인 대립은 원치 않았다.[13]

독일은 뮌헨협정으로 얻은 영토에 만족하지 않고 1939년 9월 폴란드를 침공했다. 영국과 프랑스도 더는 참지 않고 즉시 독일에 선전포고함으로써 제2차 세계대전이 발발했다. 놀랍게도 1939년 8월에 독일과 불가침조약을 맺은 소련은 히틀러와 더불어 폴란드 분할에 나섰다. 나아가 소련은 1939년 9월 일본과 국경분쟁인 노몬한 전투에 대해 휴전협정을 맺음으로써 소·일 관계 개선을 꾀했다.

일제는 사회주의자의 일·소 개전에 대한 기대가 근거 없다고 선전했다. 일제는 김일성이 이끄는 항일유격대를 회유하려고 뿌린 삐라에 "최근 소련은 그 국가주의적 정책에 즉하야 상호 국내 질서 불간섭을 조건으로 하야 일본에 대하야는 그 위무(威武)에 경(傾)하야 착착 국교를 조정하고 양보를 하고 있는 현

12   「コミンテルンの解消と今後の見透」, 『思想彙報 續刊』, 1943, 114~115쪽.

13   鐸木昌之, 「滿州·朝鮮の革命的連繫—滿州抗日鬪爭と朝鮮解放後の革命·內戰」, 『近代日本と植民地 6』, 岩波書店, 1993, 34쪽.

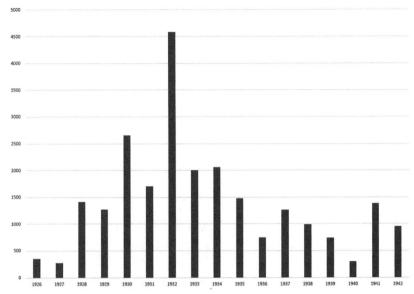

〈그림 3〉 치안유지법 위반자 수(검사국 수리 인원)
* 출처: 「自大正十五年至昭和十年間に於ける治安維持法違反事件年度別處分調」, 『思想彙報』8,
1936, 58쪽; 「全鮮思想事件年表」, 『思想彙報』10, 1937, 285~288쪽; 「全鮮思想事件年表」, 『思想彙
報』14, 1938, 263~266쪽; 「全鮮思想事件年表」, 『思想彙報』18, 1939, 203~206쪽; 「全鮮思想事件
年表」, 『思想彙報』22, 1940, 246~248쪽; 「最近に於ける治安維持法違反事件に關する調査」, 『思
想彙報』續刊, 1943, 15~25쪽.

실을 아는가 모르는가"[14]라고 적었다. 식민지 조선의 전향자 단체인 대동민우
회도 코민테른을 중심으로 한 국제 공산주의 운동이 소련의 외교 정책에 완전
히 종속되어 있음을 비판하고, 사회주의자들에게 소련에 대한 기대를 버릴 것
을 주장했다.[15]

중일전쟁 이후 일본의 군사력에 대한 인식과 소련의 정책에 대한 실망은

---

14 「金日成 等 反國家者에게 勸告文」, 『三千里』 13-1, 1941, 208쪽.

15 「人民戰線と國民戰線(新變革原理の概要)」·「大東民友會の結成竝其の活動概況」, 『思想彙
報』 13, 1937, 60~61쪽.

더욱 강화된 일제의 탄압과 맞물리면서 사회주의 운동의 침체를 낳았다. 〈그림 3〉은 치안유지법 위반으로 검사국에 수리된 인원이다. 1932년에 4,581명으로 정점을 찍은 뒤 점차 줄어 중일전쟁 발발 이후인 1940년에는 298명으로 가장 적은 숫자를 보였다. 이런 상황에서 사회주의자의 전향도 본격화한 것이다.

(2) 굴절된 민족혁명론

1938년 11월 치안유지법 위반으로 옥중에 있던 인정식은 「아등(我等)의 정치적 노선에 관해서 동지 제군에게 보내는 공개장」이라는 일종의 전향 선언을 발표했다.[16] 인정식의 글은 대중적인 종합잡지였던 『삼천리(三千里)』에 실렸다.[17] 1933년 6월 일본 공산주의자의 대량 전향을 이끌었던 사노 마나부와 나베야마 사다치카의 전향 선언 「공동 피고 동지에게 고하는 글」 발표를 방불케 하는 형식이었다.[18] 사노 마나부의 옥중 전향 소식은 『아사히신문(朝日新聞)』에서 크게 다루고 전향 선언은 잡지 『가이조(改造)』와 『분게슌주(文藝春秋)』 그해 7월호에 전문이 실렸다.

전향 선언의 전제는 무엇보다 중일전쟁에서 일본이 보여준 힘에 대한 인식이었다. 인정식은 "지나(支那)사변이 발발되어 이미 1년이 넘는 그동안은 일본제국을 경제상의 또는 정치상의 유일 절대의 맹주로 하는 동아의 재편성 과정"이 진행되었다고 보았다. 인정식은 이를 '동아의 대세'라고 부르면서 이는 "역전할 수는 절대로 불가능하다는 것이 객관적 정세를 냉정하게 판단할 줄

---

16 이 항목은 홍종욱, 『일제의 사상통제와 전향 정책』, 동북아역사재단, 2024의 해당 부분을 발췌 보완.

17 印貞植, 「我等의 政治的 路線에 關해서 同志諸君에게 보내는 公開狀」, 『三千里』 10-11, 1938.

18 「共産黨兩巨頭 佐野と鍋山 獄中で 轉向聲明」, 『東京朝日新聞』 1933. 6. 10.

아는 모든 지성의 일치되는 결론"이라고 강변했다.[19]

전향 논리의 두 축은 마르크스주의 농업 이론 비판과 내선일체를 통한 조선의 지위 향상에 대한 기대였다. 계급 문제와 민족 문제 해결은 식민지 사회주의자의 놓칠 수 없는 양대 과제였다. 인정식의 전향 선언에 드러난 농공병진과 자작농 창정을 통한 계급 문제 해결, 그리고 내선일체를 통한 민족 문제 해결에 대한 기대는, 식민지 사회주의 운동의 오랜 과제를 일본 정부의 힘을 빌려 풀어보겠다는 굴절된 민족혁명론이었다. 1933년 전향 선언을 발표한 뒤에도 한동안 반코민테른 천황제 사회주의를 주창했던 사노 마나부의 행적을 연상케 한다.

인정식의 전향 선언은 중일전쟁에서 일본이 보여준 힘에 굴복한 수준에 머물렀지만, 1939년에 들어서면 일본의 혁신 좌파가 쏟아낸 동아협동체론에 호응하는 형태로 인정식을 포함한 조선의 전향 좌파는 본격적인 전향 논리를 전개하게 된다.

중일전쟁 개전 이후 연전연승을 거두면서 일본 정부는 무력으로 중국 국민정부를 굴복시킨다는 방침을 견지했다. 그러나 국민정부는 1938년 10월 주요한 거점인 우한과 광둥을 잃은 뒤에도 항전 의지를 굽히지 않았다. 전선이 교착되자 일본 정부는 화평을 통한 전쟁 종결을 모색하게 된다. 여기서 나온 것이 1938년 11월 고노에 후미마로(近衛文麿) 수상이 발표한 '동아 신질서' 성명이었다. 중국의 민족주의를 인정하면서 일본, 만주국, 중국이 참여하는 일종의 연방국가를 만들자는 제안이었다.[20]

---

19 印貞植, 「我等의 政治的路線에 關해서 同志諸君에게 보내는 公開狀」, 50~51쪽.

20 도베 히데아키, 「중일전쟁기 조선 지식인의 동아협동체론」, 홍종욱 편, 『식민지 지식인의 근대 초극론』, 서울대학교 출판문화원, 2017.

동아 신질서 성명은 흔히 수상의 이름을 따 '고노에 제2차 성명'으로 불린
다. 1938년 1월 고노에는 중국 국민당 정부와 '상대하지 않겠다'는 내용의 제1
차 성명을 발표한 바 있고, 12월에는 동아 신질서 성명을 구체화한 '고노에 3원
칙'(선린우호, 공동방공, 경제제휴)을 담아 제3차 성명을 발표하였다.[21] 세 차례에 걸
친 '고노에 성명'의 전문은 「사변의 진로—제국 정부의 3성명」이라는 제목으로
조선총독부 법무국이 발행하는 『치형(治刑)』에 정리되었다.[22] 조선총독부 사법
당국도 일본 정부의 동아 신질서 구상에 촉각을 곤두세우고 있었다.

동아 신질서 성명은 혁신 좌파의 제국 재편 구상인 동아협동체론을 일본
정부의 방침으로 채택한 것이었다. 동아협동체론은 중국의 민족주의에 대한
재인식과 더불어 일본 국내적으로는 반자본주의 혁신 정책을 표방했다.[23] 동아
신질서 구상을 이론적으로 기초한 오자키 호쓰미(尾崎秀實)는 처음부터 '국내
자본주의 진영'과 '강력한 마찰'이 있을 것으로 예상했다.[24] 고노에 수상의 싱크
탱크 '쇼와(昭和)연구회'에 참여한 미키 기요시(三木淸)는 "국내에서 혁신과 동아
협동체 건설은 불가분의 관계"에 있다면서,[25] "일본 자신도 이번 전쟁을 계기로
자본주의 경제의 영리주의를 초월한 새로운 제도로 나아갈 것이 요구"된다고
주장하였다.[26]

---

21 문명기, 「中日戰爭 初期(1937~1939) 汪精衛派의 和平運動과 그 性格」, 서울대 동양사학과 석
사학위논문, 1998, 26~54쪽.

22 「事變の進路—帝國政府の三聲明」, 『治刑』 17-3, 1939, 9~11쪽.

23 尾崎秀實, 「동아협동체의 이념과 그 성립의 객관적 기초」(1939), 최원식·백영서 편, 『동아시
아인의 '동양' 인식—19~20세기』, 문학과 지성사, 1997, 40쪽.

24 위의 글, 47쪽.

25 三木淸, 「東亞思想の根據」(1938), 『三木淸全集』 15, 岩波書店, 1985, 325쪽; 함동주, 「中日戰爭
과 미키 키요시(三木淸)의 東亞協同體論」, 『東洋史學硏究』 56, 1996, 173쪽.

26 三木淸, 「신일본의 사상 원리」(1939), 최원식·백영서 편, 『동아시아인의 '동양' 인식—19~20

다만 중국 국민정부를 이끈 장제스(蔣介石)는 동아 신질서 구상에 대해 즉시 거부의 뜻을 밝혔다. 장제스는 과거 일본이 '일한 불가분' 등의 말로 한국인을 현혹하여 한국을 '병탄'한 사실을 들며 동아협동체란 '중일합병'에 지나지 않는다고 일축했다.[27] 그러나 동아 신질서 성명과 동아협동체론은 일본 정부와 혁신 좌파의 의도를 넘어 식민지 조선에서 큰 반향을 일으켰다. 장제스의 비판에서 보이듯 식민지 조선의 지위에 변동이 없는 한 동아 신질서는 공문구가 될 수밖에 없다는 점을 노린 듯한 반응이었다.

잡지 『삼천리』는 발 빠르게 1939년 1월에 「동아협동체와 조선」 특집을 꾸렸다. 특집에는 김명식의 「건설의식과 대륙 진출」, 인정식의 「동아의 재편성과 조선인」, 차재정의 「동아 신질서와 혁신」 등 세 편의 글이 실렸다. 저명한 사회주의자인 세 사람은 모두 동아협동체론에 대한 기대를 밝히고 새롭게 조선의 운명을 개척하자고 주장했는데, 그 논리는 대략 두 가지로 정리할 수 있다.

첫째, 일본 정부의 반자본주의적 혁신 정책에 호응하는 통제경제론이었다. 김명식은 신건설의 원리로서 '데모크라시', '콜렉티브', '휴머니즘'을 들었는데, 경제 원리로서는 콜렉티비즘(collectivism), 즉 사회주의와 친화적인 집산주의를 제시했다.[28] 인정식과 차재정은 『삼천리』 같은 호에 실린 좌담회에서 혁신 정책에 대한 기대를 밝혔다. 인정식은 "혁신주의의 특징은 반공산임과 동시에 반자본적입니다"라고 설명했다. 차재정 역시 "혁신주의란 것은 반공산인 동시에 반자본적"이며 "일체의 자본가적 착취와 이윤을 위한 혹사와 또 식민지적 착

세기』, 54쪽.

27 「蔣介石の近衛聲明反駁の記念週演說」, 『極祕 抗日政權の東亞新秩序批判(飜譯)』, 東亞研究所, 1941, 14쪽.

28 金明植, 「建設意識과 大陸進出」, 『三千里』 11-1, 1939, 홍종욱 편, 『식민지 지식인의 근대 초극론』, 74쪽.

취와 내지 압박을 반대"한다고 밝혔다.[29]

둘째, 동아협동체론에 기대어 민족 문제를 해결하려는 민족협화론이었다. 김명식은 조선인도 '신동아협동체의 건설'에 적극적으로 참가하여 '신운명의 제일보를 개척'하자고 주장했다.[30] 인정식은 "동아협동체의 완성을 전제로 하고서만 금후의 민족적 운명을 논하지 않으면 안 되게 되었다"고 보고, 내선일체에 의하여 "내지의 모든 정치 제도—보통선거제, 부현제, 의무교육제 등이 내지와 동일한 정도로 조선에도 확대 연장되어야 할 것"이라고 주장했다.[31] 차재정은 "동아 신질서 내에 포괄되는 제민족 사회는 그 자주적 이익이 존중되고 개성, 전통, 문화가 한 가지 존중되어야 할 것"이라고 밝혔다.[32] 세 사람 모두 조선이 동아 신질서, 동아협동체에 참여함으로써 그 지위가 향상될 것으로 기대했다.

식민지 사회주의자의 전향 논리 속에서 일본의 혁신 정책에 대한 기대, 즉 통제경제론과 '진정한' 내선일체에 대한 기대, 즉 민족협화론은 동전의 양면처럼 붙어 있었다. 인정식은 "혁신 세력은 반자본적이고 또 반착취적이기 때문에 이 혁신 세력의 대두의 필연성에 있어서 내선일체의 필연성을 보는 것"이라며, 이를 통해서 "식민지로서의 조선을 완전히 지양하고 조선 민족과 야마토(大和) 민족을 합하야 한 개의 보다 고급의 개념을 가진 신일본 민족에로 통일"할 수

---

29 「時局有志圓卓會議」, 『三千里』 11-1, 1939, 40·46쪽.

30 金明植, 「建設意識과 大陸進出」, 70~71쪽.

31 印貞植, 「東亞의 再編成과 朝鮮人」, 『三千里』 11-1, 1939, 홍종욱 편, 『식민지 지식인의 근대 초극론』, 84·99쪽.

32 車載貞, 「東亞新秩序와 革新」, 『三千里』 11-1, 1939, 홍종욱 편, 『식민지 지식인의 근대 초극론』, 106쪽.

가 있다고 보았다.[33]

중일전쟁기 미디어에 드러난 한국인 사회주의자의 전향 논리인 통제경제론과 민족협화론은 일본 정부의 동아 신질서 구상, 혁신 좌파의 동아협동체론을 끌어옴으로써 나름의 논리를 갖출 수 있었다. 사법 당국의 집요한 전향 정책의 압박 속에, 통제경제론과 민족협화론이 지닌 굴절된 민족혁명론이라는 성격이 일종의 논리적, 심리적 탈출구로 기능함으로써 사회주의자의 대량 전향이 일어났다고 판단된다.

(3) 협화적 내선일체론 대 철저일체론

조선인 전향자 사이에는 내선일체의 내용과 방향을 둘러싼 논쟁이 벌어졌다.[34] 아나키스트였다가 적극적 친일로 돌아선 현영섭은 내선일체 인식을 '협화적 내선일체'와 '철저일체'로 나누고 전자를 비판했다. 그는 "조선의 진로는 절대로 일선연방도 아니며 내선연맹도 아니며 다만 내선일체의 길밖에는 없을 것"이라고 밝혔다.[35] 또한 전향한 사회주의자들을 참된 내선일체론자가 아닌 '과학적 위장'을 한 '경제주의적 내선일체론자'로 규정하고, 내선일체는 '경제운동'이기에 앞서 '정신운동'이어야 한다고 주장했다.[36]

전향 사회주의자들은 반비판을 가했다. 인정식은 "내선일체라 하면 곧 조선어의 폐지, 조선 의복의 금용 등을 의미하는 것으로 생각하는 도배야말로 가

---

33 「時局有志圓卓會議」, 40~41쪽.

34 이 항목은 洪宗郁, 『戰時期朝鮮の転向者たち―帝国/植民地の統合と龜裂』, 有志舍, 2011의 해당 부분을 발췌 보완.

35 玄永燮, 「'內鮮一體'와 朝鮮人의 個性問題」, 『三千里』 12-3, 1940, 홍종욱 편, 『식민지 지식인의 근대 초극론』, 211·216쪽.

36 玄永燮, 「內鮮一體論에 於ける科學的僞裝에 就いて」, 『太陽』 1-2, 1940, 35쪽.

이없는 인간들"[37]이라고 비판하고, 현영섭의 논리를 '소아병적 이론'이라고 몰아붙였다.[38] 김명식도 "'팔굉일우(八紘一宇)'라는 말은 서전(書傳)의 '협화만방(協和萬邦)'이라는 말과 같은 뜻이오, 또 '협화만방'이라는 말은 무분별한 개화주의와 근본적으로 다른 것"이라고 비판했다.[39]

전향 사회주의자들은 내선일체의 계기를 '경제'가 아닌 '정신'에서 찾아야 한다는 주장도 비판했다. 김명식은 내선일체를 '인적, 물적 요소를 보장'과 같은 현실적인 문제로 파악하고 '추상적 관념'이 아닌 '실제 정세와 사리의 본령을 구명(究明)'하는 길이 '시세에 편승함을 꾀'하는 길이라고 보았다.[40] 인정식은 일선동조론적 발상을 비판하고 내선일체의 계기는 "사실(史實)에서가 아니라 현실(現實)에서, 과거에서가 아니라 현재에서 파악되어야" 한다고 주장하였다.[41]

조선공산당원 출신으로 전향자 단체인 시국대응전선사상보국연맹 상임간사였던 김한경(金漢卿) 역시 당시 내선일체 운동의 '방법론'을 '민족동화론'과 '민족협동론'으로 나눈 뒤 "'일체하면 동화를 의미한다'는 조급한 상식적 판단을 떠나서 현실의 실재 조건을 구체적으로 포착"[42]해야 한다고 밝혔다. 한편 녹기연맹은 내선일체에 대한 조선인의 태도를 크게 '평행 제휴론'과 '동화 일체

---

37 「時局 有志圓卓會議」, 41쪽.

38 印貞植,「內鮮一體의 文化的 理念」,『人文評論』2-1, 1940, 홍종욱 편,『식민지 지식인의 근대 초극론』, 205쪽.

39 金明植,「'氏制度'創設과 鮮滿一如」,『三千里』12-3, 1940, 홍종욱 편,『식민지 지식인의 근대 초극론』, 225쪽.

40 金明植,「內鮮一體의 具體的 實現過程」,『鑛業朝鮮』5-1, 1940, 홍종욱 편,『식민지 지식인의 근대 초극론』, 193~194쪽.

41 印貞植,「內鮮一體의 文化的 理念」, 205~206쪽.

42 金漢卿,「共同運命에의 結合과 還元論」,『三千里』12-3, 1940, 51쪽.

론'으로 나누어 설명하고 거꾸로 '평행 제휴론'을 비판했다.[43]

한국인의 내선일체 인식에는 두 가지 방향이 있었다. 한 방향이 협화적 내선일체론, 민족협동론 혹은 평행 제휴론이었다면, 또 하나의 방향은 철저일체론, 민족동화론, 혹은 동화 일체론이었다. 현영섭은 "반도 지식계급의 대부분이 협화적 내선일체론자"[44]라고 개탄했다. 녹기연맹도 "일찍이 마르크스주의, 민족주의를 지지했던 지식층"에서 '평행 제휴론'에 '많은 지지자'가 있다고 평가했다.[45] 민족협화론과 통제경제론을 내용으로 하는 '굴절된 민족혁명론'이 한국인 전향자 대부분의 생각이었음을 알 수 있다. 김한경은 "양개의 주장은 내선일체라는 국부적 문제에만 한정된 것이 아니오, 오늘날 제국이 당면한 내외의 제문제에 대하야 전면적으로 그 시각을 달리하는 바"[46]라고 평가했다.

일본 정부가 동아 신질서 구상을 내놓으면서 동아협동체론과 더불어 동아연맹론도 크게 유행했다. 동아연맹론은 일본군 장교였던 이시하라 간지(石原莞爾)가 제창한 것으로 '정치의 독립, 국방의 공동, 경제의 일체화'라는 3대 원칙을 내걸었다. 동아협동체론이 동아 신질서 구상을 뒷받침하는 논리로서 일본 정부에 의해 장려된 반면, 동아연맹론은 '정치의 독립'이라는 주장 때문에 조선에서는 위험 사상으로서 당국의 경계 대상이었다.

다만 조선에서도 동아연맹론에 공명하여 '조선 동아연맹 본부'를 만들어 활동한 이들이 확인된다. 당시 대표적 친일 잡지였던 『동양지광(東洋之光)』의 사장 박희도(朴熙道)가 대표를 맡았던 조선 동아연맹 본부에는 장덕수, 나경석, 강

---

43 津田剛, 『今日の朝鮮問題講座(1) 内鮮一體論の基本理念』, 綠旗聯盟, 1939, 35~40쪽.

44 玄永燮, 「'内鮮一體'와 朝鮮人의 個性問題」, 211쪽.

45 津田剛, 『今日の朝鮮問題講座(1) 内鮮一體論の基本理念』, 36~37쪽.

46 金漢卿, 「共同運命에의 結合과 還元論」, 49쪽.

영석, 김용제, 유진희 등 한국인 맹원과 일본인 맹원들이 참여했다. 박희도, 장덕수, 나경석은 1920년대 이래 민족운동과 사회운동의 거물이었다. 강영석, 유진희는 조선공산당원 출신이었고, 김용제는 유명한 프롤레타리아 시인이었다.[47]

이런 상황에서 현영섭은 "조선의 지식계급 중에는 이 동아연맹에 찬성하여 노력하는 이도 있는 모양"이라면서, "나는 동아연맹의 결성, 일만지(日滿支) 삼국의 연맹에는 대찬성이요 그 결성에 간접으로나 원조하라고 하지만 연맹론을 조선에 적용하여 일선협화, 일선융화를 생각하는 것은 반동에 불과하다고 믿는 바"라고 밝혔다.[48]

사회주의자로서 신간회에도 참여했던 박문희가 동아연맹 건설 강령에 기초하여 조선 내에 합법적인 '민족단일당'을 조직하고 이시하라를 통해 민족혁명당의 김원봉을 귀국시켜 지도자로 삼으려다 적발된 사건도 있었다. 김원봉의 처 박차정의 오빠인 박문희는 1940년 6월부터 김원봉과 교섭을 위해 여러 차례 서신 연락을 취하기도 했는데, 이 사건으로 1940년 12월에 다수 체포자가 발생했다.[49] 동아연맹은 일본주의자의 조직이고 이에 관계한 한국인은 친일파로 비판되지만, 구체적인 현실은 저항과 타협이 뒤얽혀 훨씬 복잡했다.

47   松田利彦, 『東亜連盟運動と朝鮮·朝鮮人—日中戦争期における植民地帝国日本の断面』, 有志舍, 2015, 75~76쪽.

48   玄永燮, 「東亞聯盟論의 擡頭와 內鮮一體運動과의 關聯」, 『朝光』 6-7, 1940, 215쪽.

49   朝鮮總督府警務局, 「昭和十六年十二月 第七十九回帝國議會說明資料」, 民族問題研究所 編, 『帝國議會說明資料 14』, 韓國學術情報, 2000, 265~267쪽; 변은진, 『파시즘적 근대 체험과 조선 민중의 현실 인식』, 선인, 2013, 207쪽.

2) 박헌영과 경성콤그룹

(1) 전향의 시대를 거스른 공산주의 비밀결사

1936년 10월 이재유가 검거됨으로써 이재유그룹의 조선공산당 재건운동은 멈춰 섰다. 이듬해 1937년 중일전쟁이 시작되었고 일제는 감시와 탄압을 강화했다. 일제는 더 이상의 공산주의 운동은 없다고 자신했고, 희망을 잃은 사회주의자의 전향이 속출했다. 그러나 또 다른 운동을 모색하는 공산주의자들이 있었다. 이재유그룹에서 활동하다 검거를 피한 이관술은 역시 이재유그룹에서 활동하다 검거되어 형기를 마치고 나온 김삼룡(金三龍)과 만났다. 두 사람은 1938년에 '경성공산주의그룹'을 결성하고 '공장 세포'와 '가두 세포'를 조직했다.[50]

경성공산주의그룹은 박헌영을 지도자로 맞아들이면서 조직과 활동을 확대했다. 박헌영은 1933년에 상하이에서 조선공산당 재건운동을 벌이다 검거된 후, 치안유지법 위반으로 6년 형을 선고받고 1939년 9월에 만기 출옥했다. 박헌영은 감옥에서 알게 된 이현상(李鉉相)을 통해 김삼룡과 이관술을 만났다.[51] 후일 이관술은 사상범예방구금령이 시행되면 제일 먼저 체포될 것으로 생각한 박헌영이 다시 지하로 잠복했다고 진술했다.[52] 박헌영이 합류한 후 조직 이름은 '경성콤그룹'으로, 기관지 제목은 『공산주의자』에서 『꼼뮤니스트』로 각각 바뀌었다. 『꼼뮤니스트』는 박헌영이 참가했던 1929년에 결성된 코민테른 동양비서부 조선위원회의 기관지였다.[53] 국제노선을 상징하는 명명이었다. 아래는

---

50 최규진, 『조선공산당 재건운동』, 독립기념관 한국독립운동사연구소, 2009, 223쪽.

51 임경석, 「박헌영 연보」, 이정 박헌영 전집 편집위원회, 『이정 박헌영 전집 9』, 역사비평사, 2004, 220쪽.

52 「이관술 피고인 신문조서(제7회)」, 『이정 박헌영 전집 4』, 118쪽.

53 임경석, 「박헌영 연보」, 223쪽.

경성콤그룹의 조직과 조직원을 정리한 것이다.[54]

지도자	박헌영
조직부	김삼룡 장규경
기관지부	박헌영
기관지 출판부	이관술 김순룡
인민전선부	김태준 정태식 이현상
노동부	김삼룡
가두부	이남래 김한성 이종갑
학생부	조재옥 김순원 김영준 등
일본유학생부	김덕연 고우도

금속노조 책	김재병 김동철(용산공작소, 길전공작소, 경성서비스)
섬유노조 책	김웅빈 이주상(대창직물회사, 경방)
전기노조 책	조중심(전기회사)
출판노조 책	이복기 이인동(대총인쇄소, 조선인쇄주식회사, 각 신문사 공장)

함남 책	김섬
함북 책	장순명
마산 책	권우성
대구 책	정재철
부산 책	이기호

---

54 장복성, 『조선공산당파쟁사』(1949), 돌베개, 1984, 37~38쪽.

경성콤그룹은 박헌영을 지도자로 하여 김삼룡이 조직을 맡고 이관술이 기관지 출판을 담당하는 체제였다. 인민전선부를 두었고 학생 조직을 중시했다. 주력 부대인 노동 관련은 서울의 노동조합을 금속, 섬유, 전기, 출판으로 나누어 조직했다. 경상도와 함경도에 지방 조직도 갖추었다. 경성콤그룹에는 이재유그룹의 핵심이었던 이관술, 이현상, 이순금, 김삼룡 외에 상해파의 김복기, 이인동, 서중석, 화요파의 박헌영, 권오직, 장순명 등이 참가했다. 경성콤그룹은 '국내 운동자의 최후의 결산적 집결체'로서 해방 이후 '국내파의 핵심체이며 조선공산당의 기본 핵심'[55]이 되었다.

1940년 6월에 이관술은 함경도로 파견된다. 얼굴이 알려져 활동이 어려운 서울을 벗어나 지방에서 운동을 이어가려는 의도도 있었지만, 경성콤그룹을 대표하여 코민테른과 연락을 취하려는 목적이 컸다.[56] 같은 해 10월 박헌영은 비단 위에 타자기로 작성한 영문 위임장에 러시아어로 서명하여 이관술에게 건넸다. 다만 이관술은 소련 입국에 실패했고 위임장은 1941년 1월 검거된 후 관헌이 압수했다.[57]

인민전선부에서 활동한 김태준 관련 기록을 통해 당시 사회 분위기와 경성콤그룹의 활동 모습을 살펴보자. 조선 문학사 연구자로서 경성제대 강사인 김태준(金台俊)은 1940년 5월에 권우성(權又成)을 통해 경성콤그룹과 연락이 닿아 이현상을 거쳐 박헌영까지 만나게 된다. 김태준은 체포된 후 관헌의 조사에서, 경성콤그룹의 존재를 처음 알게 되었을 때 "국민 총력 운동이 부르짖어지

---

55   위의 책, 38~39쪽.

56   「이관술 피고인 신문조서(제7회)」, 『이정 박헌영 전집 4』, 123쪽.

57   임경석, 「박헌영 연보」, 223쪽; 「이관술 피고인 신문조서(제7회)」, 『이정 박헌영 전집 4』, 128쪽.

고 있는 시국하에서 공산주의 비밀단체가 조직되어 있는 것에 놀랐다"고 진술했다.[58] 또한 해방 이후 전시 체제기 상황을 돌아보며 "모든 민중은 운명을 저주하고 정감록만 찾고 있고 옛날의 용감한 투사들까지도 대부분은 놈들에게 구금되었거나 운동을 정지하고 어쩔 줄 모르고 있었다"고 적었다.[59]

1940년 8월에 김태준을 처음으로 만난 박헌영은 "이현상으로부터 귀하가 조선 문학사 연구를 하고 있다는 것을 들었다"면서, "그 연구는 사회경제사적 유물사관적 입장에서 해야 한다"고 말했다. 이후 9월부터 11월까지 매달 한 차례 정도 박헌영은 김태준의 방에 머물렀다.[60] 당시 김태준 아들의 재동소학교(현 재동초등학교) 담임이었던 송남헌(宋南憲)에 따르면, 원서동 김태준 집에 가면 "어떤 작달막한 사람이 내게는 등을 보이며 벽을 보고 옆으로 누워서 우리들이 하는 이야기를 듣고" 있었다고 한다. 김태준은 "전라도에서 올라온 붓장수"라고 둘러댔는데 나중에야 그가 박헌영인 걸 알았다고 한다.[61]

경성콤그룹이 주로 활동했던 1939~40년에는 1938년에 벌어진 연희전문 적화 사건, 원산그룹 사건 등의 여파 속에서 관헌의 감시와 탄압이 어느 때보다 극심했다. 또한 내선일체론, 동아협동체론 등이 쏟아져 나오면서 전향자가 속출하는 상황이었다. 박헌영은 김태준에게 "정치운동은 학교 나온 것이 소용없으며, 결국 사노 마나부처럼 되므로 정태식(鄭泰植)을 가까이하지 않는 것이 좋

---

58 「김태준 피의자 신문조서」(1941. 4. 2), 『訊問調書五(李觀述外十五名治安維持法違反)』, 1942, 1237~1238쪽(국회도서관 원문 제공).

59 김태준, 「연안행」, 『문학』 1, 1946, 188쪽; 金容稷, 『金台俊評傳—知性과 歷史的 狀況』, 일지사, 2007, 283쪽.

60 「김태준 피고인 신문조서(제2회)」, 『이정 박헌영 전집 4』, 135~136쪽.

61 우사 연구회 엮음, 심지연 지음, 『송남헌 회고록—김규식과 함께한 길』, 한울, 2000, 30쪽.

겠다"고 말했다.[62] 박헌영은 경성제대 출신 정태식이 전향한 것이 아닐까 의심한 듯하다. 마산 지역 책임자였던 권우성은 "실형(實兄)의 권유에 의해 조선시국대응사상보국연맹 마산분회에 가입하고 그 간사에 본의 아니게 뽑혔다"고 박헌영에게 보고했다가, "형식적 전향의 반동성을 인식하고 있지 않은가"[63]라고 질책을 받았다.

경성콤그룹 기관지에 실린 「전향의 정체」라는 글에서는 전향을 적극적 전향과 소극적 전향으로 나누었다. 적극적 전향은 "반동전선의 선두에 서서 반동적 역할"을 하는 것인데 김한경이나 인정식에서 보는 바와 같다고 설명했다. 소극적 전향은 "공산주의를 시인하고 역사적 필연성을 인정"하지만 이를 "입 밖에 내지 않고 실행을 피하는 것"으로 전향자 대부분이 이에 속한다고 보았다.[64] 1940년 겨울에서 1941년으로 이어진 검거로 경성콤그룹은 붕괴했다. 박헌영은 광주에 몸을 숨긴 채 해방을 기다렸다.

(2) 흔들리는 반파시즘 인민전선

1939년 8월에 독소 불가침조약이 체결된 사실은 식민지 조선의 신문에도 대대적으로 보도되었다. 동아일보는 "빙탄(氷炭)이 상합(相合)하는 독소 불가침조약이 성립"함으로써 영국, 프랑스의 소련과 군사 협력 모색은 모두 "김빠진

---

62 「김태준 피고인 신문조서(제3회)」, 『이정 박헌영 전집 4』, 139쪽.

63 「권우성 피의자 신문조서(제2회)」(1941. 3. 28), 『訊問調書五(李觀述外十五名治安維持法違反)』, 1942, 1095~1096쪽(국회도서관 원문 제공).

64 「이관술 피의자 신문조서(제14회)」(1941. 6. 6), 『治安維持法違反: 李觀述外十五名ノ訊問調書』, 1941, 3542~3543쪽(국회도서관 원문 제공).

맥주 이상으로 사해(死骸)"가 되었고,[65] 지구상에는 "춘추전국시대"[66]가 도래했다고 보았다. 실제로 코민테른은 1939년 9월 독일의 폴란드 침공으로 시작된 제2차 세계대전을 파시즘의 침략 전쟁이 아닌 제국주의 사이의 전쟁이라고 규정했다. 반파시즘 인민전선 전술은 유보된 셈이었다.[67]

경성콤그룹의 본격적인 활동은 이러한 국제 정세 속에서 시작되었다. 1939년 8월 경성콤그룹의 박헌영은 "유럽 전국(戰局)과 일지(日支)사변의 결과로 자본주의 국가군은 함께 무너지"게 됨으로써 세계 혁명에 유리하게 작용하리라고 낙관하였다.[68] 제2차 세계대전을 반파시즘 전쟁이 아닌 제국주의 전쟁으로 본 점은 당시 코민테른과 다르지 않았다.

경성콤그룹 내부에서는 소련의 국내외 정책에 대한 의문이 제기되었다. 김태준은 "의문을 품고 있던 민족주의 문제나, 국제 노선의 의미, 소련에서 조선인의 중앙아시아 이주 문제, 소련의 폴란드, 베사라비아(루마니아의 일부—인용자) 합병 문제" 등을 박헌영에게 질문했다.

박헌영은 소련의 민족 문제에 대해서는 "각 민족이 교육 정치 등에서 평등한 시설을 가지고 있고 각 민족이 협력하여 소련을 형성하고 있다"고 답했다. 국제 노선에 대해서는 코민테른에서 파견된 사람의 지도를 의미한다고 답했다. 조선인의 중앙아시아 이주는 "국제적 견지에서 불량분자를 이주시킨 것"

---

65 「橫說竪說」, 『동아일보』 1939. 8. 24.

66 「橫說竪說」, 『동아일보』 1939. 8. 29.

67 이애숙, 「반파시즘 인민전선론—일제 말기 경성콤그룹을 중심으로」, 방기중 편, 『일제하 지식인의 파시즘 체제 인식과 대응』, 혜안, 2005, 368쪽.

68 「昭和十七年 豫三四號 德山仁義 外五三人豫審決定終結書」(1943. 10. 25), 한국역사연구회 편, 『일제하사회운동사자료총서 9』, 고려서림, 1999, 423쪽; 이애숙, 「반파시즘 인민전선론」, 366쪽.

이라고 답했다. 소련의 폴란드, 베사라비아 합병은 "제국주의적인 합병은 아니고 공산주의적인 것이며 한 걸음씩 세계혁명을 진행해가는 것"이라고 설명했다. 소련의 대숙청에 대해서는 스탈린에 반대하는 '백계파'의 파괴 공작을 탄압한 것이라고 설명했다.[69]

또한 "소련이 백색 제국주의를 매도하면서 폴란드를 병탄하고 핀란드까지도 어찌해서 정복한 것이냐"는 김태준의 질문을 받은 박헌영은 "조선에 있어 구일(舊日)의 좌익분자가 동일하게 품고 있는" 의문이라고 말했다.[70] 김태준의 질문은 모두 당시 언론을 통해 유포되던 반공, 반소 선전의 내용이었다. 박헌영의 반응을 볼 때 조선인 사회주의자 사이에 소련 정책의 정당성에 대한 의심이 널리 퍼져 있었음을 알 수 있다. 권우성도 박헌영을 만난 자리에서 "프랑스 인민전선의 패배는 소련의 숙청 공작에 의해 프랑스 민중의 공산당에 대한 신뢰가 약해"졌기 때문이라며 "소련의 세계혁명 정책이 항상 성공한다고는 생각하지 않는다"고 말했다.[71]

경성콤그룹은 어떤 혁명론과 인민전선론을 지녔을까. 박헌영은 "조선의 농민은 봉건적 색채가 농후해서 금방 공산주의혁명을 일으킬 수 없는 상황이므로 우선 부르주아민주주의혁명 즉 토지혁명"을 일으킬 것을 주장했다.[72] 경성콤그룹이 중시한 「조선공산당 행동강령」(1934)은 '민족혁명 전선의 전면적 결성'을 주장하면서도 "소비에트 형식으로 프롤레타리아트와 농민의 혁명적 민

---

69 「김태준 피고인 신문조서(제2회)」, 『이정 박헌영 전집 4』, 137쪽.

70 「김태준 피의자 신문조서」(1941. 4. 2), 『訊問調書五(李觀述外十五名治安維持法違反)』, 1942, 1264~1265쪽(국회도서관 원문 제공).

71 「권우성 피의자 신문조서(제3회)」(1941. 3. 30), 『訊問調書五(李觀述外十五名治安維持法違反)』, 1942(국회도서관 원문 제공), 1109~1110쪽.

72 「이관술 피고인 신문조서(제11회)」, 『이정 박헌영 전집 4』, 127쪽.

주주의적 독재를 수립"[73]할 것을 지향했다.

박헌영과 경성콤그룹은 1928년 코민테른 제6회 대회와 12월 테제에서 천명된 부르주아민주주의혁명을 통한 소비에트 수립이라는 방침을 고수했다. 다만 동시에 박헌영은 "인민전선 전술은 1935년 제7회 코민테른 대회에서 결정되었다"며 이를 종래의 아래로부터의 통일전선을 고집하지 말고 "파쇼와 제국주의 전쟁이 절박해진 정세에 대응하여 사회민주주의, 개량주의를 불문하고 반파쇼 반전적 그룹과 반파쇼 반전적인 동일 목적을 내걸고 위로부터 통일전선을 만들어도 좋다"는 뜻으로 이해했다. 이어 "조선혁명에서 반봉건적, 반파쇼적, 반제적 통일전선" 역시 마찬가지라며 "기독교, 천도교 속에 반제적, 반전적 색채가 있을 경우 위로부터의 통일전선에 주저할 필요는 없다"고 밝혔다.[74] 또한 "조선에 의회가 없으므로 인민전선 전술을 쓸 수 없다는 함남 모 그룹의 주장은 완전히 틀렸다"고 덧붙였다.[75]

이관술은 "어떻게 조선 공산화의 목적을 달성하는가"라는 예심판사의 질문에 "12월 테제, 쿠시넨 의견서에 있는 것 정도인데 조선 독립, 토지혁명, 인민정부의 수립, 대기업의 국가관리 등 추상적인 것뿐"이라고 답했다. 소비에트 수립을 내건 '12월 테제'와 '인민정부 수립'이라는 이질적인 내용이 섞여 있다. 이어지는 "구체적인 것은 조선공산당에서 하나하나 결정해야 할 문제"라는 구절이야말로 이관술, 그리고 경성콤그룹의 혁명론이자 인민전선론의 핵심을

---

73 「조선공산당 행동강령」(1934), 이반송·김정명 지음, 한대희 편역, 『식민지시대 사회운동』, 한울림, 1986, 339·352쪽.

74 「이관술 피의자 신문조서(제18회)」(1941. 6. 14), 『治安維持法違反: 李觀述外十五名ノ訊問調書』, 1941, 3773~3776쪽(국회도서관 원문 제공); 이애숙, 「반파시즘 인민전선론」, 384~385쪽.

75 「이관술 피의자 신문조서(제26회)」(1941. 7. 17), 『訊問調書(李觀述外十五名: 治安維持法違反)十三』, 1941, 4546~4547쪽(국회도서관 원문 제공); 이애숙, 「반파시즘 인민전선론」, 386쪽.

담고 있었다고 생각된다.[76]

경성콤그룹은 인민전선부를 두었다. 이관술은 인민전선 운동이 "주로 도시 소시민 즉 교원, 회사·은행 등의 샐러리맨을 중심으로 전개"된다고 설명했다.[77] 인민전선부에 김태준, 정태식, 이현상 등 지식인이 배치된 이유일 것이다. 김태준과 경성콤그룹 인민전선 운동의 중요한 사례로서는 박헌영과 신명균(申明均)의 만남을 들 수 있다. 동덕여학교 교원이자 조선어학회 핵심 회원인 신명균은 김태준의 소개로 박헌영을 만나 의견을 나눴다. 신명균은 김태준에게 "조선은 원래 독립을 하지 않으면 불가하므로 물론 민족운동이 원칙이기는 하지만 금일 주변(四圍)의 사정 때문에 추측하건대 공산주의 운동도 적절하다"고 말했다.[78]

인민전선 운동, 민족통일전선 운동은 민족감정, 민족주의와 깊게 연동했다. 경성콤그룹은 일반적인 통제경제의 강제성과 더불어 "조선어에 대한 모욕적 제압, 소위 창씨 제도"에 대해, 조선의 노동자, 농민, 소부르주아지는 물론 "부르주아지 귀족계급까지도 상당한 불평"을 가졌다는 데 주목했다.[79] 경찰은 "이관술 등의 공술을 종합"하여 경성콤그룹 사건의 '특이성'을 정리했는데 그 가운데 '민족 공산주의의 합체'라는 항목이 포함되었다. 그 내용은 "공산사회 실현 과정에서는 시국의 전변을 교묘하게 이용하여 민족적 지도 교양을 시도하

---

76 「이관술 피고인 신문조서(제13회)」, 『이정 박헌영 전집 4』, 132쪽.

77 「김순룡 피의자 신문조서(제2회)」(1941. 10. 25), 『경성지방법원 형사사건 기록. 801』, 1548~1549쪽(국사편찬위원회 원문 제공); 이애숙, 「반파시즘 인민전선론」, 388쪽.

78 「김태준 피의자 신문조서(제1회)」(1941. 12. 14), 『경성지방법원 형사사건 기록. 1095』, 690쪽 (국사편찬위원회 원문 제공); 이애숙, 「반파시즘 인민전선론」, 387쪽.

79 「이관술 피고인 신문조서(제5회)」(1942. 9. 22), 『경성지방법원 형사사건 기록. 1097』, 8999쪽 (국사편찬위원회 원문 제공); 이애숙, 「반파시즘 인민전선론」, 375~376쪽.

면 절호의 기회가 된다며, 사변에 의한 물자 부족, 생활 곤란, 공부과금(公賦課金)의 증강 등을 잡아 의식적으로 대중을 민족주의적으로 교양함으로써 공산주의 사회 실현을 선망토록 노력하여 종래의 민족제일주의를 고쳐 공산주의에 종속되는 것으로 한 데에 특징을 가진다"는 것이었다.[80]

그러나 식민지 조선의 상황은 너무나 엄혹했다. 박헌영은 "동지 획득에 대해서는 인민전선 운동의 전개를 도모해야 한다"[81]는 입장이었지만, 동시에 "동지라고 칭하는 사람 가운데는 스파이적 인물이나 또 파벌적인 분자도 있으므로 동지 획득에 대해서는 충분히 주의해야 한다"고 신중할 수밖에 없었다.[82] 김삼룡은 일본은 '자주국'이어서 탄압은 조선과 비교되지 않게 '온건'하고 공산주의 운동도 '대중화'되어 있지만, "조선은 일본의 식민지로서 탄압도 가혹하고 경찰은 기구가 완비"되어 "사소한 사안도 적발되는 상태"라고 식민지 조선의 상황을 직시했다.[83]

경성콤그룹은 인민전선, 민족통일전선을 의식하면서 예컨대 신명균과 같은 민족주의자와도 접촉하는 등 외연의 확대를 꾀했지만, 전시 체제기 일제의 감시와 탄압 아래 당연하게도 비밀결사 형태를 벗어날 수 없었다. 경성콤그룹 조직 활동의 기본은 노동자 속에서 동지를 획득하여 적색노동조합을 조직하고 이를 바탕으로 공산당 야체이카(세포)를 만든 뒤 다시 이를 통해 조선공산당

---

80 「이관술 등 사건송치서」(경성서대문경찰서→경성지방법원검사국, 1941. 9. 15), 한국역사연구회 편, 『일제하사회운동사자료총서 8』, 고려서림, 1999, 514쪽.

81 「이관술 피고인 신문조서(제11회)」, 『이정 박헌영 전집 4』, 127쪽.

82 「이현상 피고인 신문조서(제1회)」, 『이정 박헌영 전집 4』, 142쪽.

83 「김삼룡 피의자 신문조서(제5회)」(1941. 3. 31), 『訊問調書五(李觀述外十五名治安維持法違反)』, 1942, 1149쪽(국회도서관 원문 제공); 이애숙, 「반파시즘 인민전선론」, 377쪽.

경성준비위원회를 조직한다는 것이었다.[84] 1930년 전후에 확립된 아래로부터 조선공산당 재건운동 방침은 인민전선론 수용 여부와 무관하게 식민지 조선에서 거의 유일한 선택지였다. 식민지의 인민전선, 민족통일전선은 유럽, 일본처럼 합법 활동이 가능하거나 중국, 만주처럼 해방구가 있는 곳과는 모습이 다를 수밖에 없었다.

한편 경성콤그룹에서도 특히 1941년 6월 독소 개전 이후에는 "일소 개전 필지(必至)"라는 인식이 엿보인다.[85] 독소 개전 이후 소련은 제2차 세계대전을 제국주의 국가 사이의 전쟁이 아닌 반파시즘 전쟁으로 규정하고 미국, 영국 등과 협력을 강화한다. 이윽고 1943년 5월에 코민테른은 해산했다. 식민지 조선의 신문도 스탈린이 밝힌 코민테른 해산 이유를 "각국 공동전선의 형성을 용이케 할 것", "파시즘에 대한 투쟁을 전개하는 각국 애국주의자의 공작을 촉진할 것" 등으로 소개했다.[86] 유럽의 반파시즘 인민전선은 비로소 '전선(戰線)'으로 자리잡게 된 것이다. 이러한 흐름 속에 1944년 12월 무렵 김태준은 제2차 세계대전을 "민주주의 국가와 반민주 팟쇼 국가와의 전쟁"으로 규정하는 변화된 시각을 보였다.[87]

---

84 「이현상 피고인 신문조서(제1회)」, 『이정 박헌영 전집 4』, 140쪽.

85 「昭和十七年 豫三四號 德山仁義 外五三人豫審決定終結書」(1943. 10. 25), 한국역사연구회 편, 『일제하사회운동사자료총서 9』, 372쪽; 이애숙, 「반파시즘 인민전선론」, 371쪽.

86 「國際共産黨解散, 스탈린 理由說明」, 『每日新報』 1943. 5. 31.

87 김태준, 「연안행」(2), 『문학』 2, 1946, 193쪽.

2. 해방 전야의 건국 준비

1) 옌안의 조선독립동맹

(1) 조선독립동맹과 조선의용군

중일전쟁 이후 전시 체제기 사회주의 운동 및 사상을 논할 때 중국 화북 지역에서 활동한 조선독립동맹과 조선의용군을 빼놓을 수 없다. 중국공산당과 한몸이 되어 조선혁명, 세계혁명을 위해 분투한 이들은 해방 후 이른바 연안파를 형성하여 북한 정권을 움직이는 주요한 축이 되었다. 남한에서도 저명한 마르크스주의 역사학자 백남운이 해방 직후 조선독립동맹 경성특별위원회 위원장으로 활약했다.

조선독립동맹과 조선의용군을 살피려면 김원봉(金元鳳)과 민족혁명당에서 이야기를 시작하는 것이 좋겠다. 김원봉은 1920년대 윤세주 등과 함께 의열단을 이끌며 무정부주의에 입각한 민족해방 운동을 벌였다. 1930년에는 조선공산당의 지도자였던 안광천과 함께 중국 베이징에 레닌주의 정치학교를 세운 뒤 조선공산당 재건운동을 벌였다. 중국 관내에서 활동한 대표적 사회주의자였던 김원봉은 만주국 수립 후 중국 관내로 이동한 민족주의자와 함께 1935년 난징에서 '좌우합작 통일전선'인 조선민족혁명당을 세웠다.[88]

민족혁명당의 운영 방향을 둘러싸고 갈등이 일어 우파 세력은 곧 이탈했다. 1937년 7월 중일전쟁이 발발하자, 민족혁명당은 그해 12월에 최창익(崔昌益), 유자명(柳子明), 김성숙(金星淑) 등의 좌파 세력과 함께 조선민족전선연맹을 결성했다. 그리고 중국 국민정부의 협력을 얻어 조선인 청년 83명이 중국 중앙군관

---

88 강만길, 『조선민족혁명당과 통일전선』, 화평사, 1991, 19쪽.

학교에 입교했다.[89] 이 학교를 마친 조선인 청년들은 1938년 6월 국민정부의 임시수도 역할을 하던 우한(武漢) 방어전에 투입되었다.

1938년 10월 10일에 조선민족전선연맹의 군사 조직으로서 조선의용대가 창설되었다. 국민정부를 돕던 일본인 사회주의자 아오야마 가즈오(青山和夫, 본명 구로다 젠지黒田善次)가 작성한 국제의용군 건립안을 바탕으로 하여 중국 국민정부 그리고 김원봉이 논의한 결과였다. 창립 당시 조선의용대는 약 100명으로 중국 중앙군관학교를 졸업한 조선인 청년이 주축이었다.[90] 우한 방어와 철수 과정에서 조선의용대는 적극적인 선전 활동을 벌여 존재감을 과시했다.

조선민족전선연맹은 창립선언에서 "조선혁명은 민족혁명이어서 그 전선은 '계급전선'도 아니고 '인민전선'도 아니고, 또한 프랑스, 스페인 등의 소위 '국민전선'과도 엄격한 구별이 있다"고 밝혔다.[91] 그리고 「일본 파쇼 강도의 '동아 신질서'에 반대하는 선언」을 발표하여 일본이 '동아 신질서'를 입에 담으며 "자기 나라의 국민들과 그 식민지 민족을 기만하고 중국과 세계를 기만"하고 있다고 비판하고, "중국의 상하 인민들"은 물론 "영국·미국·프랑스 등 9개국의 공약 서명국 및 소련 사회주의국"도 이를 명확하게 반대한다고 주장했다. 또한 "중국이 항전에서 승리하고 성공적으로 건국되면 조선은 독립을 완성하고 대만은 빠르게 자유를 회복할 것"이라고 기대하며 "이것이 바로 우리의 '신질서'"라고 밝혔다.[92]

---

89 「在支朝鮮義勇隊の情勢(高等外事月報第五號所載)」, 『思想彙報』 22, 1940, 158쪽; 염인호, 『조선의용군의 독립운동』, 나남출판, 2001, 44쪽.

90 염인호, 『조선의용군의 독립운동』, 57~74쪽.

91 「朝鮮民族戰線聯盟創立宣言」, 金正明 編, 『朝鮮獨立運動 II. 民族主義運動篇』, 原書房, 1967, 617쪽.

92 조선민족전선연맹, 「일본 파쇼 강도의 '동아 신질서'에 반대하는 선언」(1939. 3. 23), 『구망일

'9개국의 공약'은 1922년 워싱턴회의에서 맺은 중국의 주권과 영토 보전을 존중한 9개국 조약을 가리킨다. 조선민족전선연맹은 국제적인 반파시즘 전선을 의식하면서 조선 독립과 중국혁명이 깊게 연관되어 있다고 파악했다. 일본의 동아 신질서 구상은 조선 국내에서는 사회주의자의 전향 논리의 토대가 되었다. 그러나 조선민족전선연맹은 민족자결주의와 반파시즘 인민전선이라는 국제 사회의 흐름에 입각하여 동아 신질서 구상의 기만성을 폭로했다.

1939년 5월에 김원봉은 김구(金九)와 만나 「동지 동포 제군에게 보내는 공개 통신」을 발표하고 다시 한번 좌우합작을 모색했다.[93] 최창익은 김구와 합작 방식에 반대하여 자신을 따르는 세력을 이끌고 1939년 화북 지역 태항산으로 북상했다. 1941년 1월에 태항산에서 화북조선청년연합회가 결성되었다. 회장은 대장정에 참가한 고참 중공 당원인 무정(武亭)이 맡았고 최창익은 위원이 되었다.[94] 태항산은 대장정을 마친 중국공산당의 근거지인 옌안에서 동쪽으로 태항산맥을 넘어 위치했다. 즉 옌안과 화북 중심지, 나아가 동북 지역을 잇는 길목이었다. 태항산에는 펑더화이(彭德懷)를 사령관으로 하는 팔로군 전방 총사령부가 자리 잡고 있었다.

1941년 6월에는 조선의용대 주력 80여 명이 다시 국민당 지구를 벗어나 태항산으로 이동했다. 중일전쟁 이후 제2차 국공합작이 이루어져 중국공산당 군대도 국민혁명군의 팔로군(八路軍)과 신사군(新四軍)으로 편제되었다. 그러나 1939년 이후 국공 갈등이 불거지면서 1941년 1월에는 국민당 군대가 신사군을

보」1939. 3. 26, 장인성·김태진·이경미 편, 『근대한국 국제정치관 자료집 2. 제국-식민지기』, 서울대학교출판문화원, 2015, 321~323쪽.

93 강만길, 『조선민족혁명당과 통일전선』, 245~248쪽.

94 염인호, 『조선의용군의 독립운동』, 86~87쪽.

공격하는 환남사변(皖南事變)이 일어났다. 이 사건은 제1차 국공합작 붕괴를 알린 장제스의 1927년 4월 쿠데타와 비슷한 의미로 받아들여졌다. 국공이 분열하면 국민당 지구에서 좌파인 조선의용대의 앞날은 불투명했다.

이런 상황에서 국민당 지구에 파견되어 있던 중공 지도자 저우언라이(周恩來)의 공작이 주효하여 조선의용대 주력이 태항산으로 이동하게 되었다.[95] 조선의용대의 북상에 대해서는 이정식이 상세하게 분석한 바 있다.[96] 김원봉의 '개인비서'이자 조선의용대 기관지의 중국 측 책임자였던 스마루(司馬璐)는, 자신이 저우언라이의 지시에 따라 김원봉을 설득했다고 회고했다.[97]

1941년 7월에 태항산에서 조선의용대 화북지대가 결성되었다. 화북조선청년연합회와 조선의용대 화북지대의 활동 방침은 무장선전 활동, 간부 양성, 적구(敵區, 일본군 점령 구역) 조직 활동 등 세 가지로 정해졌다.[98] 김원봉은 충칭에 남았지만, 민족혁명당 간부이자 김원봉과 가까웠던 김두봉(金枓奉)도 1941년 가을 충칭을 출발하여 1942년 4월 태항산에 도착했다.[99] 스마루의 회고에 따르면 김원봉 자신도 북상을 원했으나, 중공은 조선의용대의 지도권을 뺏으려는 목적으로 김원봉의 화북행을 막았다고 한다.[100]

1941년 겨울에서 이듬해 봄까지는 조선의용대와 일본군 사이에 치열한 전

95　위의 책, 93~96쪽.

96　李庭植 저, 朴桂雲 역, 「韓人共産主義者와 延安」, 『史叢』 8, 1963, 136~139쪽.

97　司馬璐 著, 矢內茂 訳, 『聖地延安: 失われし祖国よ·青春よ』, 生活社, 1955, 159쪽. 이 책은 스마루가 홍콩에서 낸 『鬥爭十八年』(亞洲出版社, 1952)의 일본어 역이다.

98　염인호, 『조선의용군의 독립운동』, 101·109쪽.

99　「朝鮮革命袖金白淵先生抵太行山」, 『解放日報』 1942. 5. 22, 『해외의 한국독립운동사료 V. 중국편 (1)』, 국가보훈처, 1992, 247쪽.

100　司馬璐 著, 矢內茂 訳, 『聖地延安』, 159쪽.

투가 벌어졌다. 1941년 12월에는 호가장(胡家庄)에서 무장선전 중이던 조선의용대가 일본군의 기습을 받았다. 비록 4명이 전사했지만, '호가장 전투'는 조선의용대의 명성을 높이는 계기가 되었다.[101] 1942년 5월 일본군에 맞선 '반소탕전'에서는 의열단 이래 김원봉의 맹우인 윤세주(尹世冑) 등이 사망했으나, 중공군 지휘부의 탈출을 도운 사실은 조선의용대의 중요한 정치적 자산이 되었다.[102]

1941년 10월 옌안에서 동방각민족 반파쇼대동맹이 결성되었다. 결성대회에는 조선, 일본, 대만, 베트남 외에 동남아시아 여러 나라 및 중국의 소수민족 대표를 포함하여 모두 130여 명이 참가했다. 대회는 스탈린, 루스벨트, 처칠, 네루, 디미트로프, 장제스, 마오쩌둥 외에 조선의 김구를 포함해 모두 35명의 명예 주석단을 선출했다. 무정은 이 대회를 소집한 팔로군 총사령 주더(朱德) 등과 함께 주석단에 포함되었다.[103] 무정의 초상화는 마오쩌둥 등의 초상화와 함께 회의장에 걸렸다.[104] 중국공산당과 화북조선청년연합회가 김구를 반파시즘 인민전선, 반제 민족통일전선의 지도자로 인정한 사실과 더불어 옌안에서 무정의 존재감을 엿볼 수 있다.

이 대회에서 채택한 선언에서는 먼저 일본 군부 파시즘을 타도하기 위해 일본의 노동자·농민·근로 지식계급을 비롯해 전쟁과 군부에 반대하는 모든

---

101 호가장 전투에서 조선의용대원 김학철은 다리에 부상을 입고 일본군에게 잡혔다. 해방 후 서울과 평양을 거쳐 연변에서 생활하다 민주화 이후인 1989년에 서울을 찾은 김학철은 한국 사회의 조선독립동맹, 조선의용군 인식을 바꾸는 데 큰 역할을 했다. 김학철은 자서전으로 『최후의 분대장』(문학과지성사, 1995)을 남겼다.

102 염인호, 『조선의용군의 독립운동』, 80쪽.

103 「反法西斯大會開幕」, 『解放日報』1941. 10. 27, 『해외의 한국독립운동사료 Ⅴ. 중국편 (1)』, 555쪽.

104 선즈화 저, 김동길·김민철·김규범 역, 『최후의 천조—모택동·김일성 시대의 중국과 북한』, 선인, 2017, 57쪽.

분자가 단결할 필요가 있다고 주장했다. 또한 일본의 지배 아래 있거나 침입 위협을 받는 모든 나라는 민족·계급·정당·종교를 막론하고 전체 민족이 단결해야 한다고 주장했다. 아울러 "영국·미국·네덜란드 정부가 소련과 중국의 항전을 유효하게 원조"하고 "일본·독일 파시즘과 투쟁"한다면, 그 식민지 민중도 영국·미국·네덜란드 정부에 협력해야 한다고 밝혔다.[105] 1941년 6월 독일의 소련 침공으로 국제적 반파시즘 인민전선이 확고해진 상황을 반영한 논리였다.

화북조선청년연합회는 1942년 7월 태항산에서 열린 제2차 대회에서 화북조선독립동맹으로 이름을 바꿨다. 김두봉이 독립동맹 주임이 되었고 최창익, 이유민, 김학무, 박효삼, 김창만, 무정이 중앙상무위원회를 구성했다. 조선의용대는 독립동맹 산하의 조선의용군으로 개편되었다.[106] 독립동맹도 반파시즘 인민전선, 반제 민족통일전선이라는 방향을 분명히 했다. 독립동맹의 주요한 정치 목적은 일제 식민지 통치 타도, 조선 독립 획득, 민주공화국 건설이었다. 독립동맹의 강령은 공산주의적 색채를 거의 띠지 않았고, 김구와 김원봉이 발표한 「동포 동지 제군에게 보내는 공개통신」(1939)이나 충칭 대한민국임시정부의 「약헌」 및 삼균주의와 크게 다르지 않았다.[107]

1943년 5월에 조선의용군이 뿌린 전단에서는 "세계 반파시스트 전쟁의 승리는 다가오고 있다. 즉 소·독 전장에서 독일은 소련의 반공(反攻) 앞에 점차로 패퇴하고 있다"면서, "금후 일단 중·영·미의 총반공이 개시되면 그 강대한 공

105 「中國延安 東洋民族反ファシスト大會 宣言」(1941. 10. 30), 독립기념관 소장(한상도, 「조선의용군의 위상과 동방각민족반파시스트대동맹의 관계」, 『역사와현실』 44, 2002, 173쪽에서 재인용).

106 염인호, 『조선의용군의 독립운동』, 139~140쪽.

107 鐸木昌之, 「잊혀진 공산주의자들—화북조선독립동맹을 중심으로」(1984), 이정식·한홍구 엮음, 『항전별곡—조선독립동맹 자료 I』, 돌베개, 1986, 79~81쪽.

격력으로 일본 및 독일은 패퇴하고 우리 조선 민족은 반드시 독립할 수 있게 된다"고 전망했다.[108] 독·소 개전 이후 국제적인 반파시즘 인민전선 형성에 주목하여 거기에 조선 독립의 기대를 걸었음을 알 수 있다.

1942년 11월에 독립동맹은 태항산에 화북조선청년혁명학교를 세웠다. 교장은 무정, 교무주임은 김학무(金學武)가 맡았다. 무정이 중공 팔로군의 입장을 대변했다면, 김학무는 북상한 의용군 대원의 입장을 대변했다.[109] 중심 과목은 조선혁명운동사, 사회발전사, 초보적 군사학 등이었다.[110] 조선혁명운동사는 김학무가 강의를 담당했을 것으로 생각된다. 1945년에 옌안을 찾은 김태준은 조선으로 돌아올 때 김학무의 책을 가져와 1946년에 『조선근대혁명운동사』로 출판했다.[111]

김학무의 책은 마르크스의 저작, 『소련공산당사』 등과 더불어 1936년에 이청원이 일본어로 간행한 『조선사회사독본』을 인용하고 있다. 일본에서 활동하던 조선인 사회주의자 이청원은 1936년 11월에 중국으로 건너가는 구로다 젠지(黑田善次)를 만나 조선에 관한 자료를 건네고 격려한 바 있다. 구로다 젠지는 다름 아닌 조선의용대 창립에 결정적인 역할을 한 아오야마 가즈오(靑山和夫)의

---

108 「在支不逞鮮人の策動狀況」, 『特高月報』 昭和十九年一月分, 1944, 80쪽; 염인호, 『조선의용군의 독립운동』, 179쪽.

109 염인호, 『조선의용군의 독립운동』, 167쪽.

110 「朝盟報告草案—華北朝鮮獨立同盟에 對한 一般的 情形」(1943), 477쪽(국립중앙도서관 원문 제공); 염인호, 『조선의용군의 독립운동』, 168쪽.

111 1946년 조선의 노농사에서 발행한 『조선근대혁명운동사』는 전하지 않는다. 대신 같은 내용으로 추정되는 일본에서 출판된 金學武 編著, 金台俊 增補, 『近代朝鮮革命運動史』, 東京: 解放新聞社, 1947의 실물이 전한다. 최기영, 「金學武의 在中獨立運動과 좌파청년그룹」, 『한국독립운동사연구』 36, 2010, 310쪽.

본명이다.[112] 구로다가 이청원의 책을 받았다가 그것을 김학무에게 전한 것인지는 알 수 없으나, 한중일을 넘나드는 사회주의 지식의 유통을 확인할 수 있다.

(2) 국제주의와 민족주의의 길항

1942년 2월에 마오쩌둥은 사상적 통일과 조직 단결을 목적으로 '정풍(整風) 운동'을 발동했다. 1941년에 옌안의 공산당 지구는 중대한 위기에 처했다. 모조리 불태우고 죽이며 빼앗는다는 '삼광(三光)'을 내건 일본군의 소탕 작전이 거세지면서 팔로군과 신사군은 위축되었다. 여기에 1941년 1월 국민당 군대가 공산당 군대를 공격한 환남 사건으로 국공 분열이 심화되어 국민당 군대의 옌안 공격설마저 나오는 상황이었다.[113] 1942년에 시작된 정풍운동은 1943년에 정점에 달했다.

정풍운동은 코민테른 집행부 내에서 중공 대표단을 이끌었던 왕밍(王明) 비판으로 드러났다. 1937년 말 왕밍이 소련 비행기를 타고 모스크바에서 옌안으로 왔을 때 이미 갈등은 불거졌다. 마오쩌둥은 국민당과 협력을 중시하는 왕밍을 계급투항주의, 민족투항주의로 비난했다.[114] 1939년에는 저우언라이가 모스크바에 가서 코민테른으로부터 마오쩌둥 지지를 끌어내야 했다.[115]

---

112 「(十六)李靑垣事平昌秀吉の場合」, 『思想硏究資料 特輯 第九十五号 左翼前歷者の轉向問題に就て』, 司法省刑事局, 1943. 8, 『社會問題資料叢書 第1輯』, 1972, 592쪽; 홍종욱, 「제국의 사회주의자—마르크스주의 역사학자 이청원의 삶과 실천」, 『상허학보』 63, 2021, 132쪽.

113 구소영, 「왕실미 사건(王實味事件)을 통해서 본 1942년 연안정풍(延安整風)운동」, 『경북사학』 27, 2004, 80쪽.

114 이정식 지음, 허원 옮김, 『만주 혁명 운동과 통일전선』, 사계절, 1989, 343~344쪽.

115 黒川伊織, 『戰爭·革命の東アジアと日本のコミュニスト 1920~1970年』, 有志舍, 2020, 173쪽.

정풍운동 단계에서도 왕밍은 "모든 것은 항일 민족통일전선에 의해서"라는 슬로건 아래 국민당과 적극적인 합작을 모색했지만, 마오쩌둥은 중국공산당의 정치·군사 활동의 독립성을 주장하며 왕밍을 교조주의자로 지목했다.[116] 왕밍은 정풍운동을 반코민테른, 반마르크스-레닌주의, 반소련 행위라고 비판했다. 하지만 승자는 마오쩌둥이었다. 1943년 7월에 옌안에서는 '마오쩌둥 사상'이라는 개념이 제기되어 "마르크스-레닌주의를 중국혁명의 실천과 결부"시켰다고 떠받들어졌다.[117]

독립동맹 내 정풍운동은 무정이 주도했다. 무정은 화북조선청년연합회 회장을 거쳐 조선독립동맹 중앙상무위원을 맡았지만, 태항산에서 800km 이상 떨어진 옌안에 머물렀기 때문에 독립동맹을 직접 지도하기는 어려웠다. 1942년 말에 무정이 화북조선청년혁명학교 교장이 되어 태항산으로 옮긴 이후 독립동맹과 의용군 내에서 정풍운동이 본격화했다.[118] 무정은 "정풍운동과 조선혁명을 결부시켜 파악해야 한다"고 강조했다.[119]

태항산의 정풍운동은 무정과 최창익의 대립으로 드러났는데, 이는 마오쩌둥의 왕밍 공격과 유사했다. 무정은 1920년대 국내의 조선공산당 운동과 1930년대 국민당 지구에서의 활동을 기회주의, 종파주의 심지어 반혁명 운동으로 낙인찍었지만, 최창익은 두 운동을 옹호했다.[120] 예컨대 1943년 『해방일보』 기사에 따르면 무정은 1928년 코민테른에 의한 조선공산당 해산에 대하여 "조선

---

116 구소영, 「왕실미 사건(王實味事件)을 통해서 본 1942년 연안정풍(延安整風)운동」, 81쪽.

117 염인호, 『조선의용군의 독립운동』, 195~196쪽.

118 위의 책, 104·197쪽.

119 『解放日報』 1942. 3. 18(한상도, 「조선의용군의 위상과 동방각민족반파시스트대동맹의 관계」, 181쪽에서 재인용).

120 염인호, 『조선의용군의 독립운동』, 209쪽.

의 해방운동은 국제공산당에 의해 기회주의자들의 수중에서 해탈"되었다고 설명했다.[121] 최창익을 포함하여 1920년대 조선공산당 운동을 이끈 이들을 '기회주의자'로 매도한 것이다.

이에 대해 최창익은 「조맹 보고 초안」(1943. 12)에서 "과거 국내외 조선혁명 운동에 직접으로 참가 못한 동지 중 일부 동지는 과거 국내외의 조선혁명 운동은 종파주의 운동, 기회주의 운동이라는 간단한 비판적 술어로부터, 과거 일체 혁명 운동은 반혁명 운동이라는 대담한 결론"을 내린다고 비판했다.[122] 또한 대내외 선전공작에 "반일 민족통일전선적 정치적 주장을 엄수하지 못하고 소자산 계급적 좌경 사상의식적 편향"이 존재한다고 지적했다.[123] 중국 국민당, 그리고 조선의 민족주의자와 협력을 경시하는 무정에 대한 비판이었다.

정풍운동을 거치면서 독립동맹에 대한 중국공산당의 지도가 강화되었다. 조선혁명과 조선 독립의 의의는 뒤로 밀렸고 민족통일전선도 위기에 처했다. 조선청년연합회와 조선독립동맹은 줄곧 민족통일전선, 특히 충칭의 김구로 대표되는 민족주의자와의 협동을 강조했다. 앞서 살핀 대로 1941년 10월의 동방각민족 반파쇼대동맹 대회에서는 대한민국 임시정부 주석 김구를 조선인으로서는 유일하게 대회 명예주석으로 추대했다.[124] 1942년 11월에 열린 조선독립동맹 진서북(晉西北) 분맹 창립대회에는 쑨원, 장제스, 마오쩌둥 등과 더불어

---

121 「조선독립동맹 책임자, 국제공산당의 해산을 옹호, 조선혁명단체의 단결을 호소」, 『해방일보』, 1943. 6. 16, 조선의용군 발자취 집필조 편, 『중국의 광활한 대지 우에서』, 연변인민출판사, 1987, 710쪽; 염인호, 『조선의용군의 독립운동』, 205쪽.

122 「朝盟報告草案─華北朝鮮獨立同盟에 對한 一般的 情形」(1943), 470~471쪽; 염인호, 『조선의용군의 독립운동』, 206쪽.

123 「朝盟報告草案─華北朝鮮獨立同盟에 對한 一般的 情形」(1943), 499쪽; 염인호, 『조선의용군의 독립운동』, 216쪽.

124 염인호, 『조선의용군의 독립운동』, 209쪽.

'조선혁명 수령 김구 선생'의 초상화가 걸렸다.[125] 그러나 정풍운동이 본격화한 1943년 이후 이런 모습은 보이지 않았다. 민족통일전선 정책은 후퇴했고 국민당 지구 조선인 단체와의 관계는 공식적으로는 단절되었다.

해방 후 김구가 김두봉에게 보낸 편지를 보면 1943년 3월에 김학무 편에 충칭의 김구가 옌안의 김두봉에게 편지를 보낸 사실이 확인된다. 그 편지는 1943년 10월에야 김두봉에게 전해졌다.[126] 김학무는 최창익과 더불어 국민당 지구에서 북상한 세력의 지도자였다. 태항산 화북조선청년혁명학교에서 가르치던 김학무가 정풍운동의 와중에 충칭을 방문한 것이다. 조선의용군 간부의 증언에 따르면 당시 김학무는 임시정부 주석 김구를 찾아 자신들을 지도해달라고 요청했다고 한다.[127]

다만 김학무는 1943년 5월 일본군과 전투에서 전사한 것으로 보인다.[128] 이로써 정풍운동을 거스르는 민족통일전선 형성의 기도는 어둠에 묻히고 말았다. 해방 후 김학무의 책을 조선에서 발행한 김태준은 서문에 "동무의 일화를 여러 동무들에게 듣고 느꼈다"면서 "바르게 살려고 생각했고 바르게 알면 곧 그것을 실천에 옮기려고 한 과학자요, 빼앗긴 인민의 이익을 위하여 몸까지 바친 보귀(寶貴)한 동무"라고 적어 그 뜻을 기렸다.[129]

---

125 「조선독립동맹, 일본인반전동맹, 진서북분맹을 설립」, 『해방일보』 1942. 11. 21, 조선의용군 발자취 집필조 편, 『중국의 광활한 대지 우에서』, 695~697쪽.

126 「김구·김규식이 김두봉에게 보낸 편지」(1948. 2. 16), 도진순, 『한국 민족주의와 남북관계─이승만·김구 시대의 정치사』, 서울대학교출판부, 1998, 361쪽.

127 염인호, 『조선의용군의 독립운동』, 224~225쪽.

128 「在支不逞鮮人團體組織系統表」, 『外事月報』 昭和十九年三月分, 1944, 90쪽; 최기영, 「金學武의 在中獨立運動과 좌파청년그룹」, 314쪽.

129 「敍」, 金學武 編著, 金台俊 增補, 『近代朝鮮革命運動史』, 東京: 解放新聞社, 1947.

1942년 4월에 팔로군은 조선의용대를 "우리 부대 정규 편제 내로 끌어들일 것"을 지시했다. 역으로 조선의용대는 원래 팔로군으로부터 독립된 부대였음을 알 수 있다.[130] 같은 해 10월에는 조선의용대 창립 4주년 기념행사도 열렸다. 1938년 우한에서 결성된 조선의용대 전통을 잇는다는 인식이었다.[131] 1943년에 최창익은, 조선의용군을 화북조선독립동맹의 행동부대로 규정했다고 해서 '충칭에 있는 조선의용군 본부'로부터 이탈을 의미하는 것은 아니라고 밝혔다.[132]

1943년 1월에 열린 조선독립동맹 상무위원회에서 조선의용군 지휘권에 대한 무정의 새로운 제의가 있었다. 그 내용은 첫째, "화북조선독립동맹은 군중단체인 점에서 무장대오를 영도할 수 없으므로 조맹(조선독립동맹—인용자)은 조의군(조선의용군—인용자) 화북지대를 영도할 수 없다", 둘째, "조의군 화북지대의 간부는 장차 반파쇼대동맹 대표가 지정한다" 등이었다. 이상의 제의는 '반파쇼대동맹의 결의'이므로 "상급기관의 결의를 존정(尊定)한다는 의미에서 무조건적으로 접수"되었다.[133] 정풍운동 과정에서 조선의용군의 지휘권도 조선독립동맹에서 중국공산당의 지도를 받는 동방각민족 반파쇼대동맹으로 옮겨진 것이다. 실제 1945년 8월에 조선의용군 사령관, 부사령관을 임명한 이는 독립동

---

130 염인호, 『조선의용군의 독립운동』, 107쪽.

131 위의 책, 189쪽.

132 「朝盟報告草案—華北朝鮮獨立同盟에 對한 一般的 情形」(1943), 504쪽; 염인호, 『조선의용군의 독립운동』, 224쪽.

133 「朝盟報告草案—華北朝鮮獨立同盟에 對한 一般的 情形」(1943), 504~505쪽; 김선호, 「1940년 전후 동북항일연군·조선의용군의 변화와 중국·소련 관계」, 『정신문화연구』 40-2, 2017, 89쪽.

맹 주석 김두봉이 아니라 팔로군 총사령 주더였다.[134]

이에 대해 최창익은 "개인 간에 토론된 문제를 소개"한다고 전제하고 다음과 같은 의문을 제기했다. 첫째, "만일 조맹은 군중 단체인 까닭에 무장대오를 영도 못한다면, 동방각민족 반파쇼대동맹도 군중 단체인 까닭에 무장대오를 영도 못할 것이 아닌가?" 둘째, "조의군 화북지대는 직접 영도 기구가 조성되지 못한 점에서 그는 취소된 것이 아닌가?" 그리고 최창익은 이러한 의견에 대해 아직 구체적인 답변이 없다고 지적했다.[135]

조선의용군 지휘권, 민족통일전선 등을 둘러싸고 무정의 국제주의와 최창익의 민족주의가 대립한 셈이다. 중공을 대변한 무정은 최창익 등 북상파의 민족통일전선론을 '협애한 민족주의'라고 공격했다.[136] 1943년은 국공 간 대립이 가장 치열했던 해로서 중국공산당 지구에서 반국민당 운동이 가장 심하게 전개되었다. 반면 중공 지구 조선인의 항일투쟁은 가장 소극적인 해였다.[137] 정풍운동이 내건 '사상정화'는 조선인에게는 민족적 정체성의 청산을 요구하는 것이었다.[138]

한편 최창익은 해방 후인 1949년에 나온 『조선민족해방투쟁사』에서 주로 김두봉, 최창익, 한빈이 조선독립동맹을, 무정, 박효삼, 박일우 등이 조선의용군

---

134 염인호, 『조선의용군의 독립운동』, 220쪽.

135 「朝盟報告草案—華北朝鮮獨立同盟에 對한 一般的 情形」(1943), 505~506쪽; 김선호, 「1940년 전후 동북항일연군·조선의용군의 변화와 중국·소련 관계」, 91쪽.

136 염인호, 『조선의용군의 독립운동』, 226쪽.

137 위의 책, 193쪽.

138 김영범, 「조선의용군 독립투쟁사의 복원과 복권—서평: 염인호, 『조선의용군의 독립운동』, 나남출판, 2001」, 『한국독립운동사연구』 17, 2001, 401쪽.

을 담당했다고 적었다.[139]

(3) 옌안과 동아시아 공산주의

1943년이 되자 제2차 세계대전에서 연합국의 승리가 전망되었다. 1943년 11월에는 미·영·중·소 정상이 카이로선언을 발표해 한국의 독립을 약속했다. 중국의 일본군은 1944년 봄부터 '대륙 타통(打通) 작전'을 벌였다. 일본군 주력이 베이징에서 한커우를 거쳐 광저우로 이어지는 남북을 잇는 통로 확보에 집중함으로써, 화북 여러 지역에 대한 통제는 약해졌다. 이에 중국공산당 지구는 넓어졌고 아울러 조선의용군의 적구 활동도 활발해졌다.[140]

1943년 말까지 조선의용군 대원은 180명 정도를 유지했으나,[141] 1944년 이후 적구에서 조선인과 접촉이 늘어나면서 대원은 급격히 늘었다. 허베이(河北)성 농촌 지대에는 16개 조선인 농장에 상당수의 조선인이 살고 있었다. 조선총독부가 주도하여 설치한 농장들이었다. 조선의용군은 이들 조선인을 대상으로 활동을 벌였다. 조선인 농민은 중국인 농민과 갈등이 심해 팔로군에 불신감을 가지고 있었기 때문에 독립동맹과 의용군에 호의적이었다.[142]

1944년 초 태항산의 화북조선청년혁명학교 학생들과 조선독립동맹 총부는 옌안으로 이동했다. 1945년 2월에는 옌안에서 조선군정학교가 정식으로 개교했다. 규모는 학생 240여 명, 교관 등 40여 명이었다. 태항산과 산둥(山東) 등지에도 분교를 갖추었다. 군정학교 편제 인원 850여 명을 포함하여 의용군 전체

139　白南雲 외, 『朝鮮民族解放鬪爭史』, 金日成綜合大學, 1949, 403쪽.

140　염인호, 『조선의용군의 독립운동』, 238쪽.

141　『特高月報』昭和十九年三月分, 1944(염인호, 『조선의용군의 독립운동』, 144쪽에서 재인용).

142　염인호, 『조선의용군의 독립운동』, 252~260쪽.

대원은 1,000명 내외로 늘어났다. 옌안의 조선군정학교는 중공 군사위원회가 직접 지도했다. 교장 김두봉은 상징적 인물이고 당 서기이자 부교장인 박일우 (朴一禹)가 실질적으로 관장했다.[143]

정풍운동은 여전히 지속하였는데 시간이 지나면서 사상교육보다 간부 심사와 스파이 적발 성격이 짙어졌다.[144] 1944년 들어 옌안의 조선인 사이에서도 밀정을 색출한다는 명목으로 혹독한 간부 심사가 진행되었다. 책임자는 박일우였다. 김두봉을 비롯하여 옌안의 조선인 200여 명에 대해, 특히 국민당 지구나 일제 통치 지구에서 온 사람은 일단 밀정 혐의를 씌우고 그걸 벗겨내는 방식을 취했다.[145]

1945년 서울을 탈출해 옌안을 찾은 김태준과 박진홍(朴鎭洪)도 예외가 아니었다. 김학철은 회고록에서 김태준의 처지에 대해 "얼토당토 않은 간첩 혐의로 부당하고도 또 가혹한 심사를 받아 내외분이 몹시 시달렸단다"고 전하고 "극좌적 노선이 빚어낸 해악의 한 전형"이라고 지적했다.[146]

옌안 군정학교 개교식에는 미국인 내빈도 참석했다. 미국은 한국광복군만이 아니라 조선의용군도 연합군의 일원으로 참전시킬 계획을 한때 세웠다.[147] 개교식에는 옌안에 머물던 일본공산당 지도자 노사카 산조(野坂參三)도 참가해 "해방될 미래의 조선과 일본은 진정으로 평등하고 서로 돕는 형제의 나라로 될 것이지만, 이것은 일본 제국주의의 지금의 이른바 '1억 신민'이라는 관계와

---

143 위의 책, 288~302쪽.

144 구소영, 「왕실미 사건(王實味事件)을 통해서 본 1942년 연안정풍(延安整風)운동」, 129쪽.

145 염인호, 『조선의용군의 독립운동』, 304쪽.

146 김학철, 『최후의 분대장』, 문학과 지성사, 1995, 249쪽.

147 염인호, 『조선의용군의 독립운동』, 293쪽.

는 아무런 인연도 없을 것"이라는 연설을 했다.[148] 옌안에서 활동했던 월남 독립동맹 위원장 호치민과 일본 반제동맹 위원장 노사카 산조는 1945년 이후 각각 자국의 공산당 위원장이 되었다.[149] 1945년 이후 중국공산당을 중심으로 하는 동아시아 공산주의 네트워크가 옌안에서 이미 형성된 셈이다.

1945년 5월 옌안에서는 중국공산당 제7회 대회가 열렸다. 1928년 제6회 대회 이후 17년 만에 열린 대회였다. 마오쩌둥은 연합정부론, 즉 "국민당 일당 독재 폐지와 민주적 연합정부 수립"을 주장했다. 계급연합의 통일전선 국가 형성을 주장했는데, 국민당 주도의 국공합작을 반대한다는 점에서 내전까지 각오한 적극 투쟁론이었다.[150] 노사카는 '민주적 일본의 건설'에 대해 연설했다.[151]

조선독립동맹을 대표하여 연설한 박일우는 "미국의 고립파들은 작년 연말에 한 잡지를 통해 중경에 있는 조선 완고파들을 찬양하면서 전쟁 후에 조선에서 국제공동관리를 실시할 데 대해 주장"했다고 고발하고, 한편 "국민당은 이렇게 조선을 저들의 식민지로 만들려고 음모"를 꾸미고 있다고 비판했다.[152] 조선독립동맹은 미국이 제기한 한국에 대한 국제공동관리, 즉 신탁통치 구상을 반대했고 중국 국민당의 간섭도 배격했다.

1945년 8월에 미군은 일본 히로시마와 나가사키에 원자폭탄을 투하했고

---

148 「조선혁명군정학교 개학」, 『해방일보』 1945. 2. 10, 조선의용군 발자취 집필조 편, 『중국의 광활한 대지 우에서』, 726쪽; 한상도, 「조선의용군과 일본인 반전운동 집단의 관계」, 『한국근현대사연구』 42, 2007, 25쪽.

149 김광운, 『북한 정치사 연구 I. 건당, 건국, 건군의 역사』, 선인, 2003, 182쪽.

150 염인호, 『조선의용군의 독립운동』, 313쪽.

151 黑川伊織, 『戰爭·革命の東アジアと日本のコミュニスト 1920~1970年』, 189쪽.

152 「중국공산당 제7차 대표대회에서 한 왕외 동지의 연설」(1945. 5. 21), 조선의용군 발자취 집필조 편, 『중국의 광활한 대지 우에서』, 677쪽; 염인호, 『조선의용군의 독립운동』, 309쪽.

소련군은 만주와 한반도로 진격했다. 그 직후인 11일에 팔로군 총사령 주더는 "조선의용군의 총사령 무정, 부사령 박효삼, 박일우는 즉각 소속 부대를 통솔하고 팔로군과 원 동북군 각 부대를 따라 동북으로 진병하여 적위(敵僞)를 소멸하고 동북의 조선 인민을 조직하여 조선해방의 임무를 달성하라"는 명령을 내렸다.[153]

같은 해 11월 초순 만주 선양(瀋陽)에서는 1,000여 명의 조선의용군이 군인대회를 열었다.[154] 1945년 말 김두봉, 최창익, 한빈, 무정 등 '소수의 노혁명가'들은 압록강을 건너 평양으로 들어갔다. 조선의용군 부대는 박일우, 박효삼, 왕신호(김웅), 이익성, 주덕해, 이상조 등의 지휘 아래 만주에 남아 국민당 군대와 싸우면서 강력한 전투부대로 성장했다.[155]

한편 옌안에서 나온 노사카 산조는 평양에서 박헌영과 회담하고 김일성의 배웅을 받은 뒤 38선을 넘었다. 1946년 1월 10일에 부산을 출발한 노사카는 12일에 일본 후쿠오카에 도착했다. 일본 관헌에 쫓겨 망명에 오른 지 16년 만의 귀국이었다.[156]

2) 건국동맹의 민족통일전선

(1) 식민지 말기의 저항과 전향

식민지 말기 국내 민족운동을 대표하는 비밀결사는 1944년 8월에 여운형이 조직한 건국동맹이다. 건국동맹은 전시 체제기의 엄혹한 상황에서 폭넓은

---

153 염인호, 『조선의용군의 독립운동』, 316쪽.

154 위의 책, 323쪽.

155 위의 책, 324쪽.

156 黑川伊織, 『戦争·革命の東アジアと日本のコミュニスト 1920~1970年』, 190쪽.

민족통일전선을 지향하면서 건국을 준비하였다. 다만 식민지 말기 여운형의 움직임에 대해서는 친일 의혹이 거듭 제기된 것도 사실이다. 건국동맹과 그를 둘러싼 상황을 이해하기 위해서는 여운형이 걸어온 길을 돌아볼 필요가 있다. 여운형은 제1차 세계대전 이후 식민지 제국의 동요와 사회주의 대두라는 세계사적 흐름을 강하게 의식하면서 비합법 독립운동은 물론 일제 당국과 교섭도 서슴지 않았다.

1910년대 중국으로 망명한 여운형은 제1차 세계대전 이후 '새로운 기운'을 이용하여 조선의 독립을 꾀했다.[157] 여운형은 1918년 11월에 상하이에서 미국 대통령 윌슨의 특사 크레인(C. R. Crane)과 만남을 계기로 3·1운동 준비에 나섰다. 후일 임시정부의 『독립신문』은 여운형이 크레인에게 보낸 청원서가 한국 독립운동의 첫 '발단'이었고, 여운형이 주도한 신한청년당의 활동으로 "정숙(表面 上)하던 한토(韓土) 삼천리에 장차 일대풍운이 일 조짐이 있더라"고 평가했다.[158]

1919년 11월에 일본 정부의 초청으로 도쿄를 방문한 여운형은 정계·관계 인물은 물론 진보적 지식인 요시노 사쿠조(吉野作造) 등과 만났다. 척식국 장관 고가 렌조(古賀廉造)는 자치운동을 제안했지만, 여운형은 완전 독립이 필요하다며 거부했다.[159] 여운형은 유명한 제국호텔 연설을 통해 일본이 조선의 독립을 승인할 것을 요구하고, "민주공화국은 대한 민족의 절대적 요구요, 세계 대세의 요구"라고 밝혔다.[160] 외무부 차장 여운형의 도쿄 방문을 놓고 임시정부의

---

157 「공판조서」(1930. 4. 9), 몽양 여운형 선생 전집 발간위원회 편, 『몽양 여운형 전집 1』, 한울, 1991, 597쪽.

158 정병준, 「중국 관내 신한청년당과 3·1운동」, 『한국독립운동사연구』 65, 2019, 52~53쪽.

159 「일본 정부의 주요 인사들과의 회담—척식국 장관 古賀廉造와의 회담」, 『몽양 여운형 전집 1』, 34~36쪽.

160 「동경 제국호텔 연설 요지」, 『몽양 여운형 전집 1』, 33쪽.

의견은 갈렸다. 안창호는 동의한 반면 이동휘는 반대했다. 여운형의 도쿄 행적을 놓고 그의 주장이 독립이었냐 자치였냐를 흔히 따지지만, 사태의 핵심은 그가 일본과 교섭을 통한 비식민화의 길도 배제하지 않았다는 데 있었다.[161]

1920년 5월 여운형은 상하이에서 코민테른 공작원 보이틴스키(G. Voitinsky)를 만나 고려공산당에 가입했다. 1922년 1월에는 모스크바 극동인민대표대회에 참가하여 레닌, 트로츠키(Leon Trotsky) 등을 만났다. 1925년 이후 여운형은 상하이 주재 소련 타스통신에서 근무하며 코민테른 공작원으로 활동했다. 1926년 1월 중국 국민당 제2차 당 대회에서 베트남의 호치민과 함께 축하 연설을 했고, 1928년 4월에 상하이에서 열린 대만 공산당 결당식에도 참석했다. 여운형은 1920년대 상하이를 무대로 한 국제 공산주의 운동의 핵심 활동가였다.[162]

1927년 4월 장제스의 쿠데타로 국공합작이 붕괴하면서 공산당은 불법화되었다. 그해 말 코민테른 조직은 상하이에서 철수했다. 여운형은 1928년부터 푸단(復旦)대학 교원 겸 야구팀 감독을 맡아 후일을 도모했으나, 1929년 7월 상하이 공동조계 안에서 벌어진 야구시합 중에 체포되어 국내로 압송되었다.

1932년 7월에 가출옥으로 석방된 여운형은 1933년 2월에 조선중앙일보 사장으로 취임했다. 조선중앙일보는 1936년 8월 일장기 말소 사건으로 '자진 휴간'에 들어갔으나 이듬해 끝내 폐간되었다. 1936년 12월에 공포된 조선사상범 보호관찰령에 따라 보호관찰소가 설치되었다. 조선중앙일보 사장 여운형은 내빈 자격으로 개소식에 출석했으나 스스로 피보호관찰자이기도 한 진풍경이

---

161 비식민화에 대해서는, 홍종욱, 「3·1운동과 비식민화」, 한국역사연구회 3·1운동 100주년 기획위원회 엮음, 『3·1운동 100년 3. 권력과 정치』, 휴머니스트, 2019 참조.

162 1920~30년대 여운형의 활동에 대해서는 이정식, 『몽양 여운형—시대와 사상을 초월한 융화주의자』, 서울대학교 출판부, 2008 참조.

벌어졌다.[163]

1937년에 시작된 중일전쟁은 1938년 가을에 일본이 우한과 광둥을 점령한 뒤에도 중국이 항전을 이어가자 전선이 교착되었다. 중국 문제 해결을 고심하던 일본 지도자들은 1940년 3월에 다시 한번 여운형을 도쿄로 불렀다. 중국 제1군 참모장 다나카 류키치(田中隆吉)는 일본의 괴뢰 정부인 왕징웨이(汪精衛) 정권에 협력할 것을 요청했으나 여운형은 거절했다. 전 조선 총독 우가키 가즈시게(宇垣一成)를 만난 여운형은 왕징웨이보다 장제스를 상대로 하여 중국 문제를 수습하라고 권고하고, 고노에 후미마로(近衛文麿) 수상에게는 일본이 말하는 '선린 외교'는 '복종 외교' 강요에 지나지 않는다고 지적했다.[164] 그러나 일본 지도자들은 여운형의 충고를 따르지 않았다.

한편 이동화의 회고에 따르면 이 무렵 여운형은 사회운동 비밀결사와 연결되어 있었다. 여운형은 조선중앙일보 시절부터 신문사 간부였던 인정식, 이상도, 강성재, 고경흠, 이우적 등과 '몽양 집단'을 이루어 교류했는데, 이동화도 핵심 지도부의 일원이 되었다. 여운형은 이동화를 통해 마르크스주의 저작 등을 학습하는 학생 써클과 간접적으로 연계를 맺었다. 이 써클은 경성콤그룹과도 연결되었다.[165] 또한 여운형은 1941년에 심복인 이임수(李林洙)를 통해 경성콤그룹의 김한성(金漢聲)에게 현금 1만 원을 전달하기도 했다.[166] 표면에서 일제와 교섭을 하면서 이면에서는 비밀결사와 연계를 맺은 것이다.

1942년 5월 여운형은 다시 우가키를 만났다. 우가키 일기에 따르면 여운형

---

163 이만규, 『여운형 투쟁사』(1946), 『몽양 여운형 전집 2』, 324~325쪽.

164 위의 책, 327~332쪽.

165 金學俊, 『李東華評傳—한 民主社會主義者의 生涯』, 民音社, 1988, 102~109쪽.

166 이정식, 『몽양 여운형』, 538쪽.

은 왕징웨이가 아닌 장제스와 '악수'해야 한다고 거듭 주장했다. 여운형은 일본이 가까운 중국조차 포용하지 못한다면, 인도나 동남아 여러 민족과 협동을 내건 대동아공영권은 신뢰를 얻을 수 없다고 지적했다.[167] 물론 여운형의 충고는 받아들여지지 않았다. 그리고 같은 해 말 여운형은 치안유지법 위반 혐의로 체포되었다. 도쿄 체재 중이던 1942년 4월에 미군의 도쿄 공습을 목격하고 지인에게 일본이 전쟁에서 질 수밖에 없다고 말한 것이 문제가 되었다. 여운형은 미국 대통령이 조선을 독립시키겠다고 방송한 내용도 지인에게 전했다.[168]

이 사건 판결문에 따르면 여운형은 조선 민족에게 참정권을 부여하고 조선에 자치제를 시행함으로써 "일본은 중국을 제2의 조선으로 만들려고 한다"는 오해를 불식시키고 장제스 정권과 전면 화평을 맺어야 한다고 주장했다.[169] 장제스가 일본의 한국 '병탄'을 문제 삼으며 일본의 동아 신질서 구상을 '중일합병'에 지나지 않는다고 비판한 대목을 의식한 듯한 주장이었다. 여운형의 주장은 전향 좌파의 민족협화론과 크게 다르지 않았다.

여운형은 제1차 세계대전 이후 식민지 제국 질서의 동요와 그에 따른 세계적인 비식민화 흐름을 강하게 의식하면서 활동했다. 미국 대통령 특사와 만난 후 파리강화회의에 대표를 파견했고, 일본 정부의 초청을 받아 방문한 도쿄에서는 한국 독립을 역설했다. 또한 상하이 대한민국임시정부에서 활동하는 동시에 코민테른의 공작원으로서 중국혁명에 참여했다. 저항과 타협이 뒤얽힌 전시 체제기 여운형의 실천 역시 비식민화의 주체라고 부를 만한 그의 활동의

---

167 「우가키 가즈시게 일기」(1942. 5. 20), 角田順 校訂, 『宇垣一成日記』 3, みすず書房, 1971, 1502쪽.

168 「呂運亨ノ朝鮮獨立運動事件」, 『思想彙報』 續刊, 1943, 182~185쪽.

169 위의 글, 184쪽.

연장선 위에서 이해될 수 있다.

(2) 건국동맹의 조직과 활동

1943년 7월 출옥한 여운형은 8월에 조동호, 이상도, 이상백 등을 규합해 조선민족해방연맹을 조직했다.[170] 해방 후 김태준은 그 무렵 여운형이 주변 사람들에게 '조선해방연맹' 혹은 '조선인민위원회'를 만들자고 제의한 사실을 듣고 있었다고 회고했다.[171] 1941년에 경성콤그룹 사건으로 체포된 김태준은 서대문형무소 구치감에서 여운형의 옆 방에 있었다.[172] 김태준은 1943년에 여운형의 도움을 받아 보석으로 석방되었다.[173] 조선민족해방연맹을 만들고 1년이 지난 1944년 8월에 여운형은 조선건국동맹을 결성했다. 건국동맹이라는 이름은 일제의 패망을 내다보는 작명이었다.[174] 건국동맹의 강령은 다음과 같았다.[175]

① 각인각파를 대동단결하여 거국일치로 일본 제국주의 제 세력을 구축하고 조선 민족의 자유와 독립을 회복할 일.

② 반추축 제국과 협력하여 대일 연합전선을 형성하고 조선의 완전한 독립을 저해하는 일체 반동세력을 박멸할 일.

③ 건설 부면에 있어서 일체 시위(施爲)를 민주주의적 원칙에 의거하고 특히 노농

---

170 이만규, 「몽양 여운형 투쟁사」, 『신천지』(1947. 8), 『몽양 여운형 전집 2』, 415~416쪽.

171 김태준, 「연안행」, 『문학』 1, 1946, 191쪽.

172 金珖燮, 『나의 獄中期』, 創作과 批評社, 1976, 212쪽.

173 金容稷, 『金台俊評傳—知性과 歷史的 狀況』, 305쪽.

174 정병준, 『광복 직전 독립운동 세력의 동향』, 독립기념관 한국독립운동사연구소, 2009, 152~153쪽.

175 이만규, 『여운형 투쟁사』(1946), 338쪽.

대중의 해방에 치중할 일.

'각인각파를 대동단결하여 거국일치로'라는 표현은 국내적으로 폭넓은 민족통일전선을 형성하겠다는 뜻이었다. '반추축 제국과 협력'이라는 말에서는 국제적으로 반파시즘 진영에 동참한다는 정세 인식이 엿보인다. 아울러 '민주주의'를 내세웠고 사회주의적 색채는 '노농 대중의 해방'이라는 표현에 드러날 뿐이었다. 강령의 이념적 지향은 조국광복회나 화북조선독립동맹은 물론 충칭 임시정부와도 크게 다르지 않다. 식민지 시기 민족통일전선 운동의 도달점을 보여준다고 할 수 있다.

중앙조직은 직업별로는 화가 김진우, 군인 박승환, 한의사 현우현, 문필가 김세용·이여성, 학자이자 체육인 이상백 등 다양한 이들이 참가했다. 맹원들도 이념적으로는 구한말 의병장을 따랐던 민족주의자로부터 모스크바공산대학을 나온 공산주의자까지 폭넓은 층을 망라했다. 각 도별로 대표 책임위원을 세웠고 다양한 계급, 계층별 조직도 두었다. 경기도 용문산에 농민동맹을 조직했고 학병, 징병, 징용 거부자 조직도 있었다. 맹원인 조동호, 이석구, 이걸소에 공산주의자 최원택, 정재달, 이승엽을 더해 군사위원회를 조직하기도 했다. 군사조직에 대해서는 만주군관학교 출신으로 만주국군 소속이었던 박승환과 논의했다. 그 밖에 학생, 노동자, 부녀자 조직이 존재했다.[176]

조선민족해방연맹, 조선건국동맹을 이끌던 여운형에게는 당시부터 그리고 해방 후까지도 친일 의혹이 뒤따랐다. 해방 후 이만규가 남긴 기록에 따르면, 여운형은 청년운동을 일으켜달라는 총독 고이소 구니아키(小磯國昭)의 요청을 받아들여 고경흠을 통해 계획서를 제출했으나 정무총감 다나카 다케오(田

---

176 정병준, 『광복 직전 독립운동세력의 동향』, 158~162쪽.

中武雄) 등의 반대로 무산되었다.[177] 해방 후 우익 인사들이 쏟아낸 추측성 의혹 제기에 비할 바는 아니지만, 조선총독부와 여운형 사이에 무언가 교섭이 있었던 것은 사실인 듯하다. 이만규는 여운형과 가까운 사이였고 무엇보다 여운형 생전에 출판된 기록이므로 신빙성은 높다.

해방 전야인 1945년 7월에 가네코 데이이치(金子定一)가 주도한 대일본흥아회 조선지부에 여운형은 안재홍과 더불어 총고문으로 이름을 올렸다.[178] 부지부장을 맡은 김을한(金乙漢)의 회고에 따르면 여운형은 지부장을 부탁받았으나 사양했다고 한다.[179] 이러한 와중에 8월 4일 이걸소, 황운, 이석구, 조동호 등 건국동맹의 주요 구성원이 검거되는 사태도 발생했다. 여운형으로서는 그야말로 저항과 교섭의 줄타기를 이어간 셈이다.

건국동맹은 중국 화북의 독립동맹과 연계를 맺었다. 무정이 이끈 독립동맹 적구공작반은 1944년 6월에 공작원 1명을 국내에 파견했다. 공작원은 국내 혁명조직을 찾아내 연계하는 한편 직접 국내 인민을 조직하여 독립동맹 분맹을 조직한다는 사명을 띠었다. 기록에 따르면 공작원이 접촉한 사람은 무정의 오랜 친구로서 1920년대 말에 중공 상하이 한인 지부 서기를 지내다 1930년에 체포되어 7년간 감옥살이 후 서울 부근에서 농사를 지으면서 비밀 활동을 이어가던 사람이었다.[180] 체포와 투옥 관련 사실에 조금 차이가 있으나 여운형이 틀림없다.

무정은 1944년 9월에 자신의 편지를 휴대시켜 다시 여운형에게 공작원을

---

177   이만규, 『여운형 투쟁사』(1946), 333쪽.

178   金子定一, 「在鮮終戰日記抄」(1958. 9. 22), 小野寺永幸, 『秘錄·金子定一の生涯』, 東北史学研究所, 2009, 185쪽.

179   김을한, 『金乙漢 回顧錄 人生雜記—어느 言論人의 證言』, 一潮閣, 1989, 125~126쪽.

180   염인호, 『조선의용군의 독립운동』, 270~272쪽.

보냈다. 여운형은 첫 공작원은 밀정으로 의심했으나 두 번째 공작원은 비로소 신뢰했다. 무정의 편지는 세계 정세와 중국공산당 및 독립동맹의 발전 상황, 그리고 독립동맹의 조선 내 공작 방향, 대상, 방법 등을 담았다.[181] 1944년 12월 에는 무정의 연락원이 베이징에 있던 여운형 측 인물인 이영선(李永善)과 이상 백(李相佰)을 찾아왔다. 양측은 정보를 교환하고 "건국동맹과 독립동맹과의 완 전한 연결을 맹약"했다.[182]

1945년 1월에는 여운형이 대표를 파견하여, 독립동맹의 의견을 완전히 접 수했고 앞으로 독립동맹 측 의견에 따라 실천하겠고 이미 지하공작을 개시했 다고 알렸다. 여운형 측 대표는 중국 톈진에 머물며 매달 일제 측 정황을 독립 동맹에 알렸다. 아울러 독립동맹은 국내 진공 및 연락을 위해 압록강과 두만강 방면의 조직을 발전시켜달라고 여운형 측에게 부탁했다. 여운형이 함경북도 종성에 알려 연안, 만주 방면에서 국경을 넘어오는 동지들을 위한 숙소와 연락 처를 지정하도록 한 것은 독립동맹의 요청을 실천에 옮긴 결과였다. 독립동맹 은 '한성', 즉 서울에 분맹을 두었다고 밝혔는데 이는 건국동맹을 가리킨다.[183]

건국동맹 외에도 국내에는 몇몇 비밀결사가 존재했다. 대표적으로 공산주 의자협의회를 들 수 있다. 공산주의자협의회는 1944년 11월경 서울에 거주하 던 공산주의자들이 주도하여 결성했다. 서중석(徐重錫)이 국내 책임을 맡고, 이 정윤(李廷允), 김일수(金一洙), 김태준 등이 참가했다. 군사문제토론회라고 불린 군사조직을 두었는데, 건국동맹은 1945년 초에 공산주의자협의회와 연락하여 '노농병' 편성을 목적으로 군사위원회를 설치하고 만주에서 조선독립군을 편

181 위의 책, 272쪽.

182 이만규, 『여운형 투쟁사』(1946), 338쪽.

183 염인호, 『조선의용군의 독립운동』, 274~275쪽; 이만규, 『여운형 투쟁사』(1946), 339쪽.

성했다는 기록이 있다. 서중석과 이정윤은 1945년 3월에 체포되어 옥중에서 해방을 맞았다.[184] 김일성은 회고록 『세기와 더불어』에서 서중석 등을 자신이 지도했다고 밝혔으나,[185] 이러한 사실을 뒷받침하는 기록은 확인되지 않는다.

공산주의자협의회도 해외 독립운동 세력과 연계를 모색했다. 소련으로 파견된 김일수는 블라디보스토크로 향하는 중 해방을 맞았다.[186] 또한 김태준을 "중국공산당의 수도 '연안'에 가서 김일성, 무정 동지들과 함께 국내에 대한 군사대책"를 세우려는 목적으로 파견했다.[187] 김태준에 따르면 톈진으로 적구 공작을 나왔다가 체포되어 국내로 압송된 심운(沈雲)을 통해 독립동맹의 실상과 팔로군 근거지로 들어가는 방법이 알려졌다고 한다.[188] 김태준은 1944년 11월에 서울을 출발하여 1945년 4월에 옌안에 도착했다.

3. 인민공화국 수립을 위하여

1) 해방 공간의 여러 사회주의

(1) 인민위원회 수립과 신탁통치 파동에서 드러난 대중의 진출

1945년 8월 15일 아침 조선총독부 정무총감 엔도 류사쿠(遠藤柳作)에게 치안

---

184 조선통신사, 『1947년 조선연감』, 조선통신사, 1946, 366쪽; 정병준, 『광복 직전 독립운동 세력의 동향』, 146~147쪽.

185 김일성, 『김일성 동지 회고록 세기와 더불어 8(계승본)』, 조선로동당출판사, 1998, 354~355쪽.

186 조선통신사, 『1947년 조선연감』, 362쪽.

187 김태준, 「연안행」, 188쪽.

188 김태준, 「연안행」, 192쪽; 염인호, 『조선의용군의 독립운동』, 177쪽.

유지를 부탁받은 여운형은 곧 건국준비위원회 조직에 들어갔다.[189] 건준 위원장은 여운형, 부위원장은 안재홍이 맡았다. 건준은 여운형 및 건국동맹을 중심으로 한 좌파, 안재홍 등의 중도우파와 우파, 이영·최익한·정백 등 장안파 공산당, 이강국·최용달·박문규 등 재건파 공산당 세력이 결집한 연합전선적 조직이었다.[190]

해외 민족운동가들은 귀국 전이었고, 국내에 있던 세력 가운데는 송진우(宋鎭禹) 등 우파 세력이 참여하지 않았다. 여운형은 처음부터 송진우의 참가를 요청했다. 8월 18일 테러를 당한 여운형이 요양에 들어갔을 즈음 송진우의 한민당은 안재홍과 협의하여 건준을 장악하려고 기도했다. 여운형은 8월 25일 공식 석상에 복귀한 이후 건준의 '선언'과 '강령'을 발표했다.[191] 선언은 건준이 "모든 진보적 민주주의적 제세력을 집결하기 위하여 각층 각계에 완전히 개방된 통일기관"이지만 결코 "혼잡된 협동기관"은 아니라고 밝혔다. 안재홍과 송진우의 합동에 대한 비판이었다.[192]

이 '선언'은 "인류는 평화를 갈망하고 역사는 발전을 지향한다. 인류사상의 공전적(空前的) 참사인 제2차 세계대전의 종결과 함께 우리 조선에도 해방의 날이 왔다"라는 구절로 시작한다. 여기서 정병준은 여운형이 1918년 미국 대통령 윌슨에게 보낸 한국 독립청원서를 읽는 듯한 기시감을 확인했다.[193] 아울러 선

---

189 이만규, 『여운형 투쟁사』(1946), 347~350쪽.

190 서중석, 『한국 현대 민족운동 연구—해방 후 민족국가 건설 운동과 통일전선』, 역사비평사, 1991, 207쪽.

191 「强力한 獨立國家建設, 基礎的 準備에 邁進, 委員會에서 宣言發表」, 『매일신보』 1945. 9. 3; 이만규, 『여운형 투쟁사』(1946), 361~363쪽.

192 정병준, 『1945년 해방 직후사—현대 한국의 원형』, 돌베개, 2023, 125쪽.

193 위의 책, 125쪽.

언은 "전국적 인민대표회의에서 선출된 인민위원"으로 구성된 '민주주의 정권' 수립을 지향했다.

재건파 공산당을 비롯한 좌익이 주도권을 행사하자 우익은 점차 이탈했다. 8월 31일 안재홍은 사직 의사를 표명했다. 건준은 미군이 상륙하기 직전인 9월 6일 전국 인민대표회의를 열어 인민공화국으로 탈바꿈했다.

지방 조직의 움직임도 주목할 만하다. 8월 말까지 전국적으로 건준 지부 145곳이 건설되었다.[194] 건준 지부는 주로 치안과 식량 문제를 다뤘는데, 인민공화국 건설에 즈음하여 인민위원회로 개조된 곳이 많았다. 건준 지부의 빠른 결성은 건준 부위원장 안재홍이 8월 16일 하루 동안 세 차례나 방송 연설을 행한 영향이 컸다고 하지만, 식민지 시기 대중의 성장과 자치 경험 축적을 빼놓고는 설명하기 어렵다.

1930년대에는 혁명적 농민조합만이 아니라 폭넓은 대중을 포괄하는 농민위원회가 조직된 곳이 많았다.[195] 더 거슬러 올라가자면 3·1운동 당시 평안남도 순천, 평안북도 선천, 의주 등에서는 사람들이 면사무소를 차지하고 '대한 독립운동 준비사무소'를 차리거나 '자치 민단'을 꾸리려는 움직임이 있었다.[196] 권보드래는 이러한 사례에 주목하여 러시아나 독일의 '평의회(소비에트) 모델'과 동시대성을 읽어냈다.[197]

---

194 이만규, 『여운형 투쟁사』(1946), 362쪽.

195 지수걸, 『일제하 농민조합운동 연구―1930년대 혁명적 농민조합운동』, 역사비평사, 1993, 149쪽.

196 독립운동사편찬위원회, 『독립운동사 제2권 3·1운동사 (상)』, 독립유공자사업기금운용위원회, 1972, 395·448·465쪽; 권보드래, 『3월 1일의 밤―폭력의 세기에 꾸는 평화의 꿈』, 돌베개, 2019, 31쪽.

197 권보드래, 『3월 1일의 밤』, 121쪽.

여러 공장과 회사에서는 자발적으로 공장관리위원회가 조직되었다.[198] 건국동맹 정강에서 내건 "근로자로 중심한 기업관리의 실시"와 부합하는 움직임이었다.[199] 공장관리위원회 운동은 일본인 자본가를 몰아내고 매판자본가를 타도하려는 권력투쟁인 동시에, 생산 활동을 이어감으로써 실업을 면하려는 생존권 투쟁이었다.[200] 공장관리위원회 운동 역시 식민지 시기 프로핀테른이 건설을 지시한 공장위원회나 원산그룹이 전 공장 노동자의 이익을 대표하고자 결성한 공장위원회의 경험을 잇는 것이었다. 조선공산당과 사회주의자들 역시 개입하였으나 중앙집중적인 정치와 계획경제 차원의 접근은 자생적인 노동자 공장관리위원회 운동과 대립할 소지를 안고 있었다.[201]

건국준비위원회, 그리고 이를 계승한 인민공화국은 창립 직후부터 미군정과 우익으로부터 공격을 받았다. 1945년 10월 10일 아놀드 군정장관은 인공과 여운형을 '괴뢰극'과 '사기한'이라고 비난했다.[202] 북한의 공산주의자들 역시 서울에서 수립된 인공을 부정했다. 이런 상황에서 인공을 만든 재건파 공산주의자들은 혼란에 빠졌다. 다만 자신들의 '공화국'이 수립되었다고 확신한 지방의 대중들은 인공에 헌신적이었다.[203]

1945년 여름 미 국무부 보고서는 전쟁이 끝나면 지주의 가혹한 수탈에 시달린 한국인 농민들이 농지개혁을 기대하고 단호한 행동을 벌일 수 있다고 예측했다. 브루스 커밍스는 소련과 미국이 진주하지 않았더라도 혁명은 몇 달 안

198 김무용, 「해방 직후 노동자 공장관리위원회의 조직과 성격」, 『역사연구』 3, 1994.

199 「建國同盟 政綱細目」, 심지연 엮음, 『해방정국 논쟁사 1』, 한울, 1986, 92쪽.

200 中尾美知子 저, 편집부 역, 『해방 후 전평 노동운동』, 춘추사, 1984, 22쪽.

201 김무용, 「해방 직후 노동자 공장관리위원회의 조직과 성격」, 96~97쪽.

202 정병준, 『1945년 해방 직후사』, 168쪽.

203 위의 책, 175쪽.

에 한국을 엄습했을 것이라고 보았다.[204] 식민지 시기 이래 이어진 대중의 성장이 해방 직후 전국적인 건국준비위원회 지부, 공장관리위원회, 그리고 인민위원회 건설로 드러난 것이다.

한국에 대한 연합국의 신탁통치 결정을 둘러싼 파동도 대중의 민족의식 분출과 깊게 관련되었다. 좌익의 인민공화국 옹립 주장과 우익의 충칭 임시정부 추대 주장이 대립하는 가운데 신탁통치 이야기가 흘러나왔다. 1945년 10월에 미국 국무성 극동국장 빈센트가 한국에 대한 연합국의 신탁통치 실시 계획을 언급했을 때, 한국의 좌우익 모든 정치 단체가 절대 반대 의사를 표명했다.[205] 신탁통치는 즉각 독립에 대한 민족적 열망을 짓밟는 것으로 비쳤다.

1945년 12월에 모스크바에서 미·영·소 세 나라 외상이 만났다. 모스크바 삼상회의에서 한국에 대한 "최고 5년간 4개국 공동 신탁통치"가 결정되었다고 전해졌다. 우익은 신탁통치 반대를 분명히 하고 충칭 임시정부 추대 운동을 벌였다. 좌익도 처음에는 반대했으나 1946년 1월 2일 인민공화국 중앙인민위원회는 모스크바 삼상회의 결정은 조선 민족해방을 확보하는 진보적 결정이므로 전면적으로 지지한다고 밝혔다. 조선공산당도 모스크바 삼상회의 결정을 지지했다.[206] 신탁통치 결정을 소련 탓으로 돌린 동아일보의 악의적인 오보 탓에 반탁과 반공이 결합해버린 상황에서 좌익의 찬탁 결정은 매국 행위로 지탄받았다. 대중의 압도적인 반탁 열기 속에 좌익은 정치적 영향력을 잃고 말았다.

---

204 브루스 커밍스 저, 김범 역, 『한국전쟁의 기원 1. 해방과 분단 체제의 출현 1945~1947』, 글항아리, 2023, 34·180쪽.

205 서중석, 『한국 현대 민족운동 연구』, 287쪽.

206 위의 책, 317쪽.

태평양전쟁기 미국은 이미 한국에 대한 미·영·중·소 4개국에 의한 국제 신탁통치 구상을 굳혔다. 당시에는 '연합국 공동관리' 등의 표현을 사용했는데, 이는 여러 언론 매체나 국제회의 등을 통해 공공연하게 발표되었다. 충칭의 대한민국임시정부는 국제공동관리, 즉 신탁통치 반대를 분명하게 밝혔다. 임정은 국제공동관리가 윌슨의 민족자결 원칙에 어긋난다고 주장했다.[207] 1943년 11월 카이로선언에서 미국과 영국은 중국의 주장을 받아들여 한국의 자유와 독립 보장을 명기했다. 다만 한국의 독립 시기에 대해 '일본이 패망한 즉시'가 아니라 '적절한 시기'라는 애매한 표현을 사용함으로써 국제 신탁통치를 위한 근거를 남겼다.[208]

옌안 독립동맹의 박일우는 1945년 중국공산당 제7회 대회에서 미국이 한국에 대한 '국제공동관리'를 획책하고 있다고 비판한 바 있다.[209] 미국의 국제공동관리, 즉 신탁통치 구상은 식민지 말기 민족운동 좌·우익 진영 모두에게 비판받은 셈이다.

1945년 이후 국제연합(UN)의 신탁통치는 1920년 이후 국제연맹의 위임통치를 계승 발전시킨 것이다. 1930년대 세계적으로 혁명적 민족주의가 대두하고 식민지 민족의 투쟁이 전개되면서 1920년대에 새롭게 느껴졌던 구상은 1945년에는 낡은 것이 됐다.[210] 게다가 한국인은 이미 위임통치에 대해서도 부

---

207 이재호, 「대한민국임시정부의 국제공동관리안 반대운동(1942~1943)」, 『한국독립운동사연구』 48, 2014.

208 정병준, 「카이로회담의 한국 문제 논의와 카이로선언 한국 조항의 작성 과정」, 『역사비평』 107, 2014.

209 「중국공산당 제7차 대표대회에서 한 왕외 동지의 연설」(1945. 5. 21), 조선의용군 발자취 집필조 편, 『중국의 광활한 대지 우에서』, 677쪽; 염인호, 『조선의용군의 독립운동』, 309쪽.

210 브루스 커밍스 저, 김범 역, 『한국전쟁의 기원 1』, 165쪽.

정적이었다. 이승만이 한국에 대한 위임통치를 청원한 사실은 1925년에 그가 임시정부 대통령 자리에서 탄핵당하는 구실의 하나가 되었다. 이러한 한국인이 해방 이후 시점에서 신탁통치를 받아들인다는 것은 생각하기 어려웠다.

동아일보의 악의적인 왜곡 보도에 주목하여 대중의 반탁운동을 우익의 여론 조작 결과로 간주하고 좌익의 선택이 더 현실적이었다고 평가하는 경향이 있다. 그러나 일찍이 일본의 한국사 연구자 가지무라 히데키는 "결과론적으로 생각하면 5년간 참는 쪽이 그나마 현명했던 것이 아닌가"라는 '객관주의'적인 입장을 비판하고, 신탁통치에 대해 "조선 인민이 커다란 의문을 느낀 것은 당연"하다고 평가했다.[211] 신탁통치 결정 초기에 반대 의사를 밝혔던 백남운은 얼마 후 "조선 민족이 요청하는 정치·경제·문화는 연합국 원수들보다도 민주주의를 이해하는 조선의 평민이 더 잘 알고 있다"는 말을 남겼다.[212]

1946년 1월 16일에 동아일보는 「조선을 소련 속국으로—상항(桑港) 방송이 전하는 박헌영의 희망」이라는 기사를 내보냈다. 박헌영이 뉴욕타임스 기자에게 소련의 1국 신탁제를 지지하고 향후 10~20년 이내에 한국이 소련연방에 합병되어야 한다고 말했다는 방송이 미국 샌프란시스코에서 나왔다는 내용이었다. 미 군정의 보도자료를 동아일보가 기사화한 것이지만, 박헌영과 뉴욕타임스 기자의 인터뷰 내용은 완전한 날조였다. 하지만 반탁 단체들은 박헌영 타도

---

211 梶村秀樹, 「八·一五以後の朝鮮人民」(1976), 『梶村秀樹著作集 第5巻 現代朝鮮への視座』, 明石書店, 1993, 43쪽; 홍종욱, 「가지무라 히데키의 한국 자본주의론—내재적 발전론으로서의 '종속 발전'론」, 강원봉 외, 『가지무라 히데키의 내재적 발전론을 다시 읽는다』, 아연출판부, 2014 참조.

212 백남운, 「조선 민족의 진로」, 『서울新聞』 1946. 4. 1~13, 심지연 편, 『조선혁명론연구—해방정국논쟁사 2』, 실천문학사, 1987, 166쪽.

를 외치며 조선공산당을 매국적 정치 세력으로 낙인찍었다.[213] 조선공산당의 국제주의가 우익에 의해 왜곡되어 대중에게 반민족주의로 받아들여진 상황을 엿볼 수 있다.

(2) 조선공산당의 8월 테제와 백남운의 신민주주의

1945년 8월 15일 밤에 일군의 공산주의자가 모여 조선공산당을 결성했다. 참가자는 서울계 이영·정백, 화요계 이승엽·조두원·조동호, 상해계의 서중석 등이었다. 이들은 모임 장소인 장안빌딩 이름을 따서 장안파 공산당이라고 불렸는데, 곧 ML계 최익한·이우적·하필원 등도 합류했다. 한편 박헌영은 8월 20일에 경성콤그룹과 화요계 공산주의자를 규합해 조선공산당 재건준비위를 결성했다. 재건파 공산당은 9월 8일 열성자대회를 열어 장안파 공산당을 압도한 후 조선공산당의 통일 재건을 선포했다.[214]

조선공산당의 노선은 「현 정세와 우리의 임무」 즉 8월 테제를 통해 확인할 수 있다. 이 문서는 8월 20일에 초안이 작성된 후 보완을 거쳐 9월 20일에 당중앙위원회에서 채택되었다. 8월 테제에서 조공은 현 단계 과제를 "민족적 완전 독립과 토지 문제의 혁명적 해결"을 내용으로 하는 부르주아민주주의혁명으로 규정했다. 혁명의 동력은 노동자, 농민, 도시 소시민과 인텔리겐차에서 찾았고, "민족 급진주의자, 민족개량주의자, 사회개량주의자(계급운동을 포기한 일파), 사회 파시스트(일본 제국주의자와 협력하는 변절자 일파)"를 비난했다.[215]

---

213 서중석, 『한국 현대 민족운동 연구』, 323쪽.

214 위의 책, 231~232쪽.

215 「現情勢와 우리의 任務」(1945. 9. 20), 이정 박헌영 전집 편집위원회 편, 『이정 박헌영 전집 5』, 역사비평사, 2004, 54~55쪽.

조공은 노동자, 농민, 도시민, 인텔리겐차 등 근로계급이 주장하는 '진보적 민주주의 사회'와 지주, 고리대금업자, 반동적 민족부르주아지 등 친일파가 요망하는 자본가와 지주의 독재정권인 '반동적 민족주의 국가'를 대비시켰다. 반동적이라고 한정하기는 했지만 민족주의를 부정하는 듯한 태도가 엿보인다. 조공은 한국민주당의 송진우와 김성수(金性洙)를 '반동적 민족부르주아지'라고 부르고 '해외에 있는 망명정부', 즉 대한민국임시정부까지도 강하게 비난했다. 무엇보다 "조선의 지주와 민족부르주아지들이 전체로 일본 제국주의의 살인 강도적 침략적 전쟁을 지지"했다고 지적했다.[216] 조공의 8월 테제에서는 민족 부르주아지와의 통일전선은 논의될 여지조차 없었다.

'사회개량주의자'도 비난했다. 1937년 이래 전쟁 시기에 들어서 "과거 파벌들은 모든 운동(합법적, 비합법적)을 청산하고 일본 제국주의자 앞에 더욱 온순한 태도를 표시"하고 '투기업자'나 '금광 브로커'가 되었는데, 이들이 아무런 준비도 없이 해방 이후 조선공산당을 조직했다고 지적했다. "합법주의자, 청산주의자들의 이러한 파벌 행동"은 명백하게 장안파 공산당을 가리키는 것이었다. 조공은 "국제 노선을 대중 속에서 실천하는 진실한 의미의 콤그룹의 공산주의 운동이 비합법적으로 계속"된 데서 자신의 정통성을 구했다. 그리고 사회개량주의 영향 아래 있는 군중을 "밑으로부터의 통일전선으로써 우리 편으로 전취"하고자 했다.[217]

"사회개량주의자가 아니면 우경적 기회주의자"에 대한 공격과 동시에 "사회주의혁명의 과업과 성질을 운운하는 것과 같은 극좌적 경향"과도 싸우는,

---

216 「現情勢와 우리의 任務」(1945. 9. 20), 52~55쪽.

217 위의 글, 56·64쪽.

"옳은 정치 노선을 위한 양면 작전 투쟁"을 강조했다.[218] 현 단계 혁명의 성격을 사회주의혁명으로 보는 이들로서는 "장안빌딩 '공산당'의 수령 최익한, 이영, 정백 등"을 직접 거명하며 비난했다. 다만 '극좌적 경향'의 내용으로 지적한 "자유주의적 민족부르주아지의 반동적 저항을 진압하고 농촌 중농과 도시 중소 상공층의 동요, 불확실성을 견인 혹은 중립화"[219]하는 전술은 조공의 8월 테제 노선과 크게 다르지 않았다. 부르주아민주주의혁명인가 사회주의혁명인가는 다소 관념적인 대립이었다. 조공에게 장안파 공산당은 역시 "사회개량주의자가 아니면 우경적 기회주의자"였다. 실제 장안파 공산당은 1945년 가을 이후 민족주의자와 폭넓은 통일전선을 주창한다.

조공은 중국의 국공합작을 높이 평가했다.[220] 스스로 민족부르주아지 전체를 강하게 비난한 것과는 모순된다. 한편 사회주의혁명을 주장하는 '극좌적 경향'을 대표하는 이들로 "일본에서 나온 몇 개 동지들"을 지목했다. 일본을 무대로 펼쳐진 조선 공산주의 운동을 낮춰 보는 듯한 태도다. 8월 테제의 8월 20일 초안 말미에는 '조선혁명 만세!' 등과 함께 '일본혁명 만세!'라는 슬로건이 포함되었지만, 9월 20일에 조선공산당 중앙위원회 명의로 발표된 문서에는 '일본혁명 만세!'는 보이지 않는다.[221] 박헌영과 조공은 '국제 노선'을 강조했지만, 동아시아 상황에는 큰 관심을 두지 않았다.

제2차 세계대전은 추축국 대 연합국, 파시즘 대 반파시즘의 전쟁이었다.

---

218 위의 글, 64쪽.

219 위의 글, 65~66쪽.

220 위의 글, 68쪽.

221 「현정세와 우리의 임무」(1945. 8. 20), 『이정 박헌영 전집 2』, 56쪽; 「現情勢와 우리의 任務」(1945. 9. 20), 『이정 박헌영 전집 5』, 69쪽; 藤井たけし, 「ある〈同時代性〉」, 『青丘文庫月報』 188, 2004, 1쪽.

1945년 시점에서 공산주의자의 '국제 노선'은 바로 미·소 협조의 국제 민주주의여야 했다. 1935년 코민테른 제7회 대회에서 제기된 반파시즘 인민전선론, 반제 민족통일전선론은 1941년 독소 개전 이후 현실화되어 1943년에는 심지어 코민테른 해산으로 이어졌다. 그러나 8월 테제에서는 반파시즘 인민전선, 반제 민족통일전선의 문제의식은 보이지 않는다. 경성콤그룹 시절 박헌영이 강조한 국제주의는 반파시즘 인민전선에 소극적이었던 소련 정책의 옹호에 불과했다. 그리고 독소 개전으로 국제적 반파시즘이 왕성했을 무렵 박헌영은 광주에 잠적해 있어야 했다. 그 탓일까, 적어도 8월 테제에 드러난 '국제 노선'은 1945년의 국제 민주주의 흐름과 맞지 않았다.

조선공산당 8월 테제에 보이는 부르주아민주주의혁명론은 1928년의 코민테른 제6회 대회와 12월 테제의 내용을 그대로 답습한 것이었다. 민족부르주아지와의 통일전선은 고려되지 않았고, 사회개량주의나 민족개량주의와는 프롤레타리아트 헤게모니를 전제로 '밑으로부터의 통일전선'을 추구했다. 밑으로부터의 통일전선은 상층 통일전선, 즉 공동의 정치 활동에 대한 부정과 다를 바 없었다. 1930년대 식민지 조선에서 벌인 비밀결사 운동에서 나온 방향이었다. 8월 테제에 소비에트 건설이라는 표현은 없지만 "정권을 인민대표회의로"[222]라는 표어가 등장한다. 실제로 1945년 9월 6일에 인민공화국은 전국 인민대표회의를 통해 수립되었다.

1930년대 조선의 사회주의 운동은 조선, 그리고 민족이라는 주체를 진지하게 고려했다. 이러한 흐름은 1935년 코민테른 제7회 대회의 반파시즘 인민전선론, 반제 민족통일전선론에 의해 고무되었다. 1930년대 후반 이후 만주의 조국광복회, 옌안의 독립동맹, 국내의 건국동맹은 하나같이 폭넓은 민족통일전

---

222 「現情勢와 우리의 任務」(1945. 9. 20), 67쪽.

선을 지향했다. 해방 직후 조선에서도 민족통일전선은 중요한 과제였다. 백남운이 주도한 학술원에는 민족주의자가 중심이 된 진단학회로부터 조선공산당 산하의 조선과학자동맹까지 다양한 지식인이 함께했다.

8월 테제에 정리된 조선공산당의 노선은 바로 실행에 옮겨지지는 않았다. 오히려 조공은 1946년 1월까지는 김성수의 한민당, 안재홍의 국민당과 협동전선을 시도할 정도였다. 1946년 2월 민주주의 민족전선, 즉 민전 결성 무렵부터 우익을 배격하고 중간파를 인정하지 않는 형태로 조공의 좌경 노선이 본격화했다. 조공은 1946년 여름에 신전술을 채택하여 폭력 투쟁을 주도했다. 동시에 좌우합작 운동을 배격하고 조선공산당 주도하에 남조선노동당을 결성했다.[223] 이 무렵 좌익 내부에서는 노선 갈등이 본격화했다.

식민지 조선을 대표하는 마르크스주의 역사학자·경제학자로서 1938년에는 치안유지법 위반으로 투옥되어 연희전문 교원을 그만두어야 했던 백남운은, 해방 후 경성제국대학에서 '제국' 두 글자를 뗀 경성대학(현 서울대학교)의 자치위원장을 맡았다. 이어 백남운은 1946년 2월에 조선독립동맹 경성특별위원회 위원장으로 정치 무대에 나섰다. 중국 옌안에서 돌아온 독립동맹과 백남운을 이어준 이는 김태준이었다. 해방 후 김태준은 조선공산당원으로 활동하지만, 식민지 말기에 옌안을 찾아 독립동맹과 연을 맺었고 백남운과는 1930년대 중반 조선 연구의 장에서 함께 활동한 바 있다. 백남운은 1946년 1월 평양을 방문했을 때 김태준의 소개로 독립동맹 지도부와 만나 뜻을 같이하게 되었다.[224]

미군정과 협력을 강화하는 우익에 맞서 좌익은 1946년 2월 민주주의 민족

---

223 서중석, 『한국 현대 민족운동 연구』, 244쪽.

224 박병엽 구술, 유영구·정창현 엮음, 『김일성과 박헌영 그리고 여운형—전 노동당 고위간부가 본 비밀회동』, 선인, 2010, 248~249쪽.

전선, 즉 민전을 결성했다. 독립동맹도 민전에 참여하여 백남운은 여운형·허헌·박헌영·김원봉과 함께 의장단을 구성했다. 2월 하순 독립동맹은 신민당으로 이름을 바꾸는데, 독립동맹·신민당은 좌우합작을 주장함으로써 우파를 배격하고 중간파의 존재를 인정하지 않는 조선공산당과 대립하였다. 이러한 상황에서 발표된 것이 백남운의 논설 「조선 민족의 진로」였다.

"조선 민족은 문화적 전통과 언어와 역사적 혈연과 정치적 공동운명 등등의 역사적 조건으로 보아서 세계사상에 희귀한 단일민족이다"[225]라는 선언으로 시작하는 이 글에서 백남운은 '국제 노선'을 내건 박헌영의 조선공산당을 견제했다. 그리고 '연합성 신민주주의'를 내세워 좌우합작의 필요성을 제창했다. 다만 유산계급, 자산가에 대한 평가는 흔들렸다. 민족혁명의 과제가 연합군의 승리로 해결된 오늘날 유산계급의 혁명성도 역사적으로 해소된 셈이라고 부정적으로 평가하는가 하면, 아직 완전 독립이 실현되지 않은 정치적 단계에서는 일부 자산가는 아직 그 혁명성을 내포하고 있다는 긍정적 평가도 눈에 띈다.[226]

조선공산당은 백남운이 말하는 연합의 기준이 모호하다고 비판했다. 가령 김남천은 "원칙 없는 반민주주의자 친파쇼 분자와의 합작과 연합—즉 이는 이박사(이승만—인용자)가 친일파와 모리배를 위하여 웨친 구호 「덮어놓고 뭉치자」와 어떤 차이가 있을 것이냐'고 비판했다.[227] 1946년 7월 민전 의장단 회의에서 박헌영이 제안한 무상몰수 무상분배의 토지개혁, 남조선 정권의 인민위원회

---

225 백남운, 「조선 민족의 진로」(1946. 4), 하일식 편, 『백남운전집 4. 휘편』, 이론과 실천, 1991, 323쪽.

226 위의 글, 327~328쪽.

227 김남천, 「백남운 씨 「조선 민족 진로」 비판」(1946. 5), 심지연 편, 『조선혁명론 연구』, 227쪽.

즉각 이양 등 강경한 내용의 '민전 5원칙'을 여운형과 김원봉은 반대했지만 백남운은 찬성했다.[228] 백남운은 강경한 합작 원칙을 고수한 채 좌우합작의 필요성을 주장했다는 점에서 특이했다. 따라서 김남천으로서는 토지개혁과 대기업 국유화 등에서 백남운과 조선공산당의 의견은 완전히 일치한다면서, 그런데도 백남운이 국제 노선을 거부하는 이유가 무엇이냐고 물은 것이다.[229]

「조선 민족의 진로」에서는 1930년대 민족통일전선의 애로가 반복되었다. 백남운이 1934년에 일본어로 발표한 「조선 경제의 현단계론」에서 이미 '민족적 진로'라는 용어가 사용되었고, 1946년에 발표한 「조선 민족의 진로」에는 소제목 중 하나로 '조선 경제의 현단계 재론'이 포함되었다. 「조선 민족의 진로」는 「조선 경제의 현단계론」을 강하게 의식하면서 쓰였다.[230]

백남운은 「조선 경제의 현단계론」에서 "민족적 대립과 자본주의적 대립이 거의 서로 일치"한다는 말로 민족통일전선의 근거를 밝혔다. 다만 같은 글에서 '민족적 자본주의 재건'을 '역사법칙의 역행'이라고 비판했다.[231] 민족적 자본주의를 부정하면서 민족부르주아지와의 통일전선은 가능할까. 「조선 민족의 진로」에서는 중요 기업의 국유화나 무상몰수 무상분배의 토지개혁을 내걸면서 좌우합작을 강조했다. 역시 민족통일전선을 이루어야 한다는 당위와 민족부르주아지를 어떻게 설득할 것이냐는 현실 사이에는 괴리가 있었다.

방기중은 백남운이 인민전선론, 통일전선론의 '전술적 수준'과 '국가론적

---

228 서중석, 『한국 현대 민족운동 연구』, 412~413쪽.

229 김남천, 「백남운 씨 「조선 민족 진로」 비판」(1946. 5), 심지연 편, 『조선혁명론 연구』, 226쪽.

230 서중석, 『한국 현대 민족운동 연구』, 347쪽.

231 백남운, 「조선 경제의 현단계론」(1934), 하일식 편, 『백남운전집 4. 휘편』, 206·225쪽.

차원'의 구별을 충분히 이해하지 못했다며 그 이론적 한계를 지적했다.[232] 국가론적 차원의 통일전선이라면 1936년 프랑스와 스페인의 경험을 바탕으로 한 인민전선 정부를 생각할 수 있다. 거기서는 프롤레타리아트 헤게모니 운운이나 공산주의 선전은 억제되어야 한다. 1943년에 코민테른이 해체된 이유도 그것이다. 공산주의를 포기한 공산주의자가 있을 수 없다면, 방기중이 지적한 이론적 한계는 백남운만이 아닌 통일전선론 자체의 문제라고 해야 할 것이다.

좌우합작 가능성이 줄어든 데는 국제 정세의 영향도 컸다. 백남운은 중국의 정치 형태가 국공 협정에 의해 비로소 민주정권 형태로 전환되는 과정을 응시해야 한다고 말했으나,[233] 이미 국공합작은 국공내전으로 전환된 지 오래였다. 1948년 4월에 평양에서 열린 남북 제정당 사회단체 대표자 연석회의 보고에서 백남운은 "연합국이라는 자구에 현혹하던 모든 망론(妄論)과 중간적 동요"를 고발했지만,[234] '연합'이라는 말에 집착한 것은 불과 몇 달 전까지의 백남운 자신이었다.

남한의 좌파를 대표하던 박헌영은 북한에선 처음부터 김일성의 그늘에 놓였다가 1953년 끝내 숙청되었다. 반면 백남운은 오래도록 정권 중추에 머물렀다. 백남운의 당위론이 박헌영의 현실론을 압도한 셈이다. 좌우합작의 불가능성을 솔직히 인정한 박헌영보다는 오히려 모호한 통일전선론을 편 백남운 쪽에 조선혁명의 가능성과 한계가 담겨 있었다. 김일성의 입장은 백남운에 가까웠다고 할 수 있다. 신복룡은 민족통일전선의 선두에 백남운이 있었고 김일성

---

232 방기중, 『한국 근현대 사상사 연구―1930·40년대 백남운의 학문과 정치경제 사상』, 역사비평사, 1992, 333쪽.

233 백남운, 「오인의 주장과 사명」(1946. 5), 하일식 편, 『백남운전집 4. 휘편』, 364쪽.

234 백남운, 「남조선의 현 정치정세」(1948), 하일식 편, 『백남운전집 4. 휘편』, 414쪽.

은 그 뒤를 따랐다며 김일성은 백남운의 '충실한 제자'였다고까지 평가했다.[235]

2) 조선민주주의인민공화국의 수립

(1) 김일성의 민족주의와 국토 '완정'

소련은 한국인 사이에 널리 알려진 독립운동가이자 소련군 장교로 훈련받은 김일성을 북한의 지도자로서 선택했다. 김일성을 비롯해 남만·동만·북만에서 각각 활동하던 조선인들은 1941년 초 소련으로 들어간 뒤 비로소 하나의 집단에서 활동하게 되었다. 대표적으로 김일성, 김책, 최용건은 1941년 하바롭스크에서 처음 만났다.[236] 이들은 해방 직후 북한으로 들어와 빨치산파를 형성한다. 김일성은 1945년 12월에 조선노동당 북조선분국 책임자가 되었고, 신탁통치 문제를 둘러싸고 조만식이 배제된 후 1946년 2월에 북조선 임시인민위원회 위원장에 올랐다.

중국 옌안에서 돌아온 독립동맹 지도자들은 연안파를 형성했다. 독립동맹은 1946년 2월에 평양에서 전체 대회를 열고 조선신민당을 창당했다. 다만 옌안 시절에 불거진 갈등은 북한에서까지 이어졌다. 조선신민당은 김두봉, 최창익 등 1940년을 전후하여 국민당 지구에서 화북으로 올라온 북상파가 중심이었다. 무정과 김창만 등은 여기에 가담하지 않고 북조선공산당에 입당했다.[237] 김창만은 원래 최창익 계열이었으나 1943년 정풍운동 와중에 무정 쪽으로 돌

---

235 신복룡, 「망국을 바라보는 좌파들의 시선—백남운(白南雲)/박헌영(朴憲永)/전석담(全錫 淡)」, 『동양정치사상사』 8-2, 2009, 179쪽.

236 김선호, 「1940년 전후 동북항일연군·조선의용군의 변화와 중국·소련 관계」, 『정신문화연 구』 147, 2017, 78쪽.

237 염인호, 『조선의용군의 독립운동』, 231~232쪽.

아섰다.[238] 1946년에 무정이 모스크바에 대표로 파견되려고 할 때 같은 연안파인 허정숙은 대표 사이에 화합이 이루어지지 않을 것이라고 반대했다.[239] 무정은 중요한 역할을 맡지 못하다가 6·25전쟁 중에 중국으로 돌아갔다. 재소련 한인들도 대거 파견되어 북한 정부 수립에 참여했다. 이들은 소련파로 불렸다.

해방과 동시에 북한 지역에도 각지에서 인민위원회가 건설되었다. 또한 남한과 마찬가지로 북한에서도 공장위원회 등 다양한 명칭을 가진 조직이 산업시설에 대한 자주 관리를 시행했다.[240] 김일성은 이미 1945년 9월에 소련군의 협조를 얻어 항일유격대원 출신자 등을 각 지방에 파견하여 체제 정비에 나섰다.[241] 1945년 말까지 연안파와 소련파가 주축이 되어 당과 국가 체제를 갖추었다. 김일성과 김두봉이 이끄는 중앙지도부가 나타나면서 초기 인민위원회가 보인 자생적이고 지방주의적인 색채는 막을 내렸다.[242]

북조선 임시인민위원회 위원장 김일성은 1946년 3월에 「20개조 정강」을 발표했다.

① 조선의 정치·경제 생활에서 과거 일본 통치의 일체 잔여를 철저히 숙청할 것.

② 국내에 있는 반동 분자와 반민주주의적 분자들과의 무자비한 투쟁을 전개하며 팟쇼 및 반민주주의적 정당·단체·개인들의 활동을 절대 금지할 것.

③ 전체 인민에게 언론·출판·집회 및 신앙의 자유를 보장시킬 것. 민주주의적 정당·노동조합·농민조합 및 기타 제 민주주의적 사회단체가 자유롭게 활동할 조

238 김학철, 『최후의 분대장』, 322쪽.

239 김광운, 『북한 정치사 연구 I. 건당, 건국, 건군의 역사』, 183쪽.

240 위의 책, 314쪽.

241 위의 책, 139쪽.

242 브루스 커밍스 저, 김범 역, 『한국전쟁의 기원 1』, 552쪽.

건을 보장할 것.

④ 전 조선 인민은 일반적으로 직접 또는 평등적으로 무기명투표에 의한 선거로
써 지방의 일체 행정기관인 인민위원회를 결성할 의무와 권리를 가질 것. (…)

북한의 조선역사편찬위원회 위원장을 맡은 이청원은 『조선근대사연구』
(1947)에서 조국광복회 10대 강령을 김일성의 업적으로 소개하면서 "해방된 오
늘 김 장군이 발표한 20개 정강과 대비하여 볼 때에 우리는 다시금 김 장군의
위대한 영도력과 과학적 판단력의 선견을 엿볼 수 있다"고 치켜세웠다. 북한
정권이 조국광복회 전통을 이었다는 인식이었다. 이청원이 독립동맹 출신 연
안파 이론가인 최창익의 「조선 민족해방운동과 김일성 장군」이라는 글을 인
용하면서 김일성의 독립운동을 설명하고 있는 점도 흥미롭다.[243] 이른 시기부
터 연안파가 김일성 우상화에 협조한 점이 확인된다.

한편 1948년 12월부터 1949년 2월까지 중공 중앙은 길림성위에서 민족공작
좌담회를 소집했다. 이 자리에서 모스크바노동대학 출신으로 연변일보사 사
장인 임민호(林民鎬)는 조선족이 집단적으로 연변에 공화국을 설립하여 소련처
럼 중앙공화국에 가입하는 가맹식 공화국을 건립해야 한다고 주장했다. 조선
에서 온 임춘추(林春秋)는 연변을 조선으로 귀속시켜 연변의 민족 문제를 근본
적으로 해결해야 한다고 주장했다. 주덕해(朱德海)는 연변에서는 중국 정부의
통일된 영도 아래 민족자치를 실행할 수 있을 뿐이라고 주장했다.[244] 후일 연변
조선족자치주가 설치되어 주덕해가 초대 주장이 되었다. 재만 한인의 자치를

---

243 이청원, 『조선근대사연구』, 조선역사편찬위원회, 1947, 317~318쪽. 다만 최창익의 글은 확인
　　　하지 못했다.

244 선즈화 저, 김동길·김민철·김규범 역, 『최후의 천조』, 231쪽.

〈표 1〉 북조선노동당 중앙위원회 구성

		연안파	소련파	국내파	빨치산파	기타	합
제1기(1946)	중앙위원회 상임위원회	6	3	2	2	0	13
	중앙위원회 전체	15	8	10	4	6	43
제2기(1948)	중앙위원회 상임위원회	4	5	3	3	0	15
	중앙위원회 전체	17	15	15	8	12	67

내건 조국광복회 10대 강령 제2항이 구현된 셈이다.

해방 공간에서 북한의 정치는 김일성의 빨치산파, 중국에서 온 연안파, 소련에서 온 소련파, 그리고 국내파가 서로 협력, 대립하면서 이루어졌다. 북조선노동당 중앙위원 구성을 파벌별로 정리하면 〈표 1〉과 같다.[245]

연안파가 우위를 점하는 가운데 네 개 파벌 연합적 성격이 유지되었다. 빨치산파가 소수인 것은 지식인이 적은 탓이었다. 당시 소련에서 온 이들은 만주에서 온 사람과 옌안에서 온 사람을 모두 중국공산당파라고 불렀다. 최창익 외에 김창만도 일찍부터 김일성 우상화에 나섰다.[246] 김일성이 중국공산당과 공청에 소속되었던 사실도 숨기지 않았다.[247] 김일성의 항일유격대와 독립동맹의 조선의용군은 북한 인민군의 두 기둥이었다.

해방 직후 북한에서는 '민주' 혹은 '민주주의'라는 용어가 많이 사용되었다. 1945년 11월 조선공산당 북조선분국은 김일성이 제시한 '4대 당면과업'을 받

---

245 안드레이 란코프 저, 김광린 역, 『소련의 자료로 본 북한 현대 정치사』, 오름, 1995, 85·94쪽.

246 和田春樹, 「解放後を中心として」, 水野直樹·和田春樹, 『朝鮮近現代史における金日成』, 神戶學生靑年センタ-出版部, 1996, 48~50쪽.

247 「김일성 장군 략사」, 『로동신문』 1946. 10. 12; 김광운, 『북한 정치사 연구 I』, 272쪽.

아들이는데, 그 첫 번째 내용은 "민주주의 인민전선을 형성하여 민주주의 인민 공화국 건립"이었다.[248] 김일성은 1945년 12월 북한을 "통일된 민주주의적 독립 국가를 위한 강력한 민주기지로 전변시킬 것"을 선언했다. 1946년 2월에는 북 조선 임시인민위원회 수립과 더불어 토지개혁을 비롯한 일련의 '민주개혁'이 실시되었다.

1945년 11월에는 '당의 퇴보, 우경화'라는 비판을 겪고 공산주의 청년동맹 을 민주청년동맹으로 개편했다.[249] 민주, 민주주의는 사회주의 단계에 이르지 못한 상황에서 광범한 통일전선을 위해 사용되는 용어였지만, 동시에 소련이 중심이 된 국제주의와 친화적인 용어였다. 당시 사회주의 진영은 세계 정세를 민주주의와 제국주의 사이 대결로 보았다. 1949년 중국에서는 '중국 공산주의 청년단'을 '중국 신민주주의청년단'으로 개칭했다. 일본에서도 1950년 코민포 름이 일본공산당의 평화 노선을 비판한 뒤 '일본 청년공산동맹'이 '일본 민주 청년단'으로 이름을 바꿨다.

1948년 건국된 '조선민주주의인민공화국'의 국명에도 민주주의가 포함되 었다. 조선민주주의인민공화국이라는 국명은 1946년 8월 북조선노동당 창설 전후에 본격적으로 등장했다. 북조선공산당이 주장한 인민공화국과 조선신민 당이 주장한 민주공화국을 합친 듯한 명명이었다.[250] 한편, 북한 주둔 소련군 민 정장관을 지낸 레베데프(Nikolai G. Lebedev)는 조선인들이 제안한 조선인민공화국 이라는 이름을 거부하고 자신이 조선민주주의인민공화국이라는 명칭을 제안

248 김일성, 『창립 1주년을 맞이하는 북조선로동당』, 로동당출판사, 1947, 26~27쪽; 김광운, 『북 한 정치사 연구 I』, 162쪽.

249 김광운, 『북한 정치사 연구 I』, 178쪽.

250 강응천, 『국호로 보는 분단의 역사』, 동녘, 2019, 89쪽.

했다고 회고했다.[251] 동유럽에서 소련이 직접 건국에 개입한 동독의 국명은 '독일민주주의공화국'이었다. 무엇보다 1945년 12월 모스크바 삼상회의 결정에는 소련의 주장을 받아들인 '조선 민주주의 임시정부 수립'이라는 구절이 포함된 바 있다.

1946년 8월에 북조선공산당과 조선신민당이 합당하여 북조선노동당이 만들어졌다. 창당대회에서는 각 당을 대표하여 김일성과 김두봉이 보고를 하였다. 김일성의 보고와 토론은 남한의 우익을 반동파, 매국적(賣國賊), 친일분자, 민족반역자 등으로 비난하면서 민주주의와 더불어 애국주의를 고취하는 취지였다. 마르크스-레닌주의나 소련의 존재에 대한 언급은 거의 없었다.[252] 이에 반해 김두봉은 '위대한 쏘련 인민과 붉은 군대를 수선(首先)으로 한 세계 민주역량'을 강조하면서 동유럽의 '민주적 개혁'을 언급하고, 1917년 10월혁명 이후 세계는 사회주의와 자본주의 두 체제 사이에 '근본적 대립'이 존재한다고 설명했다.[253]

김두봉의 국제 정세 인식은 당시 소련의 제2인자였던 즈다노프(Andrei Zhdanov)의 '두 개의 진영론'을 방불케 한다. 1947년 9월 코민포름 회의에서 즈다노프는 세계가 미국 중심의 '제국주의적 반민주주의 진영'과 소련 중심의 '반제국주의적 민주주의 진영'으로 둘로 나뉘어 있다고 언급했다. 해방 공간 북한의 '사실상 최고 지도자'였던 스티코프(Terenty Shtykov)는 즈다노프의 사위이기도

---

251 안드레이 란코프 저, 김광린 역, 『소련의 자료로 본 북한 현대 정치사』, 97쪽.

252 김일성, 「모든 것은 민주역량 준비를 위하아」·「질문과 토론에 대한 결론」, 『근로자』 1, 1946, 국사편찬위원회 편, 『북한관계사자료집 42』, 2004; 브루스 커밍스 저, 김범 역, 『한국전쟁의 기원 1』, 530~531쪽.

253 김두봉, 「북조선노동당 창립대회에서의 보고」, 『근로자』 1, 1946, 국사편찬위원회 편, 『북한관계사자료집 42』; 브루스 커밍스 저, 김범 역, 『한국전쟁의 기원 1』, 530~531쪽.

했다.[254] 반면 김일성의 보고에서는 '조선 우선론자'의 면모가 잘 드러난다. 김일성은 마르크스-레닌주의자라기보다 혁명적 민족주의자로서 한국 대중에게 호소하는 데 초점을 맞췄다.[255]

그러나 1년 후인 1947년 8월의 일본 패전 2주년 기념 연설에서 김일성은 소련군에 의한 해방과 동유럽의 새로운 민주주의 국가를 강조하면서, 제국주의 세력의 반동적 파시스트 동맹을 비난했다. 당시는 소련의 영향력이 더 커진 때였다.[256] 커밍스(Bruce Cumings)는 해방 공간 북한을, 널리 확산된 인민위원회를 기반으로 다소 비중앙집권적인 통일전선 정부가 수립된 1945~46년, 소련이 상대적으로 강력한 영향을 행사한 1947~48년, 중국과 긴밀히 결속한 1949년으로 나눴다. 김일성은 소련군이 주둔해 있는 동안 민족주의적 자기주장을 자제했다.[257]

김일성은 반파시즘 인민전선, 반제 민족통일전선 시대 국제 공산주의 운동의 적자였다. 제2차 세계대전 이후 반파시즘 인민전선, 반제 민족통일전선 시대가 끝나고 세계가 다시 '두 개의 진영'으로 나뉘면서 북한에서는 국제주의와 민족주의가 길항했다. 김일성은 국제주의 색채가 옅었다. 김일성의 북한은 대부분 코민테른이나 소련 국내에서 활동한 경력을 가진 지도자가 통치한 동유럽 국가와 달랐다.[258] 북한 정권 수립은 허울뿐이었던 국제 공산주의 진영의 반파시즘 인민전선과 반제 민족통일전선이라는 이념을 현실에서 구체화한 결과

---

254 안드레이 란코프 저, 김광린 역, 『소련의 자료로 본 북한 현대 정치사』, 59쪽.

255 브루스 커밍스 저, 김범 역, 『한국전쟁의 기원 1』, 532쪽.

256 브루스 커밍스 저, 김범 역, 『한국전쟁의 기원 2-I. 폭포의 굉음 1947~1950』, 글항아리, 2023, 480쪽.

257 위의 책, 432·458쪽.

258 위의 책, 484쪽.

였다.

1948년 9월에 발표된 조선민주주의인민공화국 정강에는 "국토의 완정(完整)과 민족의 통일을 보장하는 가장 절박한 조건으로 되는 량군(兩軍) 동시 철거에 대한 소련 정부의 제의를 실천시키기 위하여 전력을 다할 것"[259]이라는 구절이 포함되었다. 김원봉은 10월에 발표한 정강 해설에서 "외국 군대가 아직 우리 영토 위에 주둔하여 있고 또 이로 인하여 '38선'이 존재하여 있는 이상 우리의 국토와 주권이 아직 불완정(不完整)한 분열 상태에 빠져 있는 것만은 사실"이라고 밝혔다. 핵심은 미군의 철수였다.

국토 완정은 흔히 무력에 의한 통일 방침을 밝힌 것으로 해석된다. 심지어 '완정(完整)'을 '완정(完征)'으로 잘못 표기한 뒤 그 뜻을 새기는 경우도 있다. 조선민주주의인민공화국 정강을 처음 소개한 『인민』 1948년 9월호에서는 이 부분을 '국토의 안정'으로 표기했다.[260] 한 달 뒤 같은 잡지 10월호에 실린 위에 언급한 김원봉의 해설에서 '국토의 완정(完整)'으로 바로 잡았다. 와다 하루키는 이를 두고 본래 '국토 완정'인데 처음 발표할 때 '국토 안정'으로 위장한 것이라고 분석했다.[261] 다만 완정(完整)은 익숙하지 않은 한자어이므로 단순한 실수였을 수도 있다.

'완정(完整)'은 중국어에서 온 말이었다.[262] 1945년 6월 채택된 유엔 헌장 제2

---

259 김원봉, 「조선민주주의인민공화국 정강은 조선 인민의 유일한 투쟁 강령이다」, 『인민』 3-5, 1948.

260 「조선민주주의인민공화국 정부의 정강」, 『인민』 3-4, 1948.

261 와다 하루키 저, 서동만·남기정 역, 『북조선—유격대 국가에서 정규군 국가로』, 돌베개, 2002(원서 1998), 91쪽.

262 홍종욱, 「1950년대 북한의 반둥회의와 비동맹운동 인식—잡지 『국제생활』 기사를 중심으로」, 『동북아역사논총』 61, 2018, 382~383쪽.

조 제4항의 중국어본은 '국가의 영토 완정(國家之領土完整)'을 침해하는 행위를 삼간다고 적었다. 영어본의 해당 부분은 'territorial integrity'인데 한국어나 일본 어에서는 '영토 보전(保全)'이라고 번역한다. 조선민주주의인민공화국 정강의 '국토의 완정(完整)'은 중국어 '국가의 영토 완정(國家之領土完整)'에서 왔음을 알 수 있다.

거슬러 올라가 1922년 워싱턴 9개국 조약에서도 중국의 '영토와 행정의 완 정(領土與行政之完整)'을 존중한다는 구절이 포함되었다. 또한 1954년에 중국과 인도 양국 정부가 합의한 '평화공존 5원칙'의 제1항은 '互相尊重主权和领土 完整'이었다.[263] 이 조항은 북한에서는 '상대방의 령토완정과 주권에 대한 호상 존중'으로,[264] 남한에서는 '영토 보전과 주권의 상호존중'으로 번역되었다.[265] 즉 '국토의 완정(完整)'은 20세기 들어 진전된 국제적인 전쟁 억제, 평화 구축 노력 속에서 등장한 'territorial integrity' 개념을 받아들인 것이었다.

물론 '완정(完整)'이라는 용어의 이념적 계보가 무엇이든 중국과 북한은 각 각 대만과 남한을 의식하면서 무력 침략에 의한 통일까지 염두에 두고 이 표현 을 사용했다. 1947년 10월에 미소 공위가 최종 결렬되자 북한은 미국을 제국주 의라고, 남한을 미제의 식민지라고 비판했다. 1948년 3월 김일성은 "유엔 조선 임시위원단의 창설은 비법적이며 또한 용인될 수 없는 것이며 민족자결 원칙 에 모순"된다고 지적하고, 미국이 "남조선을 완전히 식민지로 만들려는 노선" 을 걸고 있다고 비판했다.[266] 김일성은 1949년 신년사에서는 "모든 것을 국토 완

263 김학재, 『판문점 체제의 기원—한국전쟁과 자유주의 평화기획』, 후마니타스, 2015, 499쪽.

264 「아세아에서의 집단안전을 위하여」, 『국제생활』 1954-19, 1954. 10. 15.

265 박봉식, 「중립주의 정치의 동태—비동맹 운동의 성격 변화와 관련하여 북괴의 비동맹 노선 분석을 중심으로」, 『서울대학교 부설 국제문제연구소 논문집』 6, 1980, 35쪽.

266 「남조선 반동적 단독정부 선거를 반대하며 조선의 통일과 자주독립을 위하여」(북조선 민

정을 위해서 바치자"라고 역설했다. 다만 '국토 완정'이 '민족자결'이라는 20세기 세계사의 흐름을 받아 안은 개념이라는 점은 분명하다.

(2) 사회주의적 애국주의와 주체사상

김일성은 6·25전쟁 중 연안파 무정과 소련파 허가이를 숙청했다. 중국인민지원군 총사령관 펑더화이와 김일성 사이에는 심각한 갈등이 있었다. 김일성은 1953년 8월에 박헌영, 이승엽 등 남로당계를 숙청한 데 이어, 1955년에는 마오쩌둥의 총애를 받았던 박일우를 숙청했다.[267] 1955년 12월에 김일성은 「사상사업에서 교조주의와 형식주의를 퇴치하고 주체를 확립할 데 대하여」라는 연설에서 "어떤 사람들은 소련식이 좋으니, 중국식이 좋으니 하지만 이제는 우리식을 만들 때가 되지 않았습니까"라고 주장하였다.[268]

1953년 스탈린 사망 후 1956년 3월에 열린 제20차 소련공산당 대회에서는 스탈린의 개인숭배에 대한 비판이 벌어졌다. 그해 4월 조선노동당 제3차 당 대회에 소련대표단을 이끌고 참석한 브레즈네프(Leonid Brezhnev)는 "조선노동당 제3차 대회는 당 지도에서 개인숭배와 연관된 오류를 배척하는 레닌적 집단지도 원칙을 완전히 실현하는 데 도움을 줄 것이다"라고 김일성을 압박했다.[269] 그리고 그해 8월에 중대한 사건이 발생했다.

전 제25차 중앙위원회에서, 1948. 3. 9), 『근로자』 13, 1948; 김광운, 『북한 정치사 연구 I』, 565쪽.

267 안드레이 란코프 저, 김광린 역, 『소련의 자료로 본 북한 현대 정치사』, 218쪽.

268 김일성, 「사상사업에서 교조주의와 형식주의를 퇴치하고 주체를 확립할 데 대하여—당 선전선동 일군들 앞에서 한 연설」(1955. 12. 28), 『김일성 저작집 9』, 조선로동당출판사, 1986, 478쪽.

269 안드레이 란코프 저, 김광린 역, 『소련의 자료로 본 북한 현대 정치사』, 121쪽.

1956년 '8월 전원회의 사건'은 소련파와 연안파가 힘을 합쳐 김일성 개인 지배에 도전한 사건이다. 사전에 정보를 손에 넣은 김일성 측은 도전을 제압했지만, 소련과 중국 정부는 미코얀(Anastas Mikoyan)과 펑더화이라는 거물급 인사를 평양에 보내 김일성을 견제했다. 그해 10월에 일어난 헝가리 사태로 체제 위기를 느낀 소련이 김일성의 권력 독점을 용인하게 되지만, 어찌 됐건 김일성으로서는 소련과 중국의 간섭을 배제하면서 자신의 권력 기반을 다져야만 했다. 1963년에 베이징을 방문한 최고인민회의 상임위원회 위원장 최용건은 "1956년은 제2의 해방"이었다고 발언한 것으로 전한다.[270]

1960년대 중소 갈등 과정에서 북한은 소련을 수정주의로, 중국을 교조주의로 비판했다.[271] 아울러 북한 내부의 사대주의도 문제 삼으면서 민족주의가 고조되었다. 다만 민족주의는 프롤레타리아 국제주의와 모순될 수밖에 없었고 양자를 조화시키려는 노력은 '사회주의적 애국주의' 강조로 드러났다. 김일성은 '사회주의적 애국주의'에 대해 "사회주의, 공산주의를 지향하는 노동계급과 근로인민의 애국주의이며 그것은 계급의식과 민족적 자주의식을 결합시키고 자기 계급과 제도에 대한 사랑을 자기 민족과 조국에 대한 사랑과 결합"시킨다고 정의했다.[272] 다만 북한 매체에서는 "우리의 사회주의적 애국주의는 부르

---

270 「毛澤東會見朝鮮最高人民會議常任委員會委員長崔庸健談話記錄」(1963. 6. 16), 中共對外聯絡部 編, 『毛澤東接見外賓談話記錄匯編(第九冊)』(김동길·한상준, 「제2의 해방—북한자주화와 1956~57년의 중국-북한 관계」, 『국가전략』 20-2, 세종연구소, 2014, 100쪽에서 재인용).

271 사회주의적 애국주의에 대한 서술은 홍종욱, 「反식민주의 역사학에서 反역사학으로—동아시아의 '戰後 역사학'과 북한의 역사 서술」, 『역사문제연구』 31, 2014에서 발췌.

272 김일성, 「현 정세와 우리 당의 과업—조선로동당 대표자회에서 한 보고」(1966. 10. 5), 『김일성 저작집』 20, 조선로동당출판사, 1982, 443쪽; 김석형, 「력사연구에서 당성의 원칙과 력사주의 원칙을 관철할 데 대하여」, 『력사과학』 1966-6, 1966, 2쪽.

주아적 민족주의와는 하등의 공통성도 없다"[273]는 식으로 '민족주의' 자체는 비판했다.[274] '민족 공산주의'라는 표현 역시 예컨대 '8월 전원회의 사건'에 연루된 최창익을 비판하는 데 사용되는 등 부정적인 의미로 쓰였다.[275]

6·25전쟁을 거친 후 북한에서는 1953년부터 농업 집단화가 시작되었다. 소련식 집단화를 이상으로 삼았던 토지혁명 본래의 목표를 향한 돌진이 일어난 것이다. 경제 정책에서는 소련이 주장하는 사회주의적 국제분업을 거부하고 중공업 우선 정책이 추진되었다. 1956년 8월 전원회의에서 벌어진 대립을 경제 노선에서 보자면 연안파 및 소련파의 주장은 국제분업론에 가까웠다. 즉 중공업 우선주의를 비판하고 소비재 생산를 강조하는 것이었다.[276]

내핍을 강요하기보다는 소비생활을 생각하자는 연안파와 소련파의 '일견 상식적인 주장'이 권력투쟁에서 패배한 데 대해, 가지무라 히데키는 "먹지도 자지도 말고 힘을 내자"는 대중의 정서가 김일성의 '자립적 민족경제 노선'을 지탱했다고 분석했다.[277] 1963년 6월 12일자 북한의 『노동신문』은 「자력갱생과 자립적 민족경제의 건설」이라는 제목의 사설을 실었다. 가지무라는 이 사설을 소개하면서, 국제분업이라는 이름 아래 부등가교환을 강요하는 소련의 태도를 비판하고, 북한에서 '민족 공산주의'가 일어나고 있는 것을 소련의 '대국

---

273 김후선, 「반당 종파 분자들의 반맑스주의적 사상의 반동성과 해독성」, 『력사과학』 1958-3, 1958, 38쪽.

274 리성근, 「사회주의적 애국주의 교양」, 『근로자』 1963. 6.

275 리지호, 「현대 수정주의의 반동성에 대하여」, 『력사과학』 1958-4, 1958, 52쪽.

276 서동만, 『북조선 사회주의 체제 성립사 1945~1961』, 선인, 2005, 619~620쪽.

277 梶村秀樹, 「八·一五以後の朝鮮人民」(1976), 『梶村秀樹著作集 第5巻 現代朝鮮への視座』, 明石書店, 1993, 79쪽.

주의적 경제 정책'의 결과라고 분석했다.[278] "대중의식이 결국은 김일성 정권의
선택을 규정"했다는 판단이었다.[279]

1967년 5월에 열린 당중앙위원회 제4기 15차 전원회의를 계기로 국내파(갑
산파) 박금철을 비롯한 선전·문화·교육 담당 간부에 대한 대대적인 숙청이 이
루어졌다.[280] 이어 김일성은 「자본주의로부터 사회주의에로의 과도기와 프로
레타리아 문제에 대하여」라는 교시를 내렸다(5·25교시). 이후 학계와 문화계에
대한 전방위적 숙청과 검열이 벌어졌다. 김일성은 사회주의적 애국주의를 교
양하려는 당의 방침을 왜곡하여 향토주의나 봉건 유교 사상을 펴는 이들을 고
발했다.[281]

5·25교시 이후 벌어진 대대적인 인텔리 숙청과 문화에 대한 총공격은 '반
문화혁명'이라고 불리기도 한다.[282] 중국 문화혁명에서 홍위병이 왕성하게 활
동한 1967~68년에 북중 갈등이 극에 달했는데,[283] 같은 시기 북한에서도 "중국
의 문화혁명을 방불케 하는 '반문화혁명'"이 벌어진 것이다.[284] 북한과 중국 사

---

278 梶村秀樹, 「朝鮮からみた現代東アジア」(1969), 『梶村秀樹著作集 第2卷 朝鮮史の方法』, 明
     石書店, 1993, 236쪽.

279 위의 글, 225쪽.

280 '주체사상과 우리민족 제일주의'에 대한 서술은 홍종욱, 「주체 사관에서 인민과 민족의 자
     리」, 『역사비평』 140, 2022에서 발췌.

281 김일성, 「당 대표자회 결정을 철저히 관철하기 위하여—함경남도당 및 함흥시당 열성자 회
     의에서 한 연설」(1967. 6. 20), 『김일성 저작집 21』, 조선로동당출판사, 1983, 330쪽; 이종석,
     『새로 쓴 현대 북한의 이해』, 역사비평사, 2000, 206쪽.

282 성혜랑, 『등나무집』, 지식나라, 2000, 312쪽. 성혜랑(1935~)은 김일성대 물리수학부에서 배
     운 엘리트다. 동생 혜림과 김정일 사이에 태어난 김정남의 가정교사도 지냈으나 1996년 탈
     북했다.

283 이종석, 『새로 쓴 현대 북한의 이해』, 157쪽.

284 성혜랑, 『등나무집』, 316쪽.

이에 동시대성을 확인할 수 있다.

1967년 이후 주체사상은 당과 사회 전반의 유일사상으로 떠받들어졌다. 주체사상은 1970년 조선노동당 제5차 대회에서 개정된 당 규약에 지도 사상으로 명문화되었고, 1972년 개정된 헌법에도 명기되었다.[285] 주체사상의 성격도 달라졌다. 1967년 이전의 주체사상은 사회주의적 애국주의의 다른 이름이었고, 북한 사회주의 발전 전략으로서 나름의 합리성과 실용성을 띠었다.[286] 그러나 1967년 이후 주체사상은 유일 체제, 즉 김일성 개인 지배를 합리화하는 담론으로 변질되었다.

1986년 7월 김정일은 「주체사상 교양에서 제기되는 몇 가지 문제에 대하여」를 통해 자기 나라 혁명에 충실하자면 자기 민족을 사랑할 줄 알아야 한다며 '우리 민족 제일주의'를 주장했다. 다만 "우리 공산주의자들이 민족주의자로 될 수는 없습니다. 공산주의자들은 참다운 애국주의자인 동시에 참다운 국제주의자입니다"라고 덧붙였다.[287] 민족적 관점의 강조에도 불구하고, 프롤레타리아 국제주의라는 원칙 탓에 '민족주의'라는 개념 사용에는 여전히 유보적이었다.

1991년 8월 김일성은 「우리 민족의 대단결을 이룩하자」라는 연설에서 "참다운 애국자만이 세계혁명에 충실한 참다운 국제주의자로 될 수 있습니다. 이런 의미에서 나는 공산주의자인 동시에 민족주의자이고 국제주의자라고 말할

---

285 정대일, 「북한의 공민종교—주체사회주의의 기원, 형성, 구조를 중심으로」, 『한국민족운동사연구』 36, 2003; 이종석, 『새로 쓴 현대 북한의 이해』, 181쪽.

286 이종석, 『새로 쓴 현대 북한의 이해』, 129쪽.

287 김정일, 「주체사상 교양에서 제기되는 몇 가지 문제에 대하여—조선로동당 중앙위원회 책임일군들과 한 담화」(1986. 7. 15), 『친애하는 지도자 김정일 동지의 문헌집』, 조선로동당출판사, 1992, 156쪽.

수 있습니다"라고 밝혔다.[288] 다만 이 글은 김일성 저작집에 실릴 때 "나는 공산주의자이면서 애국자인 동시에 국제주의자라고 말할 수 있습니다"로 수정되었다.[289] 여전히 공식적인 문헌에서는 '민족주의'를 공공연하게 주장하지 않았다.

1993년 가을 북한은 평양 근교에서 '단군릉'을 발굴한 뒤 단군을 '조선 민족의 원시조'로 규정했다.[290] 나아가 1998년 북한은 '대동강 문화'를 세계 5대 문명의 하나라고 주장하기에 이른다.[291] 프롤레타리아 국제주의를 의식해 민족주의를 내세우지 못하던 모습은 흘러간 일이 되어버렸다. 세기말 북한 사회가 다다른 민족주의 지평은 20세기 식민지-주변부 사회주의 앞에 놓인 외길을 걸은 결과였다.

---

288 김일성, 「우리 민족의 대단결을 이룩하자」, 『로동신문』 1991. 8. 5.

289 김일성, 「우리 민족의 대단결을 이룩하자—조국평화통일위원회 책임일군들, 조국통일범민족련합 북측본부 성원들과 한 담화」(1991. 8. 1), 『김일성 저작집 43』, 조선로동당출판사, 1996. 170쪽; 이종석, 『새로 쓴 현대 북한의 이해』, 192~193쪽.

290 손영종, 「조선 민족은 단군을 원시조로 하는 단일민족」, 『력사과학』 1994-4, 1994.

291 허종호, 「조선의 '대동강 문화'는 세계 5대 문명의 하나」, 『력사과학』 1999-1, 1999.

제4장

마르크스주의 역사학의 아시아 인식과 조선 연구

1. 마르크스주의 역사학과 아시아적 생산양식

이 장에서는 식민지 조선과 초기 북한에서 활약한 역사학자 백남운(白南雲, 1894~1979), 김광진(金洸鎭, 1902~1986), 이청원(李淸源, 본명 李靑垣, 1914~?, 1957년 숙청)에 초점을 맞춰, 마르크스주의 역사학의 아시아 인식과 조선 연구를 분석하겠다. 식민지 조선의 마르크스주의 역사학은 세계사적 보편성을 강조할 것인가, 혹은 아시아적 특수성에 주목할 것인가를 놓고 논쟁을 벌였다. 조선이라는 주체를 어떻게 평가할 것이냐를 둘러싼 마르크스주의 역사학자 사이의 입장 차이는 민족통일전선에 대한 서로 다른 태도로 드러났다. 이 장에서는 1930년대 꽃피운 마르크스주의 역사학이 전향이 강요된 전시 체제기를 거쳐 해방 후 북한으로 어떻게 이어지는지를 검토하겠다.

마르크스의 아시아, 식민지 인식은 '자본의 문명화 작용'에 대한 믿음을 따랐다. 아시아적 생산양식 개념은 마르크스주의 역사학이 지닌 유럽 중심주의를 상징한다. 20세기 들어 식민지, 아시아의 민족운동이 거세지면서 마르크스주의 역사학은 이들을 역사의 주체로 받아들여야 하는 과제에 봉착했다.

마르크스는 『정치경제학 비판을 위하여』(1859) 「서문」에서 "크게 개괄해 보면 아시아적, 고대적, 봉건적, 그리고 현대 부르주아적 생산양식들을 경제적 사회구성체의 순차적인 시기들이라고 할 수 있다"고 언급한 바 있다.[01] 여기서 아시아적 생산양식이 고대적, 봉건적 생산양식에 선행하는 것인지 아니면 병행하는 것인지, 혹은 고대적 또는 봉건적 생산양식의 변종인지가 논쟁의 출발점이었다. 즉 중국을 비롯한 아시아에도 노예제-봉건제-자본제라는 세계사의 보편적 발전 법칙이 관철되는지가 논점이었다.

소련 콤아카데미 소속인 마자르(Ludwig Madjar)는 『중국농촌경제연구』(1928)를 통해 서구 자본주의가 중국에서 마주친 것은 아시아적 생산양식이며, 현대 중국 사회는 아시아적 생산양식에서 자본주의로 이행하는 과도기라고 주장했다.[02] 1927년 11월의 중국공산당 농업 강령 초안은 현대 중국이 아시아적 생산양식의 유제 탓에 새로운 생산양식으로 이행과 농업생산력 발전이 저지되었다고 밝혔다. 마자르의 주장과 상통하는 내용이었다. 그러나 1928년 8월 중공 제6회 대회 결의는 중국 농촌에는 사적 토지 소유가 존재하므로 이미 아시아적 생산양식 사회가 아니라고 규정하고, 1927년 견해는 반봉건 투쟁을 방기하는 트로츠키주의라고 비판했다.[03]

1927년 4월에 장제스(蔣介石)가 쿠데타를 일으켜 국공합작이 무너진 이후

---

01 칼 맑스, 「정치경제학의 비판을 위하여」, 김세균 감수, 『칼 맑스/프리드리히 엥겔스 저작 선집 2』, 박종철출판사, 1992, 478쪽.

02 「編輯局の序文」(1928. 7. 6), マデアール 著, プロレタリア科學研究所中國問題研究會 譯, 『中國農村經濟研究 上』, 希望閣, 1931, 4쪽.

03 鹽澤君夫·福富正實 저, 편집부 역, 『아시아적 생산양식론』, 지양사, 1984, 45~48쪽; 湯浅起男, 『「東洋的專制主義」論の今日性─還ってきたウィットフォーゲル』, 新評論, 2007, 154~161쪽.

스탈린과 트로츠키는 중국 문제를 놓고 대립했는데, 같은 해 12월 트로츠키는 소련공산당에서 제명되었다.[04] 1920년대 후반 중국에서 벌어진 아시아적 생산양식 논쟁에는 소련과 코민테른에서 벌어진 정치적 대립이 반영되었다.

1931년 레닌그라드에서 소련 콤아카데미 주최로 아시아적 생산양식에 관한 토론회가 열렸다. 고데스(M. Godes)는 마자르 일파의 견해를 비판하고 아시아적 생산양식은 하나의 사회구성체가 아니라 봉건제의 동양적 변종에 지나지 않는다고 설명했다. 이러한 입장은 코민테른 집행위원회 주류파(스탈린파)의 지지를 얻어 통설이 되었다.[05] 후일 스탈린은 「변증법적 유물론과 사적 유물론」(1938)을 통해 원시공산제-노예제-봉건제-자본제-사회주의라는 단선적 발전 단계론을 확립했다.[06]

레닌그라드 토론회 이후 아시아, 식민지에도 세계사의 보편적 발전 법칙이 관철된다는 원칙이 뚜렷해졌지만, 그렇다고 사료에 나타나는 아시아적 특수성을 완전히 가릴 수는 없었다. 일본 역사학계에서는 마르크스가 이야기한 아시아적 생산양식 개념을 어떻게 이해할 것인가를 놓고, 주로 고대사 분야를 중심으로 1930년대 내내 논쟁이 지속했다. 식민지 조선의 마르크스주의 역사학의 아시아 인식과 조선 연구는 이러한 국제적인 마르크스주의 역사학의 동향을 의식하면서 전개되었다.

---

04 菊地一隆, 「中国トロツキー派の生成, 動態, 及びその主張――一九二七年から三四年を中心に」, 『史林』 79-2, 1996, 104~105쪽.

05 早川二郎, 『アジア的生産様式に就いて』, 白揚社, 1933; 湯浅起男, 『「東洋的専制主義」論の今日性』, 190~199쪽; 田中聡, 「転機としての『日本歴史教程』」, 磯前順一&ハリー・D.ハルトゥーニアン 編, 『マルクス主義という経験―1930~40年代日本の歴史学』, 青木書店, 2008, 73쪽.

06 조호연, 「스탈린 시대의 역사학」, 『인문논총』 14, 경남대 인문과학연구소, 2001, 189~192쪽.

2. 세계사적 보편성과 아시아적 특수성의 길항

1) 백남운의 『조선사회경제사』(1933)

(1) 한국사의 세계사적 보편성

1933년 9월에 연희전문학교 상과 교원 백남운은 『조선사회경제사』를 펴냈다. 백남운은 도쿄상과대학(현 히토쓰바시대학, 一橋大學)에서 배운 뒤 1925년에 연희전문에 부임했다.[07] 『조선사회경제사』는 가이조샤(改造社) 경제학 전집의 한 권으로 출간되어 권위를 띠었다. 동아일보는 "조선 경제사가 우리의 손으로 처음 이루어지는 것이니 만큼 우리 학계의 큰 공헌임은 물론이어니와 큰 충동을 줄 것"[08]이라고 기대를 드러냈다. 조선 사회사 연구자로 경성제대 교원이었던 시카타 히로시(四方博)는 백남운의 책을 가리켜 "조선의 종합경제사는 이에 새로운 출발점을 부여받았다"[09]고 평가했다.

백남운은 「서문」에서 후쿠다 도쿠조(福田德三)의 봉건제 결여론을 비판했다. 도쿄상과대학에서 백남운을 가르친 후쿠다는 「경제단위 발전사상 한국의 지위(經濟單位發展史上韓國の地位)」(1905)를 통해 한국은 봉건제가 결여되고 소유권이 발달하지 않았다고 분석한 바 있다. 후쿠다는 일원적 경제발전 법칙을 중시했지만, 조선은 예외이자 특수라서 경제발전 과정 자체가 작동하지 않는다고 보았다. 따라서 선진 문명인 일본이 정체된 한국의 발전을 위해 개입하는 것은 '피할 수 없는 무거운 임무'라고 주장했다.[10] 백남운은 이런 후쿠다에 대해 "근

---

07 백남운에 대해서는 방기중, 『한국 근현대 사상사 연구—1930·40년대 백남운의 학문과 정치경제 사상』, 역사비평사, 1992 참조.

08 「白南雲氏新著 朝鮮經濟史」, 『東亞日報』 1933. 9. 9.

09 四方博, 「朝鮮」, 社會經濟史學會 編, 『社會經濟史學の發達』, 岩波書店, 1944, 385쪽.

10 이태훈, 「일제하 백남운의 부르주아 경제사학 비판과 맑스주의 역사인식 형성 과정」, 『한국

래 조선 경제사 영역에 착안한 최초의 학자"이지만, "조선에서 봉건 제도의 존재를 전혀 부정한 점에서 그에 승복할 수 없다"(14쪽)고 비판했다.[11]

백남운은 자신의 '조선 경제사의 기도(企圖)'를 여섯 항목으로 나누어 제시했다. ① 원시 씨족 공산체의 양태, ② 삼국 정립 시대의 노예경제, ③ 삼국시대 말기에서 최근세에 이르기까지 아시아적 봉건사회의 특질, ④ 아시아적 봉건국가의 붕괴 과정과 자본주의 맹아 형태, ⑤ 외래 자본주의 발전의 일정과 국제적 관계, ⑥ 이데올로기 발전의 총 과정인데, 1933년의 『조선사회경제사』는 이 가운데 ①과 ②에 해당한다고 밝혔다(14~15쪽).

백남운은 "인류 사회의 일반적 운동 법칙인 사적 변증법에 의해 그 민족 생활의 계급적 제 관계 및 사회 체제의 역사적 변동을 구체적으로 분석하고, 나아가 그 법칙성을 일반적으로 추상화"해야 한다고 밝혔다. 사적 유물론에 입각해 세계사의 보편적 발전 법칙이 한국사에도 관철되고 있음을 보이고자 한 것이다. 나아가 "현대 자본주의의 이식 발전 과정"을 파악하고 "지구상의 사회 평원으로 나아가는 길"을 제시하고자 했다(19쪽). 내재적 모순의 발전을 중시하는 태도와 자본주의 '이식'이라는 인식은 서로 부딪히는 면이 있지만, 식민지 상황을 직시함으로써 '현대 자본주의'라는 보편성의 관철을 확인하고자 한 것이다. '지구상의 사회 평원'은 사회주의를 가리키는 것으로 이해된다.

한국사의 보편성을 강조하는 백남운은 특수성론 비판에 힘을 기울였다. 먼저 '우리 선배'의 '특수사관'에 대해, 역사학파의 이데올로기를 수입하여 조선 문화사를 독자적인 소우주로 특화한다고 비판했다(20쪽). '우리 선배'는 최남

사상사학』 64, 2020, 308~309쪽.

11 백남운 저, 하일식 역, 『백남운 전집 1. 朝鮮社會經濟史』, 이론과 실천, 1994, 14쪽. 이하 같은 책에서 인용은 본문에 쪽수만 표시.

선(崔南善)과 신채호(申采浩)였다. 백남운은 "피정복군 스스로가 자기의 특수성을 고조하게 되면 그것은 이른바 갱생의 길이 아니라 무의식적으로 노예화의 사도(邪道)에 빠지는 것"이라고 경고했다(372쪽).

한편 이와 구별되는 '관제 특수성'이 존재한다며, 와다 이치로(和田一郎) 등 여러 어용학자의 '조선 특수 사정' 이데올로기를 들었다. 전자가 신비적·감상적인 데 반하여 후자는 독점적·정치적이라 할 수 있는데, 두 가지 닮은 꼴 특수성은 인류 사회 발전의 역사적 법칙의 공통성을 거부한다는 점에서 반동적이라고 비판했다(20쪽).

백남운은 마르크스의 『임노동과 자본』에서 고대 사회·봉건 사회·부르주아 사회는 생산 관계의 총화이자 인류 역사에서 일정하고 특정한 발전 단계를 표시한다는 말을 인용하여, '세계사적인 일원론적 역사 법칙'에 따른 '우리 조선의 역사적 발전'을 규명하겠다는 뜻을 밝혔다. 백남운은 "조선 민족의 발전사는 그 과정이 아무리 아시아적일지라도 사회구성의 내면적 발전 법칙 그 자체는 완전히 세계사적"이라고 주장했다(22쪽).

백남운은 단군 신화를 비판적으로 이해하고자 했다. 신채호와 최남선에 대해서는 "단군 신화를 조선 인식의 출발점으로 삼아 그것을 독자적 신성화함으로써 동방 문화에의 군림을 시도"하여 '특수문화사관'에 그쳤다고 지적했다. 일본 학자의 '실증주의적 편견성'도 문제 삼았다. 단군에 대해 나카 미치요(那珂通世)는 '무조건적으로 부정'했고, 시라토리 구라키치(白鳥庫吉)는 '고구려의 국조(國祖)로서 가작(假作)된 인물'로 간주했고, 오다 쇼고(小田省吾)는 '묘향산의 산신'이라고 단정하고 대발견이나 한 듯 만족했다고 비판했다.

백남운은 "전자의 경우 환상적인 독자성을 거부함과 동시에, 후자의 경우 합리주의적인 가상(假象)도 반대"한다는 입장을 분명히 했다(27쪽). 백남운은 삼국유사와 세종실록에 실린 단군 신화 전문을 번역한 뒤, 전자에서 농업 공산체의 붕괴 과정을, 후자에서는 생산력의 비약적 발전 및 고구려의 건국 과정을 읽어냈다(40쪽).

원시 씨족사회 설명에서는 엥겔스(Friedrich Engels)의 『가족, 사유재산, 국가의 기원』(1884)과 미국 인류학자 모건(Lewis H. Morgan)의 『고대사회』(1877)를 원용했다. 가족의 발전은 혈연가족(군혼群婚)→푸날루아 가족→대우혼(對偶婚) 가족으로 설명했다. 푸날루아 가족은 모건이 아메리카 원주민 이로쿼이족(Iroquois)을 관찰하여 발견한 것이다. 백남운은 같은 문중의 사위들이나 형제의 처들이 서로 '동서(同壻)'라 부르는 사실이 우리나라에 푸날루아 가족이 존재했다는 것을 증명하는 '행운의 화석'이라고 주장했다(64쪽).

고대 중국의 푸날루아 가족 형태로서 '아혈족(亞血族) 결혼설'을 주창한 학자로서 '지나(支那)의 마르크스주의 학자 귀모뤄(郭沫若)'를 들고 그의 책 『지나고대사회론(支那古代社會史論)』(1931, 『中國古代社會研究』(1930)의 일본어판)을 각주에 인용했다(67쪽). 신석기 시대 한반도와 일본의 생산력 차이를 설명하면서는 와타나베 요시미치(渡部義通)의 『일본 모계시대의 연구(日本母系時代の研究)』(1932)를 인용했다(89쪽). 와타나베는 귀모뤄와도 교류가 있던 일본의 마르크스주의 역사학자였다.

『조선사회경제사』의 핵심적인 주장은 삼국시대를 노예제 사회로 보는 데 있었다. 백남운은 삼국지 마한전과 부여전에 나오는 '하호(下戶)'를 노예라고 간주하고, 삼한을 '노예국가의 맹아 형태'라고 분석했다(125·142쪽). 백남운은 원시적 부족국가인 삼한 단계에서는 집단적으로 소유하는 종족 노예제였던 것이 삼국이 형성되면서 개인 노예제로 바뀌면서 사회경제의 기저를 이루었다고 보았다(374쪽). 또한 순장 제도를 노예제 존재를 뒷받침하는 증거라고 파악했다. 로자 룩셈부르크(Rosa Luxemburg)의 연구에서 아프리카 체와족 사례를 빌려와 순장이 다른 노예제 사회에도 보편적으로 존재했다고 설명했다(143쪽).

백남운은 삼국은 '노예제' 국가이고 신라에 의한 통일 이후 '아시아적 봉건제'로 이행했다고 파악했다. 삼국의 중앙집권제, 토지국유제, 관개 정책 등을 '마자르 내지는 비트포겔 류의 곡해된 아시아적 생산양식'으로 규정해서는 안 된다고 주장했다(375쪽). 1931년 레닌그라드 토론회의 아시아적 생산양식론 비판과 상통하는 설명이었다.

(2) 백남운과 궈모뤄의 보편사관

백남운의 『조선사회경제사』(1933)는 중국의 마르크스주의 역사학자 궈모뤄의 『중국고대사회연구』(1930)와 동시대성을 띠었다.[12] 궈모뤄 역시 고대 중국에 푸날루아 가족 형태에 바탕한 원시 씨족사회와 순장이 행해진 노예제 사회가 존재했다고 주장했다. 일본의 『역사학연구』 제3호(1934)의 「학계동향」에서는 백남운의 연구를 들어 "마치 일찍이 궈모뤄가 중국사학계에 던진 충격에 비해 더할지언정 못하지 않다"고 소개했다.[13] 백남운은 1932년 6월 서울 YMCA에서 열린 '경제 대강연회'에서 '보통사관'과 '특수사관'을 설명하면서 "지나 문제를 가지고 보편사관을 삼은 것은 극히 최근의 일"이라고 말했는데 궈모뤄의 연구를 의식한 언급이었다.

백남운의 연구에 대해서는 '공식주의' 특히 모건과 엥겔스의 도식적 적용이라는 비판이 있었다. 경성제대 교원 스에마쓰 야스카즈(末松保和)는 "엥겔스와 모건의 2대 명저의 직접적인 감화에 의해 구성된 것은 명백"하다면서, 문헌

---

12 백남운과 궈모뤄의 동시대성에 대해서는 洪宗郁, 「白南雲―普遍としての〈民族＝主体〉」, 趙景達 외 편, 『講座 東アジアの知識人 4. 戦争と向き合って』, 有志舎, 2014, 110~112쪽 참조.

13 志田不動麿, 「學界動向―最近の支那社會經濟史研究」, 『歷史學研究』 3, 1934, 223~224쪽.

연구의 불철저를 비판하고 '저자의 고증학적 정진'을 요구했다.[14] 하타다 다카시(旗田巍)는 "저자가 미리 고정적인 단계론을 지니고 여기에 재료를 끼워 맞춘 공식주의적 경향이 보인다"고 비판했다.[15] 시카타 히로시도 '마르크시즘 공식의 고수(固守)'를 지적했다.[16]

귀모뤄의 연구에 대해서도 유사한 비판이 있었다. 흥미로운 것은 귀모뤄가 『중국고대사회연구』 서문에서 "본서의 성질은 엥겔스의 『가족, 사유재산, 국가의 기원』의 속편에 해당"한다고 당당히 밝힌 점이다.[17] 백남운은 『조선사회경제사』에서 "조선 민족은 특수한 전통의 아들이 아니며 생물학적으로 진화해온 일반적 정상적인 인간"(23쪽)이라고 밝혔다. 귀모뤄 역시 『중국고대사회연구』에서 "중국인은 하느님도 아니고 원숭이도 아니다. (…) 우리의 요구는 인간의 관점에서 중국 사회를 관찰하고자 하는 것"이라고 밝혔다.[18] 백남운과 귀모뤄의 보편사관은 '식민지=아시아'의 인간 선언이었다.

백남운은 혼돈한 조선 사학계에 투신하는 것은 "하나의 모험이며 참월(僭越)"이지만, 자신이 조선에서 태어났다는 사실이 그런 모험을 감행할 '선험적 자격'을 부여한다고 말했다. 자신의 말과 글이 형식적이고 다소 부조리하더라도, 조선어를 모르는 이들의 대저작보다 '체험적'이고 '진실한 절규'라고 자부했다(13~14쪽). 백남운은 "프랑스인이 흉한(兇漢)으로 규정한 자가 베트남인에게 의열사(義烈士)가 될 수 있고, 영국인이 신사라 불러도 인도인에게는 주구(走狗)

---

14 末松保和,「書評—朝鮮社會經濟史」,『靑丘學叢』14, 1933.

15 旗田巍,「書評: 白南雲著朝鮮社會經濟史」,『歷史學硏究』3, 1934, 239쪽.

16 四方博,「朝鮮」, 社會經濟史學會 編,『社會經濟史學の發達』, 岩波書店, 1944, 385쪽.

17 郭沫若 著, 藤枝丈夫 譯,「原著者 序」,『支那古代社會論』, 內外社, 1931.

18 郭沫若 著, 藤枝丈夫 譯,「原著者 序」.

로 매도될 수도 있다"(371쪽)는 말로 일본의 식민주의를 에둘러 비판했다.

일본 공산당의 지도자이자 마르크스주의 역사학자인 사노 마나부(佐野學)에 대해서도, "일본에 전수된 조선 문화란 것은 실은 지나(支那)의 것이었고 조선의 것이 아니라고 말하지만(『日本歷史の硏究』), 만약 과연 그렇다면 금일의 일본 문화를 단순히 구미로부터의 수입 문화로만 규정해버릴 수 있을까"(372쪽)라고 비판했다. 일본의 식민주의 역사학에 대한 비판은 상대가 마르크스주의자라고 하더라도 예외가 없었다. 백남운의 보편사관은 조선인의 주체성에 대한 강조와 하나였다.

2) 아시아적 특수성을 둘러싼 논쟁

(1) 백남운과 김광진의 논쟁

백남운의 『조선사회경제사』(1933)는 아시아적 특수성론을 비판하고 한국사에도 세계사적 보편성이 관철된다고 주장했다. 백남운의 책은 한국 역사상을 크게 바꾼 탓에 마르크스주의 역사학자 사이에도 논쟁이 일었다.

보성전문학교 교원 김광진은 동아일보에 실은 서평에서 백남운의 『조선사회경제사』를 "맑스주의의 입장에서 조선 사회의 발전 법칙을 과학적으로 규정한 점에 있어서 종래의 조선사에 일대청산을 필(畢)한 것"이라고 높게 평가했다. 다만 "이 시대의 노예계급이 중요한 직접 생산자계급이었음에는 틀림없으나 (…) 경제기구의 특징을 간단이 '노예국가'로써 단정하여버림이 반드시 정당한 견해일까를 나는 다소 의심하는 바"라고 하여 백남운의 삼국시대 노예제 사회론에 의문을 던졌다.[19]

---

19 金洸鎭, 「新刊評: 白南雲教授의 新著 『朝鮮社會經濟史』」, 『동아일보』 1933. 9. 21. 백남운과 김광진의 논쟁에 대해서는 홍종욱, 「보성전문학교에서 김일성종합대학으로—식민지 지식인

거꾸로 백남운은 김광진의 아시아적 정체성론을 문제 삼았다. 김광진은
『보전학회논집(普專學會論集)』제1호(1934)에 실은 「이조 말기 조선의 화폐 문제
(李朝末期における朝鮮の貨幣問題)」에서 조선을 '아시아적 사회', '아시아적 생산양
식', '아시아적 형태' 등으로 설명했다.[20] 백남운은 동아일보에 실은 서평에서,
김광진이 조선시대의 '경제적 기구'를 "십구세기 말까지 '아세아적 생산양식'
으로서, 불역성(不易性)을 반복한 생산형태"로 본 데 대해, "상업자본도 발생되
지 못한 구(舊)사회가 '이양선'의 침입으로 돌연히 붕괴되었다는 견해는 지나
(支那)에 침입한 구라파의 자본주의가 그 '아세아적 생산양식'과 봉착하였다
는 견해와 유형적(類型的) 견해이므로 도저히 찬동할 수 없는 것"이라고 비판했
다.[21]

김광진은 1937년 1월에 다시 백남운을 "조선사의 특수성과 그 구체적 발전
과정을 과학적으로 분석치 못하였다"고 비판했다.[22] 같은 해 2월에도 보전학회
논집 제3호에 실은 논문에서, 백남운의 삼국시대 노예제 사회론을 비판하면서
광개토대왕 시대에 이르기까지 가장 지배적이었던 것은 '공납제(貢納制)'였다
고 주장했다.[23] 백남운은 1937년 11월에 출간한 『조선봉건사회경제사』서문에
서 김광진이 "'역사교정(歷史敎程)'의 밀수입에 의해 모처럼 생장한 바의 선진적
인 노예 사회인 고구려의 역사 발전 계열을 압축함으로써, 예의 '봉건사'의 대

김광진의 생애와 경제사 연구」, 『歷史學報』232, 2016, 307~309쪽 참조.

20　金洸鎭, 「李朝末期における朝鮮の貨幣問題」, 『普專學會論集』 1, 1934. 3.

21　白南雲, 「普專學會論集에 對한 讀後感」 (完), 『동아일보』 1934. 5. 4.

22　金洸鎭, 「朝鮮歷史學 硏究의 前進을 爲하여」, 『조선일보』 1937. 1. 3(신년호 15).

23　金洸鎭, 「高句麗社會の生産樣式—國家の形成過程を中心として」, 『普專學會論集』 3, 1937,
34쪽.

폭(對幅)을 그리고"[24] 있다고 비판했다.

와타나베 요시미치(渡部義通)와 하야카와 지로(早川二郎) 등이 집필한 『일본 역사교정(日本歷史敎程) 제1책』(1936)은 일본 고대 사회에서 노예제적 존재를 추출하려고 노력했다. 백남운은 김광진이 "반도 노예 사회의 생산적 '노예제'와 재외 노예인 '부곡제' 또는 '속민제'와의 상호회귀적인 연관 결합 관계의 아시아적 특수성"을 모른다고 비판했는데, 여기서 말한 '반도 노예 사회'의 특징은 바로 와타나베가 주장하는 노비제와 부민제(部民制)가 '연관·결합'된 '일본형 노예제'의 그것이었다.[25] 그런데도 백남운이 '역사교정'을 '밀수입'해 노예제를 부정한다고 김광진을 비판한 것은, 하야카와 지로의 공납제론의 영향을 지적한 것으로 판단된다. 하야카와가 『일본역사교정 제1책』에 참여한 것을 놓고 자설을 수정하여 노예제론을 인정한 결과라고 평가하기도 하지만, 실제 서술에서는 여전히 두 사람 사이에 차이가 뚜렷했다. 하야카와는 『일본역사교정 제2책』(1937)에는 참여하지 않았다.[26]

김광진은 1928년에 백남운과 같은 도쿄상과대학을 졸업한 뒤, 경성제대 조수를 거쳐 1932년에 보성전문학교에 부임했다. 식민지 조선은 물론 초기 북한의 마르크스주의 역사학을 주도하게 되는 김광진의 연구가 첫선을 보인 것은 바로 백남운의 『조선사회경제사』에 대한 서평이었다. 백남운과 김광진의 논쟁은 노예제 사회론, 아시아적 생산양식론, 자본주의 맹아론 등 해방 후 남북한 학계로 이어지는 역사학의 주요 쟁점을 포함했다. 어찌 보면 백남운의 『조선

24　白南雲, 「序文」, 『朝鮮封建社會經濟史 上(高麗の部)―朝鮮社會經濟史 (第二卷)』, 改造社, 1937, 2쪽.

25　홍종욱, 「보성전문학교에서 김일성종합대학으로」는 백남운이 와타나베 요시미치의 '일본 노예제'론을 비판한 것으로 분석했는데(309쪽) 잘못된 해석이었다.

26　田中聰, 「転機としての『日本歷史敎程』」, 63~80쪽.

사회경제사』가 촉발한 논쟁 과정에서 한국의 마르크스주의 역사학이 형성되었다고 할 수 있다.

백남운과 김광진은 서로 다른 역사상을 그렸지만, 두 사람은 식민지 현실을 딛고 조선인의 손으로 된 학문을 세우기 위해 함께 애썼다. 두 사람의 논쟁에서 보이듯 난해한 역사학 논쟁이 전문 학술지가 아닌 신문 지상에서 벌어진 것은 '식민지 아카데미즘'의 특징이었다.[27] 대학이나 전문학교가 조선인 중심의 아카데미즘을 담보하지 못하는 상황에서 조선인의 지식 활동은 신문, 잡지 등 미디어에 크게 의존하였다.[28] 1933년 6월에 '시내 전문학교 각 신문사 기타의 방면' 사람이 모여 창립한 '조선경제학회'에서 백남운과 김광진은 각각 대표 간사와 재무 간사를 맡았다. 조선경제학회는 '학술 부대의 참모 본영'의 하나로서 기대를 모았다.[29] 백남운과 김광진의 마르크스주의 역사학은 식민지 아카데미즘의 현실과 그 극복을 위한 노력을 잘 보여준다.

(2) 백남운과 이청원의 논쟁

식민지기 마르크스주의 역사학의 아시아 연구와 조선 인식을 살필 때 빼놓을 수 없는 이가 이청원이다. 1930년에 일본으로 건너가 사회주의 노동운동에 참여한 이청원은 1934년에 검거되었다가 풀려난 뒤 역사학 논문을 발표하기 시작한다. 첫 글은 역시 백남운의 『조선사회경제사』(1933)에 대한 서평이었

---

27 '식민지 아카데미즘'에 대해서는 홍종욱, 「보성전문학교에서 김일성종합대학으로」, 298~301쪽 참조.

28 한기형, 「배제된 전통론과 조선 인식의 당대성—『개벽』과 1920년대 식민지 민간 학술의 일단」, 『상허학보』 36, 2012, 310~311쪽.

29 「朝鮮經濟學會 創立, 유지가 명월관에 회합하야 昨日에 創立總會 開催」, 『동아일보』 1933. 6. 10;「學術部隊의 參謀本營」, 『동아일보』 1935. 1. 1(신년호 7).

다. 이청원은 아시아적 생산양식을 봉건제로 보고 원시공산제→노예제(삼국시대)→봉건제=아시아적 생산양식(통일신라~이조)이라는 시대구분을 제시했는데, 백남운의 역사상과 같았다. 또한 사노 마나부의 타율성론·정체성론적 한국사 인식에 대한 백남운의 비판을 지지했다.[30]

이청원은 아시아적 생산양식은 독자적인 사회 형태가 아니라 '봉건 제도의 동양적 변형'이라고 주장했다. 그리고 하야카와 지로(早川二郞), 모리타니 가쓰미(森谷克己), 아이카와 하루키(相川春喜), 히라노 요시타로(平野義太郞)에 대해 아시아적 생산양식을 하나의 사회구성체로 본다는 점에서 사적 유물론과 모순된다고 비판했다.[31]

이청원은 마자르 학파를 '트로츠키주의적 편견'을 가졌다고 비판하고, 그 '정치적 결론'은 "동양에는 봉건주의가 없었기 때문에 그들의 당면한 정치적 과정은 이른바 시민적인 그것이 아니라 노동자적인 그것이다"가 되고 만다고 지적했다.[32] 중국에서 아시아적 생산양식론이 반(反)봉건 과제를 경시하는 트로츠키주의라고 비판받은 상황을 떠올리게 한다.

이청원은 한국사에서 '내재적 모순의 발전'을 중시했다. 19세기 말까지 아시아적 생산양식이 존속했다는 김광진의 이론을 비판하고, '내재적 모순의 발전'에 따라 조선 중기부터 봉건제, 즉 아시아적 생산양식이 붕괴하기 시작했다

---

30 李淸源, 「『朝鮮社會經濟史』を讀む」, 『唯物論硏究』 26, 1934 참조. 이청원의 역사학에 대해서는 홍순권, 「1930년대 한국의 맑스주의 역사학과 아시아적 생산양식 논쟁」, 『동아논총』 31, 1994; 広瀬貞三, 「李淸源の政治活動と朝鮮史硏究」, 『新潟国際情報大学情報文化学部紀要』 7, 2004; 박형진, 「1930년대 아시아적 생산양식 논쟁과 이청원의 과학적 조선학 연구」, 『역사문제연구』 38, 2017 참조.

31 李淸源, 「アジア的生産樣式と朝鮮封建社會史」, 『唯物論硏究』 30, 1935 참조.

32 李淸源, 「亞細亞的生産樣式에 關하야」, 『新東亞』 5-9, 1935, 52·56쪽.

고 주장했다. 그 근거로서 제한적이나마 '매뉴팩처'가 존재한 점을 들고, "상공업의 지방화, 보편화는 봉건 제도의 붕괴와 자본주의 발생의 역사적 사회적인 결정적 요인"이었다고 설명했다.[33]

고대 사회에 대해서도, 금속 사용은 중국에서 전해졌지만 "어디까지나 조선 원시사회 생산력의 내적 필연에 바탕한 발전 그 자체여서, 외부에서 전해졌기 때문에 어쩔 수 없이 사용한 것은 아니다"라고 분석했다.[34] 또한 모리타니 가쓰미의 봉건제 결여론에 대해 후쿠다 도쿠조의 "낡은 교리를 노예적으로 복사했다"고 비판했다.[35]

한국사의 내재적 발전을 강조하던 이청원은 1936년에 들어서면 아시아적 정체성론으로 전환한다. 먼저 봉건제 붕괴의 내재적 요인으로서 주목하던 상인자본에 대한 평가가 바뀌었다. 이청원은 상인자본과 고리대자본이 양반과 직접 결부되어, 박해를 받기는커녕 법규적 보호를 받았다고 비판적으로 바라봤다.[36] 이청원은 1936년 4월 『조선사회사독본(朝鮮社會史讀本)』을 펴냈는데, 원시공산제→노예제(삼국시대~고려)→봉건제(이조)라는 새로운 시대구분을 제시했다.[37] 이 책의 특징은 고려까지를 노예제 사회로 보고, 아시아적 생산양식론에 대한 비판 없이 한국사를 정체성론적으로 이해한 데 있었다.

이청원은 1937년에 『조선사회사독본』에 근대사 부분을 추가한 『조선역사독본』을 펴냈다. 여기서는 "이양선 출몰 이전 아직 자본가적 생산양식을 볼 수

33 李淸源, 「朝鮮封建社會史」(二), 『唯物論硏究』 31, 1935, 125쪽.

34 李淸源, 「朝鮮原始氏族共産體硏究」, 『東亞』 8-7, 1935, 113쪽.

35 李淸源, 「昨年中 日本學界에 나타난 朝鮮에 關한 論著에 對하야」(一)·(二)·(三)·(完), 『동아일보』 1936. 1. 1~6.

36 李淸源, 「朝鮮農業의 生産規模」(一)·(二)·(三), 『批判』 4-3/29/35, 1936/1937.

37 李淸源, 『朝鮮社會史讀本』, 白揚社, 1936.

없었던 우리 조선 사회는 한번 외국 자본주의의 강요적 개국에 부딪히자마자 그 봉건적 구성은 갑자기 취약하게도 와해되기 시작"했다는 주장을 폈다.[38] 백남운과 이청원 자신이 비판해 마지않던 김광진의 아시아적 생산양식론에 바탕한 정체성론과 같은 입장이 되어버렸다.

이청원은 1934년 말의 서평에서 백남운의 『조선사회경제사』를 높게 평가했지만, 1937년 3월에는 "전형적인 로마 희랍적인 노예 사회를 그대로 조선의 역사 발전 행정에 적합시켰다"는 점에서 "결정적인 구출할 수 없는 결점은 공식주의"라고 비판했다.[39] 백남운 역시 이청원의 고려 노예제론을 '소아병적 희화술(戱畵術)'이라고 비판했다.[40]

이청원의 방향 전환의 배경은 무엇일까. 이청원은 1934년 12월에 기소유보 처분을 받은 후 실천 운동에서 물러나 유물론연구회, 조선고대사연구회 등에 관계했다.[41] 이청원의 역사학 논문은 『유물론연구(唯物論硏究)』 등 일본 좌파 학술지에 실렸다. 이청원은 『조선사회사독본』(1936) 서문에서 "여러 명의 공동연구 성과도 반영하여 고심을 거듭했으므로 충분히 계몽적 의의를 지닌다"면서 "본서 출판을 위해 직접 간접으로 많은 조력을 받은 구로다(黑田), 이북만(李北滿) 및 도사카 준(戶坂潤), 박용칠(朴容七) 등 제씨에게 깊이 감사"를 표했다. 도사카 준은 당대 일본을 대표하는 마르크스주의자로서 유물론연구회의 중심 인물이었다. 도사카는 유물론연구회 활동의 하나로서 이청원의 논문 발표를 든 바 있

---

38 李淸源, 『朝鮮歷史讀本』, 白揚社, 1937, 311쪽.

39 李淸源, 「'朝鮮의 얼'의 現代的 考察」, 『批判』 36, 1937, 78쪽.

40 白南雲, 「序文」, 『朝鮮封建社會經濟史 上』, 改造社, 1937.

41 「(十六)李靑垣事平昌秀吉の場合」, 『思想硏究資料 特輯 第九十五号 左翼前歷者の轉向問題に就て』, 司法省刑事局, 1943. 8, 『社會問題資料叢書 第1輯』, 1972, 196쪽. 기소유보 처분은 전향을 유도하기 위해 도입된 조치였다.

다.[42] 박용칠은 메이지대학에 재학 중이던 도쿄 조선인 유학생 운동의 중심적 인물이었다.[43]

'구로다'는 사회주의 활동가이자 역사학자인 구로다 젠지(黑田善次)를 가리킨다. 구로다 젠지는 사쿠 다쓰오(佐久達雄)라는 필명으로 『일본고대사회사』, 『동양고대사회사』(모두 하쿠요샤白揚社, 1934)를 펴냈다. 이북만은 재일조선인 문화 운동의 중심 인물로서 이청원을 유물론연구회로 이끈 고리로 판단된다. 이북만 역시 「조선에서 토지 소유 형태의 변천」 등의 논문을 일본 좌파 역사학의 아성인 『역사과학』에 세 차례나 게재한 사회경제사 연구자였다.[44]

구로다와 이북만의 역사학은 아시아적 정체성에 주목했다. 이 밖에도 유물론연구회에는 아이카와 하루키(相川春喜), 하야카와 지로(早川二郞) 등 일본을 대표하는 마르크스주의 역사학자들이 참가했다. 이들은 서구 사회와 다른 아시아 사회의 특수성, 정체성에 주목하는 강좌파 역사학자들이었다. 당초 이청원은 한국사의 내재적 발전에 관심을 가졌지만, 유물론연구회 등에서 일본 학자들과 교류하는 과정에서 한국사에 대한 정체성론적 인식을 받아들이게 된 것으로 판단된다.

---

42 戶坂潤, 「唯物論研究會關係者手記」(二), 『極秘 思想資料パンフレット特輯 第一五號』(1940年 6月刊), 奧平康弘 編, 『昭和統制史資料 第十三卷 左翼·文化運動篇 ①』, 生活社, 1980.

43 內務省警保局, 『社會運動の狀況』(1938), 朴慶植 編, 『在日朝鮮人關係資料集成 第四卷』, 三一書房, 1976, 95~98쪽; 広瀬貞三, 「李清源の政治活動と朝鮮史研究」 참조.

44 李北滿, 「朝鮮に於ける土地所有形態の變遷」, 『歷史科學』 1-4, 1932; 「日清戰爭論」, 『歷史科學』 2-4, 1933; 林田朝人, 「李朝末葉の經濟狀態に關する若干の考察─特に資本制生産樣式への轉化の基本的前提條件の缺如に就いて」, 『歷史科學』 5-12, 1936.

3. 조선 연구와 민족통일전선의 향배

1) 조선 연구를 둘러싼 사회주의자의 엇갈린 태도

(1) 1930년대의 조선 연구

1930년대 중반 식민지 조선에는 조선 연구 붐이 일었다. 그 중심에는 안재홍(安在鴻), 정인보(鄭寅普) 등의 민족주의자가 주도한 조선학 운동이 있었다.

1931년 5월, 신간회 해소 소식이 연일 신문 정치면을 메우는 가운데, 동아일보는 충남 아산의 이순신 묘소를 보전하기 위한 모금 운동을 개시했다. 5월 23일에는 윤치호(尹致昊)를 위원장으로 송진우(宋鎮禹), 안재홍, 조만식(曺晩植), 김병로(金炳魯), 한용운(韓龍雲), 정인보 등이 참가한 '이충무공유적보존회'가 창립되었다.[45] 보존회는 위토 저당권 해제, 아산 현충사 중건, 한산도 제승당(制勝堂) 중건 등을 추진했다.[46]

동아일보는 1932년 5월부터 평안남도 강동군의 단군릉 수축을 위한 모금 운동도 벌였다. 7월에 시작한 기획연재 「단군 성적 순례(檀君聖蹟巡禮)」는 단군에서 부여-고구려로 이어지는 역사의 맥을 서술했는데, 이는 신채호가 「독사신론(讀史新論)」에서 보인 부여족 중심의 역사 인식과 통하는 것이었다.[47]

1934년에는 정약용을 기리는 다산 서세(逝世) 99주년 기념사업이 열렸다. 9월에 서울 YMCA에서 열린 강연회에는 정인보, 안재홍, 문일평(文一平), 현상윤(玄相允)이 강사로 나섰다.[48] 10월에는 '신조선사(新朝鮮社)'에서 『여유당전서(與猶

---

45 「各方面의 有志會合 遺跡保存會創立, 蘇生된 忠武公 崇拜熱」, 『동아일보』 1931. 5. 25.

46 이지원, 『한국 근대 문화사상사 연구』, 혜안, 2007, 321쪽.

47 「檀君聖蹟巡禮」, 『동아일보』 1932. 7. 9. 등; 이지원, 『한국 근대 문화사상사 연구』, 327쪽.

48 「朝鮮學界의 至寶 丁茶山 記念講演」, 『조선일보』 1934. 9. 4;「丁茶山 記念講演 今夜 基青會館서」, 『조선일보』 1934. 9. 9.

堂全書)』제1집 제1책이 나왔다. 여유당전서 발간에는 안재홍과 정인보가 책임 교열을 담당하며 중심적 역할을 했다.[49] 이순신, 단군, 정약용 등에 대한 관심으로 드러난 '조선을 알자'[50]는 욕구와 실천은 조선학 운동이라고 불렸다.

1935년 7월 동아일보는 '다산 선생의 사상 학문에 대한 조예가 남달리 깊은 사계의 권위' 정인보, 현상윤, 백남운이 강사로 나서는 강연회를 예고하면서, 세 사람의 글로 '정다산 서세 백년 기념' 지면을 꾸렸다.[51] 민족주의자가 주도하는 조선학 운동에 마르크스주의 역사학자 백남운이 참여한 것이 눈에 띈다. 같은 해 8월 『신조선(新朝鮮)』의 다산 특집에도 정인보, 안재홍, 백낙준(白樂濬) 등과 함께 백남운이 「정다산 백년제의 역사적 의의」라는 글을 썼다. 여기서 안재홍은 정약용을 '근세 국민주의의 선구자'로 평가하고, 특히 다산의 토지개혁론을 '일종의 국가적인 사회민주주의'라고 주장했다.[52] 백남운은 정약용을 '근세적 자유주의의 일 선구자'로 규정했다.[53]

민족주의자와 사회주의자가 함께 조선학 운동을 벌인 셈이다. 경성제대 출신으로 후일 경성 콤그룹에 가담하게 되는 김태준(金台俊)은 이러한 상황을 놓고 "이전 '조선적'이라고 하면 그냥 거절하고 조선학 연구는 현실 도피의 반동적 현상이라고 쉽게 버리던 것에 비해 격세지감"이라고 평가했다. 특히 백남운의 『조선사회경제사』에 대해 "적적한 학술계에 커다란 충동을 주었다"고 평가

---

49   장문석, 「식민지 출판과 양반—1930년대 신조선사의 고문헌 출판 활동과 전통 지식의 식민지 공공성」, 『민족문학연구』 55, 2014, 361쪽.

50   「社說: 朝鮮을 알자, 自己發見의 機緣」, 『동아일보』 1933. 1. 14.

51   「丁茶山逝世百年記念」, 『동아일보』 1935. 7. 16.

52   安在鴻, 「現代思想의 先驅者로서의 茶山先生의 地位」, 『新朝鮮』 12, 1935, 29쪽.

53   白南雲, 「丁茶山百年祭의 歷史的 意義」, 『新朝鮮』 12, 1935, 하일식 편, 『백남운 전집 4. 彙編』, 이론과실천, 1991, 120쪽.

했다.[54] 김태준은 아시아적 생산양식을 아시아적 봉건제라고 파악한 점에서 백남운과 같았다. 또한 내부 세력의 성장과 외부 자본주의의 압력으로 봉건제 사회가 동요했다고 내재적 발전과 외부의 영향을 균형 있게 포착한 점도, 근대의 맹아와 이식 자본주의를 함께 고려하는 백남운의 역사상을 떠올리게 한다.[55]

김태준은 조선일보에 1933년 10월에서 이듬해 3월에 걸쳐 '조선가요개설'을 시조, 별곡, 가사, 민요 등으로 나누어 70회 이상 연재했다.[56] 스스로 1930년대 초반 조선 연구열의 주인공이었음을 알 수 있다. 김태준은 1935년 7월 조선일보 '다산 선생 백년제 특집'에도 이훈구(李勳求), 조헌영(趙憲泳), 문일평과 나란히 「문화건설상으로 본 정다산 선생의 업적 (상)」이라는 글을 실었다.[57]

한편, 같은 조선일보에 7월 13일과 14일 「단군 전설의 검토—신화와 민족신」를 실었는데, 7월 16일 해당 연재를 '사(社)의 사정에 의하야 중단'한다는 '근고(謹告)'가 실렸다. 이 글은 신채호와 최남선, 일본인 학자 이마니시 류(今西龍), 그리고 백남운의 단군 해석을 개괄적으로 소개했는데, 신채호와 최남선에 대한 본격적인 비판이 이루어지려는 시점에 게재가 거부된 것으로 추측된다.[58] 김태준은 자신의 글을 거부한 조선일보의 처사를 '회고적, 보수적, 민족개량주의적 무정견'으로 비판했다.[59] 이후 김태준은 7월에서 8월에 걸쳐 조선중앙일

54　金台俊,「朝鮮文學上의 復古思想檢討, 古典文學과 文學의 歷史性, 古典探究의 意義, '朝鮮'研究熱은 어데서?」(一)·(二),『조선일보』, 1935. 1. 26/27.

55　조형열,「1930년대 조선 '역사과학' 계열의 보편특수성 인식과 아시아적 생산양식론 수용 양상」,『전북사학』49, 2016, 228쪽.

56　金台俊,「朝鮮歌謠概說, 歌謠와 朝鮮文學 (一)」,『조선일보』1933. 10. 20. 등.

57　金台俊,「文化建設上으로 본 丁茶山先生의 業績 (上)」,『조선일보』1935. 7. 16.

58　조형열,「1930년대 마르크스주의 지식인의 학술 문화 기관 구상과 "과학적(科學的) 조선학(朝鮮學)" 수립론」,『역사학연구』61, 2016, 132쪽.

59　金台俊,「史觀의 批判, 史學研究의 回顧, 展望, 批判 (一)」,『조선중앙일보』1936. 1. 1.

주체

'특수문화사관'

(최남선, 신채호)

'과학적 조선연구'

(백남운)

특수 ─────────────────────── 보편

'조선특수사정' 이데올로기

(和田一郞 등)

정체성론적 마르크스주의 역사학

(佐野學, 森谷克己, 김광진, 이청원)

몰주체

〈그림 4〉 1930년대 백남운의 역사 인식

보에 「진정한 정다산 연구의 길」이라는 글을 총 10회 연재했다.[60] 김태준의 조선 연구는 민족주의자들의 조선학 운동과 미묘한 긴장 관계를 유지했다. 그 밖에도 신남철(申南澈), 박치우(朴致祐) 등 적지 않은 마르크스주의자들이 조선 연구에 관심을 보였다.[61]

1930년대 백남운의 역사 인식은 〈그림 4〉와 같이 정리해볼 수 있다. 보편-특수, 주체-몰주체라는 두 축을 기준으로 하는 사분면을 상정한다면, 백남운은 자신을 '보편=주체'의 자리에 놓고 특수문화사관과 정체성론적 마르크스주의 역사학을 각각 특수와 몰주체라고 비판한 셈이다.[62]

보편 대 특수가 단순히 사회주의 대 민족주의를 뜻하는 것은 아니다. 일찍이 김용섭은 식민지기 한국인의 역사학을 민족주의 역사학, 실증주의 역사학,

---

60 天台山人, 「眞正한 丁茶山硏究의 길 (一) 아울러 茶山論에 나타난 俗學的 見解를 批判함」, 『조선중앙일보』 1935. 7. 25. 등.

61 마르크스주의자가 '조선의 과거'에 관한 논의에 참가하는 상황에 대해서는 차승기, 『반근대적 상상력의 임계들—식민지 조선 담론장에서의 전통·세계·주체』, 푸른역사, 2009 참조.

62 洪宗郁, 「白南雲─普遍としての〈民族=主体〉」, 109쪽의 그림을 수정, 보완했다.

사회경제사학으로 나누어 설명했다.[63] 다만 백남운의 경우는 같은 민족주의라고 해도 신채호, 최남선은 엄격하게 비판했지만, 1930년대 중반 정약용 기념사업을 함께 벌인 안재홍, 정인보에 대한 비판은 자제했다. 오히려 『조선사회경제사』(1933) 서문에서 "고문헌 수집에서 외우(畏友) 정인보 교수의 귀띔에 힘입"었다고 밝힌 바 있다.

사회경제사학은 마르크스주의 역사학을 가리키는데, 백남운은 같은 마르크스주의 역사학이라도 몰주체적인 정체성론과 자신의 역사학을 구별했다. 백남운은 실증사학에 대해서는 그다지 언급하지 않았다. 조선인의 실증사학은 1934년 진단학회 창립을 계기로 막 형성되던 참이었다. 백남운에게 실증사학의 자리는 '조선특수사정 이데올로기'와 비슷했을 것이다.

『조선사회경제사』(1933) 단계에서는 두 가지 특수성론, 즉 '특수문화사관'과 '조선 특수사정 이데올로기'가 주된 논파 대상이었다. 보편과 특수의 대립이었다. 『조선사회경제사』 출간 이후 같은 마르크스주의 역사학자로부터 공식주의 혹은 도식적이라는 비판이 쏟아지면서, 주체-몰주체의 대립이 부각되었다. 이러한 변화는 1930년대 중반에 백남운이 조선학 운동에 적극적으로 가담하면서 조선이라는 주체를 강조한 사실과도 부합한다.

(2) 민족의 시대, 제국의 사회과학

민족의 전통과 문화에 대한 강조는 1930년대 세계적인 현상이었고, 코민테른이 반파시즘 인민전선론으로 방향을 전환하는 배경이 되었다. 1930년대 초반 찾아온 조선 연구열 역시 반파시즘 인민전선론 혹은 반제 민족통일전선론적 성격을 가졌다. 쓰루조노 유타카는 조선학 운동을 일종의 '통일전선적 학문

---

63 金容燮, 「日本·韓國에 있어서의 韓國史敍述」, 『歷史學報』 31, 1966 참조.

운동'으로 평가했다.[64]

안재홍은 조선학 운동이 정치적 약진이 불리한 시대의 '최선한 차선책'이라고 밝혔다.[65] 사회주의자 백남운은 민족주의의 아성인 동아일보와 깊은 관계를 맺었다. 1933년 백남운이 『조선사회경제사』를 출간하자, 10월 16일에 송진우, 백낙준, 여운형(呂運亨) 등이 발의한 출판 축하회가 열렸다. 다음 날인 17일 동아일보는 사진까지 곁들여 출판 축하회 소식을 전하고, 백남운을 객원 논설위원으로 임명했다.[66]

백남운은 학계와 문화계를 무대로 민족통일전선을 꾀했다. 1933년 6월에는 민족주의 계열 학자를 포함하여 조선경제학회를 창립했고,[67] 1936년에는 전문학교, 학회, 신문사 등에 산재한 연구자를 묶어 '학술기간부대 양성'을 지향하는 '중앙아카데미' 창설을 제안했다.[68] 백남운은 식민지 조선에서는 "민족적 대립과 자본주의적 대립이 거의 서로 일치한다"고 민족통일전선의 근거를 밝혔다.[69]

사회주의자 백남운은 한국사의 내재적 발전에 주목하면서 민족주의자와 연대했다. 나치스의 민족사회주의와 직결될 수 있는 성질은 아니었지만, 식민지 조선의 민족통일전선 역시 민족주의와 사회주의의 결합이었다. 민족통일

---

64 鶴園裕, 「近代朝鮮における国学の形成—'朝鮮学'を中心に」, 『朝鮮史研究会論文集』 35, 1997, 67쪽.

65 樗山, 「朝鮮과 文化運動—卷頭言에 代함」, 『新朝鮮』 8, 1935, 2쪽.

66 윤덕영, 「위당 정인보의 교유 관계와 교유의 배경—백낙준·백남운·송진우와의 교유 관계를 중심으로」, 『東方學志』 173, 2016, 52쪽.

67 「朝鮮經濟學會 創立, 유지가 명월관에 회합하야 昨日에 創立總會 開催」, 『동아일보』 1933. 6. 10.

68 白南雲(朝鮮經濟學會), 「學術基幹部隊의 養成, 中央아카데미 創設」, 『동아일보』 1936. 1. 1.

69 白南雲, 「朝鮮經濟의 現段階論」, 『改造』 16-5, 1934, 69쪽.

전선은 인민전선을 지향하지만 국민전선으로 경도될 위험을 내포했다. 같은 시기 일본에서는 도사카 준(戶坂潤)이 당시 유행하던 '일본주의'를 '일종의 파시즘'이라고 비판하고, 그것과 '사회파시즘' 혹은 '자유주의'의 결합을 경계했다.[70] 이런 맥락에서 백남운의 실천은 여러 좌파 지식인은 물론 공산주의 운동 주류로부터 경계의 대상이 되었다.

카프(KAPF) 서기장을 지낸 바 있는 임화(林和)는 프롤레타리아 문학가들이 "날카로운 역사과학의 메스가 아니라 낭만적 환상과 그 과학적인 외피만 보고 탁류 속에 뛰어드는 것"을 비판했다. 탁류는 '복고주의적 조류'를 가리켰다. 임화는 '조선학의 수립', '조선 문학의 재건', '조선적 현실의 분석' 등 말뿐인 '과학적 환상'이 '비관주의와 패퇴 정신'을 은폐한다고 지적했다.[71] '모스크바에서 조선으로'라는 풍조를 비판했는데, 안재홍이 "세계로부터 조선에 재귀하는 문화적 작업"[72]을 논한 사실을 떠올리게 된다.

카프 맹원이었고 조선공산당 재건운동 사건으로 투옥된 경력을 지닌 김남천(金南天)은 "이순신의 백골을 땅 속에서 들추어서 그것을 혀끝으로 핥는 사람, 단군을 백두산 밀림 속에서 찾다가 사당간에 모시는 사람, 정다산을 하수구 속에서 찬양하는 사람" 등을 비판했다. 이순신, 단군, 정약용을 좇는 1930년대 조선 연구열을 비꼰 셈이다.[73] 김남천은 안재홍을 비판하면서 "나치스가 괴테

---

70 戶坂潤, 『日本イデオロギー論―現代日本に於ける日本主義・ファッシズム・自由主義・思想 の批判』, 岩波書店, 1977(초판, 白揚社, 1935), 26~29쪽.

71 임화, 「역사적 반성에의 요망」, 『조선중앙일보』 1935. 7. 4~16, 임화문학예술전집 편찬위원회 편, 『임화문학예술전집 2. 문학사』, 소명출판, 2009, 360쪽.

72 安在鴻, 「文化建設私議 (一) 世界로부터 朝鮮에!」, 『조선일보』 1935. 6. 6.

73 김남천, 「이광수 전집 간행의 사회적 의의」(1935. 9. 5~7), 정호웅·손정수 편, 『김남천 전집 I』, 박이정, 2000, 127쪽.

의 백주기 때에 연출한 태도와 이 땅의 '조선의 애인'들이 정다산을 기념하던 때에 폭로한 문화적 태도는 과연 무엇을 가지고 구별할 수 있는가?"라고 지적했다.[74]

식민지 조선의 사회주의 운동 주류는 코민테른이 1935년 제7회 대회를 통해 반파시즘 인민전선론, 반제 민족통일전선론을 채택한 이후에도 민족주의자와 연대하는 데 적극적이지 않았다. 연대의 대상이 될 만한 건전한 민족부르주아지가 존재하지 않는다고 판단했고, 무엇보다 일제의 가혹한 탄압 탓에 공동 활동을 벌일 합법 공간이 허락되지 않았다. 사회주의 활동가들은 사회민주주의, 민족개량주의를 사회 파시스트로 비판하는 1928년 코민테른 제6회 대회 이래의 계급 대 계급론을 여전히 견지했다.[75]

프로핀테른 극동부에서 파견되어 비합법 공산주의 운동을 펼치고 있던 권영태(權榮台)는 경성제대 교원으로서 조선인 학생들을 지도하면서 이재유(李載裕)와도 연결되어 있던 미야케 시카노스케(三宅鹿之助)와 협의에서, '사회민주주의', '민족개량주의'와 더불어 백남운의 『조선사회경제사』를 들어 조선인 사이에 "이상한 충동을 일으킨다"고 비판했다.[76] 백남운을 민족개량주의, 사민주의와 동렬에 놓고 비판한 것이다. 여기서 '이상한 충동'은 임화가 조선학 운동을 비판하면서 사용한 '낭만적 환상'이라는 말과 상통한다. 김남천은 안재홍을 '민족 파쇼의 태두'라고 비판했다.[77] 조선중앙일보 기자 서강백(徐康百) 역시 안

---

74 김남천, 「조선은 과연 누가 천대하는가—안재홍 씨에게 답함」(1935. 10. 18~25), 정호웅·손정수 편, 『김남천 전집 I』, 131쪽.

75 홍종욱, 「반파시즘 인민전선론과 사회주의 운동의 식민지적 길」, 『역사와 현실』 118, 2020, 358~371쪽 참조.

76 「三宅城大教授の赤化運動事件」, 『思想彙報』 2, 1935, 37쪽.

77 김남천, 「조선은 과연 누가 천대하는가—안재홍 씨에게 답함」, 141쪽.

재홍을 가리켜 "타국에 있어서의 사회 파시스트의 역할과 방불한 바 있다"고 비판했다.[78]

조선공산당 재건운동 지도자로서 소련에서 활동하던 양명은 1933년에 러시아어로 쓴 글에서 "철학적이고 유토피아를 사랑하는 민족성"에 집착하는 안재홍을 비웃었다.[79] 이에 대해 박노자는 사회주의자들이 보편적 세계관과 과학적 방법론의 입장에서 민족주의자들의 민족적 동질성과 특수성 강조를 비판했다고 분석했다. 한편 변증법 정신에 충실하고 민족적 감수성을 지닌 마르크스주의자는 민족주의를 존중했는데, 비교적 동질적인 지배계급 문화를 가진 단일 중앙집권 국가로서의 오랜 역사를 감안한 결과였다고 보았다. 박노자는 이러한 예로서 이여성과 홍기문을 들었는데, 이 글에서 다룬 백남운이나 김태준에게도 적용할 수 있는 분석이다.

김광진과 이청원은 1930년대 조선 연구와 민족통일전선에 대해 어떤 태도를 취했을까. 김광진은 경성제대 조수를 지낸 인연으로 동년배의 경성제대 출신 사회주의 지식인들과 가깝게 지냈다. 1931년 9월에는 유진오 등이 설립한 '조선사회사정(事情)연구소'에 참여했고, 1934년에 '미야케(三宅) 교수 적화운동 사건'이 일어났을 때는 경찰에 불려가 조사를 받았다. 그러나 김광진은 기본적으로 정치적인 활동은 벌이지 않았다. 조선학 운동에도 참여하지 않았고, 그렇다고 비판도 하지 않았다.[80]

1935년에서 1938년까지 역사학자로 활약한 이청원은 1938년 5월 이후 다시

---

78 徐康百, 「파시슴의 讚揚과 朝鮮型的 파시슴—安在鴻氏의 『獨裁管見』을 批判」 (二), 『조선중앙일보』 1936. 2. 20.

79 Vladimir Tikhonov, *The Red Decades: Communism as Movement and Culture in Korea, 1919~1945*, University of Hawaii Press, p. 177.

80 홍종욱, 「보성전문학교에서 김일성종합대학으로」, 294~295쪽.

비합법 공산주의 활동에 종사하면서 「조선혁명론」을 집필했다.[81] 이 글에서는 "토착 부르주아 자신이 상업자본적, 고리대적, 흡혈귀적 존재로서 농촌에서 봉건적 제관계와 연결, 결합되어 있다"고 보았다. 반제반봉건 투쟁에 나설 건전한 민족부르주아지는 존재하지 않는다는 판단이었다. 혁명으로 이룰 권력 형태는 "당연히 소비에트적 형태의 노동자, 농민의 혁명적 민주주의적 독재"라고 주장하여, 민족부르주아지와의 민족통일전선 결성은 상정하지 않았다. 각주에서 민족통일전선을 언급하기는 했지만, '본문의 주지와 모순되는 혹덩어리' 같은 것이었다.[82]

이청원의 민족통일전선 부정은 조선의 문화와 전통에 대한 비관적 태도에 의해 뒷받침되었다. 이청원은 『조선사회사독본』(1936) 서문에서는 '조선학'을 '유교 훈화적, 정책적, 반봉건적'이라고 부르고, "그 공식의 천재는 '단군'을 분식하고 그 전체적인 영웅은 '이순신'의 옷을 빌려 입고, 그 재간 있는 사람들은 '정다산'의 가면을 쓰고 역사를 왜곡하고 있다"고 비판했다.[83] 1937년 11월 동아일보에 실은 글에서는 지금 "서구의 천지에서는 문화 전통의 옹호를 부르짖고" 있으나, 우리는 "부정하고 비판하고 청산하고 극복하여야만 할 문화 전통만 가지고" 있다고 비판했다.[84] 이청원의 이런 태도에 대해 민족주의자들이 비판적이었을 것은 충분히 예상이 된다. 안재홍은 『신조선』을 편집하면서 이청

---

81 일본 관헌은 이청원(李靑垣), 송군찬(宋君瓚), 황병인(黃炳仁) 세 명의 공동 저작이라고 판단했다. 「朝鮮革命論」, 『思想彙報』 19, 1939.

82 서중석, 『한국 현대 민족운동 연구—해방 후 민족국가 건설 운동과 통일전선』, 역사비평사, 1991, 158쪽.

83 李淸源, 『朝鮮社會史讀本』, 1~2쪽.

84 李淸源, 「朝鮮의 文化와 그 傳統」 (二)·(三), 『동아일보』 1937. 11. 3/ 5.

원의 글을 거부한 적이 있다고 한다.[85]

1930년대 초중반 많은 사회주의자가 민족주의자의 조선학 운동을 '조선적 파시즘'이라고 비판했다. 그러한 가운데 일부 사회주의자는 '과학적 조선 연구'를 내걸고 한국의 역사와 문화를 탐구했다. 사적 유물론에 입각해『조선사회경제사』를 펴낸 마르크스주의 역사학자 백남운은 정약용 기념사업에 참가하는 등 조선학 운동에 적극적으로 가담했다. 이청원 역시 '과학적 조선 연구'를 내걸고『조선사회사독본』을 펴냈지만, 조선에는 옹호할 만한 문화 전통이 없다고 비판했다. 백남운이 한국사의 내재적 발전을 강조하며 조선의 문화와 전통을 새로운 주체 형성의 토대로 삼고자 했다면, 이청원에게 그런 발상은 없었다. 이러한 차이는 민족통일전선에 대한 상이한 태도로 드러났다.

한편 김광진, 이청원과 치열한 논쟁을 벌이는 과정에서, 백남운의 역사 인식에는 중요한 변화가 일어났다. 1937년 1월에 행한 인터뷰에서 백남운은 '후진(後進)에게 들려줄 연학(硏学) 오훈(五訓)'의 하나로서 "조선 특수사정을 놓쳐서는 안 됩니다. 어떤 방법론을 가지고 미리 재단해서는 안 되죠"라고 언급했다.[86] 백남운은 삼국시대까지를 다룬『조선사회경제사』에 이어 고려시대를 다룬『조선봉건사회경제사』를 1937년에 출간했다.

『조선봉건사회경제사』서문에서는 "노예 소유자적 사회구성의 존재를 말살"하는 모리타니 가쓰미(森谷克己), 그리고 김광진, 이청원 등의 연구를 비판하

---

85 蓮湖亭人, 「文化領域에 顯現되는 惡質的 諸流에 抗하야」, 『批判』 35, 1937, 112쪽; 조형열, 「1930년대 마르크스주의 지식인의 학술 문화 기관 구상과 "과학적(科學的) 조선학(朝鮮學)" 수립론」, 132쪽 참조. '蓮湖亭人'이 누군지는 분명하지 않다. 다만, '연호정(蓮湖亭)'이 울진에 있는 정자인 점을 고려할 때 울진 출신의 사회주의자로 조선 연구에도 깊이 관여한 최익한(崔益翰)일 가능성을 생각해볼 수 있다. 이청원은 1945년 5월 최익한의 딸과 결혼한다.

86 「經濟朝鮮의 立體的 探究, 朝鮮社會經濟史 著者 白南雲氏」, 『조선일보』 1937. 1. 1.

고, 삼국=노예제, 고려=봉건제라는 자설을 반복했다. 다만 『조선사회경제사』 (1933) 이후 자신의 연구에 쏟아진 '공식주의'라는 지적을 의식한 서술이 눈에 띈다. 같은 서문에서는 "아시아적 정체성으로서의 봉건적 유제의 강인성"을 지적하고 "일반적인 공통성의 반면에는 다종다양한 특수적인 역사적 모반(母斑)이 잔존하고 있는 한 역사운동의 실천 과정도 공식주의적으로 규정되어서 는 안 된다"고 밝혔다.[87]

노예제에 대해서도 '반도 노예 사회'의 '아시아적 특수성'을 언급했다. 위에 서 언급한 바와 같이 생산적 노예제와 부곡제 혹은 속민제의 연관, 결합을 강 조하는 내용이었는데, 이는 와타나베 요시미치의 '일본형 노예제'와 유사했다. 1933년 단계에서 그렸던 그리스·로마적인 노예제가 아니라, 아시아적 특수성 이 가미된 노예제를 상정한 것이다. 역사 인식의 변화는 1938년 체포 후 압수 된 연희전문학교 강의록에서도 확인된다. 「동양경제사」 강의록(1934~38)을 보 면, '지나(支那) 역사'에 '아시아적 생산양식 단계'를 설정한 뒤 그로부터 '아시아 적 봉건경제'로 직접 이행했는지 아니면 '아시아적 노예경제'를 거쳤는지를 논 점으로 제시했다.[88] 더욱이 어느 쪽이든 "촌락공동체가 오랜 생명을 유지"했다 고 파악했는데, 이는 아시아적 특수성의 잔존을 강조하는 하야카와 지로의 역 사상과 통하는 것이었다.[89]

87　白南雲, 「序文」, 『朝鮮封建社會經濟史 (上)』, 改造社, 1937.

88　「意見書」(「事件送致書」, 경성서대문경찰서장→경성지방법원검사국, 1938. 12. 15), 『경성지 방법원 형사사건 기록 314』(국사편찬위원회 원문 제공), 50~53쪽; 방기중, 『한국 근현대 사상 사 연구』, 175쪽.

89　田中聰, 「轉機としての『日本歷史敎程』」, 70~71쪽.

2) 중일전쟁기 '조선'을 둘러싼 지식인의 공동전선

(1) 감옥 안의 통제경제론과 민족협화론

중일전쟁기 마르크스주의 역사학자들은 연구를 이어갈 수 없는 처지에 놓인다. 1938년 3월 백남운은 연희전문 상과 동료인 이순탁(李順鐸), 노동규(盧東奎), 그리고 '경제연구회' 소속 학생들과 함께 체포되었다. 일제 관헌은 경제연구회 활동을 '인민전선 전술을 방불'케 한다고 규정했다. 같은 해 12월 백남운은 강의, 집필, 강연 등을 통해 공산주의 사회를 실현하고자 했다는 이유로 치안유지법 위반으로 기소되었다. 연희전문학교도 그만두어야 했다. 1940년 7월 보석으로 출옥한 백남운은 그해 12월에 열린 재판에서 징역 2년에 집행유예 4년을 선고받았다.[90]

관헌 기록 가운데는 백남운이 남긴 「회오록(悔悟錄)」(1938)·「감상록」(1939)·「연두소감」(1940) 등 모두 세 편의 전향서가 확인된다. 보석으로 풀려난 이후 사상범 통제 시설인 대화숙(大和塾)에 불려가는 등 고초를 겪지만, 이른바 전향자로서 적극적으로 활동한 흔적은 보이지 않는다.[91] 마지 못해 쓴 전향서 내용을 곧이곧대로 받아들여서는 안 되겠지만, 일제 관헌의 압력과 회유 앞에 내놓을 수밖에 없었던 전향의 논리가 무엇이었는지를 살핌으로써 백남운 사상의 편린을 더듬어보고자 한다.[92]

백남운은 1939년 5월 경성지방 법원 예심판사에게 제출한 「감상록」에서, "현대의 논자로서 자본주의제의 폐해를 인정하지 않는 자는 없다. 그러나 광구

---

90 洪性讚, 「일제하 延專商科의 經濟學風과 '經濟硏究會事件'」, 『연세경제연구』 1, 1994.

91 洪宗郁, 「戰時期朝鮮における思想犯統制と大和塾」, 『韓国朝鮮文化研究』 16, 東京大学大学院人文社会系研究科韓国朝鮮文化研究室, 2017 참조.

92 백남운 전향서의 주요한 내용은 홍종욱, 「'식민지 아카데미즘'의 그늘, 지식인의 전향」, 『사이間SAI』 11, 2011에서 소개한 바 있다.

(匡教)의 방법은 결코 공산사회 그것에 한정된 '특권'이 아니라는 것을 믿기에 이르게 되었다"고 밝힌 뒤, '자본주의 경제 기구의 붕괴론'에 대해서는 "최근의 통제경제의 조직화 등을 고찰하는 한 다소의 변경은 피할 수 없지만, 경제 기구의 토대 자체는 미동도 하지 않을 것"이라고 적었다.[93] 자본주의 반대라는 점에서 이전과 연속되나 공산주의 이외의 길을 인정한다는 점에서는 단절도 확인된다.

백남운은 「'뉴딜'의 전망」(1935)에서 자본주의 '계획경제'는 "자본주의 기구의 안정화를 도모"하는 데 지나지 않는다고 비판한 바 있는데,[94] 자본주의 병폐를 없애기 위해서는 사회주의로 갈 수밖에 없다는 암묵적인 판단이었다. 전향서의 서술은 좀 애매하지만, 자본주의가 쉽게 없어지지 않을 것이라는 뉘앙스다. 통제나 수정만으로 자본주의의 본질을 바꿀 수 없다는 점에서는 연속성이 확인된다.

백남운은 「감상록」에서 자신의 한국사 연구를 돌아보며 『조선봉건사회경제사』(1937)는 "봉건제의 특수성을 강조한 점"에서 『조선사회경제사』(1933)와 다르다고 자평했다. 이전 자신의 연구를 마르크스주의에 대한 '연애'에 비유하여, "연애는 맹목적이라고 말해지듯이 이지적 판단력이 어쩌면 감정적인 흥분 상태에 사로잡혀 있었다. 그리하여 마르크스주의 유물사관 자체에 대해서는 마치 마마 자국이 보조개로 보이는 것과 같은 마음에서 거의 비판적으로 재독할 여유조차 갖지 않았다"고 반성하였다. 이어 역사의 '특수성' 및 '제약성'이 인정되는 한 "마르크스 역사 이론 체계는 중대한 재비판이 기도되지 않으면

---

93 白南雲, 「感想錄」(1939. 5. 30), 『경성지방법원 형사사건 기록 319』(국사편찬위원회 원문 제공), 2829쪽.

94 白南雲, 「'뉴딜'의 展望 (一)」, 『동아일보』 1935. 6. 13.

안 된다"는 말로, 조선 및 아시아의 특수성에 주목할 필요성을 강조했다.[95] 『조선봉건사회경제제사』(1937) 서문 등에서 밝힌 문제의식을 잇고 있다는 점에서, 비록 전향서의 서술이지만 그저 압박과 회유의 결과라고 치부하기는 어려운 내용이다.

1934년 말부터 마르크스주의 역사학자로서 활약하던 이청원은 1938년 5월경 다시 종적을 감췄다. 이후 이청원은 「조선혁명론」을 집필하는 등 비합법 활동을 이어갔지만, 결국 1940년 5월에 일본 도쿄에서 체포되어 1944년 6월까지 감옥에 갇혔다. 이청원도 전향서를 제출했는데, 일본 관헌 기록에서 간접적이나마 그 내용을 확인할 수 있다.

이청원은 다음과 같이 통제경제를 옹호했다. "총동원법령은 사유재산, 생산, 분배, 배급 등에 대해, 또한 자유주의적 경제 기구에 대해 하나의 커다란 제약을 부여하는 동시에, 한편에서 새로운 건설적 태도, 경제 도덕의 건설을 목표로 한 것입니다. 이러한 것은 사회적으로는 빈부의 균형화로 방향 지어진 것을 의미하는데, 이는 내가 일찍이 꿈에도 생각하지 못한 것이었습니다. 특히 총동원법령 제11조의 발동을 중심으로 하는 재계와 군부의 의지의 차이는, 내게 군부의 초(超)계급적 존재와 그 신체제에서 추진적 역할을 충분히 인식시켜 주었습니다."[96] 이청원은 일본의 전시 통제경제가 자유경제를 제약하는 상황에 주목하고, 특히 재계와 갈등하며 신체제를 추진하는 군부의 역할에 기대를 걸었다.

또한 한일 간의 민족 협화를 주장했다. 중일전쟁에서 일본이 "지나(支那) 민

<hr />

95 白南雲, 「感想錄」(1939. 5. 30), 2826~2827쪽.

96 「(十六) 李靑垣事平昌秀吉の場合」, 『思想研究資料 特輯 第九十五号 左翼前歴者の転向問題に就て』, 司法省刑事局, 1943. 8, 『社會問題資料叢書 第1輯』, 1972, 197쪽.

족주의의 승인"을 밝힌 점을 높게 평가하고, '우리 조선 민족'도 "동양 공동체를 보다 높은 수준으로 고도화하기 위해 이 공동체의 일 구성분의 역할을 수행하지 않으면 안 된다"고 밝혔다. 아울러 이청원은 일본인의 토지 독점, 조선인 의무교육 결여, 일본으로의 도항 규제 등을 열거한 뒤 "일시동인(一視同仁)이라는 아시아 민족 하나의 목표를 향해 나아가는데, 왜 이러한 차별이 있는지는 이해하기 어렵다"고 밝혔다. 차별을 철폐하고 조선인에게 '문화와 빵'을 줌으로써 궁극적으로 '협화적 통일'을 이루자는 주장이었다.[97]

일본이 중국의 민족주의를 승인한 것을 평가하는 이청원의 주장은 명백하게 1938년 11월 일본 정부가 내건 '동아 신질서' 구상을 의식한 것이다. 이청원은 이를 '동양 공동체'라고 받아들인 뒤, 이를 더욱 발전시키기 위해서는 일본, 만주국, 중국 외에 조선도 하나의 구성원으로서 역할을 해야 한다고 밝혔다. 내선일체라는 틀 안에 조선을 가두려는 일본의 의도를 넘어서는 주장이었다. 이청원은 내선일체를 차별로부터의 탈출을[98] 위한 기회로 삼고, 나아가 조선을 '동양공동체'의 일원으로 세우고자 했다. 조선의 주체성에 대한 관심이 뚜렷이 드러나 있다.

일본 관헌은 이청원의 이러한 태도를 놓고 "총동원법령의 중요성을 그 빈부의 균형화라는 면에서 강조하거나 재계와 군부를 비교해서 후자의 초(超)계급성 등을 운운하는 데서, 오히려 모든 것을 선과 악으로 구분하여 일단 계급적 입장으로 환원하여 판단하려는 습관(그것은 일종의 좌익적인 상식이다)에서 벗어나지 못한 것을 간취"할 수 있다고 비판했다. 또한 "일시동인이나 협화적 통일

---

97   「(十六) 李靑垣事平昌秀吉の場合」, 200~203쪽.

98   미야타 세쓰코는 조선인이 내선일체 속에서 '차별로부터의 탈출'이라는 측면을 보고자 한 사실에 주목했다. 宮田節子 저, 李熒娘 역, 『朝鮮民衆과 '皇民化' 政策』, 一潮閣, 1997, 166~174쪽.

이라는 것이 온갖 차별을 무시한 평면적 절대 평등의 의미로 받아들여져서는 안 되는 것은 새삼 말할 것도 없"다고 경계했다.[99] 일본 관헌은 조선인 전향자에 대한 의심을 거두지 않았다. 이른바 전향 좌파와 일본 관헌 사이에는 미묘한 긴장 관계가 남아 있었다.

김광진은 1939년 봄 보성전문학교를 그만두고 평양으로 낙향하여 회사 경영에 관계하다 해방을 맞았다. 학교를 떠난 이유는 불분명하다. 다만 1938년 백남운의 체포, 이청원의 잠적에서 보이듯, 중일전쟁기 식민지 조선은 마르크스주의 역사학자가 공공연하게 활동할 수 있는 상황이 아니었다. 상대적으로 학문과 사상의 자유가 보장되었던 일본 국내에서도 1938년 2월 인민전선 사건으로 좌파 성향의 대학 교원들이 대거 검거되었다. 김광진의 사직과 낙향은 이러한 시대 분위기와 무관하지 않았을 것이다.

마르크스주의 역사학자 백남운, 이청원, 김광진은 모두 중일전쟁기 담론의 장에서 배제되었다. 백남운과 이청원은 전향서를 통해서만 발화할 수 있는 처지에 놓였다. 이청원의 전향 논리는 통제경제론과 민족협화론이었다. 백남운이 「감상록」 말미에서 "기회가 허락된다면 '통제경제연구소', '동양문화협회' 등과 같은 기관을 창설하여 학문적으로 봉사"하고 싶다고 밝힌 것도 같은 맥락에서 이해할 수 있다.[100] 백남운과 이청원의 통제경제론과 민족협화론은 앞서 살핀 중일전쟁기 미디어에 등장한 김명식, 인정식 등 전향 좌파의 논리와 상통한다.

---

99   「(十六) 李青垣事平昌秀吉の場合」, 199·203쪽.

100   白南雲, 「感想錄」(1939. 5. 30), 2840쪽.

(2) 내선일체의 위기와 조선이라는 주체

중일전쟁기 내선일체가 부르짖어지는 가운데 조선이라는 주체에 대한 관심이 폭발하는 역설이 벌어졌다. 조선 연구에 대해 부정적이던 임화는 중일전쟁기에 들어서자 1930년대의 '고유한 문화 고전과 전통에 대한 관심'을 '이식성과 국제주의에 대한 반성'으로 재평가했다.[101] 임화는 1938년 가을 '학예사'를 창립하고 1939년 1월부터 '조선문고'를 간행한다. 이전부터 조선 연구의 필요성을 주창한 김태준과 협력하여 『춘향전』, 『청구영언(靑丘永言)』 등의 고전과 김태준의 『조선소설사』 증보판, 김재철(金在喆)의 『조선연극사』 등 고전 관련 연구서를 조선문고로 출판했다.[102]

임화는 1939년 가을부터 『개설 신문학사』를 집필하는데, 일찍이 백남운이 제시한 내재적 모순의 발전을 중시하는 역사상이 뼈대를 이뤘다.[103] 먼저, 역사적 배경을 서술하는 「신문학의 태반」의 '물질적 배경'이라는 항목에서 '자주적 근대화 조건의 결여'를 설명하면서, "백남운, 이청원, 김광진, 김태준, 고 하야카와 지로, 모리타니 가쓰미, 이우진 씨 등의 조선사 과정에 관한 견해는 전연 상이하나 이 점에서는 모두 일치한다"[104]고 밝혔다. 마르크스 역사학자들의 논의를 폭넓게 참고했음을 알 수 있다.

임화는 아시아적 생산양식을 봉건제의 변형으로 보는 백남운과 달리, 하

---

101 林和, 「敎養과 朝鮮文壇」, 『人文評論』 2, 1939, 임화문학예술전집 편찬위원회 편, 『임화문학예술전집 5. 평론 2』, 소명출판, 2009, 185쪽.

102 장문석, 「출판기획자 임화와 학예사라는 문제틀」, 『민족문학사연구』 41, 2009 참조.

103 임화가 신문학사를 집필한 의미와 백남운 등에게서 받은 영향에 대해서는 장문석, 「임화의 참고문헌—「개설 신문학사」에 나타난 임화의 "학술적 글쓰기"의 성격 규명을 위한 관건(管見)」, 『관악어문연구』 34, 2009 참조.

104 「개설 신문학사」(1939. 9~1941. 4), 임화문학예술전집 편찬위원회 편, 『임화문학예술전집 2. 문학사』, 소명출판, 2009, 22쪽.

야카와 지로와 라이할트(V. Reikhardt)를 원용하여 "아세아적 정체성은 역사 과정 중 어느 임의의 지점에서 돌연히 배태되는 것이 아니라 실로 최초의 역사상 사회 구성인 원시 사회의 붕괴의 비전형성에서 유래"한다고 설명했다.[105] 라이할 트는 아시아적 생산양식을 미발달한 노예 사회이자 원시 공산 사회와 고전적 노예제의 중간적 성질을 가진 것으로 해석한 바 있다.[106] 다만 백남운은 1937년 『조선봉건사회경제사』를 펴낼 무렵에는 아시아적 특수성을 강조하는 변화를 보였고, 해방 후인 1946년에는 아시아적 생산양식을 원시 공산 사회에서 노예 제 사회로 이행하는 '초(初)계급 사회'로 규정하게 된다는 점에서,[107] 임화와 백 남운의 역사 인식이 화해가 어려운 것은 아니었다.

임화는 "역사는, 더구나 근대 사회는 결코 한 국가나 지방의 폐쇄적 독존을 허락하는 것은 아니다. 상업과 화폐에 의한 모든 지방의 세계화가 이 시대의 특징이다"라고 설명하면서, 조선이 다른 동양의 나라들과 같이 '이식자본주의' 의 길을 밟았다고 분석했다.[108] '이식자본주의'는 '세계사적 규모에서 현대 자본 주의'[109]의 동시성을 강조하면서 백남운이 사용한 개념이다.

동시에 임화는 "이조 말 사회는 비록 자주적으로 근대화될 만한 기본 조건 이 결여되었었다 할지라도 북미나 호주처럼 근대적 생산양식과 접촉하자마자

---

105 「개설 신문학사」(1939. 9~1941. 4), 25쪽.

106 ヴェ-·ライハルト 著, 永住道雄 譯, 『前資本主義社會經濟史論』, 叢文閣, 1936; 金在溙, 「亞 細亞的 生産樣式 問題의 批判─쏘베트에 있어서의 論爭을 中心으로」, 『批判』 35, 1937, 57쪽; 홍순권, 「1930년대 한국의 맑스주의 역사학과 아시아적 생산양식 논쟁」, 44쪽.

107 백남운, 「조선 역사학의 과학적 방법론」, 『民族文化』 1, 1946, 하일식 편, 『백남운 전집 4. 彙 編』, 136쪽.

108 「개설 신문학사」(1939. 9~1941. 4), 26쪽.

109 백남운 저, 하일식 역, 『백남운 전집 1. 朝鮮社會經濟史』, 19쪽.

전 사회 기구가 허물어져 버릴 정도는 아니었다"면서 '근대적 생산양식의 맹아'에 주목했다.[110] 김광진의 아시아적 생산양식론에 대한 백남운의 비판을 떠올리게 된다. '맹아'라는 표현 역시 내재적 모순의 발전을 강조하기 위해 백남운이 즐겨 쓰던 개념이다.

이어지는 「신문학의 태반」의 '정신적 준비'라는 항목에서는 "금압하의 '실학'"을 설명하면서, 백남운의 『조선사회경제사』 서문에서 "근세 조선사상의 유형원, 이익, 이수광, 정약용, 서유구, 박지원 등 말하자면 '현실학파'라고도 칭할 우수한 학자가 배출하여 우리의 경제학적 영역에 선물로 남겨준 업적은 결코 적지 않다"는 부분을 직접 인용했다.[111]

임화는 백남운의 주장을 '실학의 가치를 경제학의 측면에서 발견'한 것이라고 평가한 뒤, 김태준의 『조선소설사』 등을 인용하면서 실학의 의의를 문화와 정신 일반으로 확대했다. 임화는 실학에 대해 "아직 그 시대의 왕자일 수는 없으나 그 무시할 수 없는 세력으로 엄연히 성장하고 있는 새 시대의 맹아를 배경으로 하여 그들은 낡은 정신적 유산 위에다 새 신념을 심어갔던 것"이라고 평가했다.[112]

임화는 "자기에의 회귀의 귀착점이 곧 세계로의 전개의 출발점"이라면서 문화 전통에 대한 관심을 드러냈다. 그리고 "갑오 이후 근대에 우리 문화가 조선으로 회귀한 데에서보다 더 많이 세계를 향한 전개 과정에 영향받고 전혀 모방 문화, 이식 문화를 만든 데 그쳤음은 무슨 까닭인가?"라고 질문한 뒤, "결코 우리 문화 전통이나 유산이 저질의 것이기 때문이 아니"라 이를 "새 문화 형성

---

110 「개설 신문학사」(1939. 9~1941. 4), 42~43쪽.

111 위의 글, 48쪽.

112 위의 글, 49쪽.

에 도움이 되도록 개조하고 변혁해놓지 못했기 때문"이자 "우리의 자주 정신이 미약하고 철저히 못했기 때문"이라고 반성했다.[113] 중일전쟁기 조선문고 기획과 신문학사 집필 등 임화의 실천은 바로 '자주 정신'에 입각해 전통 문화를 새 문화 형성에 도움이 되도록 '개조'하고 '변혁'하는 작업이었던 셈이다.

임화는 신문학사의 방법론을 정리한 글에서 "신문학사란 이식 문화의 역사"라고 선언했다.[114] 임화의 이식 문학론은 '현해탄 콤플렉스'의 발로이자, 우리 문화에 대한 비하로 받아들여지는 경우가 많다.[115] 그러나 임화는 아시아적 정체성을 인정하면서도 '근대적 생산양식의 맹아'에 주목했다. 또한 '이식 자본주의' 성립은 '상업과 화폐에 의한 모든 지방의 세계화', 즉 근대 사회의 필연적 속성에 다름 아닌 것으로 이해했다.

이식 자본주의라는 개념을 정립한 백남운은 자본주의라는 세계사적 보편성이 식민지라는 특수성을 통해 관철되는 양상을 포착하고, 이를 넘어 "지구상의 사회 평원으로 나아가는 길"을 제시하고자 했다. 임화 역시 전통 문화를 새 문화로 개조, 변혁해가려는 의지를 감추지 않았다. 임화의 이식 문학론과 백남운의 이식 자본주의론은 식민지 현실을 직시하고 그 극복을 꾀하려는 모색이었다.

역시 카프 맹원 출신으로 임화와 쌍벽을 이룬 비평가이자 소설가였던 김남천도 중일전쟁기 조선의 현실에 착목했다. 김남천은 1930년대 식민지 조선의 문화계를 강타한 아시아적 특수성, 조선적 특수성 문제를 구체적 현실 속에

---

113 위의 글, 56~57쪽.

114 임화, 「신문학사의 방법」(1940. 1), 김윤식, 『임화와 신남철—경성제대와 신문학사의 관련 양상』, 역락, 2011, 420쪽.

115 김윤식, 『임화와 신남철』, 113~127쪽.

서 살피고자 했다. 김남천은 장편 소설 『대하』(1939)의 창작 과정을 설명하면서, 참고 서적으로 "인정식 씨 저 『조선농촌기구의 분석』, 이청원 씨 저 『조선역사독본』, 동 씨 저 『조선독본』의 일부분, 백남운 씨 저 『조선사회경제사』의 일부분, 성천읍지 두 권"을 열거했다.[116] 마르크스주의 역사학자의 조선 연구가 중일전쟁기 문학자의 조선이라는 주체에 대한 관심을 뒷받침했음을 엿볼 수 있다.

1938년 10월 『여유당전서』가 모두 76책의 거질로 완간되었다. 신문에 실린 여유당전서 출간기념회 발기인을 보면 윤치호, 김성수 등 조선인 명망가와 더불어 문일평, 현상윤 등 조선학 운동을 이끈 이들, 그리고 진단학회 이병도(李丙燾)의 이름도 보인다. 주인공인 안재홍, 정인보는 축하를 받는 입장이라 빠진 것으로 생각된다. 이여성(李如星), 김태준 등 사회주의자도 이름을 올렸는데, 여기 꼭 있어야 할 사람인 백남운이 눈에 띄지 않는다. 백남운은 그해 3월 체포되어 감옥에 있었다. 그 대신이랄 것은 없지만, 경성제대 교원 다카하시 도오루(高橋亨), 총독부 통역관 니시무라 신타로(西村眞太郎)를 비롯한 일본인들이 이름을 올렸다. 일제 당국에 의한 포섭과 배제가 교차하던 중일전쟁기 식민지 조선의 문화계 모습을 잘 보여준다.[117]

중일전쟁기 신문과 잡지에는 통제경제와 민족협화를 통해 일본제국 내에서 조선의 지위를 높이려는 전향 좌파의 담론이 넘쳐났다. 내선일체의 위기 속에서 피식민 처지를 통각하고 탈식민 주체를 모색하는 역설이 확인된다. 장용경은 '내선일체론을 통한 식민적 관계의 형성'이라는 말로 중일전쟁기 담론 지

---

116 김남천, 「작품의 제작 과정」, 『조광』 44, 1939, 정호웅·손정수 편, 『김남천 전집 I』, 499쪽.

117 「與猶堂全書 完刊記念祝賀」, 『동아일보』 1938. 12. 13; 장문석, 「식민지 출판과 양반」, 387~388쪽.

형을 날카롭게 드러냈다.[118] 이런 가운데 여유당전서가 완간되었고, 임화와 김태준은 조선문고를 기획했다. 중일전쟁기에 펼쳐진 조선이라는 주체를 둘러싼 담론과 실천은 굴절된 형태로나마 1930년대 중반 조선 연구의 문제의식을 계승했다.

해방 후 임화는 중일전쟁기 문학을 되돌아보며 조선인 사이에 '조선어', '예술성', '합리 정신'을 지키기 위한 '공동전선'이 존재했다고 회고했다.[119] 뒤늦게 찾아온 민족통일전선이었다. 1936년 신남철은 한 해 전 프랑스 파리에서 반파시즘을 내걸고 열린 '문화옹호 국제작가대회'를 공동의 목표를 위한 광범한 '공동전선'으로 평가하고 "문화의 옹호는 바야흐로 이성을 박탈당하려는 자의 굳센 부르짖음"이라고 적은 바 있다.[120] 임화가 말한 공동전선은 인민전선의 문제의식을 이었지만, 전향이라는 문턱을 넘음으로써만 가능했다는 점에서 이미 국민전선이기도 했다. 1930년대 중반 서로 다른 입장에 섰던 임화와 백남운은 중일전쟁기에 비로소 조선이라는 주체에 대한 관심에서 하나가 됐지만, 같이 활동할 공간은 이미 잃은 뒤였다. 조선인의 공동전선은 마르크스주의 역사학자가 배제된 뒤에야 허용되었다.

1940년 8월 동아일보와 조선일보가 폐간되었다. 이듬해 4월에는 잡지 『인문평론』과 『문장』이 폐간되었다. 임화가 말한 조선 지식인의 공동전선의 무대

---

118 장용경, 「일제 식민지기 인정식의 전향론—내선일체론을 통한 식민적 관계의 형성과 농업재편성론」, 『한국사론』 49, 2003.

119 임화, 「조선 민족문학 건설의 기본 과제에 관한 일반 보고」, 『건설기의 조선 문학』, 조선문학가동맹, 1946, 임화문학예술전집 편찬위원회 편, 『임화문학예술전집 2. 문학사』, 502쪽.

120 신남철, 「신문화 건설의 길」, 『사해공론』 2-5, 1936, 정종현 편, 『신남철 문장선집 I. 식민지 시기편』, 성균관대학교 출판부, 2013, 446쪽; 조형열, 「1930년대 마르크스주의 지식인의 학술문화 기관 구상과 "과학적(科學的) 조선학(朝鮮學)" 수립론」, 137쪽.

는 사라졌다. 일제는 1942년에 조선어학회 사건을 일으킴으로써 조선의 역사와 문화에 관한 연구가 제국 질서에 대한 위협이라는 점을 분명히 했다.

4. 해방과 '보편=주체'의 민족사 수립

해방 다음 날인 1945년 8월 16일에 백남운은 조선학술원을 창립했다. 조선학술원은 좌우파 학자를 망라한 통일전선이었다. 식민지 시기 품었던 중앙아카데미 건설 구상이 비로소 현실이 된 셈이다.[121] 백남운은 독립동맹 경성특별위원회 위원장, 신민당 당수로서 정치의 일선에도 나섰다. 백남운은 '연합성 신민주주의'를 내걸고 폭넓은 민족통일전선을 주창하여, 박헌영(朴憲永)의 조선공산당과 대립했다. 자신의 노선을 밝힌 「조선 민족의 진로」(1946. 4)라는 글에는 「조선 경제의 현단계 재론」이라는 항목이 포함되었다. 민족적 대립과 자본주의적 대립이 일치한다는 내용을 담은 「조선 경제의 현단계론」(1934)을 계승한 글임을 알 수 있다.[122]

백남운은 1946년 7월 「조선 역사학의 과학적 방법론」을 통해 "원시 씨족 사회, 공산성 초(初)계급 사회, 아세아성 노예제 사회, 아세아성 봉건 사회, 봉건성 자본주의 사회, 연합성 민주주의 사회"[123]로 이어지는 역사상을 제시했다. 식민지 시기 아시아적 생산양식을 봉건제의 변형으로 본 것과 달리, '아세아적 단

---

121 김용섭, 『남북 학술원과 과학원의 발달』, 지식산업사, 2005, 18~46쪽 참조.

122 洪宗郁, 「白南雲―普遍としての〈民族＝主体〉」, 116~119쪽 참조.

123 백남운, 「조선 역사학의 과학적 방법론」, 『民族文化』 1, 1946, 하일식 편, 『백남운 전집 4. 彙編』, 137쪽.

244 민족과 혁명―식민지 사회주의의 이념과 실천

계'를 '촌락공산(농업공산)성을 보유한 초(初)계급 사회'로 규정하고, 이어지는 노예제, 봉건제 사회에 '아세아적 침체성의 사적 모반'이 영향을 미쳤다고 보았다.[124] 1937년 『조선봉건사회경제사』에서 아시아적 정체성의 '사적 모반'을 언급한 바 있으나, 아시아적 특수성에 대한 고려를 심화하여 아시아적 생산양식을 원시 사회에서 고대 사회로의 이행기로 보는 하야카와 지로나 라이할트의 역사상에 접근한 것을 확인할 수 있다.

평양에서 해방을 맞은 김광진은 평안남도 건국준비위원회에 참가했다. 김광진은 1946년 1월 서울에 내려와 백남운과 만나 남측 학자 유치를 협의하는 등 김일성종합대학 설립에 깊이 관여했다. 미군 노획문서에 전하는 1947년 1월 당시 김일성종합대학 교원 235명 명단을 보면 김광진의 임명일이 가장 앞선다.[125] 김광진은 1948년 8월 「이조 말기의 화폐 유통과 일제의 강탈적 화폐 정리」를 발표한다.[126] 1933년 『보전학회논집』 제1집에 일문으로 발표한 논문을 '보충, 가필'해 실은 것이다. 그런데 "'아시아적 사회'의 자본주의 침입에 따른 붕괴 과정"이라고 썼던 부분을 "자본주의의 분해 작용으로 말미암아 이조 봉건 사회의 붕괴 과정"(47쪽)으로 고치는 등, 곳곳에서 '아시아'를 '봉건'으로 바꿔 썼다. 정체성론의 역사상은 유지하면서도 봉건제의 존재를 경시했던 기존 서술에 스스로 부담을 느낀 결과로 보인다.[127]

해방 직후 이청원은 장안파 공산당에 참여했다. 장안파 공산당은 직접 사회주의혁명을 주장하여 부르주아민주주의혁명을 내건 박헌영 주도의 재건파

---

124 위의 글, 136쪽.

125 홍종욱, 「보성전문학교에서 김일성종합대학으로」, 303~304쪽.

126 金洸鎭, 「李朝末期의 貨幣流通과 日帝의 强奪的 貨幣整理」, 『歷史諸問題』 2, 1948.

127 홍종욱, 「보성전문학교에서 김일성종합대학으로」, 309쪽.

공산당에 의해 트로츠키주의자로 비판받기도 했다. 이후 이청원은 북한 정권에 참여하여 1947년 2월 북조선 임시인민위원회가 설치한 조선역사편찬위원회 위원장에 올랐다.[128] 1947년에 이청원이 집필한 『조선근대사연구』는 러시아어, 중국어, 일본어 등으로 번역되어 건국 초기 북한 역사학을 대표하는 성과로 자리 잡았다. 이청원은 과학원 역사연구소의 기관지인 『력사과학』 책임편집위원을 맡는 등 북한 역사학계를 주도하는 위치에서 활약했다. 다만, 1956년 8월 전원회의 사건 이후 연안파와 소련파에 대한 공격이 거세지면서, 이청원은 연안파 지도자인 최창익 일파로 몰렸다.

이청원은 1955년 가을에 『력사과학』 제9호와 제10호에 「반일 민족해방투쟁에 있어서의 프로레타리아트의 헤게모니를 위한 투쟁」이라는 논문을 발표하고, 같은 해 이를 엮어 『조선에 있어서 프로레타리아트의 헤게모니를 위한 투쟁』이라는 단행본을 출판했다. 식민지 시기에 민족부르주아지를 상대로 고립 정책을 폈다는 이청원의 서술에 대해서는 교조주의라는 비판이 쏟아졌다. 김일성의 조국광복회에서 보듯 민족부르주아지와 연대하는 민족통일전선 정책을 폈기 때문에 애국적 역량을 모을 수 있었다는 지적이었다. 1957년 이후 이청원은 역사의 무대에서 사라졌다. 민족통일전선을 둘러싼 식민지 시기 이래 대립이 이청원의 숙청에까지 그림자를 드리운 셈이다.[129] 가지무라 히데키(梶村秀樹)는 이청원의 숙청을 놓고 "구래의 연구와 공화국 민중에게 필요한 자국사 상 사이에 어긋남이 생긴 것"[130]이라고 분석했다.

---

128   홍종욱, 「북한 역사학 형성에 소련 역사학이 미친 영향」, 『인문논총』 77-3, 2020, 15쪽.

129   위의 글, 37~42쪽.

130   梶村秀樹, 「日本帝国主義の問題」(1977), 『梶村秀樹著作集 第2巻 朝鮮史の方法』, 明石書店, 1993, 318쪽.

1955년 북한 학계에서는 노예제 유무 논쟁이 일어났다. 김광진은 「조선에 있어서의 봉건 제도의 발생 과정—노예 소유자적 구성의 존부 여하에 대한 문제와 관련하여」(1955)[131]를 통하여 조선은 원시공산제에서 봉건제로 직접 이행했다고 주장했다. 이른바 노예제 결여론이다. 이에 대해 도유호(都宥浩)는 「조선 력사상에는 과연 노예제 시대는 없었는가」(1956)[132]에서 조선에도 노예제가 존재했다고 비판했다. 노예제 존재 유무를 놓고 시작된 논쟁이 삼국시대 사회 성격을 묻는 논쟁으로 전화되면서, 김광진·김석형(金錫亨)의 봉건제론과 도유호·임건상(林建相)의 노예제론이 대립했다. 백남운도 토론회에 출석하여 지론인 노예제론을 적극적으로 전개했다. 식민지기 김광진과 백남운 사이에서 벌어진 논쟁이 재연한 셈이다.[133]

논쟁은 삼국시대를 봉건제로, 그보다 앞선 고조선 시대를 노예제로 각각 규정하는 것으로 결착되었다. 한국사에 노예제가 존재하지 않았다는 식민지 시기 이래 김광진의 주장은 묵살되었다. 1963년 리지린이 『고조선 연구』를 통해 고조선은 아시아적 공동체가 파괴되었으나 총체적 노예제의 유제가 강인하게 잔존한 노예제 사회라고 주장하여, 이것이 정설로 자리 잡았다.

이후 1963~65년에 중국과 공동으로 중국 동북 지방 유적 조사 후, 고조선을 순장제가 보편적으로 실시된 사회로 보는 견해가 표명되면서, 고조선은 전형

---

131 김광진, 「조선에 있어서의 봉건 제도의 발생 과정—노예 소유자적 구성의 존부 여하에 대한 문제와 관련하여」, 『력사과학』 1955-8/1955-9, 1955.

132 도유호, 「조선력사상에는 과연 노예제 시대는 없었는가」, 『력사과학』 1956-3, 1956.

133 「백남운 원사의 토론 요지」, 『삼국 시기 사회경제구성에 관한 토론집』, 조선민주주의인민공화국 과학원 력사연구소, 1958; 홍종욱, 「보성전문학교에서 김일성종합대학으로」, 310~311쪽.

적 생산노예제 사회로서 재규정되기에 이른다.[134] 순장을 노예제 사회의 근거로 보는 것은 백남운과 궈모뤄의 설이다. 북한의 고조선 인식은 백남운의 역사상에 비추어 본다면 1946년에 주장한 '아세아성 노예제 사회'를 거슬러 1933년 『조선사회경제사』 단계의 전형적 노예제 사회론으로 회귀한 셈이다.

김광진은 조선 후기 실학 연구로 관심을 옮겨, 1962년에는 『정다산의 경제 사상』을 펴냈다. 김광진은 정약용을 '반봉건적 혁명 사상가'[135] 혹은 '탁월한 경제 사상가이며 애국적인 정치 활동가'[136]라고 높게 평가했다. 1963년에 열린 토론회 기사에 따르면 "계몽 사상의 발생을 18세기 말~19세기 초의 실학 사상에서 찾으려"는 주장을 처음 한 이가 바로 김광진이라고 한다.[137] 정약용 연구는 식민지 시기 조선 연구의 핵심이었다. 김광진의 정약용 및 실학 평가는 1930년대 백남운을 비롯한 조선학 운동과 중일전쟁기 임화의 「개설 신문학사」의 인식을 계승하는 것이었다.

1973년 김광진은 정영술, 손전후와 같이 『조선에서 자본주의적 관계의 발전』을 펴냈다. 이 책은 내재적 발전론에 입각해 자본주의 맹아를 철저하게 규명하였는데, 머리말에서는 '아세아적 정체론', '자본주의 이식론'을 견결하게 배격한다고 밝혔다. 아시아적 정체성론을 넘어 이식 자본주의론마저 배제되었음을 엿볼 수 있다. 세계사적 보편성이 기계적으로 강조된 나머지 식민지 현실을 직시하려던 문제의식마저 부정된 것이다.

---

134 홍종욱, 「보성전문학교에서 김일성종합대학으로」, 312쪽.

135 김광진, 「토지 문제에 대한 정다산의 사상」, 『경제연구』 1961-4, 1961, 41쪽.

136 김광진, 『정다산의 경제 사상』, 과학원출판사, 1962, 291쪽.

137 「학계소식: 우리 나라 계몽운동의 시기구분 문제에 대한 학술 토론회」, 『경제연구』 1963-2, 1963, 64쪽.

북한 역사학은 '당성의 원칙과 력사주의적 원칙'을 이념으로 삼았다.[138] 국가와 민족을 중시하는 근대 역사학의 역사주의 전통 위에 마르크스주의 역사학의 계급적 관점을 더한 것이다. 북한 역사학은 단선적 발전단계론에 입각하여 민족사를 체계화함으로써 식민지-주변부에도 세계사의 보편적 발전 법칙이 관철됨을 보이고자 했다.

식민지 시기 이래 조선의 문화적 전통에 대해 부정적이고 민족부르주아지와 연대에 소극적이던 이청원은 정치적 갈등에 휩쓸려 숙청을 당했다. 김광진은 아시아적 특수성에 주목하던 자신의 설을 버리고 단선적 발전 단계론에 맞춰 실학의 근대성을 평가하고 자본주의 맹아를 강조하는 변화를 보였다. 백남운은 1960년 전후 벌어진 논쟁에서 식민지 시기 이래 주장해온 노예제 사회론을 인정받게 된다.

1930년대 세계사적 보편성을 강조했던 백남운과 귀모뤄가 해방 후 북한과 신중국에서 나란히 학술과 지식을 대표하는 과학원장에 오른 사실은 동아시아 마르크스주의 역사학의 궤적을 상징한다.[139] 세계사적 보편성과 아시아적 특수성의 조화를 꾀한 마르크스주의 역사학의 여정은, 북한에 이르러 '보편=주체'의 확립이라는 시무(時務)에 쫓겨 단선적 발전 단계론의 강조로 귀착되었다.

---

138 홍종욱, 「북한 역사학 형성에 소련 역사학이 미친 영향」 참조.
139 홍종욱, 「반(反)식민주의 역사학에서 반(反)역사학으로—동아시아의 '전후(戰後) 역사학'과 북한의 역사 서술」, 『역사문제연구』 31, 2014, 74쪽.

제5장

동아시아 사회성격 논쟁과
식민지 반봉건사회론

1. 식민지의 역사와 주체

사회주의는 해방의 이론을 제공하는 과학을 자임했다. 사회과학으로서 마르크스주의의 핵심에는 사적 유물론이 있었다. 생산력과 생산관계의 모순에 의한 사회구성체의 계기적 발전은 사회주의혁명의 필연성을 보장하는 법칙이자 과학이었다. 다만 이러한 경제결정론을 따를 경우 계급투쟁은 어떤 의미가 있는지, 혁명의 주체는 어떤 역할을 하는지가 불분명했다. 사회주의혁명으로 나아가기 위해 사회구성과 계급투쟁 가운데 무엇이 중요하냐를 놓고 이론적·실천적 긴장은 계속되었다.

사회구성과 계급투쟁 사이의 긴장이 극적으로 드러난 곳은 식민지-주변부였다. 자본주의 사회라는 이념형을 상정함으로써 성립한 마르크스주의는 끊임없이 중심과 주변부를 만들어내는 자본주의의 불균등 발전이라는 역사적 현실을 설명해야 하는 난제에 봉착했다. 자본주의가 전면화되지 않은 주변부에서 사회주의혁명은 가능한가. 민족자결 추구와 식민지 독립운동은 토착 부르주아지의 철 지난 망상인가 아니면 세계혁명 진전을 위한 계기인가.

식민지-주변부에서 두드러진 혁명의 난제는 마르크스주의 변혁론에 내재한 사회구성과 계급투쟁 사이의 모순을 증폭시켰다. 레닌의 변증법적 유물론은 단순한 철학적 사변이 아니라 경제결정론을 비판하고 주체의 역할을 강조하는 논리였다. 변증법적 유물론이 제국주의 시대에 민족혁명론과 이론적 친연성, 역사적 동시대성을 띠면서 전개된 것은 우연이 아니었다. 변증법적 유물론, 민족혁명론은 사적 유물론의 도식을 비판하고 특히 식민지-주변부에서 혁명의 주체, 역사 발전의 주체 형성을 중시했다. 동아시아에서 사회구성과 계급투쟁의 길항은 식민지 반봉건사회론이라는 새로운 이론적, 실천적 지평을 열었다.

아래 제2절에서는 제국주의 시대의 사적 유물론을 다뤘다. 레닌의 제국주의론은 사적 유물론을 불균등한 세계질서 위에 펼쳐냈다. 케빈 앤더슨은 레닌의 변증법적 유물론과 민족혁명론 사이의 친연성에 주목했다.[01] 김영진은 레닌-데보린-후쿠모토-안광천·박문병으로 이어지는 변증법적 유물론의 계보를 제시했다.[02] 레닌과 후쿠모토의 변증법적 유물론과 주체의 강조는 사적 유물론 비판이기도 했다. 박문병의 변증법적 유물론 이해 역시 경제결정론과 사적 유물론의 도식을 비판하고 민족이라는 주체를 발견하는 계기가 되었다.

이어서 제3절에서는 동아시아 사회성격 논쟁과 식민지 반봉건사회론을 다뤘다. 중국혁명 과정에서 아시아적 생산양식 논쟁이 일어났다. 코민테른은 아시아적 생산양식론을 물리치고 봉건제론을 확립함으로써 반제국주의, 반자

---

01 ケヴィン·アンダーソン 著, 小原耕一·竹下睿騏·高屋正一 訳, 『ヘーゲル弁証法とレーニンの哲学的両義性―西欧マルクス主義への可能性の探求』, 社会評論社, 2020(원서는 Kevin Anderson, *Lenin, Hegel, and Western Marxism: a critical study*, Urbana: University of Illinois Press, 1995).

02 김영진, 「1920년대 식민지 조선에 수용된 변증법적 유물론의 계보와 맑스주의 철학의 정전화(正典化)」, 『역사문제연구』 45, 2021.

본주의 운동의 주체로서 식민지 민중, 민족을 세우려고 했다. 중국과 일본에서 이른바 봉건파와 자본파 사이에 논쟁이 벌어졌다. 동아시아 사회성격 논쟁은 사적 유물론을 식민지-주변부 사회에 적용할 수 있는지를 물었다.

1928년 코민테른의 12월 테제는 식민지 조선의 봉건성을 직시하고 반제반봉건 혁명을 주창했다. 조선공산당 재건운동 세력은 물론 경성제대 출신 박문규까지 자본주의적 소유 관계와 봉건적 착취 관계의 모순에 착목하여 식민지 반봉건사회론을 전개했다. 인정식의 반봉건론은 생산력주의에 입각했다는 점에서 순봉건론이었고 실질적으로는 아시아적 정체성론에 가까웠다. 변증법적 유물론 논쟁의 주역이던 박문병은 인정식의 논리를 경제결정론, 도식적 사적 유물론으로 비판했다. 식민지라는 특수성에 주목한 박문병의 식민지 반봉건 사회론은 정체론, 숙명론을 딛고 발전과 해방으로 나아가려는 논리였다.

제4절은 식민지-주변부 사회의 종속과 발전을 다뤘다. 중일전쟁 전야 일본에서 벌어진 중국 통일화 논쟁은 식민지-주변부에서 사회구성과 계급투쟁의 관계를 물었다. 야나이하라 다다오는 중국이 근대화되어 식민지에서 벗어날 것이라고 주장했고, 오카미 스에히로는 이를 비판하고 중국의 봉건성과 정체성에 주목했다. 나카니시 쓰토무는 제국주의 지배의 양면성, 즉 식민주의적 수탈과 자본주의 침투에 주목하여 민중의 힘에 기반한 반제 반봉건 혁명을 주창했다. 중일전쟁기 인정식은 일본 정부의 혁신 정책에 기대를 걸고 전향했다. 아시아적 정체성론에 빠져 혁명의 주체를 발견하지 못했던 인정식의 전향은 중국 통일화 논쟁에서 오카미가 취한 입장과 비슷했다.

식민지 반봉건사회론은 해방 후 남북한에서 일종의 포스트콜로니얼 이론으로 기능했다. 북한은 남한을 식민지 반봉건 사회라고 파악했다. 남한을 미제의 완전 식민지라고 파악하고 농지개혁의 불철저 등 봉건성에 초점을 맞춘 것이다. 주체 사관은 사적 유물론의 경제결정론을 비판하고 경제보다 정치를 우선시했다. 나아가 계급보다 인민대중을 역사의 주체로 파악했다. 그러나 결국에는 사회구성과 계급투쟁의 조화는 무색해지고 초역사적 민족 주체만 남았다. 가지무라 히데키와 박현채는 남한 자본주의의 종속과 발전 양면에 주목했다. 종속과 정체의 측면을 강조하던 안병직은 한국의 경제발전에 놀라 전향의 길을 택했다.

2. 제국주의 시대의 사적 유물론

1) 변증법적 유물론과 민족혁명론

(1) 레닌의 변증법적 유물론

러시아혁명 이후 소련 철학계에서는 '기계적 유물론'과 '변증법적 유물론'이 대립했다. 1922년부터 모스크바에서 발간된 『마르크스주의 깃발 아래』는 변증법적 유물론이 전개된 무대였다. 제1권 제3호에 실린 레닌의 「전투적 유물론의 의의」(1922)는 변증법적 유물론 확립 과정에서 중요한 문헌이다.

이 글은 다양한 유물론, 무신론, 자연과학자와 동맹을 강조하고 이를 위해 헤겔 변증법 연구의 필요성을 주장했다. 또한 러시아 유물론의 전통을 긍정하고 다양한 주체가 함께하는 통일전선을 강조했다.[03] 동시에 "동양(일본, 중국, 인도)에서는 새 계급이 나날이 생명과 투쟁에 각성"하는 상황에 주목하고, "제국주의 전쟁과 혁명이 자못 풍부하게 제공하는 경제적 정치적 변증법의 실례"를

---

03 김영진, 「1920년대 식민지 조선에 수용된 변증법적 유물론의 계보와 맑스주의 철학의 정전화(正典化)」, 201~204쪽.

따라 헤겔 변증법을 유물론자의 말로 번역해야 한다고 논했다.[04]

레닌은 제1차 세계대전 중에 글로벌 경제 체제를 분석함으로써 자신의 마르크스주의를 재구성했다. 1916년에 망명지 스위스에서 집필한 『제국주의—자본주의 최고 단계로서』가 그 결과다. 제국주의는 단순한 지배예속 관계를 넘어서는 자본주의 생산양식 최후의 단계이며, 열강의 금융자본이 러시아를 비롯한 전 세계를 그들의 경제망으로 끌어들인다는 인식이었다.

정통 사적 유물론의 일국사적인 시각에서는 산업화와 문화 수준 향상이 요구되는 후진 지역일 뿐이었던 동유럽 피지배 민족과 아시아·아프리카 식민지가, 내부의 경제와 문화 발달 수준과 상관없이 모두 서양 독점자본의 자본수출처로서 글로벌한 경제 그물에 묶여 있는 같은 처지로 파악된 것이다. 이로써 프티부르주아 민족감정의 발로라고 치부하던 식민지의 독립 투쟁도 반제국주의, 나아가 자본주의 비판으로 자리 매김되었다.[05]

레닌은 제국주의를 "자본주의의 몇 가지 근본적 특징들이 각기 자신의 대립물로 전화하기 시작하는 때"라고 파악하는데, 바로 '대립물의 전화'라는 표현에서 헤겔 변증법의 영향이 엿보인다.[06] 레닌의 변증법적 유물론은 제국주의 시대 식민지-주변부의 민족혁명론과 더불어 탄생했다. 당초 레닌은 민족자결을 부르주아 단계의 문제로 취급했으나, 제1차 세계대전으로 사회주의혁명이 임박했다고 판단하고 자본주의의 불균등 발전이라는 현실에서 반식민지와 식민지에 주목하게 된다. 이윽고 레닌은 1916년 글에서 "외국 민족의 억압에 대

---

04 レーニン, 「戰鬪的唯物論の意義」, デボーリン 著, 志賀義雄 譯, 『レーニンの戰鬪的唯物論』, 希望閣, 1927, 124쪽.

05 노경덕, 「현대사의 기점으로서의 러시아혁명」, 『역사와 현실』 115, 2020, 74~78쪽.

06 V. I. 레닌 저, 남상일 역, 『제국주의론』, 백산서당, 1988, 121쪽; ケヴィン·アンダーソン 著, 小原耕一·竹下睿騏·高屋正一 訳, 『ヘーゲル弁証法とレーニンの哲学的両義性』, 192쪽.

항하여 벌이는 운동 없이도 사회주의혁명을 생각할 수 있다고 가정하는 것은 '사회주의혁명을 포기'하는 것"이라고 주장하기에 이른다.[07]

레닌은 1916년에 발표한 「자결에 관한 토론의 총괄」에서 자결권은 사회주의 사회에 적용될 수 없다는 주장을 "정치 문제를 회피하려는 시도"라고 지적했다. 또한 민족자결에 반대하는 폴란드와 네덜란드 사회주의자를 '제국주의적 경제주의'라고 비판했다. 민족자결이라는 '정치' 문제를 제기한 것이다. 레닌의 제국주의론은 경제적 분석뿐 아니라 민족해방 운동이라는 새로운 혁명적 주체에 주의를 촉구한 의미에서 변증법적이라고 평가된다.[08]

1914~15년에 레닌은 기계적인 반영론을 넘어 변증법적 유물론을 확립함으로써, 생산력이 사회 발전의 유일한 결정 인자라는 데서 출발하는 플레하노프나 제2인터내셔널 이론가들과 결별했다.[09] 레닌은 『국가와 혁명』(1917)을 비롯한 1917~18년 저술에서 소비에트, 아래로부터의 민주주의 및 대중 행동에 대해 강조했다. 이러한 대중의 주체성에 대한 주목은 객관성과 동등하게 주관성을 강조한 그의 『철학노트』(1914)와 관련이 있다.[10]

(2) 사적 유물론 비판과 민족혁명론

레닌의 변증법적 유물론과 민족혁명론은 사적 유물론의 도식에 대한 비판으로 이어졌다. 「마르크스주의의 희화와 제국주의적 경제주의」(1916)는 "각 민

---

07 E. H. Carr 저, 이지원 역, 『볼셰비키 혁명사』, 화다, 1985, 467~468쪽.

08 ケヴィン·アンダーソン 著, 小原耕一·竹下睿騏·高屋正一 訳, 『ヘーゲル弁証法とレーニンの哲学的両義性』, 205~207쪽.

09 안드리아스 아른트, 「블라디미르 일리치 레닌」, 하인츠 킴멀레 編, 심광현·김경수 共譯, 『유물변증법』, 文藝出版社, 1988, 131쪽.

10 위의 책, 225~226쪽; V. I. 레닌 저, 홍영두 역, 『철학노트—헤겔 철학 비판』, 논장, 1989, 참조.

족은 민주주의의 특정 형태, 프롤레타리아트 독재의 특정한 변형, 사회생활의 상이한 측면들에서 사회주의적 개조의 다양한 속도 등에 자신의 고유한 것을 덧붙일 것이다. '사적 유물론이라는 이름으로' 미래의 이러한 모습을 단조로운 회색으로 색칠하는 것보다 이론의 견지에서 더 조잡스럽고 실천의 견지에서 더 어리석은 것은 없다"고 밝혔다.[11] 사적 유물론이 '단조로운 회색'으로 여러 민족의 고유성을 덮을 수 있다고 우려한 것이다.

1920년대 소련에서 기계론적 유물론자에 맞서 변증법적 유물론을 옹호한 학자들의 리더는 데보린(A. M. Deborin)이었다. 데보린 학파는 마르크스주의의 역사적 뿌리로서 헤겔 변증법에 주목했고, 잡지 『마르크스주의 깃발 아래』를 거점으로 활동했다. 데보린은 1926년부터 1930년까지 잡지의 편집 주필을 맡았다.[12] 데보린에게 변증법은 "자연, 역사 및 인간 사유를 포괄하는 일반적 방법"이었다. 그는 변증법 일반이론, 자연 변증법(자연과학), 역사 변증법(사회과학)이 하나가 되어 변증법적 유물론 즉 마르크스주의를 구성한다고 이해했다.[13] 스탈린은 1929년에 부하린을 기계적 유물론자로 공격하기 위하여 데보린 파를 이용했다.[14]

---

11 레닌, 「마르크스주의의 희화와 제국주의적 경제주의」(1916), 조권일 역, 『제1차 세계대전 및 10월혁명기의 레닌의 저작—사회주의혁명과 레닌』, 태백의 책, 1989, 61쪽; ケヴィン·アンダーソン 著, 小原耕一·竹下睿騏·高屋正一 訳, 『ヘーゲル弁証法とレーニンの哲学的両義性』, 209쪽.

12 김영진, 「1920년대 식민지 조선에 수용된 변증법적 유물론의 계보와 맑스주의 철학의 정전화(正典化)」, 205~206쪽.

13 デボーリン 著, 大山彦一 譯, 『唯物論的辨證法と自然科學』, 希望閣, 1927, 18쪽; 김영진, 「1920년대 식민지 조선에 수용된 변증법적 유물론의 계보와 맑스주의 철학의 정전화(正典化)」, 207쪽.

14 ケヴィン·アンダーソン 著, 小原耕一·竹下睿騏·高屋正一 訳, 『ヘーゲル弁証法とレーニンの哲学的両義性』, 256~257쪽.

레닌의 「전투적 유물론의 의의」는 1925년에 일본어로 번역되어 소개되었다. 이 글은 데보린의 글 「전투적 유물론자 레닌」과 함께 번역되어 『레닌주의의 철학』이라는 책으로 묶여 출판되었다. 1927년에는 같은 책이 『레닌의 전투적 유물론』이라는 제목으로 다시 출판되었다.[15] 1926년에는 데보린의 책 『레닌의 변증법』이 일본어로 출판되었는데,[16] 두 달 만에 5판이 발행될 정도로 일본 사회는 레닌주의, 변증법적 유물론에 관심이 높았다.[17]

1925년 일본 사상계에 후쿠모토 가즈오(福本和夫)가 혜성처럼 등장했다. 후쿠모토는 독일 유학 당시 루카치(Gyorgy Lukacs), 코르쉬(Karl Korsch) 등과 교류했다. 루카치와 코르쉬는 토대 환원론으로 대표되는 기계적 유물론을 비판하고 변증법적 유물론을 강조했다. 이들은 주체 형성을 진지하게 고민하여, 주체의 실천을 구조의 효과로 환원하고 마르크스주의를 자연과학과 같은 '객관적' 분과 학문으로 만들어버리는 카우츠키 류와 맞서기 위해서 '전체성', '과정', '의식'을 중요시했다.[18]

후쿠모토는 『자본론』 중심으로 이해되던 마르크스주의 이해를 쇄신하고, 사회진화론처럼 받아들여졌던 마르크스주의를 변증법적 유물론을 통해 재구성하고자 했다. 후쿠모토는 사회주의혁명을 위해서는 충분한 자본주의 발전을 기다릴 것이 아니라 오히려 비무산자적 요소와의 결합이 중요하다고 보았

---

15 デボーリン 著, 志賀義雄 譯, 『レーニン主義の哲學』, 希望閣, 1925; デボーリン 著, 志賀義雄 譯, 『レーニンの戰鬪的唯物論』, 希望閣, 1927.

16 デボーリン 著, 河上肇 譯, 『レーニンの辨證法』, 弘文堂書房, 1926.

17 김영진, 「1920년대 식민지 조선에 수용된 변증법적 유물론의 계보와 맑스주의 철학의 정전화(正典化)」, 209~210쪽.

18 후지이 다케시, 「'코민테른 권위주의' 성립에 관한 한 시론—소위 '후쿠모토주의'를 둘러싸고」, 『역사연구』 16, 2006, 36~37쪽.

다. 무산자계급을 지도 세력으로 하는 계급적, 대중적인 협동전선 전개를 주장한 것이다.[19] 즉 주체 형성이라는 문제를 제기함으로써 카우츠키로 대표되는 기계론적 유물론에서 벗어날 수 있는 길을 제시한 셈이다. 1926년 2월에 나온 후쿠모토의 책 『사회의 구성 및 변혁의 과정』은 1년 남짓에 무려 9판이 발행되었다.[20]

2) 식민지 조선의 사적 유물론 비판적 이해

(1) 정우회선언과 변증법적 유물론 논쟁

1926년 11월에 발표된 정우회선언을 계기로 식민지 조선에서도 변증법적 유물론이 본격적으로 등장했다. 정우회는 조선공산당의 표면단체였다. 전통적으로 정우회선언은 자치운동을 비판하고 비타협적인 민족주의와 협동을 주창함으로써 식민지 시기 최대의 좌우합작 조직인 신간회 창설로 이어졌다고 평가된다. 다만 최근에는 정우회선언이 말한 '정치운동'으로의 방향 전환이 자치론을 비롯한 합법 정치 활동에 대한 모색이었다는 해석이 일반적이다.[21] 정우회선언은 발표 직후 조선공산당 책임비서가 되는 안광천이 집필한 것으로 알려진다.

정우회선언은 "파벌 분쟁, 경제적 투쟁에만 국한되어 있는" 사회주의 운동을 자기비판한다. 그리고 한편에서 '민족주의적 정치운동'이 대두하여 "장래 운동에 대해 일대 동기를 제공"하는 상황을 의식한다. 이런 인식 아래 정우회

---

19 위의 글, 37~42쪽.

20 福本和夫, 『社會の構成＝並に變革の過程』, 白揚社, 1926.

21 이런 해석은 한상구, 「1926~28년 사회주의 세력의 운동론과 신간회」(『한국사론』 32, 서울대, 1994)가 선구적인데, 최근 연구로는 김영진, 「정우회선언의 방법과 내용」(『사림』 58, 수선사학회, 2016)이 포괄적이고 체계적이다.

는 "사상단체의 통일부터 주장"한다. 그리고 "우리 운동 자체가 경제적 투쟁에 국한되어 있던 과거의 한계에서 벗어나 한층 계급적이고 대중적이며 의식적인 정치적 형태로 비약해야 할 전환기"라면서 '민족주의적 세력'과 "타락한 형태로 나타나지 않는다면 적극적으로 제휴"하겠다고 밝혔다.[22]

정우회선언에 담긴 정치투쟁으로 전환이라는 표현과 관련해서는 후쿠모토주의의 영향이 지적되어왔다.[23] 변증법적 유물론은 정우회선언에서 기존 운동과 구별되는 새로운 운동을 설명하는 핵심적 방법으로 활용되었다.[24] 레닌의 「전투적 유물론의 의의」가 한국어로 번역된 것은 해방 이후였다. 그러나 1927년 1월에 안광천이 발표한 「조선 사회운동의 의식상의 진통」에는 레닌의 「전투적 유물론의 의의」에서 직접 인용한 부분이 포함되었다.[25] 안광천은 현실적 타락을 이유로 '정치운동'을 회피하거나 미래의 혁명을 이유로 현실의 투쟁을 방기하는 태도를 비판했는데, 「전투적 유물론의 의의」는 정치운동을 긍정하는 맥락에서 인용되었다.[26]

정우회선언 이후 조선공산당이 주도하는 새로운 운동을 전투적 유물론, 변증법적 유물론으로 설명하려는 글이 잇달아 발표되었다. 이 글들은 내적 모순

---

22 「정우회의 신진용」, 『조선일보』 1926. 11. 17; 김준엽·김창순, 『한국공산주의 운동사 3』, 청계연구소, 1988, 9~11쪽.

23 김인덕, 「정우회선언과 신간회 창립」, 『국사관논총』 88, 2000.

24 김영진, 「1920년대 식민지 조선에 수용된 변증법적 유물론의 계보와 맑스주의 철학의 정전화(正典化)」, 218쪽.

25 안광천, 「조선사회운동의 의식상의 진통」 (하), 『조선일보』 1927. 1. 6. 안광천은 출처를 레닌이라고만 적었다.

26 김영진, 「1920년대 식민지 조선에 수용된 변증법적 유물론의 계보와 맑스주의 철학의 정전화(正典化)」, 219쪽.

의 질적 전화를 통한 비약이라는 변증법적 유물론의 틀에 입각했다.[27] 『조선일보』1928년 신년호는 「대중 훈련을 여하히 할까」라는 제하에 사회 명사들에게 글을 받아 특집기사를 꾸렸다.[28] 안광천은 나름의 주장과 함께 6권의 책을 추천했는데, 데보린과 후쿠모토의 책이 레닌, 부하린, 스탈린의 저서와 함께 포함되었다.[29]

1927년 6월에 유엽이 「유물사관적 문예론의 근본적 모순」을 발표해 계급문학을 비판했다.[30] 여기에 김태수가 변증법적 유물론자 입장에서 유엽을 '정신주의자'로 비판함으로써 변증법적 유물론 논쟁이 시작되었다.[31] 이어 이우적이 유엽을 관념론자로 비판했는데, 동시에 김태수에 대해서도 "사람이 살려는 욕망으로서 생산을 시작하였다는 반(≠)유물론자"[32]라고 비판했다. 이로써 논쟁은 유물론 내부의 논쟁으로 전환되었다. 김태수-이우적 논쟁에서는 변증법적 유물론의 절대적 권위가 전제되었다. 김태수는 자신도 이우적과 마찬가지로 후쿠모토의 주장에 동의함을 보이고자 애썼다.

(2) 박문병의 사적 유물론 비판

1927년 10월에서 11월에 걸쳐 박문병은 「속학적 유물사관의 극복」을 발표

---

27 김영진, 「정우회선언의 방법과 내용」, 82쪽.

28 「대중훈련을 여하히 할가」, 『조선일보』 1928. 1. 1.

29 김영진, 「1920년대 식민지 조선에 수용된 변증법적 유물론의 계보와 맑스주의 철학의 정전화(正典化)」, 221쪽.

30 柳葉, 「유물사관적 문예론의 근본적 모순」 (1)~(3), 『조선일보』 1927. 6. 21~23.

31 金泰秀, 「『유물사관적 문예론의 근본적 모순』을 읽고, 정신주의의 망론을 박함」, 『조선일보』 1927. 6. 27~7. 1. 김태수-이우적 논쟁에 대해서는 김영진, 「1920년대 식민지 조선에 수용된 변증법적 유물론의 계보와 맑스주의 철학의 정전화(正典化)」, 222~225쪽 참조.

32 李友狄, 「소위 영구적 진리에 대하여」, 『조선지광』 70, 1927, 19쪽.

하여 '진정한 ×××유물변증법의 파악'이 필요하다고 주장했다.[33] '×××'로 가려진 글자는 '전투적'이었다.[34] 박문병은 "조잡방소(粗雜放素)한 유심론보다도 오히려 맑스 유물사관을 수호신 하고 있는 철학상 중간당파, 속학적 반유물론"을 경계해야 한다고 밝혔다. "종래에 우리가 지도의식으로 파지(把持)하였던 그 과도기적 연구의 산물인 속학적 유물사관론"이라는 표현은 일종의 자기비판이자 사회주의 운동 및 사상의 변증법적 발전이라는 인식을 담고 있다.

이 글은 "속학적 방향전환론의 이론적 원천을 성(成)하고 있는 속학적 유물사관" 청산을 내걸었다. 정우회선언 비판이자 안광천 비판이었다. 글 말미에 적힌 집필 날짜는 1927년 9월 26일이었다. 영남친목회 사건으로 안광천 노선이 이미 비판받던 상황이었다. 안광천이 자치론과 합법 정치를 염두에 둔 보수파의 행보에 가담함으로써, 정우회선언이 말한 정치투쟁의 일단이 드러난 셈이었다.[35]

이 글의 제2절은 「속학도의 유물사관 파악」이었다. 먼저 안광천의 「유물사관요령해설」(1925)을 비판했다. 안광천이 유물사관을 "역사 변천의 인식 설명 이론으로서 파악"한 점을 들어 데보린을 인용하면서 유물사관은 세계를 '설명'하기 위한 것이 아니라 '변경'하기 위한 것이라고 지적했다. 안광천이 유물사관을 "사상전상 무기의 가장 중요한 한 가지"라고 말한 것에 대해서도 유물사관은 사상전에 국한된 것이 아니고 유일한 것이지 여럿 중의 하나는 아니라고 주장했다.

---

33 박문병, 「속학적 유물사관의 극복—종래의 오류사관을 일소함」, 『조선지광』 72, 1927; 박문병, 「속학적 유물사관의 극복—종래의 오류사관을 일소함 (2)」, 『조선지광』 73, 1927.

34 김영진, 「1920년대 식민지 조선에 수용된 변증법적 유물론의 계보와 맑스주의 철학의 정전화(正典化)」, 226쪽.

35 임경석, 「1927년 영남친목회 반대운동 연구」, 『인문과학』 68, 성균관대학교, 2018.

다음으로는 박형병의 「사회진화의 필연성을 논함」(1927)을 겨냥해 사적 유물론의 도식적 파악을 비판했다.

박형병의 글은 "다윈이 유기적 자연의 발전 법칙을 발견함과 마찬가지로 마르크스는 인류의 역사의 발전 법칙을 발견하였다"[36]는 말로 시작했다. 다름 아닌 1883년 마르크스의 장례식에서 엥겔스가 행한 유명한 연설이다.[37] 박형병은 사회진화의 필연적 법칙을 논하기 위해 마르크스의 유물사관을 압축적으로 정리한 『정치경제학 비판을 위하여』서문인 「유물사관 요령기」에 대한 인식이 필요하다고 주장했다.[38] 또한 박형병은 변증법을 주체나 모순보다 변화로 파악했고, "계급투쟁의 원인은 항상 경제적 발달의 원인에 부종(附從)하야 기(起)하는 원인"[39]이라는 경제결정론에 서 있었다.

이에 대해 박문병은 "사회진화의 필연적 법칙을 논술하려 함에는 우선 그에 대한 예비적 지식으로서 맑스의 유물사관설과 그의 유물사관 요약을 간단히 논술치 아니하면 아니된다"는 박형병의 설명을 인용한 뒤, 그렇다면 유물사관은 "사회진화 법칙 발견의 수렵견(犬)적 직능"에 그친다는 말이냐고 비판했다. 그리고 이는 '조잡한 헐가적 파악'이자 '유물사관의 일대 모독이다!'[40]라고 밝혔다. 필연적 법칙을 찾아내는 것으로 족하다면 실천이나 투쟁은 어떤 의미를 지니냐는 비판이었다. 박문병은 데보린과 후쿠모토를 인용하면서 유물사관의 '절대적 전(全) 중요성'을 강조했다.

---

36 박형병, 「사회진화의 필연성을 논함」, 『조선지광』 65, 1927, 40쪽.

37 박종린, 「1920년대 사회주의 사상의 수용과 사회과학연구사」, 『역사문제연구』 26, 2011, 226쪽.

38 위의 글, 227쪽.

39 박형병, 「사회진화의 필연성을 논함 (완)」, 『조선지광』 68, 1927, 62~63쪽.

40 박문병, 「속학적 유물사관의 극복—종래의 오류사관을 일소함」, 『조선지광』 72, 1927, 32쪽.

이어지는 본문은 제3절 「유물사관은 철학상 유물론과 무관계한가―유물사관과 철학상 유물론과의 관계」, 제4절 「종국적 결정요인으로서의 생산력 결정 문제―'욕망', '욕구', '동기' 출발의 유물사관 극복」, 제5절 「의식은 존재를 결정하는가」, 제6절 「유물사관은 변증법과 유물론의 기계적 결합인가」, 제7절 「제 요소의 관계 파악에 있어서의 계란설 비판」으로 구성되었다. 사적 유물론의 핵심 쟁점을 포괄적이고 체계적으로 다루었다. 데보린과 후쿠모토 등을 인용하면서 주로 안광천과 박형병을 속학적 유물사관 혹은 절충주의자로 비판하는 내용이었다.

제3절에서는 유물사관이라 함은 그 유물론적 인식을 역사적 개념, 변증법적 방법에 적용한 것이므로 철학상 유물론이 유물사관의 기초라고 주장했다. 제4절에서는 '어떠한 생산기술'도 '물질적 욕망의 소산'이라는 안광천과 '빵을 요구하려는 동기'가 '생활자료를 생산'케 한다는 박형병의 인식을 비판했다. 역사 동력의 결정적 요인인 생산력을 다시 욕망, 동기가 결정한다면 이는 유심사관과의 절충주의라는 설명이었다. 박문병은 『자본론』을 인용하며 생산력은 욕망이나 동기나 아니라 생산수단, 그리고 그를 결정하는 테크놀로지, 즉 생산기술이 종국적인 결정요인이라고 밝혔다.

제5절에서는 "사상변동―의식에 따라 사회의 법률상 도덕상 모든 제도-사회적 존재가 변동된다는 것, 이것이 맑스 이론의 전복이 아니고 무엇일까?"라고 비판했다. 사회적 존재가 인간의 의식을 결정한다는 유물사관의 명제를 재확인한 것이다. 제6절에서는 유물사관을 헤겔의 변증법과 포이어바흐 유물론의 단순한 결합으로 보는 인식을 비판했다. 헤겔의 변증법이 인간의 사고 변증법 영역에 국한되었다면 마르크스의 유물변증법은 자연변증법, 사회변증법으로까지 전환·진전하였고, 마르크스주의 유물철학은 인간의 감각 행위를 넘어 인간의 실천을 포괄한다는 점에서 포이어바흐의 유물론과 다르다고 설명했

다. 특별히 "박형병 씨의 기계적 파악과 진정한 변증법적 파악의 관계를 표식"
하기도 했다.

```
(기계적 파악)      유물사관 = 헤겔 변증법  +  기계적 유물론
                                 ↓                 ↓
(진정한 파악)      유물사관 = 마르크스 변증법 ⇄ 유물철학론
```

제7절에서는 의식과 제도의 관계를 놓고 계란(鷄卵)설, 즉 "닭은 알을 낳고
알은 닭을 낳는다"는 '결정적 원인이 없는 계란적 관계'는 유물사관의 일원론
적 태도에 어긋난다고 지적했다. 가와카미 하지메(河上肇)의 '상관관계설'도 계
란설과 유사하다고 비판했다. 박문병은 의식과 제도의 관계를 변증법적이지
않은 계란설이나 상관관계설이 아니라 후쿠모토의 '교호 작용'으로 파악해야
한다고 밝혔다.

박영희(朴英熙)는 1928년 1월에 『조선일보』에 실은 「문예 운동의 과거와 장
래」에서 1927년 사상계를 돌아보며 유심론과 유물론의 논쟁이 반(半)유물론자
와 마르크스주의 유물론자의 논쟁으로 전화되었는데, 박문병의 위 논문으로
"반(半)유물론이 극복"되었다고 평가했다.[41]

박문병의 비판을 받은 안광천은 유물변증법에 대한 철학 지식 부족을 시
인했다. 그리고 "데보린의 저서 『유물 변증법 입문』이 나에게 가장 좋은 지도
자"라고 밝혀 자신도 변증법적 유물론에 충실함을 보이려고 했다. 다만 물질이
원인이고 의식이 결과이지만, 결과도 원인에 영향을 주는 것이 '교호 작용'이

---

41   박영희, 「문예 운동의 과거와 장래 (2)」, 『조선일보』 1928. 1. 3.

라면서 의식의 중요성에 대한 강조를 잊지 않았다.[42] 안광천은 물질적 생산력의 결정적 역할을 승인하면서도 인간의 능동적 요구와 같은 인간적 요소도 동시에 강조했다. 생산력주의에 입각하여 역사를 기계론적으로 해석하는 관점과는 차이가 있었다.[43]

박문병은 1928년 1월에서 2월에 걸쳐 발표한 「절충주의의 비판―속학적 방향전환론의 청산」에서 "공식 원칙에만 구루하는 원칙병자", "방향전환-정치운동을 부정하는 소부르주아적 이데올로기 관념적 공상병자"(청산론자)와 "현상추수주의자-절충주의자"(정우회선언, 이우적)를 동시에 비판했다. 정우회선언에 대해서는 "주체의 내적 발전성을 이해치 못하며 또는 이해하려고도 하지 않고 객관 형태 그 현상만을 나열하여 그를 과중 평가"한다고 비판했다.[44] 그리고 참된 유물변증법적 발전이 요구하는 '목적의식성적 방향전환'은 "민족주의적 세력의 대두의 필연"이 아니라 "자체 운동의 내적 필연성"에서 핵심을 발견해야 한다고 주장했다.[45] 절충주의자의 민족주의와 '제휴', '연맹'론은 "기계적 연결 이상의 하등 가치가 없다"고 지적했다.[46]

(3) 혁명과 정치의 퇴보와 토대 분석

루시앙 골드만(Lucien Goldman)은 헤겔을 다시 읽어낸 레닌의 변증법적 유물론 해석을 루카치와 코르쉬가 이었다고 해석했다. 그리고 이러한 변증법 사상의

42 안광천, 「무산자계급의 철학과 근대철학 (1) 유물변증법 연구」, 『조선지광』 74, 1927.

43 박민철·이병수, 「1920년대 후반 식민지 조선의 맑스주의 수용 양상과 의미―『조선지광』 '유물-유심논쟁'을 중심으로」, 『한국학연구』 59, 2016.

44 박문병, 「절충주의의 비판―속학적 방향전환론의 청산」, 『조선지광』 75, 1928, 15쪽.

45 위의 글, 22쪽.

46 박문병, 「절충주의의 비판 (2) 속학적 방향전환론의 청산」, 『조선지광』 76, 1928, 6쪽.

르네상스는 1923년 독일혁명 패배 이후에 막을 내렸다고 보았다.[47] 혁명의 기운은 동아시아로 옮겨왔다. 중국에서는 1924년 국공합작이 이루어졌고, 이듬해 상하이에서 일어난 반제국주의 노동운동인 5·30운동을 계기로 중국공산당은 세력을 확대했다. 한국과 일본에서도 공산당이 결성되어 활발히 움직였다. 특히 주변부 사회주의는 공장 노동자만이 아닌 여러 '얼굴들'을 역사 발전의 주체로 끌어들여야 했다.[48] 이런 시대 상황을 배경으로 후쿠모토주의는 동아시아에 확산되었다.[49]

1926년 12월에 코민테른은 후쿠모토의 '주관주의적 성격'을 비판했다. 1927년 1월에 일본 공산주의자가 코민테른에 제출한 문서인 「'분리와 결합' 이론—일본의 게오르크 루카치 추종자는 어떻게 새로운 일본공산당을 잘못된 길로 유혹하는가」는 후쿠모토가 의식성의 역할을 과대평가하고 프롤레타리아트의 자연발생적 경제투쟁의 중요성을 과소평가함으로써 유물론에서 벗어나 관념론으로 가고 있다고 비판했다.[50] 1927년 일본공산당 내부 문서는 "주체는 오늘날 국제적으로 만들어져 있다. 어째서 그와 별개로 만들 필요가 있는가"라고 코민테른만을 유일한 주체로 보는 시각을 제시했다.

소련의 변증법적 유물론을 이끌던 데보린은 1931년 소련공산당 중앙위원

47　ケヴィン・アンダーソン 著, 小原耕一・竹下睿騏・高屋正一 訳, 『ヘーゲル弁証法とレーニンの哲学的両義性』, 259쪽.

48　최은혜, 「1920년대 초반 식민지 조선의 역사적 유물론 인식」, 『민족문화연구』 90, 2021, 351쪽.

49　중국의 후쿠모토주의 수용에 대해서는 장효예, 「한중 양국의 후쿠모토이즘(福本主義) 수용—제3전선파의 방향전환 논쟁과 후기 창조사(創造社)의 혁명 문학」, 『민족문학사연구』 81, 2023 참조.

50　후지이 다케시, 「'코민테른 권위주의' 성립에 관한 한 시론」, 49~50쪽.

회 결정으로 '멘셰비키적 관념론'으로 비판받아 실각했다.[51] 변증법적 유물론은 정신적이거나 언어적인 기능인 '부정'이나 '모순'을 물질적 실재 자체에 투사한다는 점에서 일종의 관념론이라고 비판받고는 하는데,[52] 후쿠모토와 데보린에 대한 비판은 바로 이런 맥락에서 이루어졌다.

1927년 4월 장제스의 쿠데타로 국공합작이 붕괴했다. 동아시아에서도 정치의 시대는 저물어 갔다. 중국 사회성질논전의 주요한 참여자인 허간즈(何幹之)는 중국의 사회성격 논쟁은 중국에서 민족해방 운동이 일시적으로 정지 상태에 들어선 후에 나타났다고 파악했다.[53] 후지이 다케시는 후쿠모토주의가 청산되고 나서 남은 것은 유일한 주체인 코민테른의 권위와 거기서 주어지는 토대 분석이었다고 분석했다. 일본 자본주의 논쟁은 1927년에 시작되었다. 1928년에 검거된 후쿠모토는 1942년에 석방될 때까지 옥중 비전향을 지켰다. 이후 후쿠모토는 일본 근세 문화와 농촌에 관한 연구를 통해 일본 사회의 역사적 발전을 밝히는 작업을 구상하고 실천했다.[54]

식민지 조선 최대의 좌우합작 조직인 신간회를 낳은 정치의 시대가 저물자, 사회주의자들은 코민테른의 1928년 12월 테제에 입각하여 조선공산당 재건운동을 벌였다. 박문병은 인정식 등과 더불어 고려공산청년회 일본총국을 재결성하고 선전부장이 되지만, 1929년 5월 조선공산당 일본총국 사건으로 경

51 김영진, 「1920년대 식민지 조선에 수용된 변증법적 유물론의 계보와 맑스주의 철학의 정전화(正典化)」, 206쪽.

52 테리 이글턴 저, 전대호 역, 『유물론—니체, 마르크스, 비트겐슈타인, 프로이트의 신체적 유물론』, 갈마바람, 2018, 21·190쪽.

53 아리프 딜릭 저, 이현복 역, 『혁명과 역사—중국 마르크스주의 역사학의 기원 1919~1937』, 산지니, 2016, 71쪽.

54 후지이 다케시, 「'코민테른 권위주의' 성립에 관한 한 시론」, 54~55쪽.

찰에 체포되었다. 검거를 피해 중국으로 망명한 안광천은 김원봉과 연합하여 다른 방식으로 '정치'를 이어갔다.

박문병은 식민지 조선의 변증법적 유물론 수용과 이해의 정점을 보여줬다. 박문병은 토대 환원론이라고 할 사적 유물론의 도식을 비판하는 한편, 의식을 지나치게 강조하는 변증법적 유물론의 관념론적 경향과도 맞섰다. 박문병의 안광천 비판은 코민테른과 소련의 후쿠모토, 데보린 비판과 상통하는 면이 있다. 제도와 의식, 토대와 주체 사이의 줄타기는 토대 분석에 기반하여 혁명 주체를 추출하려는 1930년대 동아시아 사회성격 논쟁의 배경이 되었다. 1935년 8월에 만기 출옥한 박문병은 식민지 조선의 사회성격 논쟁에 참가하게 된다.

3. 동아시아 사회성격 논쟁과 식민지 반봉건사회론

1) 중국과 일본의 반(半)봉건 논쟁

(1) 아시아인가 봉건인가

사적 유물론의 핵심을 담았다고 평가되는 마르크스의 『정치경제학 비판을 위하여』(1859) 「서문」은 역사의 발전에 대해 "크게 개괄해보면 아시아적, 고대적, 봉건적, 그리고 현대 부르주아적 생산양식들을 경제적 사회구성체의 순차적인 시기들이라고 할 수 있다"[55]고 설명했다. 이를 놓고 유럽이 고대-봉건-부르주아 생산양식으로 발전할 때 아시아는 아시아적 생산양식에 멈춰 있었다는 해석이 나왔다. 정체된 아시아 사회는 '자본의 문명화 작용'을 통해서만 발

---

55 칼 맑스, 「정치경제학의 비판을 위하여」, 김세균 감수, 『칼 맑스/프리드리히 엥겔스 저작 선집 2』, 박종철출판사, 1992, 478쪽.

전할 수 있었다. 아시아적 생산양식 개념은 마르크스주의 역사학이 지닌 유럽 중심주의를 상징한다.

중국 역사에서 봉건제는 고대 주(周)나라 제도였다. 한자어의 전통적 개념에 비추어 본다면 군현제를 택한 진한(秦漢) 시대 이후를 봉건제라고 부를 수는 없다.[56] 이는 한국의 전근대 사회도 마찬가지다. 아시아에서 전근대 사회를 봉건제로 지칭한 기원은 일본이다. 근대 일본 역사학은 전근대 무가(武家) 사회를 중국 고대 서주(西周) 사회에 빗대어 '봉건제'라고 명명했다. 또한 서양 중세 feudalism을 '봉건제'라고 번역했다. 이로써 일본 무가(武家) 사회를 봉건제, 즉 feudalism으로 보는 일본 봉건제론이 형성되었다.

근대 동아시아에서 봉건제라는 개념에는 유럽과 같은 보편적 발전의 길을 걸어왔다는 긍정적 의미와 더불어, 전근대의 비합리적이고 폭력적인 지배와 착취를 가리키는 부정적인 의미도 담겼다. 러일전쟁 전후 일본에서는 황국사관과 봉건제론을 두 기둥 삼아 '국사'가 성립했다. 봉건제론은 일본과 유럽의 유사성을 강조하기 위한 경제발전론이었다. 후쿠다 도쿠조의 한국 봉건제 결여론에서 볼 수 있듯이, 일본 봉건제론은 한국과 비교 속에서 형성되었다.[57]

러시아에서도 비슷한 흐름이 보인다. 레닌은 『러시아에서 자본주의 발전』 (1899)에서 전근대 러시아를 '아시아적'이라고 표현했다. 1902년에는 러시아 사회민주당 강령 초안에서 중세 러시아를 '봉건적 시대'라고 부르는 것에 대해 비판했다.[58] 다만 「국가에 대하여」(1919)에서는 러시아의 농노제를 봉건제라고

56 福本勝清, 「現代中国における封建論とアジア的生産様式」, 石井知章 編, 『現代中国のリベラリズム思潮』, 藤原書店, 2015.

57 미야지마 히로시, 「일본 '국사'의 성립과 한국사에 대한 인식—봉건제에 대한 논의를 중심으로」, 『근대 교류사와 상호인식 I』, 고려대학교 아세아문제연구원, 2000.

58 石井知章, 「K·A·ウィットフォーゲルと近代—'封建的'なものと'アジア的'なものとの間」,

부르기 시작하면서 노예제-농노제-자본주의라는 발전 단계를 상정했다.[59]

한편 나카에 초민(中江兆民), 가토 히로유키(加藤弘之) 등 계몽주의로 무장한 일본 지식인들은 과거의 부정적 유산을 '봉건적'이라고 비판했다. 후쿠자와 유키치(福沢諭吉)는 '반(反)봉건'을 메이지 유신의 정수라고 치켜올렸다. 5·4 신문화 운동 당시 천두슈(陳獨秀) 등 일본에서 공부한 중국 지식인들이 일본의 이러한 용법을 들여오면서, 중국에서도 '봉건'은 전근대, 낙후 등을 가리키는 말로 쓰이기 시작했다.[60]

1924년에 국공합작이 이루어지고 국민혁명이 본격화했다. 북벌의 완성이 눈에 보이기 시작한 1927년 4월에 장제스는 쿠데타를 일으켜 공산주의자를 공격했다. 같은 해 7월에는 국민당 좌파마저 반공 정책을 취했다. 이로써 국공합작은 무너지고 중국공산당은 비합법 조직으로 전락했다. 이즈음 코민테른에서는 중국혁명의 방향을 둘러싼 논쟁이 토대 분석과 관련하여 전개되었다. 트로츠키는 제국주의의 존재가 생산양식의 본질적 변화를 초래하므로 체제로서 자본주의는 이미 중국의 경제와 사회 조직의 지배적 특징이 되었다고 분석하고 이에 맞서기 위한 사회주의혁명을 주장했다. 스탈린은 중국혁명의 주적은 여전히 '봉건 세력'이라고 주장했다.

한편 서구 자본주의와 만나기 직전의 중국 사회를 아시아적 생산양식으로 파악하는 입장이 트로츠키주의와 친화성을 가지고 등장했다. 중국을 봉건 사회로 보는 스탈린주의가 일국사적 발전 단계론이라면 트로츠키주의는 세

　　石井知章 編, 『現代中国のリベラリズム思潮』, 藤原書店, 2015.

59　福本勝清, 「現代中国における封建論とアジア的生産様式」.

60　馮天瑜, 「'封建'の概念の汎用化に関する史的考察」, 鈴木貞美·劉建輝 編, 『東アジアにおける近代諸概念の成立=近代東亜諸概念的成立―第26回国際研究集会』, 国際日本文化研究センター, 2012. 3. 29.

계 자본주의 체제를 중시했다. 1927년 11월 중국공산당의 농업 강령은 아시아적 생산양식론을 채택했다. 그러나 1928년 8월 중공 제6회 대회는 '반(半)식민지 반(半)봉건'론을 결의했다. 중국 농촌에는 사적 토지 소유가 존재하므로 이미 아시아적 생산양식 사회가 아니라고 규정하고, 1927년의 견해는 반봉건 투쟁을 방기하는 트로츠키주의라고 비판한 것이다.[61] 1927년 12월에 트로츠키가 소련공산당에서 제명된 사태를 반영한 변화였다.

1928년 코민테른 제6회 대회에서 결의한 테제 「식민지, 반식민지 국가에서의 혁명 운동에 대하여」는 '반제반봉건 혁명론'을 내걸었다. 근대 동아시아에서 일본을 기원으로 하는 봉건제라는 용어의 도입과 마르크스주의 역사학에서 아시아와 봉건 개념의 길항이라는 사태가 그 배경이었다. 1928년에 공식적으로 확립된 '반(半)식민지 반(半)봉건' 규정을 매개로 사상적 대전환이 이루어졌다. "'근대'로 돌파해가는 '봉건적'인 것과 '전근대적' 상태에 머물려는 '아시아적'인 것"이 대비되었다. 혁명의 성격도 '노농동맹'론에서 '농민혁명'론으로 전환되었다.[62]

반식민지 반봉건론은 '식민지=아시아'에도 세계사의 보편적 발전 법칙이 관철된다고 파악함으로써, 숙명론에서 벗어나 반제국주의 운동의 주체를 확립하려는 주장이었다. 중국을 사적 유물론의 바깥('아시아')이 아니라 그 대상('봉건')으로 인지한 것이다. 아시아라면 아무런 발전이 없지만, 봉건이라면 노예제에서 왔고 다시 자본주의로 넘어가기 위한 발전 단계이므로 생산력과 생산관계의 모순에 바탕한 변증법적 발전에 대한 분석이 필요했다. '반(半)봉건'이라는 개념은 세계사적 보편성과 아시아적 특수성의 결합을 뜻했다. 후일 신종속

---

61 鹽澤君夫·福富正實 저, 편집부 역, 『아시아적 생산양식론』, 지양사, 1984, 45~48쪽.

62 石井知章, 「K·A·ウイットフォーゲルと近代―'封建的'なものと'アジア的'なものとの間」.

이론의 사미르 아민(Samir Amin)이 '절합(articulation)'이라고 부른 주변부 자본주의에서 일어나는 생산양식의 이종 혼합에 대한 설명을 선취한 셈이다.

(2) 중국 사회성격 논쟁

국공합작이 무너지고 중국혁명의 앞날이 어두워진 상황에서 토대 분석을 통해 혁명의 주체를 찾으려는 사회성격 논쟁이 시작되었다. 논쟁은 3단계로 진행되었다. 사회성질 문제 논전(1928~1931)에서 공산당은 스탈린의 인식을 따라 중국을 반식민지 반봉건 사회로 규정했고, 트로츠키파는 중국을 자본주의 사회로 규정했다. 1931년 소련에서 열린 토론회에서는 스탈린의 지지를 업은 봉건제론자가 아시아적 생산양식론자를 트로츠키주의자로 비판했다. 사회사 문제 논전(1931~1933)에서는 국민당 좌파와 트로츠키파가 중국사의 '정체성(停滯性)'과 아시아적 생산양식론을 제기했고, 공산당은 반식민지 반봉건사회론을 유지했다. 농촌 사회성질 논전(1935)에서도 농촌파(봉건파)와 경제파(자본파)의 대립이 지속했다.[63]

중국 사회성격 논쟁의 주체는 공산당, 트로츠키파, 국민당 좌파였다. 공산당은 중국은 대체로 봉건적이며 제국주의가 중국의 봉건적 사회구조를 뒷받침하고 또한 그것을 영속화하고 있다고 보았다. 트로츠키파는 제국주의가 본질적으로 중국 사회에서 부르주아지의 자본주의적 발전을 지원하기 때문에 중국은 현저하게 자본주의적이라고 파악했다. 국민당 좌파는 중국은 봉건적이지도 자본주의적이지도 않으며 모호한 계급 구조 때문에 봉건적 본성을 가진 기생적인 정치 세력이 제국주의자들의 이익을 보호하면서 권력을 유지하

---

63 백영서, 「중국 민족운동의 과제와 사회성격 논쟁」, 김대환·백영서 편, 『중국 사회성격 논쟁』, 창작과 비평사, 1988.

는 사회라고 보았다.

중국 사회성질 논전을 분석한 아리프 딜릭은 중국 농촌파 쑨쭤장(孫倬章)의 이론에 주목했다. 쑨쭤장의 「중국 경제 분석」(1931)은 봉건적 경제 토대는 파괴되었지만, 상부구조는 여전히 봉건제의 지배 요소라고 보았다. 그리고 소유와 착취 양식을 구분하여 전자는 자본주의적이지만 후자는 여전히 봉건적 착취라고 분석했다. 아리프 딜릭은 중국혁명의 틀 안에서 생산수단과 생산관계, 소유와 교환, 그리고 토대와 상부구조에 대한 모든 질문을 다루려고 한 쑨쭤장의 '용기 있는 시도'를 평가했다. 또한 쑨쭤장이 때로는 '비논리'와 '왜곡'이라는 비판을 받으면서도 중국 사회의 복잡성을 설명하려고 노력했다고 분석했다.[64]

(3) 일본 자본주의 논쟁

일본 자본주의 논쟁을 분석한 호스톤(G. A. Hoston)은 마르크스주의를 새로운 비(非)유럽 상황에 적용하려는 노력이 전전(戰前)의 일본보다 더 인상적이었던 곳은 없었다고 보았다.[65] 논쟁은 사적 유물론의 도식을 어떻게 일본에 적용하면 좋을까를 놓고 벌어졌다. 반(半)자본주의 사회에서 '시기상조'인 혁명은 가능할까라는 논쟁은 혁명 전의 러시아에서도 벌어진 바 있었다.[66]

일본혁명에 관한 코민테른의 1927년 테제는 경제의 농업 부문과 정치적 상부구조에서 봉건적 잔재가 지속한다고 파악했다. 부하린의 국가 이론에 기초한 '부르주아 헤게모니하의 자본가·지주의 블록 권력론'이었다. 소비에트 지

---

64 아리프 딜릭 저, 이현복 역, 『혁명과 역사』.

65 G. A. 호스톤 저, 김영호·류장수 역, 『일본 자본주의 논쟁―마르크스주의와 일본 경제의 위기』, 지식산업사, 1991.

66 テッサ·モーリス-鈴木 著, 藤井隆至 訳, 『日本の経済思想―江戸期から現代まで』, 岩波書店, 1991.

도자들은 자본주의가 성숙하지 않은 곳에서는 사회주의혁명이 생존할 수 있는 전망이 없다고 판단하고, 사회주의혁명에 앞서 부르주아민주주의혁명이 필요하다는 2단계 혁명론을 채택했다.

1927년 테제에 반발하여 야마카와 히토시(山川均) 등이 공산당을 탈당하여 잡지 『노농(勞農)』을 발간했다. '노농파'라는 명칭은 이 잡지에서 유래했다. 일본 자본주의 논쟁(1927~1937)에서 노농파는 일본을 선진 자본주의라고 보았다. 높은 수준의 금융자본, 제1차 세계대전 이후 트러스트화의 급속한 증대, 강력한 제국주의 추진에 주목한 것이다. 이에 반해 강좌파는 천황제, 추밀원, 국체 이데올로기 등 정치적 상부구조에 반(半)봉건 유제가 잔존하므로 부르주아민주주의혁명은 아직 미완성이라고 파악했다.

강좌파의 리더 노로 에이타로(野呂榮太郎)는 『일본자본주의발달사』(1930)를 내놓았다.[67] 이 책은 일본에는 지배적 생산양식으로서 자본주의가 고도로 발전했음에도 불구하고, 아니 그렇기 때문에 거꾸로 그 근저에 반(半)봉건적 생산관계가 뿌리 깊게 남아 있다고 보았다. 또한 국제적 대립의 격화, 특히 중국 문제를 둘러싼 긴장이 일본 제국주의 부르주아지의 정치적 반동화를 낳는 경제적 기초라고 파악했다.

노로 에이타로는 농업에서 봉건적 소생산양식과 자본가적 토지 소유 관계 사이 모순에 더해, 독점적으로 발전한 고도의 공업과 뒤떨어진 반봉건적 농업 사이 불균등과 불균형을 지적했다. 일본 마르크스주의 흐름을 개설한 고야마 히로타케(小山弘健)는 노로 에이타로에 대해 "사적 유물론의 공식적인 분석 틀을 벗어나" "일본 자본주의 발전 구조의 특질을 처음으로 밝혀냈다"고 평가했

---

67   野呂榮太郎, 『日本資本主義發達史』, 鉄塔書院, 1930.

다.[68] 노로 에이타로는 〈일본 자본주의 발달사 강좌〉(1932~33)를 기획했다. 이 총서에 핫토리 시소(服部之總), 하니 고로(羽仁五郎), 히라노 요시타로(平野義太郎), 야마다 모리타로(山田盛太郎) 등이 참여했다. 강좌파라는 이름은 여기서 유래했다.

야마다 모리타로가 지은 『일본 자본주의 분석』(1934)은 '강좌파의 성서'라고 불렀다.[69] 이 책은 영국 자본주의를 '자유경쟁의 조국', 독미 자본주의를 '집중독점의 본고장'으로 본 반면, 러·일 자본주의는 '군사적 농노제적=반농노제적 전형국'이라고 보았다. 그리고 일본 사회는 명백하게 모순되는 두 가지 국면, 즉 군수 지향을 지닌 꽤 앞선 중공업의 발전과 방대한 가난한 농민 경제의 결합체라고 파악했다. 일본 농업에는 자본주의가 완전하게 침투하지 못하여 시장의 힘이 아니라 지주의 정치적 힘이 고율 현물 지대를 결정하는 '경제외적 강제'가 횡행한다는 것이었다.

노로 에이타로는 세계 자본주의의 한 부분인 일본 자본주의가 국제 자본주의의 제 조건 아래서 일본의 지리적·인종적·역사적 조건에 제약되어 현실에서 어떠한 구체적 발전 형태를 취하는지를 규명하고자 했다. 일본 자본주의 발달의 특수성을 발견하기보다 그 세계사적 보편성을 강조한 것이다. 이에 반해 야마다 모리타로는 산업자본주의가 확립되는 과정에서 자본주의의 특수한 형태로서 군사적·반농노제적 일본 자본주의가 성립한 데 주목했다. 그리고 기저로서의 봉건적 농업과 그 위에 선 자본제 공업이 상호 강화하는 관계로서 이 특수형은 일반적인 위기 단계에 이를 때까지 변하지 않는다고 보았다.

고야마 히로타케는 노로의 『일본 자본주의 발달사』를 일본 현실에 적용된 변증법이라고 불렀다. 일본 자본주의의 모순의 발전 과정을 확인함으로써 변

---

68 小山弘健 저, 한상구·조경란 역, 『일본 마르크스주의사 개설』, 이론과 실천, 1991.

69 山田盛太郎, 『日本資本主義分析—日本資本主義における再生産過程把握』, 岩波書店, 1934.

증법적 유물론이 비로소 일본에 성립했다는 평가다.[70] 야마다의 구조론에서 일본 자본주의는 자본제와 봉건제가 상호 규정, 상호 강화 관계에 있는 특수형이었다. 모순에 의한 발전과 붕괴라는 노로의 변증법적 방법과는 반대로, 야마다는 균형에 의한 발전과 다시 균형의 분해에 의한 붕괴라는 비변증법적 균형론을 따랐다.

2) 식민지 조선의 사회성격 논쟁

(1) 12월 테제의 토지혁명론

1928년 코민테른의 12월 테제는 조선 사회가 "상품·화폐 관계의 급속한 발전에도 불구하고, 경작관계는 대체로 전자본제적 형태를 유지"하고 있다고 파악했다.[71] 따라서 이러한 사회적, 경제적 실질 탓에 단지 일본 제국주의에 대해서뿐 아니라 조선 봉건 제도에 대해서도 혁명, 즉 토지혁명이 실행되어야 한다고 보았다. 조선혁명은 반제반봉건 부르주아민주주의혁명이지만, 이를 통해 소비에트 형식 아래 노동자, 농민의 독재정치를 이룰 수 있다고 규정되었다.

12월 테제에 입각하여 조선공산당 재건운동을 벌인 사회주의자들도 조선의 농업 문제, 토지 문제에 대한 분석을 시도했다. 양명의 「조선의 토지 문제와 공산당의 토지강령」(1930)은 "조선의 토지 관계는 소유의 자본주의화와 '상품적·화폐적 관계의 급속한 발전과는 반대로 그 착취 방법은 전자본주의적 방법이 우세하다'"고 파악했다.[72] 고경흠의 「조선에 있어서의 농민 문제」(1930) 역시

---

70 小山弘健 저, 한상구·조경란 역, 『일본 마르크스주의사 개설』, 137쪽.

71 「조선 문제에 대한 코민테른 집행위원회의 결의—12월 테제」, 임영태 편, 『식민지시대 한국 사회와 운동』, 사계절, 1985, 358쪽.

72 광우(양명), 「조선의 토지 문제와 [공산]당의 토지강령」(1930), 신주백 편, 『1930년대 민족해 방운동론 연구 I. 국내 공산주의 운동 자료편』, 새길, 1989, 229쪽. 작은따옴표 부분은 12월 테

토지조사사업에 의해 '근대적 토지 사유권의 확립'이 이루어졌지만, 이러한 근대적 자본주의적 소유 관계와 전근대적 봉건적 착취 관계(봉건적 기아지대) 사이에 모순이 존재한다고 분석했다.[73]

조선공산당 재건운동 세력의 토지혁명론은 조선 사회를 아시아적 생산양식이 아닌 봉건제로 파악한다는 점에서 코민테른 제6회 대회와 12월 테제의 인식을 계승했다. 양명과 고경흠 모두 자본주의적 소유 관계와 봉건적 착취 관계의 모순을 지적하고, 토지혁명을 중심으로 하는 반제반봉건 부르주아민주주의혁명을 통한 노동자·농민의 소비에트 정권 수립을 지향했다.

미야지마 히로시는 식민지 시기 농업의 계급 관계를 밝힘으로써 민족해방운동, 혁명운동의 전략적 과제를 파악하려고 한 연구로서 위의 양명과 고경흠의 글을 들었다. 그리고 두 글 모두 "토지 영유 관계의 근대적 성격과 착취 관계의 봉건적 성격의 모순이 토지조사사업에 의해 창출된 조선 농업 구조의 근본적 모순"임을 지적했다고 분석했다.[74] 중국 사회성격 논쟁에서 소유는 자본주의적이지만 착취 양식은 봉건적이라고 파악한 쑨줘장의 분석과 동시대성을 확인할 수 있다.

경성제대 법문학부 조수 박문규는 「농촌 사회 분화 기점으로서의 토지조사사업에 대하여」(1933)를 발표했다.[75] 이 글은 토지조사사업이 농촌 사회 분화

제의 인용이다.

73 고경흠, 「조선에 있어서의 농민 문제」(1930), 오미일 편, 『식민지시대 사회성격과 농업 문제』, 풀빛, 1991.

74 宮嶋博史, 『朝鮮土地調査事業史の硏究』, 東京大学東洋文化研究所, 1991, 13~14쪽.

75 朴文圭, 「農村社會分化の起点としての土地調査事業に就て」, 『朝鮮社會經濟史研究─京城帝國大學法文學會第一部論集 第六冊』, 1933. 이 글은 해방 후에 우리말로 번역되어 「토지조사사업의 특질─반봉건적 토지소유제의 창출 과정에 관한 분석」(『조선 토지 문제 논고』, 1946)이라는 이름으로 발표되었고, 오미일 편, 『식민지 시대 사회성격과 농업 문제』에 수록

의 기점이고 이로써 토지 사유 제도가 확립되었다고 보았다. 토지조사사업의 특질은 농민의 반봉건적 영세 소작농으로의 재편성 및 반봉건적 영세 토지 소유의 형성에 있었다. 토지 영유의 근대적 성질과 봉건 사회로부터 그대로 답습된 영세농적 생산양식과의 모순 위에 반봉건적인 영세농 및 소작 관계가 성립했다는 분석이었다.[76]

토지조사사업이 농업생산 발전에 미친 영향은 세 가지로 정리했다. 첫째, 자본 일반의 압력을 증가시켜 농촌 사회의 새로운 분화 과정을 재촉했다. 그 결과 반무산자적 소작농의 누진적 증가 등이 벌어졌다. 둘째, 반봉건적 고율 지대는 농업생산에서 자본가적 경영의 이윤 성립을 불가능하게 하여 자본가적 생산방법 발달을 저해했다. 이에 따라 반봉건적인 영세농 및 소작 관계의 확대재생산이 일어났다. 셋째, 농업생산에서 새로운 생산력 발전을 저해하고 있다.[77]

미야지마 히로시는 박문규의 글에서 '반봉건적'이란 "소유의 근대성과 생산양식의 전근대성 간의 모순"이었다고 정리했다.[78] 식민지 조선의 최고 학부에서 발표된 연구였지만, 비합법 조선공산당 재건운동 세력과 인식을 같이한 점이 흥미롭다. 미야지마는 박문규의 글이 "마르크스주의를 지도이념으로 하는 민족해방운동 다수파의 의견을 대표"[79]한다고 파악했다. 박문규는 대학 시절 동기생인 최용달, 이강국과 함께 경제연구회를 결성하여 사회주의 사상과

되었다.

76 박문규, 「토지조사사업의 특질」, 오미일 편, 『식민지 시대 사회성격과 농업 문제』, 149쪽.

77 위의 글, 149~156쪽.

78 宮嶋博史, 「'조선토지조사사업' 연구를 중심으로 한 논쟁사」(1977), 임영태 편, 『식민지시대 한국 사회와 운동』, 사계절, 1985, 83쪽.

79 宮嶋博史, 『朝鮮土地調査事業史の研究』, 東京大学東洋文化研究所, 1991, 16쪽.

운동을 모색했다. 해방 후에는 남조선노동당에서 활동하였고, 북한 정부의 초대 농림상을 맡았다.

(2) 식민지 조선의 사회성격 논쟁

조선공산당 재건운동에 참여하다 1929년 6월에 체포된 인정식은 1934년 11월에 가출옥으로 석방되었다. 1935년에 조선중앙일보에 기자로 입사한 인정식은 농업 및 농촌 연구에 뛰어들었다.[80]

인정식은 「조선 농촌경제의 연구」(1936)[81]에서 토지 점유의 봉건성을 규정하는 조건으로 ① 생산수단 일반, 특히 토지의 직접적 생산자로부터의 미분리, ② 기술의 저급한 경화(硬化) 상태, ③ 자연경제, ④ 경제외적 강제를 들었다.[82] 조선의 농촌사회는 ③과 ④의 조건 및 전제를 이미 잃었지만, 독점자본에 대한 종속을 새로운 기초적 조건으로 하여 봉건제가 유지 확보되고 있다는 점에서 순수하지 않은 봉건제, 즉 반(半)봉건제라고 규정했다.[83] 직접적 생산자와 생산수단의 분리가 일어나지 않아 농업프롤레타리아트는 전혀 발생하고 있지 않다고 봤다.

「농업자본제화의 여러 형(型)과 조선 토지조사사업의 의의」(1936~37)[84]에서는 조선의 경우 사회적 생산력의 부재라는 '핸디캡'에 의해 '자코뱅'적 노선이 아

---

80 인정식의 생애에 대해서는 이수일, 「인정식 선생의 생애와 농업경제 사상」, 『印貞植全集 1』, 한울, 1992, 5~16쪽 참조.

81 印貞植, 「朝鮮農村經濟의 硏究」(其一)~(其八), 『中央』 28~35, 1936. 2~9, 『印貞植全集 1』.

82 印貞植, 「朝鮮農村經濟의 硏究 (其四)」, 113쪽.

83 印貞植, 「朝鮮農村經濟의 硏究 (其八)」, 188쪽.

84 印貞植, 「農業資本制化의 諸型과 朝鮮土地調査事業의 意義」(一)~(四), 『批判』 1936. 9~1937. 4, 『印貞植全集 1』.

니라 '융커'형 노선을 걷게 되었다고 분석했다. 더욱이 자본이 이미 독점 단계에 들어가 그 구성이 고도화되어 노동력을 충분히 흡수할 수 없는 탓에, 농민의 토지로부터의 분리가 발생하지 않아 경작의 영세성은 오히려 확대재생산되었다고 분석했다. 이 점에서 농업의 자본주의화가 진전된 융커형 혹은 구러시아형과도 차이를 보이며, 이는 일본 내지의 농촌도 동일하다고 보았다. '형(型)'이라는 개념에서 일본 강좌파 야마다 모리타로의 영향이 엿보인다.

인정식은 「토지 소유의 역사성—박문규 씨에 대한 비판을 주로」(1936)도 발표했다. 이 글에서는 토지조사사업이 봉건적 점유 관계 위에 근대적인 가장을 부여한 것에 지나지 않음에도 불구하고, 박문규가 '토지 사유 제도의 확립'과 '토지 영유의 근대적=자본가적 성질'을 관념적으로 혼동하고 있다고 비판했다. 더욱이 '토지 영유의 근대 자본성'이라는 환상을 설정함으로써 당면한 민주주의적 과제의 모든 의의를 말살하고 '소시얼 데모크라시'라는 결론에 이르고 말았다고 비판했다.[85] 즉 인정식은 박문규를 자본파이자 사회민주주의자라고 비판한 것이다.

인정식은 더욱 근본적인 물음을 던졌다. 박문규의 주장을 자본주의적 '생산관계=소유관계'와 봉건적 수공업적 '생산력=생산양식'의 대립으로 정리한 뒤, 그러한 모순이 성립할 수 있다면 새로운 생산력에 의한 낡은 생산관계의 극복이라는 역사적 발달의 전개는 어떻게 설명할 수 있느냐고 의문을 표했다. 이어 "설령 이러한 '본질적인 모순'을 내포하는 바의 사회가 실재한다고 하더라도, 그것이 보이는 여러 현상을 표현하기에 적당한 용어를 인류는 아직 갖고

---

85   印貞植,「土地所有의 歷史性—朴文圭氏에 對한 批判을 主로」,『朝鮮中央日報』 1936. 3. 29~4. 4,『印貞植全集 1』.

있지 않은 게 아닐까"[86]라고 물었다. 박문규의 분석은 사적 유물론에서 벗어났다는 비판이었다. 이상의 농업 연구는 저서 『조선의 농업기구 분석』(1937)[87]으로 엮었다.

인정식을 비판하며 등장한 이는 박문병이었다. 박문병은 인정식과 함께 조선공산당 재건운동 과정에서 검거되어 투옥된 뒤 1935년 8월에야 만기출옥할 수 있었다.[88] 고려공산청년회 일본총국에서 같이 활동하다 검거된 두 사람이 5년여의 세월을 감옥에서 보낸 뒤 사회에 나와 다시 사회성격 논쟁에서 맞붙게 된 사실에서 식민지 공산주의 사상 및 운동의 한 단면을 엿볼 수 있다. 1930년대 중반 식민지 조선에서는 혁명의 시대가 저물고 '사회과학의 르네상스'가 도래했다.[89]

박문병은 「농업 조선의 검토—현 단계의 조선 농업의 경제적 제관계의 해부」(1936)에서 금융자본의 '토양'이자 '비자본주의 환경'으로서의 조선 농업을 과학적으로 분석하겠다고 밝혔다.[90] 박문병은 조선 농업이 처한 조건을 살피겠다며, "우리는 이것들을 출발의 계기로 하여 일단 분석의 하향 과정을 거쳐 다시 종합의 '귀로(歸路)의 여행'"에 따라 조선 농업을 확고하게 정립할 수 있을 것으로 기대했다.[91] 추상에서 구체로의 상승이라는 마르크스 『자본론』의 방법론

---

86 위의 글, 248쪽.

87 印貞植, 『朝鮮の農業機構分析』, 白揚社, 1937.

88 「朴文秉滿期出監, 八日元山에 歸着」, 『조선일보』 1935. 8. 11.

89 김인수, 「총력전기 식민지 조선의 사회과학 비판—인정식의 비교에 관한 소고」, 『아세아연구』 154, 2013, 100쪽.

90 박문병, 「농업 조선의 검토—현 단계의 조선 농업의 경제적 제관계의 해부」(1936), 오미일 편, 『식민지시대 사회성격과 농업 문제』, 318쪽.

91 위의 글, 333쪽.

을 의식한 서술이다.

박문병은 조선 농업의 영세성과 조선 농민의 궁박상은 더욱 강렬해져간다고 직시했다. 다만 조선 농업은 공업에 종속되어 '자본의 에테르 밑에 이질화'되어간다고 파악했다. 즉 조선의 농촌도 자본주의 환경에서 초연한, 또는 유리된 존재가 아니라 그 속에서 호흡하고 있다는 설명이었다.[92] 조선의 농업 생산관계는 의연히 봉건적인 영세농적 경영이 일반적이지만 특수적으로 자본 관계의 발생과 맹아를 볼 수 있으며, 따라서 농촌의 봉건성은 이미 상당한 정도로 자본적 변질의 도정에 있다고 보았다.[93]

박문병은 "토지 소유의 자본적 성질과 농업생산의 봉건적 양식의 모순"이 조선 농촌의 본질이라고 파악했다.[94] 12월 테제 이래 양명과 고경흠을 거쳐 박문규로 이어진 인식을 계승한 셈이다. 나아가 피용자, 즉 농업프롤레타리아의 증가와 임금노동을 사용하는 상층 부농의 발생에 주목했다.[95] 농업프롤레타리아트는 전혀 발생하지 않았다는 인정식의 파악과 대비된다.

「조선 농업의 구조적 특질」(1936)에서는 인정식 비판을 본격화했다. 박문병은 박문규의 '조선 농업의 본질적 모순의 논결'이 정당하다고 밝혔다.[96] 인정식에 대해서는 일체 사회구성상의 범주, 역사성의 계기는 '사적 유물론'이 지시한 바와 같이 어디까지나 생산수단-생산력-생산관계 속에 있다고 여겨 역사의 가장 기본적이고 결정적인 규정조건을 '생산수단-생산력'에서 찾고 있다고

---

92 위의 글, 353~356쪽.

93 위의 글, 401쪽.

94 위의 글, 381쪽.

95 위의 글, 346·396쪽.

96 박문병, 「조선 농업의 구조적 특질—조선 농촌의 성격규정에 대한 기본적 고찰」(1936), 오미일 편, 『식민지 시대 사회성격과 농업 문제』, 410쪽.

보았다. 따라서 조선의 '농구의 비기계화, 기술의 저급 경화된 상태-수공(手工) 노동'이 가장 기본적으로 조선 농촌의 봉건성을 규정하는 지표가 되는데, 이는 "사적 유물론의 기계적 공식적 파악의 한 개의 전형을 대표"한다고 지적했다.[97]

박문병은 인정식이 생산력-생산관계를 "여호와적 우상화된 공식"으로 받든다고 비판하고,[98] 스스로는 '잠정적으로 생산력-생산관계라는 사적유물론 공식의 부정자'가 될 수밖에 없다고 밝혔다.[99] '유물사관의 공식'이 진정한 역사의 방법론으로 진면목을 드러내기 위해서는 우선 '추상화한 기계적 공식'이 한번 강렬하게 말살되어야 하는데, 이는 마치 "기독이 진실한 부활을 하기 위하여는 단 한 번 십자가 위에 못 박힘을 필요"로 하는 것과 마찬가지라고 설명했다.[100] 사적 유물론이 식민지-주변부 상황에 맞춰 탈구축, 재탄생하는 과정을 예수의 죽음과 부활에 비유한 것이다.

인정식은 봉건제의 조건으로 4가지 항목을 들었는데, 그중에서 가장 중시한 것은 '기술의 저급한 경화(硬化) 상태', 즉 낮은 생산력이었다. 박문병은 인정식이 원용하고 있는 봉건제의 지표에 관한 레닌의 설명을 분석하여 후기의 저술에서는 생산기술에 대한 언급 자체가 없어지는 점을 굳이 지적했다.[101] 박문병은 조선 농업의 반봉건성을 낳는 결정적 조건은 낮은 생산기술이라기보다 제국주의의 식민지배라고 파악한 것이다.

박문병은 「농업 조선의 검토」의 머리말에서 "조선은 무엇이냐"는 질문을

---

97   위의 글, 405쪽.

98   위의 글, 410쪽.

99   위의 글, 406쪽.

100   위의 글, 406쪽.

101   위의 글, 415쪽.

던진 뒤 스스로 "조선은 식민지이다. 이것이 금일의 조선을 집중적으로 핵심적으로 표현하는 조선의 정의가 아니면 안 될 것이다"라고 답했다.[102] 조선의 사회성격 해명은 바로 식민지를 개념화하는 문제와 다를 바 없음을 명확히 한 것이다. 인정식이 박문규를 사적 유물론에서의 일탈로 비판하면서 언급한 '인류는 아직 갖고 있지 않은' '적당한 용어'는 바로 '식민지'였던 셈이다. 박문병은 토지조사사업 이후 조선 농촌의 변화를 '민족적 각도에서 고찰'[103]하고자 했다. 박문병은 "민족적 관념이란 과학 이전의 것이며 또 과학 이후의 것"이라는 말도 남겼다.[104]

트로츠키파가 존재한 중국, 노농파라는 비공산당 공산주의자가 존재한 일본과 달리, 1930년대 조선의 공산주의자는 반제반봉건 부르주아민주주의혁명을 규정한 12월 테제의 자장 안에 머물렀다. 식민지 조선의 사회성격 논쟁을 정리한 오미일은 박문병의 논리가 국내적으로는 1930년대 초반 양명의 설과 국제적으로는 일본 강좌파의 노로 에이타로 및 중국 농촌파의 논리와 동일한 기조라고 파악했다.[105]

박문병은 조선 농업의 봉건적 중세적 생활양식이 농촌에서의 자본의 지배를 배제하지 않는다고 설명하면서, "우리의 농업 생산이 일반적으로 오늘 아직 봉건적 소생산양식에 종속되어 있음에 불구하고 그래도 전연 자본에 지배되어 있다는 일견 역설적 관계야말로 우리 농촌의 전 모순의 집중적 표현"이라는 노로 에이타로의 주장을 인용하고 "조선 농업에 있어서 끝없이 타당함을

---

102 박문병, 「농업 조선의 검토」, 320쪽.

103 위의 글, 339쪽.

104 위의 글, 338쪽.

105 오미일, 「1930년대 사회주의자들의 사회성격 논쟁—농업 문제를 둘러싼 인정식·박문병의 논쟁을 중심으로」, 오미일 편, 『식민지시대 사회성격과 농업 문제』, 25쪽.

본다"고 덧붙였다.[106]

박문병이 노로 에이타로와 같은 변증법을 따랐다면, 인정식은 야마다 모리타로와 같은 구조론, 붕괴론에 서 있었다. 박문병은 사적 유물론의 임계점에서 식민지를 발견하고 식민성을 직시함으로써 반제반봉건혁명을 위한 주체를 창출하고자 했다. 이와 달리 인정식의 논리는 빈궁의 원인을 사회 내부의 문제, 특히 낮은 생산력에 구했다는 점에서 숙명론으로 떨어질 우려가 있었다. 조선의 농민이 처한 빈궁과 제국주의 침입의 관계에 대한 파악이 엷어짐으로써, 민족운동 혹은 사회운동의 주체를 찾아내기 어려운 논리 구조였다.

전후 일본의 한국사 연구자 가지무라 히데키(梶村秀樹)는 전전(戰前)의 마르크스주의 '정통파'가 "식민지 사회의 복잡함을 주로 토착 전자본주의 우클라드('아시아적 생산양식' 내지 '아시아 봉건제')의 잔존이라는 면에서 설명함으로써 본질을 가려왔다"고 비판한 바 있다.[107] 이러한 비판은 인정식에게도 적용할 수 있다. 박문병은 인정식을 향해 "현실 조선의 농업으로부터 자본의 지배를 말살하고자 하는 기도는, 결국 객관적으로 자본의 대변 이외의 아무것도 아니"라고 비판했다.[108] 인정식의 전향을 예고하는 듯한 발언이었다.

---

106 박문병, 「농업 조선의 검토」, 389~390쪽.

107 梶村秀樹, 「旧植民地社会構成体論」(1981), 『梶村秀樹著作集 第3巻 近代社会経済論』, 明石書店, 1993, 245쪽.

108 박문병, 「농업 조선의 검토」, 401쪽.

4. 식민지-주변부 사회의 종속과 발전

1) 반제반봉건 혁명과 농업재편론

(1) 중국 통일화 논쟁

중일전쟁 전야의 1937년 일본에서는 난징(南京) 국민정부의 일정한 안정화, 만주국 성립 이후 화북 분리 공작의 연장선에서 일본 침략의 가속화, 시안(西安) 사건 이후 항일전선 형성 등 급변하는 중국의 동향을 어떻게 볼 것인가를 둘러싸고 '중국 통일화 논쟁'이 벌어지게 된다. 논쟁은 야나이하라 다다오(矢內原忠雄)가 발표한 「지나(支那) 문제의 소재」를 오카미 스에히로(大上末廣)가 「지나 자본주의와 남경 정부의 통일 정책」으로 비판하고, 다시 나카니시 쓰토무(中西功)가 「지나 사회의 기본적 범주와 '통일'화와의 교섭」을 통해 양자를 비판하는 형태로 전개되었다.[109] 요네타니 마사후미(米谷匡史)는 중국 통일화 논쟁을 다음과 같이 정리했다.[110]

① 우익과 좌익 양쪽에서 보이는 '아시아적 정체성'론을 비판하고 국민정부 및 절 강(浙江) 재벌을 중심으로 한 자본주의적 발전에 의해 중국의 통일화가 진전될 것을 예견하면서, 국민정부를 통일 정권으로서 승인하고 그와 제휴하는 방향 으로 방침을 전환해야 함을 주장하는 야나이하라 다다오

② 중국 사회에 광범위하게 잔존하는 반(半)봉건성 때문에 중국에는 자주적인 발 전의 계기가 없으며 오히려 영국 등에 종속되는 식민지화가 진행되고 있다고

---

109 野澤豊,「'중국 통일화' 논쟁에 관하여」, 김대환·백영서 편, 『중국 사회성격 논쟁』, 창작과 비 평사, 1988. 세 글 모두 김대환·백영서 편, 『중국 사회성격 논쟁』에 수록.

110 米谷匡史,「解説」, 『尾崎秀実時評集―日中戦争期の東アジア』, 平凡社, 2004, 455쪽.

야나이하라를 비판하는 오카미 스에히로.

③ 한편에서 영국 금융자본으로의 종속이 진행되는 계기를 파악하지 않는 야나이
하라를 비판하고, 다른 한편에서 노농 대중에 의해 떠받쳐지는 통일화에의 동
향을 파악하지 않는 오카미를 비판하면서, 통일화의 주체를 공산당에서 찾은
나카니시 쓰토무, 오자키 쇼타로(尾崎庄太郎), 오자키 호쓰미(尾崎秀實).

문제는 식민성을 어떻게 볼 것인가에 있었다. 야나이하라는 "지나의 반(半)
식민지성은 최근에 비교적 급속하게 소멸되어가고"[111] 있다는 근대화론 혹은
비식민화(decolonization)론의 입장이었다. 반면 오카미는 중국의 자본주의화 가능
성을 부정했다. 중국 통일화 논쟁을 정리한 노자와 유타카는 오카미가 "제국주
의 지배가 중국의 내재적인 발전 요인을 저해한다기보다는, 중국의 '아시아적
정체성'이라는 고유의 요소가 도리어 중국의 식민지화를 심화시키는 유인이
라는 파악 방식에 기울어 있다"[112]고 지적한 바 있다. 이에 반해 나카니시는 야
나이하라와 오카미 두 사람 모두 '자본주의의 성숙=민족통일=해방'이라는 도
식에 갇혀, 역으로 자본주의가 성숙하지 않으면 중국 통일은 가능하지 않다는
오류에 빠져 있다고 비판하였다.[113]

오카미는 일본 자본주의 논쟁의 강좌파를 계승한 것으로 평가되는데, 나카
니시는 일찍이 일본 강좌파를 대표하는 야마다 모리타로(山田盛太郎)를 만났을
때도 "식민지에서 자본주의 발달의 평가가 부족하고, 제국주의나 지주계급과
상극관계에 있는 식민지의 민족적 세력, 즉 민족해방 투쟁의 원동력 분석이 경

---

111 矢内原忠雄,「支那問題의 所在」, 336쪽.

112 野澤豊,「'중국 통일화' 논쟁에 관하여」, 김대환·백영서 편, 『중국 사회성격 논쟁』, 429쪽.

113 中西功,「支那社會의 기본적 범주와 '통일'화와의 관계」, 376쪽.

시되어 있다"고 비판한 바 있다고 한다.[114]

한편 나카니시는 야나이하라의 근대화론 역시 비판하고, 반(半)식민지의 자본주의 발전에서 제국주의의 양면성과 그에 따른 민족자본의 이중성에 주목하였다. 그리고 "단지 민족자본만이 문제인 것은 아니고 그 아래에 있는 노동자 및 변혁 과정에 포섭되어 있는 광범한 농민층도 문제"라면서 노동자, 농민의 종합적 힘이야말로 중국 발전의 '생산력'이라고까지 평가했다.[115] 동시에 "지나의 민족부르주아지가 민족개량주의적·타협적·굴욕적 길을 취하고 있음에도 불구하고, 정세에 따라서는 대외항쟁의 통일전선에 참가할 가능성이 있다"면서 광범한 민족통일전선의 결성을 전망했다.[116]

나카니시의 전망은 중국 혁명의 진행과 궤를 같이하는 것이었다. 나카니시는 1939년 오자키 호쓰미 등과 함께 참가한 만철(滿鐵)의 '지나 항전력 조사'를 통해 마오쩌둥의 동향에 주목한 바 있다. 무엇보다 나카니시 본인이 당시 중국 공산당의 대일 첩보 활동에 가담하고 있었다.

(2) 인정식의 전향과 농업 재편성론

1937년 9월 인정식은 이재유그룹의 일원인 박진홍(朴鎭洪)과 여러 차례 접촉한 것이 확인된다.[117] 1937년 11월에는 '인민전선 사건' 관련으로 검거되지만 곧 석방되었다.[118] 1938년 3월에는 '공화계(共和契)' 사건으로 다시 검거되었다.

---

114 中西功, 『中国革命の嵐の中で』, 青木書店, 1974, 46~47쪽.

115 中西功, 「支那社會의 기본적 범주와 '통일' 화와의 관계」, 377쪽.

116 위의 글, 381쪽.

117 김경일, 『이재유, 나의 시대 나의 혁명—1930년대 서울의 혁명운동』, 푸른역사, 2007, 282쪽.

118 「人民戰線事件 東署 繼續活動」, 『동아일보』 1937. 11. 23.

고향 청년들의 반일적인 독서회 활동과 연결되었다는 혐의였다. 1938년 11월 치안유지법 위반으로 갇혀 있던 인정식은 「아등(我等)의 정치적 노선에 관해서 동지 제군에게 보내는 공개장」이라는 일종의 전향 선언을 발표했다.[119]

인정식의 전향은 마르크스주의 비판으로 드러났다. 마르크스주의가 '서양에서는 어느 정도 적응성'을 가질지 모르지만, '동양에서, 아시아에서 완전한 부적응성'은 명백하며 아시아적 생산양식론이야말로 마르크스 자신이 그것을 인정한 결과라고 설명했다. 따라서 "동양적인, 아시아적인 특이성은 오로지 동양적인 사색 및 연구에 의해서만 해명될 수 있다"고 주장했다.[120] 일본 강좌파 히라노 요시타로(平野義太郎)는 아시아적 촌락공동체를 정체성의 상징으로 인식했지만, 전향 이후 이를 서구적인 사회 원리를 극복하고 대동아공영권을 뒷받침할 근거로 평가했다.[121] 인정식의 '동양적인, 아시아적인 특이성'에 대한 인식도 비슷한 궤적을 그렸다.

아시아의 부(負)의 측면을 정(正)의 측면으로 전환할 외부적 힘으로서 일본 제국이 요청되었다. 인정식은 조선총독부에 의해 각지에 설치된 수리조합을 전통적인 관개시설의 후계자로서 평가했다. 나아가 "병합 이래 제국의 통치 정책은 경제 부면에 있어서 농업을 중요시함에 더불어, 먼저 관개의 완비에 전력을 다해왔다"[122]는 평가에서 보이듯, 총독부는 전통적으로 관개를 관장해온 아

---

119   印貞植, 「我等의 政治的 路線—에 關해서 同志諸君에게 보내는 公開狀」, 『三千里』 10-11, 1938.

120   印貞植, 「マルクス主義の亞細亞に於ける不適応性」, 『治刑』 16-12, 1938, 30쪽.

121   盛田良治, 「戰時期〈植民地社会科学〉の隘路」, 山脇直司ほか 編, 『ライブラリ相関社会科学 7. 20世紀を考える1. ネイションの軌跡』, 新世社, 2001; 武藤秀太郎, 「平野義太郎の大アジア主義論—中国華北農村慣行調査と家族観の変容」, 『アジア研究』 49-4, 2003 참조.

122   印貞植, 「물(水) 이야기」, 『太陽』 1-2, 1940, 64쪽.

시아적 전제국가와 겹쳐졌다. 마이너스로 작용해온 아시아의 지리적, 역사적 조건을 플러스로 전환할 계기로서 일본 통치를 자리매김한 것이다.[123]

이러한 인식은 중국 문제에 관한 입장에서 더욱 명확히 드러난다. 인정식은 아시아적 정체성의 원인을 외래 자본주의의 침입으로 돌리는 '지나(支那)의 좌익 이론가들'의 주장을 '배외주의적 편견'이라고 비판하고, "외래의 침략적 영향 없이 지나 사회는 이미 4천여 년의 긴 역사를 통하여 영원한 정체 상태로 결빙되어 있었다"고 주장했다.[124] 제국주의 지배가 봉건제와 결합한 영향이 전혀 고려되지 않았고 아시아적 특수성은 아시아적 정체성에 지나지 않았다.

쑨쥐장, 노로 에이타로, 박문병, 나카니시 쓰토무의 식민지 반봉건사회론은 현실의 '봉건성'을 아시아적 정체성이 아닌 제국주의 지배 결과로 파악했다. 사적 유물론의 공식을 넘어, 박문병은 '식민지'를 직시했고 나카니시는 '민중'을 발견했다. 인정식은 '반(半)식민지성'의 문제를 '반(半)봉건성'의 문제로 해소한다고 비판받은 오카미 스에히로[125]와 맥을 같이했다. 생산력주의, 정체성론에 빠진 오카미와 인정식은 끝내 전향하여 일본에 의한 중국 및 조선의 개발을 기대하기에 이르렀다.

변혁의 내재적 주체를 찾지 못한 인정식은 결국 권력에 의한 '정책적 수술(手術)'[126]을 요청하게 된다. 마르크스 아시아 사회론에 담긴 '자본의 문명화 작용'론으로 회귀한 셈이다. 히라노 요시타로를 분석한 모리타 료지(盛田良治)는

---

123 인정식의 아시아적 전제국가 인식과 관련한 서술은 유찬근 님의 지적을 받아 다듬었다.

124 印貞植, 「아시아的 停滯性의 問題—支那社會에 對한 分析的 硏究의 必要」, 『靑色誌』 7, 1939, 11쪽.

125 野沢豊, 「アジア近現代史硏究の前進のために(上)」, 『歷史科學大系 第13卷 アジアの變革(上)』, 校倉書房, 1978.

126 印貞植, 「朝鮮文化의 特殊相」, 『文章』 2-3, 1940, 152쪽.

제국주의 지배라는 외부요인과의 상호관계를 놓치면 쉽게 '정체론' 즉 '정체'의 원인을 식민지 사회의 내부에 구해 그 결과 '개발'의 이름으로 식민지배를 정당화하는 언설에 빠질 위험이 있다고 간파했다.[127]

인정식은 소농경영과 공업의 동시적인 발전, 즉 농공병진을 내건 우가키(宇垣) 총독의 정책을 찬양했다. 공업의 충분한 발전에 따라 농촌의 과잉인구 문제는 해결되었고 농가 일호당 경지 면적은 증가했으며 농가의 생활 수준도 향상되었다고 주장했다.[128] 그러나 1939년에 닥친 큰 가뭄의 영향도 있어서 조선 농촌의 상황은 어려웠다. 조선총독부의 정책에 대한 인정식의 환호는 전향 초기에 드러난 정치의 과잉이라고 볼 수 있다. 이훈구(李勳求)는 당시 인정식에 대해 "아무리 곡필감언으로 낙천적 기분을 조장하려고 하여도 어찌할 수 없는 바"라고 비판하고 "너무나 음울하고 암담"한 현실을 지적했다.[129]

인정식은 조선의 농업 문제를 '자본경제와 결부된 반봉건적 토지 소유 관계의 모순 전개'로 보는 인식으로 돌아왔다.[130] 인정식은 조선 농업의 문제점을 지적하고 일본 정부와 조선총독부에 개혁을 요구하는 일종의 체제 내 개혁을 주장하는 자세를 취하게 된다. 전향 이전에 나온 『조선의 농업기구 분석』의 재판 및 증보판은 각각 1939년과 1940년에 큰 수정 없이 나왔다.[131]

아울러 조선 현실에 대한 분석에서 중요한 변화도 눈에 띈다. "근년 자본경

---

127 盛田良治, 「戰時期〈植民地社会科学〉の隘路」, 82쪽.

128 印貞植, 「朝鮮社會의 基本的 分析」, 『三千里』 11-7, 1939 참조.

129 이훈구, 「사변하의 조선 농촌 경제 (4)」, 『조선일보』 1939. 5. 11; 방기중, 「조선 지식인의 경제 통제론과 '신체제' 인식—중일전쟁기 전체주의 경제론을 중심으로」, 방기중 편, 『일제하 지식인의 파시즘 체제 인식과 대응』, 혜안, 2005, 46쪽.

130 印貞植, 『朝鮮の農業地帶』, 生活社, 1940, 204~205쪽.

131 재판부터는 제목이 『朝鮮の農業機構』로 바뀌었다.

제의 영향 아래 농촌 사회의 분화가 급속하게 촉진되어 다수의 자영 농민이 경지의 경영으로부터 유리된 고용 노동적인 빈농 층 혹은 순수한 농업노동자 군이 되어 등장했다"[132]는 분석이다. 농촌 프롤레타리아트의 형성을 인정하지 않았던 전향 이전의 분석과는 다르다. 국가주의자이자 아시아주의자인 다치바나 시라키(橘樸)를 만난 자리에서는 '조선의 공장화', '인도화(印度化)'를 언급했다.[133] 조선의 공업화, 자본주의화를 식민화와 관련지어 파악한 것이다. 전시 체제기 조선 사회의 변화를 직시하면서 인정식의 식민지 반봉건사회론도 정체성론에서 벗어나는 모습이 엿보인다.

인정식은 조선 농촌의 모순을 해결하기 위하여 농업 재편성의 필요성을 주장하였다.[134] 농업 재편성론의 기본적 목표는 적정 소작 관계와 적정 경영 규모의 확립에 두어졌다. 특히 고율 소작료는 지가를 상승시켜 적정 경영 규모의 확보를 방해하기 때문에 소작료 적정화가 가장 핵심적인 과제로서 강조되었다.

농업 생산성 증대라는 과제를 놓고 농업 재편성은 '시대의 유행어'가 되었다.[135] 총독부에서도 1941년 7월부터 '조선 농촌 재편성 계획'이 검토되었다. 경영 규모의 적정화, 소작 관계의 적정화가 역시 주된 내용이었다. 1942년 5월 고이소 구니아키(小磯國昭) 총독이 부임한 뒤로는 '농촌 재편성'이 농업 정책의 중

---

132 印貞植, 『朝鮮農村雜記』, 東都書籍, 1943, 『印貞植全集 3』, 510~511쪽.

133 浜口裕子, 「一九四二年三月前後の橘樸と印貞植」, 山本秀夫 編, 『橘樸と中国』, 勁草書房, 1990, 328쪽.

134 이하 인정식의 농업 재편성론에 대해서는 印貞植, 『朝鮮農村再編成の研究』, 人文社, 1943 참조.

135 久間健一, 「農村再編成の課題」, 『朝鮮』 330, 1942, 27쪽.

심 과제로 부상했다.[136]

그러나 같은 농업 재편성이라고 해도 일본과 조선 사이에는 균열이 존재했다. 조선총독부 소작관 히사마 겐이치(久間健一)는 "내지에서와 같이 지주로부터 농업자로서의 경제적 실질을 탈취하고 한편에서 농민으로 하여금 완전한 독립농업자로서의 직능자이게 한다는 것은 몽상"[137]이라고 지적했다. 조선 농업에서는 지주제가 여전히 필요하다는 주장이었다. 히사마는 '외지 농업의 경제적인 농산물 증가 생산의 가능성'을 '가장 능률적인 국내 분업'[138]으로 보았다. 일본은 공업, 조선은 농업이라는 전형적인 식민지적 관계의 유지를 뜻했다. 이는 총독부가 선전하고 있던 농공병진 정책과도 배치되는 내용이었다.

1943년 7월 농업 재편성 정책의 골격인 '조선 농업 계획 요강'이 발표되었다. '황국 농민도 확립'이 강조되는 등 농업 재편성 본래의 취지와는 거리가 있었다. 이어 1944년 2월에 발표된 '농업 생산책임제 실시요강'도 지주를 생산책임자로 하는 지주 중심의 생산력 증강책에 불과했다.[139] 농업 재편성에 품었던 기대가 좌절된 후, 인정식의 논리도 국가에 의한 '정책적 수술'[140]에 대한 강조로부터 지주의 '도의적 자각'[141]에 대한 기대로 변질되었다. 인정식의 전향을 분석한 장용경은 해방 직전 인정식의 실천에 대해 "정세와 자신의 입장 사이에서 야기된 긴장감이 탄성한도를 넘은 것"으로 평가했다.[142]

---

136 이송순, 『일제하 전시 농업 정책과 농촌 경제』, 선인, 2008, 93~94쪽.

137 久間健一, 『朝鮮農政の課題』, 成美堂, 1943, 357쪽.

138 久間健一, 『朝鮮農政の課題』, 372쪽.

139 이송순, 『일제하 전시 농업 정책과 농촌 경제』, 105~115쪽.

140 印貞植, 「朝鮮文化の 特殊相」, 152쪽.

141 印貞植, 「不在地主論」, 『朝光』 10-4, 1944, 『印貞植全集』 2, 698쪽.

142 장용경, 「일제 植民地期 印貞植의 轉向論—내선일체론을 통한 식민적 관계의 형성과 농업

2) 남북한의 식민지 반봉건사회론

(1) 북한의 식민지 반봉건사회론

북한의 사회과학, 그리고 이른바 남조선 혁명론은 식민지 시기의 이론적 전통을 이었다. 식민지 반봉건사회론은 1950년대 후반 시작된 북한의 근현대 시기구분 논쟁에서 중요하게 다뤄졌다. 이 논쟁에서는 먼저 근대의 시점을 놓고 1876년 강화도조약을 중시하는 사회구성설과 1866년 반침략투쟁을 중시하는 계급투쟁설이 대립했다. 논쟁의 결론은 둘을 분리할 수 없는 통일적 과정으로 보면서 1866년을 근대사의 시점으로 삼는 것으로 귀착되었다. 근대사의 종점에 대해서는 계급투쟁 변화에 주목한 1919년설도 제기되었으나 1945년 식민지배에서 해방을 중시하는 입장이 채택되었다.[143] "식민지(반식민지) 반봉건 사회 시대를 우리나라 근세사가 포괄하는 역사적 내용으로 이해하여야 할 것"[144] 이라는 말로 사회구성과 계급투쟁 양 측면의 조화를 꾀한 셈이다.

근현대 시기구분 논쟁과 병행하여 식민지 시기 사회성격에 관한 논의도 전개되었다. 식민지 시기를 식민지 반봉건 사회라고 보는 데는 일치했지만, 식민지 반봉건 사회가 자본과 봉건 어느 쪽도 아닌 독자적인 사회구성이라는 주장과 자본주의의 특수한 유형이라는 주장이 맞섰다. 논쟁은 식민지 시기는 자본주의의 특수한 유형으로서의 식민지 반봉건 사회이고, 해방 후는 자본주

재편성론」, 『한국사론』 49, 2003, 282쪽.

143 이병천 편, 『북한 학계의 한국 근대사 논쟁—사회성격과 시대구분 문제』, 창작과비평사, 1989; 도면회, 「북한의 한국사 시대구분론」, 한국사연구회 북한사학사 연구반, 『북한의 역사 만들기—北韓歷史學 50年』, 푸른역사, 2003.

144 근세 및 최근세사 연구실, 「조선 근세사 시기구분 문제에 관한 학술토론 총화」, 『력사과학』 1962-6, 1962, 87쪽. '근세'는 근대, '최근세'는 현대를 가리켰다.

에서 사회주의로 이행하는 과도기라고 규정하는 것으로 총괄되었다.[145]

북한의 식민지 반봉건사회론은 소련과 중국의 논의를 참고했다. 근현대 시기구분 논쟁이 막 시작되던 시점인 1957년 6월에 간행된 『력사과학』에 실린 「쏘련 학계에서의 쏘베트 시대사 시기구분과 중국 학계에서의 근세사 시기구분에 관한 토론 개관(초역)」은 소련에서 "인민사 시기구분의 기초를 생산방식의 발전 변화로 보는 견해와 상부구조의 성격 변화를 함께 기준으로 삼아야 한다는 의견이 대립되고 있는 바 지금까지는 후자가 더 다수의 지지자를 가지고 있다"[146]고 정리하고 있다.

이어 중국의 논쟁에 대해서도 "시기구분의 이론적 기초에 대하여는 여러 의견들이 있는데 계급투쟁의 발전을 표준으로 삼아야 한다는 견해가 지배적"이었다고 평가하였다. 그리고 "지금 중국 학교들에서의 교수(강의)에서는 근세사를 반식민지 반봉건 시대사로 보면서 거기에서 1840년~1949년까지의 역사를 취급하고 있으며, 현대사로서 1949년 이후의 중화인민공화국 시대사를 취급하고 있다"고 소개하였다.[147]

일본의 역사학자 다나카 마사토시(田中正俊)는 1949~51년 소련의 시대구분 논쟁에서 보이는 "하부구조와 상부구조의 변증법적 통일을 제시하고, 투쟁하는 여러 계급의 의식적인 활동을 광범하게 포괄하는 확장 개념화된 '계급투쟁'

---

145 이병천, 「해설: 북한 학계의 한국 근대 사회성격과 시대구분 논쟁」, 이병천 편, 『북한 학계의 한국 근대사 논쟁』, 20~29쪽.

146 력사연구소 근세 및 최근세사연구실, 「쏘련 학계에서의 쏘베트 시대사 시기구분과 중국 학계에서의 근세사 시기구분에 관한 토론 개관(초역)」, 『력사과학』 1957-3, 1957, 61쪽.

147 력사연구소 근세 및 최근세사연구실, 「쏘련 학계에서의 쏘베트 시대사 시기구분과 중국 학계에서의 근세사 시기구분에 관한 토론 개관(초역)」, 66~67쪽.

을 잡는 것"[148]이, 중국의 근대사 시대구분 논쟁에도 영향을 미쳤다고 분석한 바 있다. 북한의 '식민지 반봉건 사회' 또한, 자본주의의 특수한 유형이라는 점에서 '사회구성'의 개념인 동시에 확장된 '계급투쟁'의 의미도 담긴 변증법적 파악이었다고 할 수 있다.

1960년대가 되자 과도기를 거쳐 사회주의 건설기에 접어든 북한과 식민지 반봉건 사회에 머물러 있는 남한의 사정을 구분하여 그에 맞는 혁명 전략을 세우자는 주장이 확립된다. 1964년 김일성은 미국이 남한을 사회주의 진영에 대한 '침략기지'로 삼는 데 맞서 북한을 '혁명기지'로 강화하자고 주장한다. 남한 혁명에서는 "각계각층 군중을 통일전선에 묶어 세우는 것"이 필요하다고 했는데, 남한 민중이 북한의 지도를 기다리지 말고 스스로 투쟁할 것을 강조한 점이 눈에 띈다.[149] 김일성은 1965년 인도네시아를 방문한 자리에서 같은 내용의 연설을 했는데, 특히 일제 시기를 '식민지 반봉건 사회'로 규정한 뒤 북한의 당면 과업이 '사회주의 건설'이라면 남한은 여전히 '반제반봉건적 민주주의혁명'이라고 밝혔다.[150]

1967년 『민주조선』에 실린 글은 남한이 '미제의 식민지 군사기지'이고 "자본주의적 생산관계와 봉건적 생산관계가 밀접히 얽혀 있"다는 점에서 '식민지

---

148 田中正俊 저, 表敎熱 역, 「中共에서의 資本主義萌芽論」, 閔斗基 編, 『中國史時代區分論』, 創作과批評社, 1984, 270쪽.

149 김일성, 「조국통일 위업을 실현하기 위하여 혁명 력량을 백방으로 강화하자—조선로동당 중앙위원회 제4기 제8차 전원회의에서 한 결론」(1964. 2. 27), 『김일성전집 33』, 조선로동당출판사, 2000.

150 김일성, 「조선민주주의인민공화국에서의 사회주의 건설과 남조선혁명에 대하여—인도네시아 《알리 아르함》 사회과학원에서 한 강의」(1965. 4. 14), 『김일성전집 35』, 조선로동당출판사, 2001, 139~140쪽.

반봉건 사회'라고 규정했다.[151] 이런 흐름을 이어받아 1970년 제5차 당대회에서는 "남조선혁명은 미 제국주의 침략자들을 반대하는 민족해방혁명인 동시에 미제의 앞잡이들인 지주, 매판자본가, 반동 관료배들과 그들의 파쇼 통치를 반대하는 인민민주주의혁명"으로 규정되었다.[152] 민주주의혁명을 대신해 인민민주주의혁명이라는 개념이 등장한 것이 주목된다.

1971년에는 김일성이 1937년에 지었다는 「조선 공산주의자들의 임무」라는 글이 새롭게 출판되었다.[153] 이 글에 대한 해설 논문에서는 김일성이 '식민지 반봉건 사회'에 대한 깊은 분석을 바탕으로 하여 부르주아혁명도 아니고 사회주의혁명도 아닌 '반제반봉건 민주주의혁명'을 주창했다고 평가했다. 또한 종래 노동계급의 정권 형태로서 '코뮌'과 '소비에트'만 알려져 있었지만, 김일성이 새롭게 '인민적 민주주의 정권'을 제시했다고 치켜세웠다.[154]

사회주의혁명도 부르주아민주주의혁명도 아닌 반제반봉건 인민민주주의혁명은 1930년대 중국과 한국의 혁명운동 현장에서 만들어진 개념이었다. 1928년 코민테른 제6회 대회의 반제반봉건 개념과 1935년 제7회 대회의 인민민주주의 개념이 반파시즘, 반제국주의 전쟁 속에서 결합하여 반제 민족통일전선 구축이라는 전술로 드러난 것이었다. 김일성의 이론과 실천이 이러한 국제 공산주의 운동의 자장 속에 있었던 것은 사실이지만, 북한에서는 김일성이

---

151 김규걸, 「남조선 사회의 식민지 반봉건적 성격과 남조선혁명의 기본 임무」, 『민주조선』 1967. 12. 26.

152 김일성, 「당 중앙위원회 사업 총화 보고」(제5차 대회 1970년 11월), 편집부 엮음, 『북한 '조선로동당' 대회 주요 문헌집』, 돌베개, 1988, 315쪽.

153 김일성, 『조선 공산주의자들의 임무—조선인민혁명군 대내기관지 『서광』에 발표한 론문(1937년 11월 10일)』, 인민출판사.

154 김신숙, 「항일혁명 투쟁 시기 위대한 수령 김일성 동지께서 창시하신 반제반봉건 민주주의혁명에 관한 사상」, 『로동신문』 1972. 3. 7.

이 흐름을 선도한 것으로 설명했다.

또한, 시기를 더 끌어올려 1930년 카륜회의에서 김일성이 발표했다는 「조선혁명의 진로」에서 시작하여, 1936년의 「조국광복회 10대 강령」, 1937년의 「조선 공산주의자들의 임무」를 거쳐 1946년 해방 후 북한에서 발표한 「20개조 정강」으로 이어지는 계보를 제시했다.[155] 선진적 자본주의와 다른 식민지 반봉건 사회에서는 사회주의혁명도 부르주아혁명도 아닌 반제반봉건 민주주의혁명을 통해 인민민주주의 정권을 수립하여 사회주의로 가는 전제를 마련해야 한다는 내용이었다. 이러한 이론적, 역사적 작업을 바탕으로 하여 남한을 식민지 반봉건 사회로 규정하고 당면 과제로서 반제반봉건 '인민'민주주의혁명을 제시한 것이다.

북한의 남한 혁명론은 허종호가 집필한 『주체사상에 기초한 남조선혁명과 조국통일 리론』(1975)에서 집대성되었다.[156] 이 책은 남북한이 서로 다른 환경과 조건에 맞는 투쟁을 벌여야 한다는 논리를 '지역혁명'과 '혁명기지' 이론이라고 명명했다. 북한에 강력한 혁명기지를 만들고 그 지원 아래 남한혁명을 추진하여 통일을 이룬다는 전략이었다. 남한을 식민지 반봉건 사회로 규정하고 프롤레타리아혁명이나 부르주아혁명과 다른 '민족해방 인민주주의혁명'을 제시했다. 콤뮨이나 소비에트와 다른 인민민주주의 정권 수립을 지향했는데, 1930년 카륜회의까지 거슬러 올라가는 김일성의 혁명 이론에 바탕한 설명이었다.

---

155 석준학, 「조국광복회 10대 강령은 주체사상을 구현한 반제반봉건 민주주의혁명 강령」, 『로동신문』 1976. 5. 3; 정성철, 「경애하는 수령 김일성 동지께서 밝히신 반제반봉건 민주주의혁명에 관한 독창적인 리론」, 『로동신문』 1980. 6. 17; 양철수, 「위대한 수령 김일성 동지께서 밝히신 독창적인 반제반봉건 민주주의혁명 로선」, 『민주조선』 1980. 6. 22; 전학지, 「반제반봉건 민주주의혁명의 길을 휘황히 밝혀준 위대한 강령—위대한 수령님의 불후의 고전적 로작 「20개조 정강」 발표 35돐에 즈음하여」, 『민주조선』 1981. 3. 22.

156 허종호, 『주체사상에 기초한 남조선혁명과 조국통일 리론』, 사회과학출판사, 1975.

민족자본가까지 포함하는 광범한 통일전선은 '반미구국 통일전선'이라고 불렀다. 또한 "남조선혁명의 주인은 남조선 인민"이라고 강조했다.

1980년대 후반부터는 식민지 반봉건론을 대신하여 식민지 반자본주의론이 대두한다. 1991년에 발표된 「남조선 사회의 식민지 반자본주의적 성격」이라는 글에서는 "남조선은 식민지 성격과 반자본주의 성격이 결합된 식민지 반자본주의 사회"라고 규정했다.[157] 이 글은 남한이 "기형적이나마 자본주의 사회의 모양으로 변화"되었다고 인정했지만, 본질상 식민지 예속경제인 탓에 다른 자본주의 나라와 비교할 때 '여러 가지 비정상적인 성질'이 드러난다고 지적했다. 식민지 반봉건 사회도 자본주의의 특수한 유형으로 설명되었던 점을 떠올린다면 식민지 반봉건사회론과 식민지 반자본주의론 사이에 본질적인 차이를 발견하기는 어렵다.

1980년대 들어 역사학 분야에도 주체사상의 영향이 직접 미치면서 시대구분 등 역사서술에서 변화가 나타났다. 주체사관을 전면적으로 구현했다고 평가되는 『조선전사』(1979~1983)에서는 근대의 종점을 1919년 3·1운동으로 그리고 현대의 기점을 1926년의 타도제국주의동맹(일명 'ㅌㄷ')의 결성으로 잡았다. 1960년 무렵 근현대 시기구분 논쟁에서는 반외세를 중심으로 하는 '계급투쟁'과 자본주의의 특수한 유형인 식민지 반봉건 사회라는 '사회구성'을 결합하여 1866~1945년을 근대사로 보았다. 도진순은 주체사관도 근대 사회의 성격을 식민지 반봉건 사회라고 보는 데는 변화가 없지만, 이를 시기구분의 기준으로는 받아들이지 않는다는 점에서 1962년의 토론 총화와는 뚜렷한 차이가 있다고 분석했다.[158] 사회구성설은 후퇴하고 계급투쟁설만 남은 셈이다.

---

157 김구식, 「남조선 사회의 식민지 반자본주의적 성격」, 『근로자』 1992-6, 1992, 87쪽.

158 도진순, 「근현대사 시기구분 논의」, 정용욱 외, 『남북한 역사인식 비교강의(근현대편)』, 일송

1980년대 형성된 주체사관의 특징은 경제결정론을 비판하고 인민대중의 투쟁에 주목했다는 데 있었다. 주체사관에 대한 최초의 본격적인 해설 논문인 허종호의 「주체의 력사관 연구의 몇 가지 문제」는 "지난 시기 역사가들은 혁명 투쟁을 계급들의 경제적 이해관계의 대립에 의한 충돌로 사회 발전을 생산도구의 변혁과 생산관계의 교체 과정으로만" 보았다고 비판했다.[159] 후일 황장엽은 인민대중을 중시한 것은 "사회적 운동의 주체를 계급으로 보는 계급주의자들의 견해로부터 벗어나기 위해서"였다고 주장했다.[160]

경제결정론 비판과 인민대중의 투쟁에 대한 주목에서는 다른 나라의 비판적 역사학과 동시대성이 확인된다. 소련에서는 1956~58년의 토대-상부구조 논쟁에서 '상부구조의 능동적 역할'이 강조되었다. 신일철은 '주체철학'이 이러한 상부구조론 수정주의의 영향을 받은 것으로 분석했다.[161] 일본에서도 '세계사의 기본법칙'이라고 불린 사적 유물론의 공식에 대한 비판이 일면서 계급투쟁사의 한계를 넘어 인민 속에서 인민과 함께하는 시점이 강조되었다.[162] 1960년대 후반 일본 역사학계에서 '인민투쟁사'가 대두한 배경에는 사회구성사 중시냐 인민투쟁사 중시냐는 대립이 존재했다.[163] 일찍이 중국의 마오쩌둥은 경제보다 정치를 중시했고 생산력 발전에 앞서 생산관계 개조가 가능하다

정, 1989, 60~61쪽.

159 허종호, 「주체의 력사관 연구의 몇 가지 문제」, 『력사과학』 1981-4, 1981, 10쪽.

160 황장엽, 『나는 역사의 진리를 보았다』, 한울, 1999, 376쪽; 서재진, 『주체사상의 이반—지배이데올로기에서 저항이데올로기로』, 박영사, 2006, 164쪽 참조.

161 신일철, 『북한 주체철학 연구』, 나남, 1993, 103~147쪽.

162 전성곤, 「일본 '마르크스주의 역사학'의 '사관(史觀)'과 주체성」, 『일어일문학』 89, 2021.

163 土井正興, 「人民鬪爭史硏究の課題と方法」, 歷史學硏究會 編, 『現代歷史學の成果と課題 1. 歷史理論·科學運動』, 靑木書店, 1974, 66~67쪽.

며 인민의 투쟁에 주목했다.[164] 주체사관은 사적 유물론의 도식을 비판해온 동아시아 마르크스주의 역사학의 전통 속에서 이해될 필요가 있다.

(2) 가지무라 히데키의 한국 자본주의 분석

일본의 한국사 연구자 가지무라 히데키는 신종속이론을 비판적으로 수용하여 식민지 반봉건사회론의 발전적 재구성을 꾀했다. 가지무라의 식민지 반봉건사회론은 그가 선구적으로 제기하고 다듬어간 내재적 발전론과 더불어 한국 근현대를 해석하는 주요한 이론적 자원으로 기능했다.

가지무라 히데키는 『조선에서의 자본주의의 형성과 전개』(1977)에 실은 「'민족자본'과 '예속자본'」을 통해, '민족자본'과 '매판자본'을 구분하는 인식에 대해 '반식민지라는 특수 조건 아래 생겨난 논리를 완전 식민지에 그대로 적용할 수 있을 것인가'[165]라고 의문을 던졌다. 그리고 식민지에서 '대다수의 토착자본은 꼭 자본 규모의 대소와는 관계없이 기본적으로 동일하게 예속적인 동시에 민족적'[166]이라는 점에서 "결국 '민족자본', '예속자본'이라는 범주는 정치사적으로만 성립하는 것이고 경제사적 의미는 가지지 않는다"고 보았다.[167] 또한 식민지에서도 '예속적 독점자본'이 형성될 가능성을 인정하면서, 이와 같은 '종

---

164 리쩌허우 지음, 김형종 옮김, 『중국현대사상사론』, 한길사, 2005, 302~306쪽; 이종석, 『새로 쓴 현대 북한의 이해』, 역사비평사, 2000, 176~177쪽.

165 梶村秀樹, 「'民族資本'と'隷属資本'—植民地体制下の朝鮮ブルジョアジーの政治経済的 性格解明のためのカテゴリーの再検討」, 『朝鮮における資本主義の形成と展開』, 龍渓書 舎, 1977, 223쪽. 이 글은 藤瀬浩司 외 지음, 장시원 편역, 『식민지 반봉건사회론』, 한울, 1984 에 번역·수록되어 있으나, 일부 축약하여 번역한 부분이 있다.

166 위의 글, 234쪽.

167 위의 글, 232쪽.

속발전'은 제2차 대전 후 '신식민주의' 정책하에서 본격화한다고 분석했다.[168]

같은 책에 실린 「1960년대 초두의 지배구조와 이른바 예속자본」은 원래 1963년에 열린 조선사연구회 제1회 대회에서 발표한 논문인데, 이 글을 통해 가지무라는 당시 한국의 '이른바 예속자본'에 대해, 그것이 '매판자본'이므로 '민족자본'과 대립한다고 보는 해석에 반대했다. 즉 한국 '독점재벌'의 경우, 제국주의 국가, 즉 미국의 자본과 기술에 의존할 수밖에 없지만 동시에 자본의 성장 요구, 예컨대 중공업화를 억제당함으로써 '예속적'이면서 '민족적'이라는 양면성을 띠게 된다고 보았다.[169] 식민지는 물론 '신식민지'에서도 토착자본은 타협과 저항이라는 이중성을 띤다고 본 것이다. 그리고 "대외 예속 아래 자본의 '발전', '독점'에의 도달"에 대해서는 1930년대 중국 사회를 분석한 쉬디신(許滌新)의 '관료자본론'에서 많은 시사를 받았다면서, "반식민지였던 구중국과 현대의 남조선에서는 조건의 차이가 크지만, 공통되는 면도 없지 않다"고 밝혔다.[170]

1960년대 중반 북한에서도 민족개량주의 논쟁이 재연되었다.[171] 허장만은 1966년의 논문에서 민족개량주의는 민족부르주아지 상층을 계급적 기초로 했으며 예속부르주아지의 대변자로 변절하는 것은 1930년대 이후라면서, 민족개량주의는 타도의 대상이 아니라 고립화의 대상이라고 주장했다.[172] 이에 대해

---

168 위의 글, 237쪽.

169 梶村秀樹, 「1960年代初頭の支配構造といわゆる隷属資本」, 『朝鮮における資本主義の形成と展開』, 265~266쪽.

170 위의 글, 248쪽.

171 도진순, 「북한 학계의 민족부르조아지와 민족개량주의 논쟁」, 『역사비평』 4, 1988.

172 허장만, 「1920년대 민족개량주의의 계급적 기초 해명에서 제기되는 몇 가지 문제」, 『력사과학』 1966-3, 1966 참조.

김희일은 같은 1966년의 논문에서 민족개량주의의 계급적 기초는 예속부르주아지이며, 따라서 전면적으로 반대하여 타도할 것을 주장하였다. 김희일의 논문에서 주목되는 것은, 민족개량주의가 '과거 역사의 문제'일 뿐만 아니라 오늘날 현실의 문제라고 지적하면서 남한에서의 민족개량주의의 확대재생산에 눈을 돌리고 있다는 점이다.[173]

『조선전사』(1983)에서는 민족개량주의의 계급적 토대를 예속자본가로 규정하고 자본의 규모를 기준으로 예속자본과 민족자본을 나누는 틀을 제시하고 있다. 남한이 여전히 식민지라는 인식을 전제로 하는 분석이었다. 이러한 분석은 대자본을 '예속자본', 중소자본을 '민족자본'으로 파악하는 경향을 비판하면서 둘 사이의 구별을 고도의 '정치적 범주'로서 이해하고, 나아가 '독점재벌'의 '민족적' 성격을 박정희(朴正熙) 정권의 '민족주의'와 연결 지어 이해한 가지무라의 인식과 비교할 때, 사뭇 대조적인 관점이었다.

1970년대 중반 한국 자본주의를 '종속발전'이라는 개념으로 설명한 가지무라는 「구식민지 사회구성체론」(1981)에서 식민지·종속국의 처지를 설명하는 틀로 각광을 받던 신종속이론을 비판적으로 수용함으로써 '종속발전'의 일반이론화를 시도하였다.[174] 그것은 곧 식민지 조선을 포함하여 동아시아의 사상·운동이 도달한 이론적 정점이라고 할 식민지 반봉건사회론의 체계화에 다름 아니었다.

식민지 반봉건사회론을 둘러싸고는, 그것이 사적 유물론에서 말하는 사회구성체론의 보완인가 아니면 그로부터의 일탈인가에 대해 줄곧 논란이 일었

---

173 김희일, 「민족개량주의의 계급적 기초는 예속 부르죠아지이다」, 『력사과학』 1966-4, 1966 참조.

174 梶村秀樹 編, 「旧植民地社会構成体論」, 冨岡倍雄·梶村秀樹, 『発展途上経済の研究』, 世界書院, 1981.

다. 가지무라는 "식민지 사회도 자본주의 사회구성체라는 공식주의 견해와 식민지 반봉건 사회구성체로 보는 실용주의적 견해"[175]가 존재한다고 보고, 자신은 후자를 옹호함으로써 '공식주의 견해'와는 거리를 두었다.

가지무라는 '식민지 반봉건사회론'과 사미르 아민의 '주변부 사회구성체론'의 결합을 시도했다. 아민의 신종속이론은 남미 경험에 바탕한 기존의 종속이론을 아시아·아프리카 등을 포함시켜 더 체계화하고, 특히 자본주의의 제 문제를 중추(metropolis)-위성(satellite) 관계로만 환원하는 경향이 있었던 프랑크(A. G. Frank)와 달리 서로 다른 생산양식의 '절합(articulation)'에 주목했다는 점에서 그 획기성이 인정된다.

가지무라는 두 가지 점에서 아민의 이론을 높이 평가했다. 먼저 '사회구성체'를 '생산양식'과 명확히 구별함으로써, 마르크스가 『정치경제학 비판을 위하여』(1859) 서문에서 언급한 아시아적, 고대적, 봉건적, 근대 부르주아적 생산양식에 원시공산제와 공산주의를 더한 여섯 개의 생산양식=사회구성체밖에 상정하지 않는 '정통파' 사회구성체론의 '스콜라적 불모성'을 돌파한 점, 그리고 종속국 사회 내부의 변화에 무관심한 기존 종속이론의 한계를 넘어 중심부 자본주의의 임팩트에 의한 '상이한 생산양식의 이종 혼합성'을 주변자본주의 사회구성체의 특징으로 삼은 점이 그것이다.[176] 위에서 사회구성체론의 '공식주의 견해'라고 부른 것에 대해 '스콜라적 불모성'이라고 더 확실히 비판하고 있는 것이 확인된다. 그리고 '상이한 생산양식의 이종 혼합성'에 대한 주목에서는 식민지 반봉건사회론이라는 동아시아 경험과의 소통 가능성이 엿보인다.

---

175 위의 글, 86쪽.

176 위의 글, 88~91쪽.

하지만 가지무라가 아민의 이론을 전면적으로 답습한 것은 아니었다. 가지무라는 '전(前)자본주의 사회구성'이 중심과 접촉을 통해 '주변자본주의 사회구성'으로 이행한다는 아민의 이론에 대해 그 역사성의 부재를 비판했다. 가지무라는 아민의 '주변자본주의 사회구성' 안에 '식민지 반봉건' 단계를 설정하여 '전(前)자본주의 사회구성체→식민지 반봉건 사회구성체→주변자본주의 사회구성체'[177]라는 주변부 '종속경제'의 법칙을 제시했다.

또한 '중심부'(본국)와 '주변부'(식민지) 사이의 국제 분업 체계를 ① '경공업(소비재 생산)-농업', ② '중공업(생산재 생산)-경공업', ③ '기술지식 집약산업-기타 제 산업'의 세 단계로 나누고, '식민지 반봉건 사회구성체'를 ①단계, 그리고 '주변자본주의 사회구성체'를 ②단계에서 ③단계에 걸친 것으로 위치 지음으로써,[178] 세계 자본주의의 역사적 변천을 통일적으로 파악하는 틀을 제시하고자 했다. 아민의 '주변자본주의 사회구성'이 서로 다른 생산양식의 '이종 혼합'으로서 일단 완성된 후에는 그 성격이 강화될 뿐 어떤 변화도 일어나지 않는 '화석화'[179]된 구조인 것과 차이가 있다.

(3) 남한의 식민지 반봉건사회론

한국의 비판적 경제사 연구를 대표해온 안병직(安秉直)과 박현채(朴玄埰)의 식민지 반봉건사회론을 살펴보자. 먼저 안병직은 당초 자본주의 맹아론을 포함하여 한국 자본주의의 발전을 이야기하는 것에 대해 강한 거부감을 보였다.

---

177 위의 글, 94쪽.

178 위의 글, 98~104쪽.

179 本多健吉, 「종속이론과 국가자본주의론─생산양식의 이론을 중심으로」, 本多健吉·조용범, 『제3세계 국가자본주의론─마르크스·국가자본주의·남북 문제』, 한울, 1985, 136쪽.

조기준(趙璣濬)의 연구도 언급하여 근대사 연구가 '지나치게 경제주의'에 빠져 있다면서, "'일제통치하의 한국 경제' 운운하는 것도 정치적 및 경제적 주권이 없는 시기에는 객관적 사실에 맞지 않는 표현"이라고 단언했다.[180]

한국 자본주의의 발전에 대해 회의적이던 안병직은 식민지 반봉건사회론을 이론화할 필요성을 느끼게 된다. 안병직은 1977년의 논문에서 "소위 '조선의 공업화'"에 대해 "근대화 혹은 공업화의 주체가 일본 독점자본이기 때문에 '한국의 근대화' 또는 '한국의 공업화'는 있을 수 없는 일"이라면서, "1930년대 조선에서 진행된 공업화는 결론적으로 말하면 식민지적 및 반(半)봉건적 성격을 명백히 드러내고 있다"고 밝혔다.[181]

같은 글의 맺음말에서 안병직은 "반식민지 혹은 식민지 사회의 성격을 어떻게 이해할 것인가"라는 질문을 던진 후 "우리는 아직도 이 문제에 접근할 수 있는 이론 체계를 가지고 있지 못한 것처럼 생각된다"고 답했다. 이어 "식민지 지배하의 민족해방운동 과정에서 생성된 식민지 문제를 관찰하는 새로운 시각"으로서 '민족자본, 매판자본, 반봉건제 및 식민지 반봉건 사회' 등을 열거한 뒤, 이러한 개념들은 "이론으로서의 발전 수준은 아직도 낮은 단계에 있으며 그것이 고전적 이론들과 어떻게 연결되는가도 미해결의 문제로 남아 있지만, 우리 사회에서 갖는 현실적 의의는 매우 큰 것"이라고 말했다.

그리고 '근대화론'이나 '자본주의화론'에 대해 "민족 독립운동의 과정에서 획득한 이론적 무기들을 선진국으로부터의 수입이론으로 대체해버린 결함"이 있다면서, "새로운 사태, 즉 식민지 문제의 해명을 위해서는 (…) 새로운 이론

---

180 安秉直, 「回顧와 展望—國史(近代)」, 『역사학보』 49, 1971, 73쪽.

181 安秉直, 「日帝獨占資本 進出史」, 高麗大學校民族文化研究所, 『韓國現代文化史大系 IV. 政治·經濟史』, 高麗大學校民族文化研究所 出版部, 1977, 581~582쪽.

이 창조되어야" 한다고 밝혔다.[182] 근대화론이나 사적 유물론의 공식에서 벗어나 식민지 경험을 설명하려는 고민이 엿보인다.

안병직은 1985년의 「조선에 있어서 (반)식민지·반봉건 사회의 형성과 일본 제국주의」라는 논문을 통해 식민지 반봉건사회론의 이론화를 시도한다.[183] 하지만 이에 대해 이병천은 서로 다른 주장인 "고타니(小谷)와 가지무라(梶村)의 두 이론을 '독자적으로' 결합시킨 것"[184]이라고 비판한 바 있다. '반식민성'을 상부구조로 파악하는 고타니 히로유키(小谷汪之) 이론과 식민지 반봉건 사회를 국제 분업의 농-공 분업 단계에 조응하는 것으로 보는 가지무라 이론이 결합한 점을 가리키는 지적이었다.

고타니는 중국 통일화 논쟁에서 반식민성을 생산관계의 일부로 파악한 나카니시를 비판하고 반봉건제를 지배적 생산관계로 파악한 오카미를 옹호한 바 있다.[185] 안병직의 식민지 반봉건사회론은 이와 같은 고타니의 이론을 전제로 하면서도, 자본주의의 발달을 '촉진'하면서 그 독자적인 발전을 '억압'하는 '제국주의의 이중성'에 주목하여 그로부터 '민족자본'의 '이중성과 동요성'을 끌어낸 나카니시의 분석 또한 받아들이고 있다는 점에서 논지가 다소 혼란스럽다.

안병직과 달리 박현채는 한국의 자본주의화를 인정한 위에 그 문제점을

182　위의 글, 617~619쪽.

183　安秉直, 「朝鮮에 있어서 (半)植民地·半封建社會의 形成과 日本帝國主義」, 韓國史研究會 編, 『韓國近代社會와 帝國主義』, 三知院, 1985.

184　이병천, 「「식민지반봉건사회구성체론」의 이론적 제 문제—小谷汪之·梶村秀樹의 이론을 중심으로」, 『산업사회연구』 2, 1987, 24쪽.

185　小谷汪之, 「(半)植民地·반봉건 사회구성의 개념 규정—中西功·大上末廣 所說의 검토」 (1977), 藤瀬浩司 외 지음, 장시원 편역, 『식민지 반봉건사회론』, 한울, 1984.

지적했다. 스스로 "그 뒤에 쓰는 모든 글의 싹이 다 들어"[186] 있다고 밝힌 1969년에 발표된 「계층조화의 조건」에서는, '국부(國富)의 괄목할 만한 성장'을 평가하면서 "국민경제의 지속적인 높은 성장률 유지와 그에 의한 규모 확대는 그것이 국민경제 발전의 양적 지표일 수 있다는 데서 좋은 일"이지만, "그의 불균형에 의해 상대적 빈곤을 더욱 격화시키고 있다는 데 고도성장이 갖는 문제가 있다"고 밝혔다.[187]

가지무라는 한국의 근대화는 참된 근대화가 아니라는 말은 더 이상 박정희 정권에 대한 비판이 될 수 없다면서, 경제성장이라는 현실을 직시하고 한국의 현상을 '근대화된 모순'[188]으로서 받아들일 것을 역설한 바 있다. 근대 비판이라는 점에서 가지무라와 박현채의 입장은 상통한다. 박현채의 위 글에는 '해방 이후 한국 자본주의의 전개 과정은 전근대성과 매판성을 자기 속성으로 하는 관료독점자본의 급속한 형성 과정으로 특징지어질 수 있다'는 분석이 보이는데, 이에 대해 후일 '관료자본주의'의 개념은 중국의 쉬디신(許滌新)에게서 빌린 것으로 '한국 자본주의의 성격'을 지칭하는 개념이라고 밝힌 바 있다.[189] 1930년대 중국과 1960년대 한국의 공통점에 주목한 가지무라의 분석을 떠올리게 하는 대목이다.

---

186 박현채·정민 대담, 「민족경제론―민족민주운동의 경제적 기초를 해명한다」(1987), 박현채, 『민족경제와 민중운동』, 창작과비평사, 1988, 443쪽.

187 박현채, 「계층조화의 조건」(1969), 『박현채 전집 6. 1974~1960』, 해밀, 2006, 748~749쪽.

188 藤森一清, 「朴政權の価値体系と韓国の民衆」, 『情況』 78, 1975, 10~13쪽. 藤森一清는 가지무라의 필명.

189 박현채·정민 대담, 「민족경제론―민족민주운동의 경제적 기초를 해명한다」, 437쪽. 쉬디신에 대해서는 許滌新, 「구중국의 국가독점자본주의에 관하여」(1961), 許滌新 외 지음, 김세은 외 편역, 『중국 자본주의 논쟁사』, 고려원, 1993 참조.

(4) 한국 자본주의 논쟁과 안병직의 전향

1970~1980년대를 거쳐 '민족경제'론을 가다듬어가던 박현채는 1985년 10월 『창작과 비평』 지상에, 주변부 인식의 고유성을 주장하면서 '주변부자본주의론'을 옹호한 이대근의 논문[190]과 나란히 '국가독점자본주의론'을 주장하는 논문[191]을 발표했다. 박현채는 주변부자본주의론을 사회구성체론으로부터의 일탈이라고 비판함으로써 '한국 사회구성체 논쟁'의 불을 댕겼다.[192] 제1단계 논쟁에서는 일반적으로 국가독점자본주의론이 승리한 것으로 평가된다. 정통이론에 목말라 있던 한국 사회에서 주변부자본주의론에 가해진 사회구성체론에 대한 '부정'이라는 비판은 치명적이었다. 더불어 사회변혁에서 노동운동의 중심성을 강조하는 흐름이 대두하고 있었던 것도 국가독점자본주의론이 지지를 얻은 이유였다.[193]

가지무라 히데키는 1970년대 이래 체제 측의 근대화론에 대항해 한국 자본주의의 예속적 측면을 고발해온 박현채의 민족경제론을 높이 평가했지만, '국가독점자본주의'라는 개념에 대해서는 쉽게 납득하기 어렵다고 비판했다. 조희연은 제1단계 논쟁의 문제점으로, 주변부자본주의론에서 강조한 종속성·예속성과 국가독점자본주의론에서 강조한 한국 사회의 자본주의적 발전과 그로 인한 계급모순이, 동일한 차원의 대립물이 아님에도 불구하고 마치 대립하는

---

190 李大根, 「한국 자본주의의 성격에 관하여—국가독점자본주의론에 붙여」, 『창작과 비평』 57, 1985.

191 朴玄埰, 「현대 한국 사회의 성격과 발전 단계에 관한 연구 (I)」, 『창작과 비평』 57, 1985.

192 홍종욱, 「가지무라 히데키의 한국 자본주의론—내재적 발전론으로서의 '종속발전'론」, 강원봉 외 지음, 『가지무라 히데키의 내재적 발전론을 다시 읽는다』, 아연출판부, 2014.

193 조희연, 「80년대 사회운동과 사회구성체 논쟁」, 박현채·조희연 편, 『한국 사회구성체논쟁 (I)』, 한울, 1989.

것처럼 상정된 점을 들었다.[194]

실제로 이러한 자각하에 국가독점자본주의론은 '종속'의 문제를 고민하는 쪽으로 전개되는데, 박현채 본인도 '종속적 국가독점자본주의'[195]라는 표현을 사용하고 있는 것이 확인된다. 가지무라 역시 제1단계 논쟁 이후 국가독점자본주의론이 그 '한국적 특질'을 규정하는 방향으로 전개되고 있다고 보고, '예속적 국가독점자본주의' 등의 개념이 제기되고 있는 것을 긍정적으로 평가했다.

논쟁의 제2단계로 넘어가면서 식민지기는 물론 해방 이후까지도 종속성 및 봉건성이 변함없이 지속한다고 보는 '식민지 반봉건사회론'이 맹위를 떨치기에 이른다. 그런데 이들 논의는 가지무라의 글을 이론적 근거로 삼는 경우가 많아, 가지무라는 식민지 반봉건사회론 확산의 '원흉'[196]으로 지목되곤 했다. 이에 대해 가지무라는 '식민지 반봉건'은 구식민지 체제를 설명하는 개념으로서 유효하다고 했을 뿐이며, 전후의 한국에 대해서는 '주변부자본주의'로서 파악해야 한다는 것이 자신의 입장이라고 해명했다. 실은 박현채 역시 식민지 시기를 '식민지 반봉건 사회'로 설명하고 있었다. 다만 식민지라도 기본적으로는 자본주의 사회이며 '식민지 반봉건'이란 '부차적 성격 내지는 특수한 성격'을 나타내는 것이므로,[197] 이를 '가지무라-안병직'처럼 사회구성체로 '승격'[198]시켜서는 안 된다는 입장일 뿐이었다.

194　조희연, 「80년대 사회운동과 사회구성체 논쟁」, 23쪽.

195　박현채, 「정부 주도 경제개발과 민간 주도론」(1985), 『박현채 전집 3. 1986~1985』, 55쪽.

196　梶村秀樹 저, 정재정 역, 「강연 유고: 한국의 사회과학은 지금」, 『창작과 비평』 66, 1989, 297쪽.

197　박현채, 「민족운동을 어떻게 볼 것인가」(1986), 『박현채 전집 3. 1986~1985』, 369쪽.

198　박현채·정민 대담, 「민족경제론—민족민주운동의 경제적 기초를 해명한다」, 435쪽.

'식민지 반봉건 사회구성체'가 '주변자본주의 사회구성체'로 전화했다는 가지무라의 설명 틀과, 식민지 시기를 '식민지 반봉건 사회'(기본모순=사회구성체가 아닌 주요모순=사회성격의 면에서)로 파악하고 해방 후의 한국 사회를 '관료독점 자본주의'(매판성과 경제외적 성격의 표현으로서)로 보는 박현채의 설명 틀은 과연 얼마나 다른 것인가. '식민지 반봉건'이 사회구성체인가 아닌가라는 문제는 남겠지만, '봉건파'라는 오해를 무릅쓰고 기본모순과 주요모순을 구분함으로써 한국 사회의 성격과 변혁의 전망을 규명하고자 한 박현채의 노력과, '스콜라적 불모성'을 피하기 위해 '정통파' 사회구성체론에 메스를 가한 가지무라의 '실용주의'[199] 사이의 거리는 그다지 멀지 않았다.

안병직은 1989년 「중진 자본주의로서의 한국 경제」라는 제하에 1970~80년대 한국의 닉스(NICs)적 성장에 주목하여 탈종속의 전망 아래 한국 자본주의의 성공적 발전을 평가하는 글을 발표한다.[200] 식민지 반봉건사회론 및 주변부 자본주의론에 친화적인 입장을 보이며 한국 자본주의의 발전에 회의적인 입장을 취해왔던 안병직의 입장 전환은 일종의 전향 선언으로 받아들여졌다. 이와 같은 방향전환의 배경으로는 그가 줄곧 매달려왔던 '식민성'의 해명이라는 과제를 결국 포기하고 말았다는 사실이 존재했다.

안병직은 1989년의 좌담에서 "현재 한국에 있어서 계급모순이 기본모순으로서 단일모순으로 발전하고 있다"고 주장했고,[201] 나아가 1993년에는 "중진 자본주의론이 신식민지 국가독점자본주의론이나 주변부자본주의론과는 달리,

---

199 梶村秀樹, 「旧植民地社会構成体論」, 冨岡倍雄·梶村秀樹 編, 『発展途上経済の研究』, 世界書院, 1981, 86~91쪽.

200 안병직, 「중진 자본주의로서의 한국 경제」, 『사상문예운동』 2, 1989.

201 「좌담: 민주주의 이념과 민족민주운동의 성격」, 『창작과 비평』 66, 1989, 51쪽.

한국 경제를 계급모순과 민족모순이라는 서로 차원이 다른 두 가지의 시각을 가지고 인식하려는 것이 아니라, 계급모순이라는 단일한 시각을 가지고 인식하려고 하고 있음이 이해되었으면" 한다고 밝혔다.[202]

1985년에 산업사회연구회에서 안병직의 식민지 반봉건사회론에 대한 토론이 있었다.[203] 토론 말미에 박현채는 "안 선생의 자본주의는 자립경제여야 하고, 시민적 권리가 전부 보장되어야 하고, 모든 사람이 사회적으로 생산된 사회적 부의 분배에 참여해야 하고, 한참 성장기에 그리는 장미빛 환상이 무지개처럼 피어오르는 그런 것만 생각하고 있으니까, 자본주의는 없는 거야"(325쪽)라고 지적했다. 안병직이 한국 자본주의 발전을 인정하지 않는 것은 거꾸로 자본주의에 대한 환상을 가지고 있기 때문이라는 비판이었다. 안병직의 '전향'을 예고하는 듯한 발언이었다.

안병직은 한국의 자본주의화를 부정했다는 점에서 자본주의화를 인정하고 그 모순을 직시하고자 한 박현채나 가지무라와는 달랐다.[204] 1930년대 박문병이 인정식을 향해 "현실 조선의 농업으로부터 자본의 지배를 말살하고자 하는 기도는, 결국 객관적으로 자본의 대변 이외의 아무것도 아니"라고 비판한 사실이 떠오른다.[205] 일찍이 안병직과 인정식이 천착한 것은 생활세계로서의 식민지였다. 다만 그것이 생활 수준의 문제로 전환될 때 식민지라는 규정은 의

---

202 안병직, 「한국 경제 발전의 제 조건」, 『창작과 비평』 21-4, 1993, 61쪽.

203 안병직·박현채 외, 「월례발표회 토론정리: 식민지 반봉건사회론의 쟁점」, 『산업사회연구』 1, 1986.

204 홍종욱, 「주변부의 근대—남북한의 식민지 반봉건론을 다시 생각한다」, 『사이間SAI』 17, 2014, 201쪽.

205 朴文秉, 「農業朝鮮의 檢討」, 401쪽.

미를 잃게 되었다.[206]

　한국 자본주의의 발전에 대해 회의적이던 입장에서 돌연 한국의 자본주의적 성장을 평가하는 입장으로의 전환은, 앞서 살핀 중국 통일화 논쟁에 빗대자면 오카미에서 야나이하라로 바뀐 것이라고 할 수 있을지 모르겠다. 이에 대해 나카니시는 제국주의 혹은 자본의 문명화 작용의 이중성을 강조하면서 양자를 비판한 바 있다. 또한 식민지 조선의 사회성격 논쟁을 떠올린다면, 안병직이 그린 궤적은 낮은 생산력을 이유로 자본주의화에 부정적인 입장을 취하던 인정식이 전시기에 들어 자본주의적 발전을 인정해야 한다며 조선이 더 이상 식민지가 아니라고 선언했던 것과 유사하다.

　가지무라도 '닉스(NICs) 쇼크'[207]라는 말로서 한국 자본주의의 고도성장이라는 현실을 직시하였다. 한국의 닉스(NICs)적 발전의 역사적 배경을 찾기 위해 조직되어 안병직의 '전향'의 계기가 되었다고도 평가되는 한일 공동연구에도 가지무라는 주요한 멤버로서 참여하였다.[208] 다만 가지무라는 '닉스(NICs)형 종속발전'[209]이라는 개념을 통해 한국 자본주의의 전개를 자신의 이론 안에서 설명하고자 했다. 가지무라는 한국이 '세계사적 규정 조건', 즉 선진국과 마찰을 피하면서 국제 분업을 수행하고 미국의 반공 군사 원조를 받은 점과 더불어 민중의 희생과 저항이라는 내재적 요인에 주목했다.

206　안병직의 '전향'과 생활세계 인식의 관계에 대해서는 손민석 님의 문제의식을 따랐다.

207　梶村秀樹,「60~70年代NICs現象再検討のために―おもに韓国の事例から」(1986),『梶村秀樹著作集 第5巻 現代朝鮮への視座』, 明石書店, 1993, 230쪽.

208　홍종욱,「탈식민적 식민지 연구의 원점―1980년대 후반 한국 근대경제사 한일 공동연구」,『일본역사연구』59, 2022 참조.

209　梶村秀樹,「朝鮮近代史研究における内在的発展の視角」(1986),『梶村秀樹著作集 第2巻 朝鮮史の方法』, 明石書店, 1993, 175쪽.

안병직과 가지무라 혹은 박현채의 차이는 식민주의, 그리고 그것이 불러일으키는 민중의 저항을 인식했는가에 있었다. 가지무라와 박현채는 제국주의 혹은 자본의 문명화 작용의 이중성에서 기인하는 토착자본의 동요에 주목하는 동시에 내재적 발전의 동력을 식민지-주변부 민중의 삶에서 찾고자 했다. 그리고 중국 통일화 논쟁에서 나카니시가 그러했듯이, 그로부터 광범위한 민족통일전선을 구상하였다.

박현채는 한국 사회에서 민중은 "일부 매판적인 거대 독점자본과 일부 정권참여자를 제외한 전 민족적 구성"[210]이 된다면서, "민족 민중 세력의 역량에 따라서 거대 매판독점자본 또한 우리 쪽으로 올 수 있는 가능성"[211]이 있다고 보았다. 가지무라 역시 한국의 민주화운동에 대해 "주변적인 영역에서의 민주주의라는 것은 고전적인 민주주의와는 다른 의미를 갖"는다면서 "민주주의를 내건 정당의 이니셔티브가 상당히 지속될 가능성이 있다고" 보고 "'그래봤자 부르주아민주주의'라는 우리(일본 좌파—인용자)에게 익숙한 감각과는 다른 것이므로 제대로 된 평가의 대상으로 삼지 않으면 안 된다"고 분석했다.[212]

이 장에서는 식민지 시기에 발원하여 남북한 사회로 이어진 식민지 반봉건사회론의 역사적 전개를 훑어보았다. 박문병, 나카니시 쓰토무, 가지무라 히데키, 박현채의 식민지 반봉건사회론의 핵심은 식민지-주변부에서 내외의 권력에 맞서 때로는 포섭되고 때로는 저항하면서 자본주의 사회를 살아낸 구체적 민중을 포착한 점에 있다. 그들의 식민지 반봉건사회론은 여러 시대적 한계

---

210 박현채, 「민족경제론적 관점에서 본 민중론」(1989), 『박현채 전집 1. 1993~1989』, 670쪽.

211 박현채, 「민족경제와 조국통일」(1988), 『박현채 전집 2. 1988~1987』, 263쪽.

212 吉永長生, 「'日韓条約' 二十年を考える」, 『季刊クライシス』 24, 1985, 71쪽. 吉永長生는 가지무라의 필명.

에도 불구하고, 일국사적 발전단계론으로 출발한 내재적 발전론의 재구성 혹은 탈구축이라 부를 만한 내용을 담고 있었다.

후기

이 책에 이르는 나의 사회주의 공부는 2000년에 제출한 석사학위 논문에서 시작되었다. 석사 논문은 「중일전쟁기(1937~1941) 조선 사회주의자들의 전향과 그 논리」(『한국사론』 44, 2000)로 학술지에 게재했다. 예전 기록을 찾아보니 1999년 3월에 작성한 석사 논문 구상은 아래와 같았다.

> 1930년대 후반 사회주의자의 파시즘 인식의 분화와 민족 문제
>
>   1. 중일전쟁과 반파시즘 인민전선 전술의 수용
>
>   1) 코민테른의 방향전환과 중일전쟁의 영향
>
>   2) 반파시즘 인민전선 전술과 반제반봉건 부르조아민주주의혁명론
>
>   2. 전향자의 파시즘 인식
>
>   1) 파시즘의 성장과 사회주의자의 전향
>
>   2) 전향의 고리로서의 '민족'

사회주의자의 파시즘 인식 분화라는 문제의식 아래 반파시즘 인민전선론과 파시즘으로의 전향을 다루고자 했다. 핵심은 사회주의자의 민족 문제 인식

에 두었다. 지도교수 권태억 님의 권유로 산만한 구성을 쳐내고 일단 전향에 초점을 맞춘 덕분에 석사학위를 받을 수 있었다. 다만 지금 와서 보니 이 책은 대상과 구성에서 볼 때 석사 논문보다 앞선 석사 논문 구상의 뒤늦은 귀환인 셈이다.

2001년에 일본으로 유학을 떠났다. 석사 논문 주제를 이어 「1930년대 식민지 조선인의 사상적 모색—김명식의 현실인식과 '전향'을 중심으로(1930年代における植民地朝鮮人の思想的模索—金明植の現実認識と'転向'を中心に)」(『朝鮮史研究会論文集』 42, 2004), 「전향을 통해 생각하는 식민지·근대·아시아—해방 전후 인정식의 실천을 중심으로(転向から考える植民地·近代·アジア—解放前後における印貞植の実践を中心に)」(石井知章·小林英夫·米谷匡史 編著, 『一九三〇年代のアジア社会論—'東亜協同体'論を中心とする言説空間の諸相』, 社会評論社, 2010), 「해방을 전후한 경제통제론의 전개—박극채·윤행중을 중심으로」(『역사와 현실』 64, 2007) 등 전향 좌파 지식인에 관한 글을 썼다.

2008년에 박사학위 논문 「식민지 후기·해방 이후 조선 사회주의자의 현실인식과 '전향'(植民地後期·解放後における朝鮮社会主義者の現実認識と'転向')」을 제출했다. 제1장은 석사 논문, 제2장은 김명식론, 제3장은 인정식론, 제4장은 박극채·윤행중론으로 하고 서장과 종장을 보탠 구성이었다. 지도교수 요시다 미쓰오(吉田光男) 님에 더하여 다른 대학에 계시던 가스야 겐이치(糟谷憲一) 님이 초고를 읽고 꼼꼼히 살펴주셨다. 다른 심사위원은 조선시대사 로쿠탄다 유타카(六反田豊) 님, 일본사 가토 요코(加藤陽子) 님, 중국사 요시자와 세이이치로(吉澤誠一郎) 님이었다.

박사 논문 서장은 「식민지 조선의 '전향'에 관한 서설(植民地朝鮮の'転向'に関する序説)」(油谷幸利先生還暦記念論文集刊行委員会 編, 『朝鮮半島のことばと社会』, 明石書店, 2009)로 발표했고, 그 일부는 『역사용어사전』(서울대학교 역사연구소 편, 서울대학교출판문화원, 2015)의 '전향' 항목 집필에 활용했다. 종장은 「식민지 시기·해방 이후 주체 형성 시도(植民地期·解放後における主体形成の企て)」(『アジア太平洋研究』 31, 2006)로 발표하고 『근대를 다시 읽는다 1』(윤해동 외 편, 역사비평사, 2006)에 수록했다.

박사과정에 다니면서 요네타니 마사후미(米谷匡史) 님이 꾸린 '식민지/근대 초극 연구회'에서 공부했다. 일본의 근대 초극론을 동시대 식민지 조선 지식 인의 글과 교차해서 읽는 모임이었다. 석사 논문, 박사 논문에서 읽은 전향 좌파의 글을 일본어로 번역하고 해제를 붙이는 작업을 함께 했다. 나는 「중일전쟁기·조선 지식인의 통제경제론(日中戦争期·朝鮮知識人の統制経済論)」(『Quadrante』 11, 2009)을 집필했다. 박사 논문은 요네타니 님의 소개로 만난 편집자 나가타키 미노루(永滝稔) 님의 손을 거쳐 『전시기 조선의 전향자들─제국/식민지의 통합과 균열(戦時期朝鮮の転向者たち─帝国/植民地の統合と亀裂)』(有志舍, 2011)로 출판했다.

2009년에 일본 조선사연구회 창립 50주년 기념 대회 '전후 일본의 조선사 학을 되돌아보다(戦後日本の朝鮮史学を振り返る)'에서 발표를 계기로 가지무라 역 사학을 만나게 되었다. 발표 내용은 「내재적 발전론의 임계─가지무라 히데키 와 안병직의 역사학(内在的発展論の臨界─梶村秀樹と安秉珆の歴史学)」(『朝鮮史研究会論 文集』 48, 2004)으로 학술지에 게재했다. 그 후 한일 연구자들과 함께 가지무라 히 데키 공동연구를 진행하면서 「가지무라 히데키의 한국 자본주의론─내재적 발전론으로서의 '종속발전'론」(『아세아연구』 55-3, 2012. 일본어판은 『社会科学』 42-4, 2013) 도 집필했다.

공동연구 성과는 『가지무라 히데키의 내재적 발전론을 다시 읽는다』(강원봉 외 편, 아연출판부, 2014)로 묶였다. 나는 두 편의 논문과 더불어 서론 격인 「왜 지금 가지무라 히데키인가」를 썼다. 가지무라 역사학에서는 대중, 민족, 식민지를 바라보는 시각을 배웠다. 이 책에서 그의 연구에 대한 언급이 많은 이유다.

2014년에는 마르크스주의 사회과학 및 역사학에 관한 세 편의 글을 발표했

다. 「주변부의 근대―남북한의 식민지 반봉건론을 다시 생각한다」(『사이間SAI』17), 「반(反)식민주의 역사학에서 반(反)역사학으로―동아시아의 '전후(戰後) 역사학'과 북한의 역사 서술」(『역사문제연구』 31), 「백남운―보편으로서의 '민족=주체'(白南雲―普遍としての'民族=主体')」(趙景達 외 편, 『講座 東アジアの知識人 4. 戦争と向き合って―満洲事変~日本敗戦』, 有志舎) 등이다.

가지무라 히데키와 식민지 반봉건사회론을 다시 읽고, 북한 역사학을 근대 역사학 속에 위치 짓고, 민족의 내재적 발전을 규명하고자 한 백남운을 이해하는 과정에서 한국 근현대사를 바라보는 나름의 틀을 갖출 수 있었다. 이 책을 포함하여 그 후 연구는 모두 이 무렵에 다다른 지평 위에 아직 있다.

2015년 가을에 한국에 돌아왔다. 2017년에는 『식민지 지식인의 근대 초극론』(홍종욱 편, 식민지/근대 초극 연구회 기획, 서울대학교출판문화원)을 냈다. '식민지/근대 초극' 연구회의 성과를 먼저 한국어로 정리한 것이다. 책을 내기로 마음먹고 작업을 진행하는 과정에서 한국 현대문학을 연구하는 장문석 님에게 많은 자극과 도움을 받았다.

귀국을 전후하여 연구재단 과제인 〈한중일 3국의 유학생을 통한 한말·식민지 시기 근대 학문 수용 비교 연구〉(연구책임자 왕현종)에 공동연구원으로 참여했다. 몇 편의 글을 썼는데 이 책과 관련된 연구로는 「보성전문학교에서 김일성종합대학으로―식민지 지식인 김광진의 생애와 경제사 연구」(『역사학보』 232, 2016)가 있다. 2018년부터는 연구재단 과제 〈북한 역사학의 성립과 전개〉를 수행하면서 여러 편의 논문을 집필했다. 그 과정에서 얻은 관점과 정보는 물론 이 책에도 반영되어 있다.

이 책을 내게 된 직접적 계기는 2019년에 한국학중앙연구원 한국학 총서 〈한국 사회주의 사상·문화사〉 집필 과제(연구책임자 박종린)에 채택된 일이다. 나는 총서의 한 권으로 1930년대 사회주의 운동과 사상을 맡았다. 아래에서는 이

책의 구성에 맞춰 각 장의 토대가 된 학술지 논문, 학술회의 발표, 주된 참고 문헌 등을 소개하겠다.

제1장은 근현대사기념관이 주최한 학술회의 〈신간회, 식민지 조선의 '정치'와 운동〉(2021)에서 발표한 「신간회 해소와 사회주의 운동의 민중적 전환」이 바탕이 되었다. 원산총파업 서술은 현명호 님의 연구에 크게 의존했다. 현명호 님의 연구를 접하고 비로소 '대중'이라는 키워드, 그리고 사회주의 운동의 민중적 전환이라는 발상을 얻을 수 있었다. 조선공산당 재건운동은 최규진 님의 연구를 참조했고, 이재유그룹 관련 서술의 자료와 관점은 김경일 님의 연구에 의지했다.

제2장은 「반파시즘 인민전선론과 사회주의 운동의 식민지적 길」(『역사와 현실』 118, 2020)을 그대로 가져왔다. 반민생단 투쟁과 김일성의 항일 무장투쟁에 대해서는 연변대 김성호 님, 교토대 미즈노 나오키 님의 연구가 여전히 새로웠다. 1930년대 국내 사회주의자의 파시즘, 반파시즘 인식은 지수걸 님, 임경석 님을 비롯한 '한국역사연구회 1930년대 연구반'이 남긴 기념비적인 연구 『일제하 사회주의 운동사』에서 배웠다.

제3장은 학술지에 논문으로 게재하지 못했고 학술회의에서 발표도 부분적이었다. 전향은 석사 논문 이래 스스로의 연구를 참조했다. 경성콤그룹의 반파시즘 인민전선에 대해서는 자료와 관점 모두 이애숙 님의 연구에 의지했다. 조선독립동맹 관련 서술은 염인호 님의 연구를 따라 읽으면서 내 나름대로 소화하는 정도였다. 해방 후 서술은 2014년에 쓴 백남운론을 참조했고, 고려대 아세아문제연구소가 주최한 김준엽 선생님 탄생 100주년 기념 국제학술회의 〈독립운동의 국가 구상〉(2023)에서 발표한 「반제 민족통일 전선에서 사회주의적 애국주의로」도 바탕이 되었다. 브루스 커밍스 님의 대작 『한국전쟁의 기원』이 지니는 깊이를 새삼 발견했다.

제4장은 백남운, 김광진, 이청원을 다룬 「1930년대 마르크스주의 역사학의 아시아 인식과 조선 연구」(『한국학연구』 61, 2021)를 그대로 실었다. 백남운론은 내 논문을 포함하여 모든 연구의 출발이 방기중 님의 『한국 근현대 사상사 연구—1930·40년대 백남운의 학문과 정치경제 사상』(역사비평사, 1992)이다. 2016년의 김광진론, 그리고 「제국의 사회주의자—마르크스주의 역사학자 이청원의 삶과 실천」(『상허학보』 63, 2021)도 바탕이 되었다. 식민지 말기 조선이라는 주체를 둘러싼 문제는 멀리는 김윤식 님, 가깝게는 장문석 님의 현대문학 연구에 계발된 바가 많다.

제5장은 2020년 11월 제13회 서울대 규장각 주최 한국학 국제심포지엄, 2021년 10월 연세대 근대한국학연구소 주최 학술회의 〈식민지 시기 지식장의 재편과 조선 연구의 학적 체계화 과정〉, 2022년 9월 서울대 인문학연구원 주최 학술회의 〈논쟁으로 본 식민지 조선의 사회주의〉에서 발표한 내용을 바탕으로 했다. 각 발표에서 정준영 님, 후지이 다케시 님, 조형열 님의 적확한 논평을 받았지만, 결국 논문으로 정리하지 못한 채 이 책에 수록하게 되었다. 변증법적 유물론의 수용과 그 의미에 대해서는 김영진 님의 연구를 통해 비로소 흐름을 파악할 수 있었다. 중국의 사회성격 논쟁에 대해서는 백영서 님의 연구에서, 식민지 조선의 사회성격 논쟁에 대해서는 오미일 님이 정리한 자료와 제시한 관점에서 많이 배웠다. 큰 틀에서는 2014년의 식민지 반봉건사회론 연구가 바탕이 되었다.

한편 2020년에 동북아역사재단 일제침탈사 총서 집필자로 선정되었다. 주제는 사상통제였다. 석사 논문에서 박사 논문에 이르는 전향 연구가 바탕이 되었다. 지식인의 전향서를 분석한 「'식민지 아카데미즘'의 그늘, 지식인의 전향」(『사이間SAI』 11, 2011)도 참고가 되었다. 미즈노 나오키 님이 책임을 맡은 공동연구 〈전쟁 시기 조선의 정치사회사에 관한 1차 자료의 기초적 연구(戰時期朝鮮の政

治·社会史に関する一次資料の基礎的研究)〉에 연구 분담자로 참가하면서 집필한「전쟁 시기 조선의 사상범 통제와 대화숙(戦時期朝鮮における思想犯統制と大和塾)」(『韓国朝鮮文化研究』16, 2017)도 수록했다. 오기노 후지오(荻野富士夫) 님, 미즈노 나오키 님, 강성현 님의 연구 축적을 참조하면서 『일제의 사상통제와 전향 정책』(동북아역사재단, 2024)을 출판했다.

1930년대 사회주의를 다룬 이 책과 일제의 사상통제를 다룬 책이 거의 연달아 나오게 되었다. 2011년에 박사 논문을 정리하여 일본어로 낸 『戦時期朝鮮の転向者たち—帝国/植民地の統合と亀裂』(有志舎)는 실은 서남재단의 지원을 받아 한국어판을 출판할 계획이었다. 차일피일하며 게으름을 피우는 사이에 재단 측 사정도 겹쳐 결국 한국어판은 내지 못했다. 세 권의 책은 전향, 사상통제, 운동과 사상으로 전문화되었지만, 다루고 있는 시기와 대상이 겹치고 한국 근현대사 속에서 사회주의가 지닌 의미를 묻는다는 점에서 문제의식도 연동한다. 서로 보완하면서 한국 근현대 역사상을 풍부하게 하는 데 도움이 되기를 바란다.

부록

참고문헌

1. 저서

강만길, 『조선민족혁명당과 통일전선』, 화평사, 1991.

강원봉 외, 『가지무라 히데키의 내재적 발전론을 다시 읽는다』, 아연출판부, 2014.

강응천, 『국호로 보는 분단의 역사』, 동녘, 2019.

구해근 저, 신광영 역, 『한국 노동계급의 형성』, 창작과 비평사, 2002.

권보드래, 『3월 1일의 밤―폭력의 세기에 꾸는 평화의 꿈』, 돌베개, 2019.

김경일, 『일제하 노동운동사』, 창작과 비평사, 1992.

김경일, 『한국 근대 노동사와 노동운동』, 문학과 지성사, 2004.

김경일, 『이재유, 나의 시대 나의 혁명―1930년대 서울의 혁명운동』, 푸른역사, 2007.

김광운, 『북한 정치사 연구 Ⅰ―건당, 건국, 건군의 역사』, 선인, 2003.

김대환·백영서 편, 『중국사회성격논쟁』, 창작과 비평사, 1988.

김민철, 『누가 민주주의를 두려워하는가―지성사로 보는 민주주의 혐오의 역사』, 창비, 2023.

金成鎬, 『1930年代 延邊 民生團事件 研究』, 백산자료원, 1999.

김용섭, 『남북 학술원과 과학원의 발달』, 지식산업사, 2005.

김용직, 『김태준 평전―지성과 역사적 상황』, 일지사, 2007.

김윤식, 『일제 말기 한국 작가의 일본어 글쓰기론』, 서울대학교출판부, 2003.

김윤식, 『임화와 신남철―경성제대와 신문학사의 관련 양상』, 역락, 2011.

김준엽·김창순, 『한국공산주의운동사 3』, 청계연구소, 1988.

김학재, 『판문점 체제의 기원—한국전쟁과 자유주의 평화기획』, 후마니타스, 2015.

金學俊, 『李東華評傳—한 民主社會主義者의 生涯』, 民音社, 1988.

김학철, 『최후의 분대장』, 문학과 지성사, 1995.

도진순, 『한국 민족주의와 남북관계—이승만·김구 시대의 정치사』, 서울대학교출판부, 1998.

독립운동사편찬위원회, 『독립운동사 제2권—3·1운동사(상)』, 독립유공자사업기금운용위원회, 1972.

박병엽 구술, 유영구·정창현 엮음, 『김일성과 박헌영 그리고 여운형—전 노동당 고위 간부가 본 비밀회동』, 선인, 2010.

박현채, 『민족경제와 민중운동』, 창작과비평사, 1988.

방기중, 『한국 근현대 사상사 연구—1930·40년대 백남운의 학문과 정치경제 사상』, 역사비평사, 1992.

변은진, 『파시즘적 근대체험과 조선민중의 현실인식』, 선인, 2013.

변은진, 『이소가야 스에지—자유와 평화를 꿈꾼 '한반도인'』, 아연출판부, 2018.

서동만, 『북조선사회주의체제성립사 1945~1961』, 선인, 2005.

서재진, 『주체사상의 이반—지배이데올로기에서 저항이데올로기로』, 박영사, 2006.

서중석, 『한국 현대 민족운동 연구—해방 후 민족국가 건설운동과 통일전선』, 역사비평사, 1991.

신일철, 『북한 주체철학 연구』, 나남, 1993.

신주백, 『만주지역 한인의 민족운동사(1920~45)—민족주의운동 및 사회주의운동 계열의 대립과 연대를 중심으로』, 아세아문화사, 1999.

심지연, 『해방정국 논쟁사 1』, 한울, 1986.

심지연, 『조선혁명론연구—해방정국논쟁사 2』, 실천문학사, 1987.

염인호, 『조선의용군의 독립운동』, 나남출판, 2001.

오미일 편, 『식민지 시대 사회성격과 농업문제』, 풀빛, 1991.

이병천 편, 『북한 학계의 한국근대사 논쟁—사회성격과 시대구분 문제』, 창작과비평사, 1989.

이송순, 『일제하 전시 농업정책과 농촌경제』, 선인, 2008.

이정식 지음, 허원 옮김, 『만주혁명운동과 통일전선』, 사계절, 1989.

이정식, 『몽양 여운형—시대와 사상을 초월한 융화주의자』, 서울대학교출판부, 2008.

이정식·한홍구 엮음, 『항전별곡—조선독립동맹 자료 I』, 돌베개, 1986.

이종석, 『새로 쓴 현대 북한의 이해』, 역사비평사, 2000.

이지원, 『한국 근대 문화사상사 연구』, 혜안, 2007.

임지현, 『마르크스·엥겔스와 민족문제』, 탐구당, 1990.

장세윤, 『1930년대 만주지역 항일무장투쟁』, 독립기념관 한국독립운동사연구소, 2009.

정병준, 『광복 직전 독립운동 세력의 동향』, 독립기념관 한국독립운동사연구소, 2009.

조동걸, 『한국현대사학사』, 역사공간, 2010.

지수걸, 『일제하 농민조합운동 연구—1930년대 혁명적 농민조합운동』, 역사비평사, 1993.

차승기, 『반근대적 상상력의 임계들—식민지 조선 담론장에서의 전통·세계·주체』, 푸른역사, 2009.

최규진, 『조선공산당 재건운동』, 독립기념관 한국독립운동사연구소, 2009.

한국역사연구회 1930년대 연구반, 『일제하 사회주의운동사』, 한길사, 1991.

홍종욱 편, 『식민지 지식인의 근대 초극론』, 서울대학교 출판문화원, 2017.

홍종욱, 『일제의 사상통제와 전향 정책』, 동북아역사재단, 2024.

황장엽, 『나는 역사의 진리를 보았다』, 한울, 1999.

Carr, E. H. 저, 이지원 역, 『볼셰비키 혁명사』, 화다, 1985.

宮田節子 저, 李熒娘 역, 『朝鮮民衆과 '皇民化' 政策』, 一潮閣, 1997.

藤瀬浩司 외 지음, 장시원 편역, 『식민지반봉건사회론』, 한울, 1984.

리쩌허우 지음, 김형종 옮김, 『중국현대사상사론』, 한길사, 2005.

리처드 스타이츠 저, 김남섭 역, 『러시아의 민중문화—20세기 러시아의 연예와 사회』, 한울, 2008.

本多健吉·조용범, 『제3세계 국가자본주의론—마르크스·국가자본주의·남북문제』, 한울, 1985.

브루스 커밍스 저, 김범 역, 『한국전쟁의 기원 1. 해방과 분단체제의 출현 1945~1947』, 글항아리, 2023.

브루스 커밍스 저, 김범 역, 『한국전쟁의 기원 2-I. 폭포의 굉음 1947~1950』, 글항아리, 2023.

선즈화 저, 김동길·김민철·김규범 역, 『최후의 천조—모택동·김일성 시대의 중국과 북한』, 선인, 2017.

아리프 딜릭 저, 이현복 역, 『혁명과 역사—중국 마르크스주의 역사학의 기원 1919~

1937』, 산지니, 2016.

안드레이 란코프 저, 김광린 역, 『소련의 자료로 본 북한 현대 정치사』, 오름, 1995.

에르네스토 라클라우·샹탈 무페 저, 이승원 역, 『헤게모니와 사회주의 전략』, 후마니타스, 2012.

鹽澤君夫·福富正實 저, 편집부 역, 『아시아적 생산양식론』, 지양사, 1984.

井上學, 『日本反帝同盟史硏究—戰前期反戰·反帝運動の軌跡』, 不二出版, 2008.

제프 일리 지음, 유강은 옮김, 『THE LEFT 1848~2000—미완의 기획, 유럽 좌파의 역사』, 뿌리와 이파리, 2008.

中尾美知子 저, 편집부 역, 『해방후 전평 노동운동』, 춘추사, 1984.

케빈 맥더모트·제레미 애그뉴 저, 황동하 역, 『코민테른—레닌에서 스탈린까지, 국제 공산주의 운동의 역사』, 서해문집, 2009.

테리 이글턴 저, 전대호 역, 『유물론—니체, 마르크스, 비트겐슈타인, 프로이트의 신체적 유물론』, 갈마바람, 2018.

하인츠 킴멀레 編, 심광현·김경수 共譯, 『유물변증법』, 文藝出版社, 1988.

호스톤, G. A. 저, 김영호·류장수 역, 『일본 자본주의 논쟁—마르크스주의와 일본 경제의 위기』, 지식산업사, 1991.

Haithcox, John Patrick, *Communism and Nationalism in India: M.N. Roy and Comintern Policy, 1920~1939*, Princeton University Press, 1971.

Hoffmann, David L., *Stalinist Values: The Cultural Norms of Soviet Modernity, 1917~1941*, Cornell University Press, 2003.

Roh, Kyung-Deok, *Stalin's Economic Advisors: The Varga Institute and the Making of Soviet Foreign Policy*, I. B. Tauris & Company, 2018.

Shin, Gi-Wook & Michael Robinson eds., *Colonial Modernity in Korea*, Havard University press, 1999.

Tikhonov, Vladimir, *The Red Decades: Communism as Movement and Culture in Korea, 1919~1945*, University of Hawaii Press.

家永三郎, 『太平洋戰爭』, 岩波書店, 1968.

宮嶋博史, 『朝鮮土地調査事業史の硏究』, 東京大学東洋文化研究所, 1991.

磯前順一&ハリー·D.ハルトゥーニアン 編, 『マルクス主義という経験—1930~40年

代日本の歴史学』, 青木書店, 2008.

鈴木貞美·劉建輝 編, 『東アジアにおける近代諸概念の成立=近代東亜諸概念的成立
　　　　―第26回国際研究集会』, 国際日本文化研究センター, 2012.

立石洋子, 『ロシア革命とソ連の世紀 第2巻 スターリニズムという文明』, 岩波書店,
　　　　2017.

米谷匡史, 『尾崎秀実時評集―日中戦争期の東アジア』, 平凡社, 2004.

梶村秀樹, 『朝鮮における資本主義の形成と展開』, 龍渓書舎, 1977.

石井知章 編, 『現代中国のリベラリズム思潮』, 藤原書店, 2015.

松田利彦, 『東亜連盟運動と朝鮮·朝鮮人―日中戦争期における植民地帝国日本の断
　　　　面』, 有志舎, 2015.

湯浅赳男, 『'東洋的専制主義'論の今日性―還ってきたウィットフォーゲル』, 新評論,
　　　　2007.

洪宗郁, 『戦時期朝鮮の転向者たち―帝国/植民地の統合と亀裂』, 有志舎, 2011.

黒川伊織, 『戦争·革命の東アジアと日本のコミュニスト 1920~1970年』, 有志舎, 2020.

ケヴィン·アンダーソン 著, 小原耕一·竹下睿騏·高屋正一 訳, 『ヘーゲル弁証法とレ
　　　　ーニンの哲学的両義性―西欧マルクス主義への可能性の探求』, 社会評論社,
　　　　2020(Anderson, Kevin, *Lenin, Hegel, and Western Marxism: a critical study*, University of
　　　　Illinois Press, 1995).

テッサ·モーリス-鈴木 著, 藤井隆至 訳, 『日本の経済思想―江戸期から現代まで』, 岩
　　　　波書店, 1991.

2. 논문

강동진, 「원산총파업에 대한 고찰―주로 민족독립운동으로서의 성격을 중심으로」(초
　　　　출 1971), 윤병석 외 편, 『한국근대사론 III』, 지식산업사, 1977.

강혜경, 「1930년대 후반 '왜관그룹'의 인민전선전술 수용」, 『역사연구』 3, 1994.

구소영, 「왕실미사건(王實味事件)을 통해서 본 1942년 연안정풍(延安整風)운동」, 『경
　　　　북사학』 27, 2004.

김광운, 「원산총파업을 통해 본 노동자조직의 건설문제」, 『역사와 현실』 2, 1989.

김남석, 「일제강점기 원산의 극장 원산관(元山館) 연구―지역의 문화적 거점 공간 생

성과 활용을 중심으로」, 『국토연구』 85, 2015.

김남석, 「〈제방을 넘은 곳〉에 투영된 도시 빈민의 형상과 원산 파업의 의미」, 『민족문화연구』 85, 2019.

김동길·한상준, 「제2의 해방—북한자주화와 1956~57년의 중국-북한 관계」, 『국가전략』 20-2, 세종연구소, 2014.

김무용, 「해방 직후 노동자 공장관리위원회의 조직과 성격」, 『역사연구』 3, 1994.

김선호, 「1940년 전후 동북항일연군·조선의용군의 변화와 중국·소련 관계」, 『정신문화연구』 40-2, 2017.

김성윤 엮음, 『코민테른과 세계혁명 II』, 거름, 1986.

김성호, 「중공 동북당 조직의 조선민족항일혁명투쟁 인식과 방침 정책」, 『인문논총』 77-2, 2020.

김영범, 「조선의용군 독립투쟁사의 복원과 복권—[서평] 염인호, 『조선의용군의 독립운동』, 나남출판, 2001」, 『한국독립운동사연구』 17, 2001.

김영진, 「정우회선언의 방법과 내용」, 『사림』 58, 수선사학회, 2016.

김영진, 「1920년대 식민지 조선에 수용된 변증법적 유물론의 계보와 맑스주의 철학의 정전화(正典化)」, 『역사문제연구』 45, 2021.

金容燮, 「日本·韓國에 있어서의 韓國史敍述」, 『歷史學報』 31, 1966.

김인덕, 「정우회선언과 신간회 창립」, 『국사관논총』 88, 2000.

김인수, 「총력전기 식민지 조선의 사회과학 비판—인정식의 비교에 관한 소고」, 『아세아연구』 154, 2013.

金珍雄, 「無産者社 내 조선공산당 재건그룹의 활동과 분열」, 『한국근현대사연구』 94, 2020.

노경덕, 「세계 경제대공황과 스딸린주의 경제학 담론, 1929~1936—바르가를 중심으로」, 『역사교육』 115, 2010.

노경덕, 「현대사의 기점으로서의 러시아혁명」, 『역사와 현실』 115, 2020.

도면회, 「북한의 한국사 시대구분론」, 한국사연구회 북한사학사 연구반, 『북한의 역사만들기—北韓歷史學 50年』, 푸른역사, 2003.

도진순, 「북한 학계의 민족부르조아지와 민족개량주의 논쟁」, 『역사비평』 4, 1988.

도진순, 「근현대사 시기구분 논의」, 정용욱 외, 『남북한 역사인식 비교강의(근현대편)』, 일송정, 1989.

李庭植 저, 朴桂雲 역, 「韓人共産主義者와 延安」, 『史叢』 8, 1963.

문명기, 「中日戰爭 初期(1937~1939) 汪精衛派의 和平運動과 그 性格」, 서울대 동양사학과 석사학위논문, 1998.

박민철·이병수, 「1920년대 후반 식민지 조선의 맑스주의 수용 양상과 의미―『조선지광』, '유물-유심논쟁'을 중심으로」, 『한국학연구』 59, 2016.

박봉식, 「중립주의 정치의 동태―비동맹운동의 성격 변화와 관련하여 북괴의 비동맹노선 분석을 중심으로」, 『서울대학교 부설 국제문제연구소 논문집』 6, 1980.

박종린, 「1920년대 사회주의 사상의 수용과 사회과학연구사」, 『역사문제연구』 26, 2011.

박현채, 「계층조화의 조건」(1969), 『박현채 전집 6. 1974~1960』, 해밀, 2006.

朴玄埰, 「현대 한국 사회의 성격과 발전 단계에 관한 연구 (I)」, 『창작과 비평』 57, 1985.

박현채, 「민족운동을 어떻게 볼 것인가」(1986), 『박현채 전집 3. 1986~1985』, 369쪽.

박현채, 「민족경제와 조국통일」(1988), 『박현채 전집 2. 1988~1987』.

박현채, 「민족경제론적 관점에서 본 민중론」(1989), 『박현채 전집 1. 1993~1989』.

박형진, 「1930년대 아시아적 생산양식 논쟁과 이청원의 과학적 조선학 연구」, 『역사문제연구』 38, 2017.

방기중, 「조선 지식인의 경제통제론과 '신체제' 인식―중일전쟁기 전체주의 경제론을 중심으로」, 방기중 편, 『일제하 지식인의 파시즘체제 인식과 대응』, 혜안, 2005.

백낙청 외, 「좌담: 민주주의 이념과 민족민주운동의 성격」, 『창작과 비평』 66, 1989.

신복룡, 「망국을 바라보는 좌파들의 시선―백남운(白南雲)/박헌영(朴憲永)/전석담(全錫淡)」, 『동양정치사상사』 8-2, 2009.

安秉直, 「回顧와 展望―國史(近代)」, 『역사학보』 49, 1971.

安秉直, 「日帝獨占資本 進出史」, 高麗大學校民族文化研究所, 『韓國現代文化史大系 IV. 政治·經濟史』, 高麗大學校民族文化研究所 出版部, 1977.

安秉直, 「朝鮮에 있어서 (半)植民地·半封建社會의 形成과 日本帝國主義」, 韓國史研究會 編, 『韓國近代社會와 帝國主義』, 三知院, 1985.

안병직, 「중진자본주의로서의 한국경제」, 『사상문예운동』 2, 1989.

안병직, 「한국경제 발전의 제조건」, 『창작과 비평』 21-4, 1993.

안병직·박현채 외, 「월례발표회 토론정리: 식민지 반봉건사회론의 쟁점」, 『산업사회연구』 1, 1986.

안태정, 「1930년대 원산지역의 혁명적 노동운동(1930~1938)―조직건설운동을 중심으로」, 『역사와 현실』 2, 1989.

오미일, 「1920~1930년대 초반 원산지역 조선인 자본가층의 지역정치—시영회와 시민 협회의 선거 및 노동 개입을 중심으로」, 『한국사연구』 175, 2016.

우동수, 「1920년대 말~1930년대 한국 사회주의자들의 신국가건설론에 관한 연구」, 『한국사연구』 72, 1991.

우사 연구회 엮음, 심지연 지음, 『송남헌 회고록—김규식과 함께한 길』, 한울, 2000.

유현, 「1920년대 노동운동의 발전과 원산총파업」, 『한국사회사연구회논문집』 19, 1990.

윤덕영, 「위당 정인보의 교유 관계와 교유의 배경—백낙준·백남운·송진우와의 교유 관계를 중심으로」, 『東方學志』 173, 2016.

윤해동, 「"만보산 사건"과 동아시아 "기억의 터"—한국인들의 기억을 중심으로」, 『사이間SAI』 14, 2013.

이기훈 외, 「좌담: 식민지 근대성론의 역사와 현재」, 『역사비평』 136, 2021.

李大根, 「한국 자본주의의 성격에 관하여—국가독점자본주의론에 붙여」, 『창작과 비평』 57, 1985.

이민영, 「대중극의 정치학, 박영호의 전략—박영호의 초기 연극 활동을 중심으로」, 『한국연극학』 47, 2012.

이병천, 「'식민지반봉건사회구성체론'의 이론적 제문제—小谷汪之·梶村秀樹의 이론을 중심으로」, 『산업사회연구』 2, 1987.

이수일, 「인정식 선생의 생애와 농업경제 사상」, 『印貞植全集 1』, 한울, 1992.

이애숙, 「반파시즘 인민전선론—일제 말기 경성콤그룹을 중심으로」, 방기중 편, 『일제하 지식인의 파시즘체제 인식과 대응』, 혜안, 2005.

이재호, 「대한민국임시정부의 국제공동관리안 반대운동(1942~1943)」, 『한국독립운동사연구』 48, 2014.

이준식, 「세계 대공황기 민족해방운동 연구의 의의와 과제」, 『역사와 현실』 11, 1994.

이태훈, 「일제하 백남운의 부르주아 경제사학 비판과 맑스주의 역사인식 형성과정」, 『한국사상사학』 64, 2020.

임경석, 「일제하 공산주의자들의 국가건설론」, 『대동문화연구』 27, 1992.

임경석, 「1927년 영남친목회 반대운동 연구」, 『인문과학』 68, 성균관대학교, 2018.

장문석, 「출판기획자 임화와 학예사라는 문제틀」, 『민족문학사연구』 41, 2009.

장문석, 「임화의 참고문헌—「개설 신문학사」에 나타난 임화의 "학술적 글쓰기"의 성격 규명을 위한 관견(管見)」, 『관악어문연구』 34, 2009.

장문석, 「식민지 출판과 양반—1930년대 신조선사의 고문헌 출판 활동과 전통 지식의 식민지 공공성」,『민족문학연구』 55, 2014.

장문석,「주변부의 근대문학—여천 이원조 연구 (2)」,『사이間SAI』 27, 2019.

장용경,「일제 植民地期 印貞植의 轉向論—내선일체론을 통한 식민적 관계의 형성과 농업재편성론」,『한국사론』 49, 2003.

장효예,「한중 양국의 후쿠모토이즘(福本主義) 수용—제3전선파의 방향전환 논쟁과 후기 창조사(創造社)의 혁명문학」,『민족문학사연구』 81, 2023.

전명혁,「1930년대 이강국(李康國)과 그의 인민전선론 인식」,『마르크스주의 연구』 5-3, 2008.

전성곤,「일본 '마르크스주의 역사학'의 '사관(史觀)'과 주체성」,『일어일문학』 89, 2021.

정대일,「북한의 공민종교—주체사회주의의 기원, 형성, 구조를 중심으로」,『한국민족운동사연구』 36, 2003.

정병준,「카이로회담의 한국 문제 논의와 카이로선언 한국조항의 작성 과정」,『역사비평』 107, 2014.

정병준,「중국 관내 신한청년당과 3·1운동」,『한국독립운동사연구』 65, 2019.

정일영·신영전,「일제 식민지기 '원산노동병원'의 설립과 그 의의」,『의사학』 25-3, 2016.

정창렬,「한국사(학)에서의 민중 인식」(1989), 정창렬저작집 간행위원회 편,『정창렬 저작집II. 민중의 성장과 실학』, 선인, 2014.

조우찬,「1930년대 중반 한인민족해방동맹의 항일투쟁의 특징과 역사적 재평가」,『동북아역사논총』 54, 2016.

조우찬,「1930년대 중반 함경남도 갑산 항일운동 조직의 체계화 과정」,『역사학보』 230, 2016.

조형열,「1930년대 마르크스주의 지식인의 학술문화기관 구상과 "과학적(科學的) 조선학(朝鮮學)" 수립론」,『역사학연구』 61, 2016.

조형열,「1930년대 조선 '역사과학' 계열의 보편특수성 인식과 아시아적 생산양식론 수용 양상」,『전북사학』 49, 2016.

조호연,「스탈린 시대의 역사학」,『인문논총』 14, 경남대 인문과학연구소, 2001.

조희연,「80년대 사회운동과 사회구성체논쟁」, 박현채·조희연 편,『한국 사회구성체논쟁 (I)』, 한울, 1989.

지수걸,「20세기 초 세계사의 굴절과 한국의 민족해방운동—비식민화 현상과 통일전선운동」, 『역사학보』 245, 2020.

최규진, 「코민테른 6차대회와 조선 공산주의자들의 정치사상 연구」, 성균관대학교 사
학과 박사학위 논문, 1996.

최규진, 「조선 사회주의자들의 운동 노선과 합법공간 진출(1929~1945년)」, 『대동문화
연구』 56, 2006.

최기영, 「金學武의 在中獨立運動과 좌파청년그룹」, 『한국독립운동사연구』 36, 2010.

최보민, 「1929년 원산총파업에 관한 국내외의 반응」, 『한국사학보』 91, 2023.

최원식·백영서 편, 『동아시아인의 '동양' 인식―19~20세기』, 문학과지성사, 1997.

최은혜, 「1920년대 초반 식민지 조선의 역사적 유물론 인식」, 『민족문화연구』 90, 2021.

한기형, 「배제된 전통론과 조선인식의 당대성―『개벽』과 1920년대 식민지 민간학술
의 일단」, 『상허학보』 36, 2012.

한상구, 「1926~28년 사회주의 세력의 운동론과 신간회」, 『한국사론』 32, 1994.

한상도, 「조선의용군의 위상과 동방각민족 반파시스트대동맹의 관계」, 『역사와현실』
44, 2002.

함동주, 「中日戰爭과 미키 키요시(三木清)의 東亞協同體論」, 『東洋史學研究』 56, 1996.

현명호, 「원산총파업의 공간적 전개」, 『한국독립운동사연구』 73, 2021.

현명호, 「1920년대 일본 노다와 조선 원산의 노동조합운동 비교: 노동학교, 소비조합,
어용노조를 중심으로」, 『역사연구』 46, 2023.

洪性讚, 「일제하 延專商科의 經濟學風과 '經濟研究會事件'」, 『연세경제연구』 1, 1994.

홍순권, 「1930년대 한국의 맑스주의 역사학과 아시아적 생산양식 논쟁」, 『동아논총』
31, 1994.

홍종욱, 「중일전쟁기(1937~1941) 조선 사회주의자의 轉向과 그 논리」, 『한국사론』 44,
2000.

홍종욱, 「'식민지 아카데미즘'의 그늘, 지식인의 전향」, 『사이間SAI』 11, 2011.

홍종욱, 「反 식민주의 역사학에서 反 역사학으로―동아시아의 '戰後 역사학'과 북한의
역사 서술」, 『역사문제연구』 31, 2014.

홍종욱, 「주변부의 근대―남북한의 식민지 반봉건론을 다시 생각한다」, 『사이間SAI』
17, 2014.

홍종욱, 「보성전문학교에서 김일성종합대학으로―식민지 지식인 김광진의 생애와 경
제사 연구」, 『歷史學報』 232, 2016.

홍종욱, 「1950년대 북한의 반둥회의와 비동맹운동 인식―잡지 『국제생활』 기사를 중

심으로」, 『동북아역사논총』 61, 2018.

홍종욱, 「3·1운동과 비식민화」, 한국역사연구회 3·1운동 100주년 기획위원회, 『3·1운동 100년 3. 권력과 정치』, 휴머니스트, 2019.

홍종욱, 「북한 역사학 형성에 소련 역사학이 미친 영향」, 『인문논총』 77-3, 2020.

홍종욱, 「제국의 사회주의자―마르크스주의 역사학자 이청원의 삶과 실천」, 『상허학보』 63, 2021.

홍종욱, 「주체사관에서 인민과 민족의 자리」, 『역사비평』 140, 2022.

홍종욱, 「탈식민적 식민지 연구의 원점―1980년대 후반 한국 근대경제사 한일 공동연구」, 『일본역사연구』 59, 2022.

후지이 다케시, 「'코민테른 권위주의' 성립에 관한 한 시론―소위 '후쿠모토주의'를 둘러싸고」, 『역사연구』 16, 2006.

후지이 다케시, 「우리는 언제까지 1930년대를 살아야 할까」, 『주간경향』 1229, 2017.

미야지마 히로시, 「일본 '국사'의 성립과 한국사에 대한 인식―봉건제에 대한 논의를 중심으로」, 『근대 교류사와 상호인식 I』, 고려대학교 아세아문제연구원, 2000.

梶村秀樹 저, 정재정 역, 「강연 유고: 한국의 사회과학은 지금」, 『창작과 비평』 66, 1989.

小谷汪之, 「(半)식민지·반봉건사회구성의 개념규정―中西功·大上末廣 所說의 검토」 (1977), 藤瀬浩司 외 지음, 장시원 편역, 『식민지반봉건사회론』, 한울, 1984.

小山弘健 저, 한상구·조경란 역, 『일본 마르크스주의사 개설』, 이론과 실천, 1991.

스칼라피노·이정식 저, 한홍구 역, 『한국 공산주의 운동사 1. 식민지시대 편』, 돌베개, 1986.

와다 하루키 저, 서동만·남기정 역, 『북조선―유격대 국가에서 정규군 국가로』, 돌베개, 2002(원서 1998).

田中正俊 저, 表教熱 역, 「中共에서의 資本主義萌芽論」, 閔斗基 編, 『中國史時代區分論』, 創作과批評社, 1984.

許滌新, 「구중국의 국가독점자본주의에 관하여」(1961), 許滌新 외 지음, 김세은 외 편역, 『중국 자본주의 논쟁사』, 고려원, 1993.

広瀬貞三, 「李清源の政治活動と朝鮮史研究」, 『新潟国際情報大学情報文化学部紀要』 7, 2004.

菊地一隆, 「中国トロツキー派の生成、動態、及びその主張――一九二七年から三四年

を中心に」,『史林』79-2, 1996.

金森襄作,「元山ゼネストと朝鮮の労働運動(1)」,『朝鮮研究』176, 1978.

金森襄作,「元山ゼネストと朝鮮の労働運動(2)」,『朝鮮研究』177, 1978.

金森襄作,「元山ゼネストと朝鮮の労働運動(3)」,『朝鮮研究』178, 1978.

藤森一清,「朴政権の価値体系と韓国の民衆」,『情況』78, 1975.

藤井たけし,「ある〈同時代性〉」,『青丘文庫月報』188, 2004.

毛里和子,「満州事変とコミンテルン」,『国際政治』43, 1970.

武藤秀太郎,「平野義太郎の大アジア主義論─中国華北農村慣行調査と家族観の変
　　　容」,『アジア研究』49-4, 2003.

梶村秀樹,「一九三〇年代満洲における抗日闘争にたいする日本帝国主義の諸策動
　　　─「在満朝鮮人問題」と関連して」,『日本史研究』94, 1967.

梶村秀樹,「朝鮮からみた現代東アジア」(1969),『梶村秀樹著作集 第2巻 朝鮮史の方
　　　法』, 明石書店, 1993.

梶村秀樹,「朝鮮史研究の方法をめぐって」(1974),『梶村秀樹著作集 第2巻 朝鮮史の
　　　方法』, 明石書店, 1993.

梶村秀樹,「八・一五以後の朝鮮人民」(1976),『梶村秀樹著作集 第5巻 現代朝鮮への視
　　　座』, 明石書店, 1993.

梶村秀樹,「日本帝国主義の問題」(1977),『梶村秀樹著作集 第2巻 朝鮮史の方法』, 明石
　　　書店, 1993.

梶村秀樹,「旧植民地社会構成体論」, 冨岡倍雄・梶村秀樹編,『発展途上経済の研究』,
　　　世界書院, 1981.

梶村秀樹(吉永長生),「「日韓条約」二十年を考える」,『季刊クライシス』24, 1985.

梶村秀樹,「60~70年代NICs現象再検討のために─おもに韓国の事例から」(1986),『梶
　　　村秀樹著作集 第5巻 現代朝鮮への視座』, 明石書店, 1993.

梶村秀樹,「朝鮮近代史研究における内在的発展の視角」(1986),『梶村秀樹著作集 第2
　　　巻 朝鮮史の方法』, 明石書店, 1993.

並木真人,「朝鮮における「植民地近代性」・「植民地公共性」・対日協力─植民地政治
　　　史・社会史研究のための予備的考察」,『国際交流研究』5, フェリス女学院大
　　　学国際交流学部, 2003.

浜口裕子,「一九四二年三月前後の橘樸と印貞植」, 山本秀夫編,『橘樸と中国』, 勁草書
　　　房, 1990.

盛田良治,「戦時期〈植民地社会科学〉の隘路」, 山脇直司ほか 編,『ライブラリ相関社会科学 7. 20世紀を考える 1. ネイションの軌跡』, 新世社, 2001.

水野直樹,「コミンテルン第七回大会と在満朝鮮人の抗日闘争」,『歴史評論』423, 1985.

水野直樹,「在満朝鮮人親日団体民生団について」, 河合和男 외 編,『論集 朝鮮近現代史』, 明石書店, 1996.

水野直樹,「書評: 井上學著『日本反帝同盟史研究―戦前期反戦·反帝運動の軌跡』」,『大原社会問題研究所紀要』608, 2009.

水野直樹·和田春樹,『朝鮮近現代史における金日成』, 神戸學生青年センター出版部, 1996.

野沢豊,「アジア近現代史研究の前進のために(上)」,『歴史科学大系 第13巻 アジアの変革(上)』, 校倉書房, 1978.

鐸木昌之,「満州·朝鮮の革命的連繫―満州抗日闘爭と朝鮮解放後の革命·內戰」,『近代日本と植民地 6』, 岩波書店, 1993.

土井正興,「人民闘爭史研究の課題と方法」, 歴史學研究會 編,『現代歴史學の成果と課題 1. 歴史理論·科學運動』, 青木書店, 1974.

鶴園裕,「近代朝鮮における国学の形成―「朝鮮学」を中心に」,『朝鮮史研究会論文集』35, 1997.

洪宗郁,「白南雲―普遍としての〈民族＝主体〉」, 趙景達 외 편,『講座 東アジアの知識人 4. 戦争と向き合って』, 有志舎, 2014.

洪宗郁,「戦時期朝鮮における思想犯統制と大和塾」,『韓国朝鮮文化研究』16, 東京大学大学院人文社会系研究科韓国朝鮮文化研究室, 2017.

찾아보기
― 인명

와다 하루키(和田春樹) 195, 334
와타나베 요시미치(渡部義通) 210, 215, 232
왕밍(王明) 155, 156
왕신호(김웅) 164
왕징웨이(汪精衛) 167, 168
요네타니 마사후미(米谷匡史) 286, 318
요시노사쿠조(吉野作造) 165
우가키 가즈시게(宇垣一成) 88, 167, 168
우동수 68, 69, 75, 76, 114, 125, 331
위증민 91~95
윌슨(Woodrow Wilson) 165, 174, 178
유엽 260
유자명 148
유진오 28, 36, 106, 229
유진희 136
유형원 240
윤세주 148, 152
윤치호 221, 242
이강국 106, 107, 108, 112, 174, 278, 332
이걸소 170, 171
이계심 29, 30
이관술 137~139, 141, 143~146
이대근 309
이동수 100
이동화 167
이동휘 166
이림삼 90
이마니시 류(今西龍) 223
이만규 167, 169~172, 174, 175
이병도 242
이병천 294, 295, 307, 325, 331
이복기 138
이복만 54, 219, 220
이상도 167, 169
이상백 169, 170, 172
이상조 164
이석구 170, 171
이소가야 스에지(磯谷季次) 41, 42, 59, 325
이송일 91, 92
이순탁 124, 233
이승만 158, 179, 185, 325
이승엽 170, 180, 197
이시하라 간지(石原莞爾) 135
이에나가 사부로(家永三郎) 14, 82

이여성 170, 229, 242
이영 174, 180, 182
이우적 100, 167, 180, 260, 265
이우진 238
이유민 153
이익 240
이익성 164
이인동 138, 139
이인승 37
이임수 167
이재유 13, 20, 24, 62~64, 100~105, 110, 116, 118, 137, 139, 228, 288, 320, 324
이정식 50, 66, 67, 91, 124, 151, 153, 155, 166, 167, 325, 334
이정윤 172, 173
이제순 97
이주하 106, 107, 109, 110, 113
이준식 33, 62, 97~99, 331
이청원 21, 119, 154, 155, 190, 204, 216~220, 224, 229~231, 235~238, 242, 245, 246, 249, 321, 330, 334
이케다 기요시(池田清) 88
이현상 137~140, 145~147
이훈구 223, 291
인정식 100, 128, 129, 131~134, 141, 167, 237, 242, 243, 252, 267, 279~285, 288~293, 312, 313, 317, 329, 331
임건상 247
임경석 7, 68, 106, 108~115, 119, 137, 139, 261, 320, 331
임민호 190
임지현 72, 326
임춘추 190
임화 227, 228, 238~241, 243, 248, 324, 331

| 자 |

장규경 138
장기욱 29, 30
장덕수 135, 136
장순명 138, 139
장쉐량(張學良) 50
장용경 242, 243, 293, 332
장제스(蔣介石) 18, 26, 131, 151, 152, 157, 166~168, 205, 267, 270
저우언라이(周恩來) 151, 155
전태범 106

| 차·카·타·파 |

| 하 |

찾아보기
—사건, 단체 등